Zu diesem Buch

Es ist, als beträte man eine fremde Welt. Gestützt auf das Tagebuch und die Erzählungen seines achtzigjährigen Großvaters Dominique, auf die mündliche Überlieferung uralter Legenden und weiterer Quellen hat Gabriel Xavier Culioli authentisches Material aus der Geschichte seiner eigenen Familie zusammengetragen. Mit großem Schwung, witzig und hingebungsvoll erzählt er die letzten hundert Jahre des bäuerlichen Clans aus dem Bergdorf Chéra im Süden Korsikas. In einem sozialen Gefüge, in dem der weise, meist wortkarge Seigneur seinen Grund und Boden und alle, die darauf leben, mit seiner ganzen Ehre und Leidenschaft verteidigt, wachsen die Brüder Dominique und Xavier auf. Ihre unterschiedlichen, doch zusammengehörenden Lebenswege bilden den roten Faden für dieses überraschende Buch.

«Ein außergewöhnliches Stück Kulturgeschichte, reich an erstaunlichen, erschütternden und auch merkwürdigen Geschichten.» («Münchner Merkur»)

Gabriel Xavier Culioli, geboren 1952, arbeitet als höherer Verwaltungsbeamter und hat den größten Teil seiner freien Zeit im Haus seines Onkels Xavier Culioli in Chéra in Alta Rocca verbracht. Dieses Buch über seine Familie ist sein Debut als Autor.

Gabriel Xavier Culioli

Das Land der Herren

Eine korsische Familiengeschichte

Deutsch
von Grete Osterwald

Rowohlt

Veröffentlicht im Rowohlt Taschenbuch Verlag GmbH,
Reinbek bei Hamburg, Juni 1993
Copyright © 1990 by Claassen Verlag GmbH, Düsseldorf
Die Originalausgabe erschien 1986 unter dem Titel
«La Terre des Seigneurs» bei Éditions Lieu Commun S. A., Paris
«La Terre des Seigneurs» Copyright © 1986 by Lieu Commun, Paris
Alle deutschen Rechte vorbehalten
Umschlaggestaltung Michaela Booth
Gesamtherstellung Clausen & Bosse, Leck
Printed in Germany
1290 – ISBN 3 499 13094 7

Für meinen Bruder Dominique,
der vor zwanzig Jahren starb.

Für Jean-Baptiste,
der aus Liebe zu Korsika sein Leben ließ.

Vorbemerkung

Alles, was in diesem Buch berichtet wird, gehört zur Vergangenheit meiner eigenen Familie. Manches stammt aus dem Tagebuch meines Großvaters Jean-Dominique Culioli, anderes beruht auf Tonbandaufzeichnungen, noch anderes schließlich auf der mündlichen Überlieferung unserer Traditionen. Die Orts- und Personennamen wurden größtenteils beibehalten; in einigen Fällen allerdings waren Änderungen unerläßlich. Die Gründe dafür dürften leicht zu verstehen sein.

Bei der zwangsläufig etwas ungelenken Transkription der korsischen Sprache werde ich weitgehend die Schreibweisen von Jean-Dominique Culioli übernehmen.

Gabriel Xavier Culioli

Am Anfang war nichts als ein undefinierbares helles Leuchten. Der Himmel und das Meer gingen am glühenden Horizont ineinander über. Dieses Feuer aber spendete kein Licht. Es brannte in sich selbst, wie um aus seiner eigenen Substanz die Energie für einen Aufstieg zu gewinnen. Plötzlich nahm ein blasser Gelbton zu. Eine Form trat aus dem Dunst hervor, rund, leuchtend, zerbrechlich noch und doch von unwiderstehlicher Kraft. Sonnenstrahlen beleuchteten die glatte Oberfläche der Seen von Porto-Vecchio und von Balistra. Langsam enthüllte die Dunkelheit ihre Farben, erst das Blau, dann auch das Grün und schließlich die rosa und grauen Schattierungen des Gesteins.

Drückende Feuchtigkeit überzog den Boden und den Maquis mit einem schweren Humusgeruch. Als das Licht die Gipfel des Cagnagebirges erreichte, löste sich vom Boden eine Nebeldecke, die sich um die Spitzen des Strauchwerks legte. Das Grün des Maquis wirkte nun zarter, weniger satt. Allmählich stieg die Sonne höher, die schmeichelnde Wärme wurde brennender. Der Maquis gab dem Himmel seine tausend Düfte preis, und sie alle stürmten aufeinander ein, machten sich den Raum zwischen den hohen Zweigen der Eichen, der Erdbeer- und der Mastixbäume streitig. Die Myrten kosten mit den Immortellen, die Heide mit dem Wegedorn. Die Luft schien wie ein Feuerwerk zu explodieren.

Eine immer größer werdende Kugel erhob sich über die Berge und neigte sich, die Stille vertreibend, der Ebene von Sotta zu.

Denn mit der Hitze kam Unruhe auf, Milliarden von Fliegen und Insekten starteten zum Angriff auf das Leben. Ein Kuckuck ließ sein immer gleiches Lied ertönen.

Julie war mit dem ersten Tageslicht erwacht. Ihre Mutter hatte sie dazu erzogen, in aller Frühe aufzustehen und dem Vater, wenn sie sich vor Müdigkeit noch kaum auf den Beinen halten konnte, das Essen zu bereiten. Beim Hinausgehen hob sie die Tür ein wenig an, um Antoine, ihren Ehemann, nicht durch das leiseste Quietschen zu stören. Er hatte bis Einbruch der Nacht auf den Feldern des Truvonu gearbeitet, und bald mußte er wieder aufbrechen, um sich auf den trockenen, steinigen Böden zu plagen. Zu dieser Stunde aber schlief er noch.

Die junge Frau hüllte sich in ihren Schal und trat auf den Dorfplatz hinaus. Mit kleinen Schritten schlug sie fröstelnd den Weg nach Saparelli ein. Ein verschlafener Hund streckte sich und schielte sie mit einem Auge an, doch sein kurzes Aufbellen erstarb in einem breiten Gähnen. Dann legte das Tier die Schnauze wieder zwischen die Pfoten und gab sich erneut seinen Hundeträumen hin. Julie fürchtete nicht, daß man sie sah. Was sie vorhatte, war durchaus ehrenwert. Aber es gibt eben Dinge, die nur für einen selbst bestimmt sind. Ihren Bauch mit beiden Händen festhaltend, ging sie auf die Kirche zu; dabei streichelte sie ein ums andere Mal die Stelle, an der sie den Kopf ihres Kindes vermutete, und murmelte mit sanfter Stimme: »O mein Kleiner, o mein winzig Kleiner, *u me pupunegdu . . .*«

Sie zog ihr Kopftuch fest, ehe sie die kleine Kirche von Chéra respektvoll, beinahe furchtsam, betrat. Den Blick fest auf die heilige Lucia gerichtet, tauchte sie die rechte Hand in das Weihwasser und bekreuzigte sich mit einem leichten Knicks.

Die Statue der Heiligen war frisch bemalt, und die Farben erstrahlten in der morgendlichen Dämmerung. Demütig stand sie da, die Patronin des Lichts, mit einem Teller in der Hand, auf dem . . . zwei Augen lagen. Der Pfarrer behauptete, die Feinde der Religion hätten sie ihr als Strafe für ihre Liebe zum

Christentum ausgestochen, und Gott hätte ihr das Augenlicht zurückgegeben – eines jener kleinen Wunder wohl, die es einem leichter machen sollen, an seine Existenz zu glauben. Doch obwohl die Einwohner von Chéra nachdenkliche Leute waren, konnte niemand sich erklären, wie es kam, daß die Augen gleichzeitig in den Augenhöhlen der Seligen und auf dem Teller lagen. Der Pfarrer selbst hatte darauf die einfache Antwort, eben das sei das Wunder. Für den Lehrer hingegen war es der Beweis einer schändlichen Täuschung, um das Gift des Aberglaubens zu verbreiten. Rund um das Waschhaus hatte das Thema zu zahlreichen Auseinandersetzungen geführt. Die Frauen hatten heftig gezankt und sich beinahe in Stücke gerissen, ohne daß ihre Streitereien die Wahrheit auch nur im geringsten vorangebracht hätten. Daraufhin – Adel verpflichtet! – hatten die Männer sich des Problems angenommen und es im Laufe eines denkwürdigen Abends diskutiert. Bis spät in die Nacht hatten sie die Dinge gedreht und gewendet und waren schließlich zu dem frommen Schluß gekommen, es sei eben ein Wunder ganz besonderer Art: »*U Miraculu, è u Miraculu.*«

Julie ließ sich auf die Steinfliesen sinken und wiederholte mit geschlossenen Augen:

»Gegrüßet seist du, Maria voll der Gnade! . . . Gebenedeit ist die Frucht deines Leibes . . .«

Sie hätte andere Worte finden mögen, etwas ganz eigenes, um sich an die Heilige zu wenden. Worte, die den Umständen entsprachen, und nicht dieses »Ave-Maria«, das der Gipsfigur bei jeder Gelegenheit entgegenschallte. Aber die korsischen Frauen hatten die direkte Sprache der Männer nicht gelernt. So betete Julie denn in der Hoffnung, daß die heilige Lucia an der Schlichtheit des »Gegrüßet seist du, Maria voll der Gnade« keinen Anstoß nehmen würde. Sie rezitierte ihren Rosenkranz, während sie die Worte, die ihre Bitte bis zum Himmel getragen hätten, leise murmelnd zu verdecken suchte.

Draußen hörte sie die Stimmen der Männer, die zur Arbeit auf die Felder gingen. Ihre Kehle war plötzlich wie zugeschnürt.

Sie mußte sich beeilen. Antoine war sicher unzufrieden, daß sie ihn nicht rechtzeitig geweckt hatte.

»Ich bitte dich, heilige Lucia, mach, daß mein Kind ein Junge wird, ein kleiner Mann ...« Sie konnte ihren Wunsch nicht länger zurückhalten. Die gefalteten Hände ringend, fuhr sie fort: »Bitte, Maria, schenk mir einen Jungen; du weißt es doch, ein Mädchen hab ich schon ...«

Jetzt, nachdem die flehentliche Bitte ausgesprochen war, wartete sie stumm auf eine Geste, auf ein Zeichen, das die Heilige ihr geben würde. Doch während sie die Statue noch mit ihrem Blick beschwor, entdeckte sie eine schier endlose, sehr dünne schwarze Schlange, die sich um den Sockel herum bewegte. Julie richtete sich auf und trat näher: »*I brutti,* ihr elenden Viecher ...«

Zahllose Ameisen labten sich an den Feigen, die von den italienischen Köhlern dort hingelegt worden waren. Julie traute ihren Augen nicht. Sie fand, daß die wimmelnden Insekten den heiligen Ort entweihten, und so machte sie sich daran, die Ameisen mit der flachen Hand zu zerquetschen. Während dieses systematischen Massakers aber fiel ihr Blick auf die Stelle, zu der die Tiere ihre Nahrung schleppten: eine Falte im Rock der heiligen Lucia. Julie erstarrte, wie gelähmt vor Zorn über diesen Frevel, aber auch voller Verachtung: Was war das nur für eine Heilige, die sich der kleinsten Lebewesen nicht erwehren konnte? Wie sollte sie imstande sein, ihr einen Knaben zu schenken, wenn sie selbst sich von innen zerfressen ließ?

Julie dachte nach, und auf einmal bekreuzigte sie sich so überstürzt, daß ihre Hand nur einen vagen Kreis zu beschreiben schien. Entschlossen kehrte sie dem Altar den Rücken und verließ die Kirche mit gerunzelter Stirn.

Als sie die ersten Häuser des Dorfes erreichte, trat ein entspanntes Lächeln auf ihre Lippen. Ihr Entschluß stand fest: »Ich gehe zu Zia Tirisina, der *Incantadora.* Sie wird das Zauberöl zu mir sprechen lassen, dann wird mein Kind ein Junge sein ...«

I

Antoine und sein Gewehr

Antoine hatte nicht den Ruf, ein geduldiger Mensch zu sein. Die Culioli nannten ihn *Cardaghiola*. So nämlich hießen die dünnen, vom Feuer gehärteten Zweige, die man nach jedem Brand auf dem Boden findet und die eher brechen, als daß sie sich biegen lassen; dem Anschein nach zart und trocken, sind sie doch widerstandsfähiger als manche robuster wirkenden Äste. Dennoch, jetzt auf einmal wartete Antoine. Gott und die Natur hatten ganze neun Monate für die Entwicklung eines Babys vorgesehen, daran konnte auch Antoine nichts ändern. Natürlich kam es vor, daß er, wenn er allein auf den Feldern war, den lieben Gott mitsamt den Heiligen verfluchte, was er aber aus Angst, sein Zorn könne Unglück über das Kind bringen, sogleich wieder bereute.

Vor zwei Jahren hatte die Geburt seiner Tochter Marie ihn entzückt, insgeheim aber auch enttäuscht. Nur mühsam war es ihm gelungen, seinen Ärger zu verbergen, als die Tante Hebamme, die *Tenidora*, ein Mädchen angekündigt hatte, denn der Fortbestand der Familie verlangte männliche Nachkommen. So war es schon seit Anbeginn, und so würde es immer sein. Der Sohn, den Antoine sich beim gnädigen Gott nun erhoffte, sollte der Tradition gemäß den Namen des Großvaters tragen, Dominique.

Antoine lächelte, stemmte vor Freude einen gewaltigen Stein in die Höhe, balancierte das Gewicht gekonnt mit den Schultern aus und warf seine Last genau in die vorgesehene Lücke zwischen zwei anderen Felsbrocken. Er verstand sich meisterhaft auf die Konstruktion der niedrigen Mauern, die die Grenze zwischen den Grundstücken der einzelnen Familien bildeten. Mit dem Handrücken wischte er sich einen Schweißtropfen von der Nase. Die Sonne stand bereits hoch am Himmel und brannte wie ein Höllenfeuer, ohne Gnade für den Mann bei der Arbeit.

Antoine holte seinen Tonkrug unter einem dornigen Wacholderstrauch hervor. Während er das Gefühl der Frische langsam und genüßlich in sich eindringen ließ, betrachtete er sein Werk. Meter für Meter arbeitete er sich durch den Maquis voran, um die Felder abzugrenzen. Als letztgeborener Sohn hatte Antoine nur karges Land mit aggressiven Granitvorsprüngen geerbt. Er plagte sich im Kampf gegen das widrige Gestein, das ihm die Pflugschar verbog. Ein verfluchter Boden, der nur stellenweise etwas dürre Gerste trug. Dennoch war Antoine fest entschlossen, nie und nimmer gegen den Ehrenkodex zu verstoßen, den er sich selbst auferlegt hatte: Seinen Unterhalt würde er aus diesem Boden ziehen, ohne je einem anderen zu dienen. Die Vorsehung hatte ihn zum Jüngsten der Familie gemacht? Na schön. Dann war er eben arm. Aber Armut sollte für ihn nicht Knechtschaft bedeuten.

Wenn er abends zerschlagen und gerädert von der Arbeit an den schweren Granitblöcken, unter deren Gewicht faustdicke Äste im Maquis zerbrachen, ins Dorf zurückkehrte, erwartete Julie ihn vor der Haustür. Für sie war es ein beruhigendes Gefühl, den Mann von Ferne kommen zu sehen. Sie verschränkte die Arme über dem Bauch und verharrte reglos, bis Antoine bei ihr war, seinen Brotbeutel auf die Holzbank warf und sich mit schweren Gliedern zu Tisch setzte. Er sprach nur selten. An diesem Abend schlang er seine Suppe hastig herunter und gab zwischendurch ein dumpfes Gemurmel von sich. Seine Verdrießlichkeit beunruhigte die junge Frau, denn seit einigen Stunden wußte sie, daß es wieder Ärger mit dem Clan der Salvini aus dem Nachbardorf Pietra-Longa gab.

Es war ein alter Konflikt, der da zwischen den Salvini und

›Antoines Leuten‹ schwelte. Es ging um unklare Grenzmar-
kierungen, um Korkeichen im Gebiet von Maracarà, die beide
Parteien sich streitig machten. Aber wie immer auf Korsika
waren die ursprünglichen Gründe des Streits längst in den
verschlungenen Windungen des menschlichen Gedächtnisses
verlorengegangen, und an die Stelle des eigentlichen Konflikts war zum Vorteil aller Beteiligten ein wechselseitiger
Angriff auf die Würde und die Ehre getreten. Jede Anerkennung der gegnerischen Argumente hätte, wie berechtigt sie
auch sein mochten, ein Zurückweichen und folglich einen
Gesichtsverlust bedeutet. Am Vortag nun hatte Antoine fest-
gestellt, daß der Kork von den Stämmen der umstrittenen
Bäume abgeschält worden war. Die Salvini wollten den Krieg.
Sie sollten ihn haben. Wenn Antoine nichts unternahm, war
sein Ruf als geachteter und ehrenwerter Mann dahin. Die
Folgen der bevorstehenden Auseinandersetzung hatte er nicht
mehr in der Hand. Das Schicksal würde zugunsten der Culioli
oder zugunsten der Salvini entscheiden. Antoine aber hätte
jedenfalls seine Ehre gewahrt.
Damals, im Jahr 1882, stand der Süden Korsikas noch ganz
unter dem Eindruck der großen Vendettas von Alta Rocca,
deren berühmtester Vertreter immer noch Ghiuvan Camegdu
Nicolai war zum Mörder geworden, um den Tod seines
geliebten, vor vier Jahren an der eigenen Haustür von Gendarmen erschossenen Bruders zu rächen. Etwa zur gleichen Zeit
fällte der Gerichtshof von Sartène das Todesurteil über den
Banditen Rucchini, der erst um der Ehre willen, dann aber aus
reiner Lust getötet hatte. Auf dem Marktplatz von Sartène
wurde er geköpft – dem Gemeinwohl zuliebe. Die Ehre bahnte
sich damals einen schwierigen Weg zwischen der Tradition,
die unbändige Gewalt hervorbrachte, und den bestechli-
chen Gerichten, verdorben durch die Vetternwirtschaft der
Clans und die Amtsführung des autoritären Republikaners
Emmanuele Arène, von den Seinen »König Emmanuele«
genannt.

Antoine hatte mit der Justiz von Ajaccio nichts im Sinn. Sie flößte ihm nur Mißtrauen ein, und dies aus zahlreichen Gründen. Er selbst gehörte zum Clan der ›Schwarzen‹, während die Arène-Anhänger, die in der Überzahl waren, den Clan der ›Weißen‹ bildeten. Und die Minderheit wußte, daß das Unglück stets die Schwächeren traf. Vor allem aber konnte Antoine, Cardaghiola genannt, sich nicht entschließen, seine persönlichen Interessen in die Hände fremder Leute aus der Stadt zu legen. Nicht einmal seinen eigenen Vettern vertraute er sie an. Also konnte er sich erst recht nicht vorstellen, daß Personen, die hundert Kilometer von seinem Dorf entfernt lebten, seine Sache besser vertreten konnten, als er selbst. In ihm aber brannte eine Wut, die ihn verzehrte; sie brannte ihm den Magen aus.

Als er an jenem Abend unter die Decken schlüpfte, faßte er einen schwerwiegenden Entschluß: Bei der nächsten Reise nach Bonifacio würde er ein Gewehr kaufen. Anders ging es einfach nicht mehr weiter.

Am folgenden Sonntag bestieg Antoine sein Maultier Mora und begleitete Julie zum Markt in der Oberstadt von Bonifacio. Während Julie auf dem Markt blieb, um die spärlichen Produkte ihrer Arbeit zu verkaufen, wollte er sich bei einem fernen Verwandten, der im Hafen mit Waffen handelte, nach dem Preis eines Gewehrs erkundigen. Als der Mann ihm die Summe genannt hatte, rechnete Cardaghiola sich aus, daß er mindestens sechs Monate würde sparen müssen, um das Gewehr zu kaufen. Und auch in dieser Frist konnte er sein Ziel nur dann erreichen, wenn die ganze Familie größte Entbehrungen hinnahm. Seine Frau würde den Kauf sicher verstehen. Trotzdem, er mußte noch darüber nachdenken.

Ziu Manzuetu wunderte sich nicht schlecht, als Antoine bei ihm auftauchte. Er bat ihn, Platz zu nehmen:

»Was ist los, Antoine, daß du um diese Zeit zu mir kommst? Hast du Ärger?«

Antoine zögerte. Sein Besuch bei Ziu Manzuetu lief auf eine

Bitte hinaus, und er schämte sich deswegen. Gewiß, der Onkel gehörte zur Familie, aber er repräsentierte auch den gegnerischen Clan. In Gedanken drehte und wendete Antoine seine Worte, um die schwierige Lage, in der er sich befand, so klar wie möglich, jedoch ohne irgendein Zugeständnis, zu beschreiben:

»Nun, Onkel, Ihr wißt von meinem Streit mit den Salvini . . .«

Ziu Manzuetu nickte ernst: »Sie haben dir Unrecht getan, also mußt du dir Respekt verschaffen, das bist du dir schuldig. Im Augenblick geht diese Angelegenheit nur dich allein etwas an. Sollte aber der Name der Culioli in den Schmutz gezogen werden, stehen wir alle hinter dir.«

Antoine sah ihm geradewegs in die Augen und legte beide Hände flach auf den Tisch: »Onkel, ich will ganz offen mit Euch reden; nicht nur, weil Ihr der Familie angehört, sondern auch, weil Ihr zu den weisen Alten zählt. Ihr seid der Reichste unter den Culioli. Keiner von uns besitzt soviel Land wie Ihr. Gott ist Euch gnädig, denn heute bringen der Maquis und die Böden Euch Holzkohle und Reichtum. Ich dagegen habe nur das, was mein Vater mir hinterlassen hat. Bisher war es auch immer genug. Gewiß, wir haben nicht im Überfluß gelebt. Aber ich habe mich nie beklagt. Nicht einmal beim lieben Gott. Ihr wißt, daß ich andere nie um etwas gebeten habe. Ich war immer hilfsbereit, aber Betteln ist nicht meine Art. Nur jetzt, Onkel, jetzt steht meine Ehre auf dem Spiel. Und darüber, Onkel, kann ich mich nicht hinwegsetzen . . .«

Ziu Manzuetu unterbrach ihn:

»Antoine, ich habe dich nie soviel reden gehört. Sei so gut, mach keine Umwege. Mach's genau wie bei der Jagd, Antoine, wie bei der Jagd! Ziel auf den Kopf, dann kannst du sicher sein, daß du dein Ziel entweder erreichst oder auf immer verfehlst.«

Antoine blickte ihm forschend ins Gesicht, aber es schien nicht so, als hätte der alte Mann die Absicht gehabt, ihn zu demütigen; er versuchte wohl nur, dem Jüngeren das Reden zu erleichtern. Antoines Miene hellte sich auf: »Ihr habt schon recht. Aber mir fällt es eben nicht leicht, solche Dinge auszusprechen. Glaubt mir . . .«

Er holte tief Luft.

». . . Ich brauche Geld, Onkel . . . Um mir ein Gewehr zu kaufen . . . Ein gutes Gewehr, damit ich meine Interessen verteidigen kann . . . Aber denkt nur nicht, daß ich mir Geld leihen will. Ich würde dafür arbeiten . . .«

Ziu Manzuetu schob seine Schirmmütze zurück: »Antoine, ich bin gerührt über dein Vorgehen, denn es zeigt großes Vertrauen. Nun hör mir gut zu. Ich werde dir nicht die Schmach antun, dich wie einen Italiener zu behandeln. Du sollst weder den Maquis abholzen noch sollst du Gestrüpp ausreißen. Solche Arbeiten sind eines Culioli nicht würdig. Bau etwas aus Stein, das ist dein Element. In Maracarà haben Wildschweine meine Felder aufgewühlt. Wenn du einverstanden wärest, geeignete Mauern zu errichten, um die Tiere abzuhalten, wäre ich dir sehr verpflichtet. Was meinst du? Ich könnte dir einen Franc für eine Rute Doppelmauer bieten.«

Antoine zögerte nicht, und von Stund an scheute er keine Mühe. Im Schweiße seines Angesichts schleppte er Steine heran, um sie nach uralten Regeln, die auf der Insel seit jeher galten, kunstvoll aufeinanderzuschichten. Morgens bestellte er seine Felder, und nachmittags fügte er den Mauern, die sich endlos durch den korsischen Maquis zogen, ein paar Meter hinzu. Wenn Bäume ihm den Weg versperrten, nahm er seine langstielige Sense und hieb wie wild um sich, ohne Rücksicht auf die Vegetation. Ächzend schlug er Mastixsträuche und Erdbeerpflanzen nieder. Manchmal, wenn er mit dem scharfen Werkzeug die hochaufgeschossenen Zweige der Baumheide traf, krachte es; als wäre ein Schuß aus dem Gewehr gefallen, das er bald besitzen würde. Zu guter Letzt wühlte er den Boden auf, um das segensreiche Felsgestein ans Licht zu holen. Es kam auch vor, daß die Müdigkeit ihn verzweifeln ließ. Aber dann dachte er sogleich an die Salvini und wie es sie freuen würde, wenn er seine Ehre nicht verteidigen könnte. Antoine stellte sich die Schmach seiner Familie vor, und in seinem tiefsten Innern ahnte er die Traurigkeit, die über der Geburt seines Sohnes liegen würde, wenn er jetzt versagte. Beinahe schluchzend vor Wut schlug er mit dem schweren Eisenhammer auf den Granit, bis der rote Schleier vor seinen Augen verschwand.

Antoine hatte Ziu Manzuetu gebeten, Julie den jeweiligen Tageslohn auszuhändigen. Es war Frauensache, sich um das verdiente Geld zu kümmern.

»Sag mir Bescheid, wenn ich die Waffe kaufen kann«, hatte Antoine seiner Frau eines Abends zugemurmelt, ehe der Schlaf ihn überwältigte. Und jede Nacht öffnete Julie den kleinen Ziegenlederbeutel, in dem sie das Geld aufbewahrte. Sie schüttete die Münzen auf den Tisch und zählte sie mit lauter Stimme. Zuletzt haßte sie dieses Ledersäckchen, das für all die Qualen stand, die ihr Mann erlitt. Doch nichts in der Welt hätte sie dazu gebracht, Antoine sein Verhalten vorzuwerfen. Er handelte so, wie er es als Mann für richtig hielt und wie der Ehrenkodex es gebot. Trotzdem steckte maßloses Leid in diesem lumpigen Stück Ziegenleder ... Sobald das Gewehr gekauft war, würde sie den Beutel verbrennen ...

Antoine wußte, daß die Salvini auf den Marktplätzen von Sotta, von Porto-Vecchio und von Bonifacio über seine Ohnmacht spotteten. Wenn er nur daran dachte, packte ihn die blanke Wut – die gleiche Wut, die schon zu zahllosen Inseldramen geführt hatte, die jede Vernunft ausschaltet, und die Gewehre lauter sprechen läßt als den Verstand. Allein auf seinen Feldern schrie er zum Himmel und verfluchte Gott, der ihn so arm erschaffen hatte. Und Chéra, sein Heimatdorf, wartete schweigend; es war ein drückendes Schweigen, fast schon beleidigend. Antoine empfand dieses Ausbleiben aller Vorwürfe als die schlimmste Verurteilung. Früher hatten die Männer wenigstens den *Rimbeccu* gesungen, wenn einer des Weges kam, der gegen den Ehrenkodex verstoßen hatte.

Heutzutage benahmen sie sich wie Zeugen einer Angelegenheit, die sie nichts anzugehen schien.

Julies Bauch wurde immer runder, und die Tante Hebamme, die *Tenidora*, hatte den August des Jahres 1892 als Datum für die Niederkunft vorausgesagt.

»Im Juli muß ich das Gewehr haben«, verkündete Antoine feierlich. Seit einer Woche hatte er daheim kein Wort gesprochen, und auf dem Dorfplatz hatte er sich abgesondert, finster wie eine mondlose Nacht, mit einsilbigen Antworten, wenn ein Nachbar ihn etwas fragte.

Drei Abende hintereinander blieb er vollends von zu Hause fern, und als er endlich wieder auftauchte, sah Julie, daß ihm Tränen aus den Augen sprangen. Ihr Mann wirkte um zehn Jahre gealtert, und seine Wangen kamen ihr unter dem sprießenden Bart noch eingefallener vor als sonst. Dunkle Augenringe ließen den letzten Funken seines Blicks erlöschen. Erschöpft sank er ins Bett. Am nächsten Tag kam Ziu Manzuetu, um Julie den Arbeitslohn zu bringen, und es war eine Art Erstaunen in seiner Stimme, als er sagte: »Ich weiß nicht, wie Antoine das geschafft hat, aber er hat zehn Franc verdient!«

Eine Woche später gab die junge Frau Bescheid, daß die Summe nun endlich beisammen sei. Antoine ballte die Fäuste, und am folgenden Sonntag kaufte er das Gewehr, ohne den schimmernden Münzen die geringste Beachtung zu schenken. Er verschlang die Waffe gleichsam mit den Augen. Soviel Arbeit für dieses Wunderding aus Spanien … Liebevoll strich er mit seinen schwieligen Fingern über das Metall, spannte vorsichtig den Hahn und drückte spaßeshalber ab. Das Knakken freute ihn.

»Und jetzt machen wir eine Runde durch die Nachbardörfer, damit alle wissen, daß Antoine ab sofort seiner Ehre Respekt verschaffen kann.«

Julie ging voran und führte die Zügel, während ihr Mann rittlings auf dem Rücken des Maultieres saß, das neue Gewehr voller Stolz quer über Schulter und Brust gehängt. Er erwiderte die Grüße derer, die ihnen begegneten, indem er mit der flachen Hand den Kolben tätschelte. Endlich war die Stunde der Rache da.

In Chéra hielten sie vor dem Haus von Ziu Manzuetu, der auf die Türschwelle trat, Antoine lächelnd ansah und ihn plötzlich umarmte: »Antoine«, sagte er, »du bist ein echter Culioli. Ich hoffe, daß du es nie mehr nötig haben wirst, für einen anderen zu arbeiten.«

Wie ein Lauffeuer ging das Gerücht in Alta Rocca um: »Cardaghiola hat ein Gewehr. Jetzt sind die Salvini dran; entweder stehen sie die Sache bis zu Ende durch, oder sie weichen zurück.«

Die strengen Gebote der korsischen Ehre verlangten eine Reaktion des gegnerischen Lagers. Um einem Überraschungsangriff vorzubeugen, bezog Antoine sieben Nächte lang vor den umstrittenen Korkeichen Stellung. Er hatte eine Handvoll Patronen gekauft, die er wie kostbare Schätze bei sich trug. So wachte er ganz allein, in eine Decke aus Ziegenfell gehüllt und mit tiefen Augenrändern, die seine Müdigkeit verrieten. Beim leisesten Knacken sprang er auf, jederzeit bereit, den Gegner ins Visier zu nehmen und zu schießen.

Am folgenden Sonntag wurde auf dem Marktplatz von Bonifacio bekannt, daß die Salini es vorgezogen hatten, die Sache vor Gericht zu bringen, als sich Cardaghiolas Schüssen auszusetzen. Die Ehre der Culioli war nicht nur gerettet, sie ging glänzend aus dem Konflikt von Maracarà hervor.

Wenige Tage später gebar Julie ihr Kind. Die *Tenidora*, die sie bei der Niederkunft betreute, hatte vorsorglich ein paar Strähnen vom Haar der jungen Frau verbrannt, ehe sie die rituellen Beschwörungsformeln zum Schutz der Mutter und des Säuglings sprach.

Antoine und die anderen Männer warteten draußen auf dem Platz, flach auf dem Boden liegend, die zusammengerollte Samtjacke statt eines Kissens unter dem Kopf. So harrten sie aus, die Augen verträumt auf den weiten Himmel gerichtet, und sahen den Wolken nach, die der Nordwind vor sich her trieb. Manchmal sagte einer einen halben Satz, dem keine Antwort folgte, außer einem dumpfen Gemurmel, das die Stille untermauerte.

Die Geburt dauerte nur eine halbe Stunde. Drei Frauen hielten Julie fest, während die *Tenidora* das winzige Geschöpf beim Kopf zu fassen suchte. Der blutverschmierte Körper kam mühelos heraus und zog den Mutterkuchen nach. Die Hebamme stemmte das Neugeborene hoch und gab ihm einen kräftigen Klaps: »Sieh nur, wie schön es ist«, sagte sie, während sie es auf den Bauch der Mutter legte.

Julie atmete stoßweise. Gepreßt, beinahe brüllend stieß sie die Frage aus: »Ist es ein Junge? Sagt mir, Zia, ist es ein Junge?«

Mit festem Griff spreizte die *Tenidora* dem Neugeborenen die Beine. Alle vier Frauen gaben ein fast schmerzliches Stöhnen von sich, und ihre Klage schwoll an zu einem wilden Schrei, der aus tiefster Seele kam: »Es ist ein Junge, ein kleiner Junge!«

Mit einem Satz war die *Tenidora* an der Tür: »Julie hat einen Knaben zur Welt gebracht! Gelobt sei der Herr, unser Gott!«

Antoine sprang auf, Tränen des Glücks schossen ihm in die Augen. Er tastete nach dem Gewehr, das neben ihm lag, schob eine Patrone in den Lauf, richtete die glänzende Mündung gen Himmel und drückte ab. Der Knall hallte im Cagnagebirge wider, und das Echo war noch nicht erloschen, als der Vater einen zweiten Schuß abgab. Alle labten sich an diesen Donnerschlägen Gottes, die man wegen der teuren Patronen nur allzu selten hörte. Die Macht der ganzen Welt erbebte für einen Augenblick im Dorf der Culioli. Die Häuser schickten das dröhnende Grollen in die Berge zurück. Noch drei- oder viermal feierte Antoine die glorreiche Stunde. Dann kehrte wieder Stille bei den Culioli ein. Antoine hatte seine ganze Munition verschossen. Gleichsam beschämt, verbarg er das leere Säckchen in der hohlen Hand. Dann ging er selbstbewußt und festen Schrittes nach Hause, um sein Kind zu sehen.

2

Die letzte Jagd von Chéra

Im Haus wie auf den Feldern trug Julie das Baby in einem Tuch auf dem Rücken mit sich herum. Nachts war sie zwar bereit, sich von ihrem Sohn zu trennen, doch sobald der Morgen graute, holte sie ihn wieder zu sich und sang ihm Wiegenlieder vor, die bislang in ihrem Gedächtnis verschüttet gewesen waren. Dominique brauchte nur ein einziges Mal zu schreien, und schon öffnete die Mutter ihr Mieder, um den gefräßigen, feuchten Mund an die Brust zu nehmen.

Antoine hatte kein Verständnis für diese übertriebene Fürsorglichkeit, aber der korsische Mann mischt sich kaum je in die Erziehung der Kleinkinder ein, und so hielt er wohlweislich jeden Kommentar zurück. Eines Abends jedoch wurde Julies Gehabe ihm zuviel: »Du verwöhnst das Kind zu sehr«, sagte er. »Schluß damit. Leg den Kleinen schlafen.«

Julie gehorchte. Es hatte keinen Sinn, sich zu empören. Was konnte ihr Mann schon wissen von den seltsamen Gefühlen, die während der Schwangerschaft in ihr gewachsen und bei der Geburt erst richtig ausgebrochen waren? Eine Mischung aus Schmerz, Erleichterung, Traurigkeit und Verwirrung. Sie sehnte sich danach, wieder schwanger zu sein, noch einmal diese grenzenlose Fülle zu erleben, diese innige Gewißheit, den höchsten Grad der menschlichen Vollkommenheit zu erreichen. Sie wollte noch einmal das Leben in sich wachsen spüren und den Eindruck haben, es dem Schöpfer gleichzutun. Natürlich konnte Antoine das alles nicht nachempfinden. Wie sollte er, der Mann, denn auch nur ahnen, welche Lust

Julie empfand, wenn sie ihr Kind an sich drückte? Dieses kleine Geschöpf faszinierte sie ebenso wie die Flammen eines Herdfeuers an langen Winterabenden. Staunend beobachtete sie das unerklärliche Lächeln um den kleinen Mund, die bewegten Händchen, die obskure Monologe führten, und die winzigen Adern, die sich über das dicke Bäuchlein zogen ...

Nach einem letzten großen Hitzeschub brach unvermittelt der Herbst herein. Die Sonne wurde geiziger mit ihrem Licht, und die Farben verloren an Glanz. Die Gerüche schienen zu erkalten, und selbst der Granit wirkte grauer, beinahe trüb. Die Männer des Dorfes konnten das trockene Gestrüpp im Maquis anzünden, ohne daß Flächenbrände zu befürchten waren: Die Luftfeuchtigkeit hielt die Flammen so sicher in Schach, wie die schützende Hand des Schicksals. Bald roch es überall nach verkohltem Holz, und die Luft erfüllte sich mit jenem schweren weißen Dunst, der die schöne Weihnachtszeit ankündigt. In der Schule von Chéra ließen die Kinder ihren Blick von der schwarzen Tafel des Klassenzimmers abschweifen in eine Welt des Traums und der Verzauberung, eine Welt jenseits der Schulfenster, jenseits der Berge, irgendwo in unbekannter Ferne.

In diese große Ruhe brach plötzlich das Unglück ein. Es war ein Tag, an dem Julie sich den von vier Culioli-Familien gemeinschaftlich genutzten Backofen unter der alten Linde reserviert hatte, einem uralten Baum, von dem niemand mehr wußte, wann er gepflanzt worden war. Den Brotteig hatte Julie schon am Vortag angerührt, damit er über Nacht aufgehen konnte. Morgens mußte sie zuerst den Ofen saubermachen, und als sie damit fertig war, stand die Sonne schon hoch am Himmel. Unter den aufmerksamen Blicken einer ganzen Kinderschar legte sie das Brennholz ein. Brav hatten die Kleinen sich auf den großen Felsen, den Poghiu, gehockt: Sie warteten auf das knusprige Gebäck, das die ›Bäckerin‹ ihnen gewiß nicht vorenthalten würde. Julie befühlte den Teig und fand, daß er gut aufgegangen war. Daran pflegten die Alten die rechte Mischung von Getreide und Schweiß zu erkennen. Zuviel Schweiß, und das Brot roch nach Elend. Zuviel Korn, und es blähte den Bauch.

Auf einmal wurde Julie bewußt, daß ihr Baby ungewöhnlich still war. Über die Schulter zog sie das Tuch nach vorn. Dominique hatte die Augen geschlossen und atmete schwer. Julie wurde schwindelig; sie lehnte sich gegen die Wand des Backofens, küßte das winzige heiße Gesicht und rief flehend: »Wach auf, mein Kleiner! O mein Gott, mach, daß ihm nichts passiert, ich könnte es nicht ertragen . . .«

Einige Frauen waren herbeigeeilt. Bei ihrem Anblick verlor die tränenüberströmte Mutter jeden Sinn für Realität. Sie knüpfte das Tuch auf, das ihr Haar bedeckte, stützte den Kopf in beide Hände und präsentierte ihnen Dominique: »Seht ihn euch an, alle, die ihr da seid. Meinen Sohn, den ich neun Monate in meinem Bauch trug . . . Der Tod will ihn mir nehmen. Was habe ich denn nur getan, daß unser Herr mich so bestraft? Sagt mir . . .«

Sie gab nur noch lange und gedehnte Klagen von sich: »*O lu me tintu, o lu me tiucu . . .* O mein Armer, o mein Kleiner . . .«

Angezogen von dem lauten Wehgeschrei, hatte ein alter Onkel sich genähert, der aber erschreckt über die unwirschen Blicke, denen er begegnete, gleich wieder zurückwich. Die Frauen umgaben Julie mit einem Gemurmel aus mitfühlenden Worten, während ihre Körper sich rhythmisch hin und her bewegten, wie um die Verzweiflung der armen Mutter aufzufangen. Laut schimpfend, machte der Alte sich aus dem Staub.

Julies Ängste steigerten sich von Stunde zu Stunde. Der Säugling reagierte nicht mehr auf ihre Liebkosungen. Drei Heilerinnen standen um ihn herum und versuchten abwechselnd, das Übel zu beschwören. Sie hatten den Kleinen auf die Seite gelegt, damit er nicht an der eigenen Zunge erstickte, und sagten mit monotoner Stimme unverständliche Zaubersprüche auf.

Seit die Neuigkeit in Chéra bekanntgeworden war, wollte das Haus sich nicht mehr leeren. Nur die Männer blieben draußen und kommentierten Antoines Unglück im voraus. Als dieser von den Feldern kam, wußte er schon Bescheid. Ein Vetter hatte ihn bei der Arbeit aufgesucht und ihm alles berichtet, damit er in der Öffentlichkeit eine würdige Haltung wahren konnte. Daheim setzte er sich zu Tisch und aß, ohne den Seinen auch nur einen Blick zu schenken. Dann verließ er den Raum, in den der Tod bereits eingezogen war. Das Schwarz der rußigen Wände ging unterschiedslos in das Schwarz der Kleider über, es zog Menschen und Gegenstände in den Sog absoluter Traurigkeit. Der kleine Junge atmete noch, aber die Resignation nahm alle Geister in Besitz. Antoine entfloh der Trauerstätte, an der man den Tod seines Sohnes besang. Er hatte den Eindruck, daß den Kehlen der dort versammelten Frauen die düsteren Trauerlieder der Klageweiber früherer Zeiten entstiegen.

Bei Einbruch der Nacht schlug er den Weg zum Poghiu ein. Bei dem Felsen blieb er stehen, ließ sich den scharfen Ostwind ins Gesicht wehen und betrachtete die im schwachen Mondschein liegende Ebene von Sotta. Das Zirpen der Grillen, das glanzlose Licht der Sterne und die kühle Luft brachten ihn langsam wieder ins Leben zurück. In seinem Innersten kämpfte der Fatalismus dieser seit Menschengedenken von Krieg und Unglück heimgesuchten Insel gegen einen pochenden Lebenswillen. Irgendeine Kraft trieb ihn, dem Schmerz, der sich in der Magengegend schon eingenistet hatte, zu widerstehen. Er wollte an nichts mehr denken, und vor allem wollte er sich von dem schlangenartigen makabren Tanz, den die Frauen vor dem kleinen Körper vollführten, nicht mitreißen lassen. Dabei wußte er genau, daß der Tod seinen Sohn verschlingen würde. Antoine biß die Zähne zusammen und blickte in den Himmel. Sein Schmerz verwandelte sich in Kraft. Ohne nachzudenken, beugte er sich zur Erde hinab, hob einen Stein auf und schleuderte ihn mit einem gewaltigen Schrei, der in den Bergen widerhallte, gen Himmel:

»*Mai . . .!* Niemals . . .!«

Tatsächlich, das Leben ging weiter. Ein paar Tage später atmete der kleine Dominique immer noch, und seine Vitalität versetzte die alten Frauen in Erstaunen. Man hatte zwar erwogen, den Doktor aus Porto-Vecchio kommen zu lassen, aber der Pfarrer meinte, der liebe Gott sei immer noch der beste Arzt . . . und obendrein auch sehr viel billiger!

Nur ein einziger Onkel brachte den verzweifelten Eltern etwas Trost. Jeden Abend nach Sonnenuntergang kam er bei ihnen vorbei, umarmte Julie und sagte, an Antoine gewandt: »Macht euch keine Sorgen, der Kleine wird nicht sterben.«

Als Julie diese Worte zum erstenmal gehört hatte, war sie dem Onkel fast zu Füßen gefallen. Sie hatte ihn beim Ärmel gepackt: »Wißt Ihr denn, daß er nicht sterben wird? Wißt Ihr es denn wirklich?«

Der Onkel hatte freundlich genickt: »Ich habe nie gelogen, oder? Also glaubt mir ruhig, er wird nicht sterben.«

Ein paar Minuten, aber auch nur ein paar Minuten lang, hatte Julies Herz normal geschlagen, wie vor dem großen Unglück. Diese Szene wiederholte sich jeden Abend. Julie lebte auf, bis der Onkel das Zimmer verließ. Sie versuchte, ihn zurückzuhalten, als hinge das Atmen ihres Kindes von der Gegenwart des alten Mannes ab. Der Onkel löste sich sanft aus ihrem Griff: »Dominique härtet sich ab; das stärkt den Charakter. Er wird nicht sterben. Aber die Familie muß ihm helfen, das Übel zu vertreiben.«

Die erste, die das Rauschen hörte, war Zia Maria, eine Verwandte, die in dem kleinen Dörfchen Saparelli ein abgelegenes Haus bewohnte. Es hieß, sie sei eine *Acciaccadora*, eine Seelenjägerin. Demnach stand sie nachts auf, während ihr zweites Ich schlief. Mit fliegendem Haar und blutroten Augen durchstreifte sie das dürre Land auf der Suche nach verirrten Reisenden, fiel über sie her und saugte ihnen das Gehirn aus. Sie flog durch die Lüfte, über den Berg des Cuscio hinweg, Seite an Seite mit den Unglücksvögeln. Dabei schrie sie alles

Elend dieser Welt hinaus und tötete aus reiner Lust. Die Culioli hatten sie wegen ihrer mörderischen Umtriebe in die Einsamkeit verbannt. Man erinnerte sich noch genau, wie heftig sie anfangs dagegen protestiert hatte. Wie oft hatte sie die schönen Winterabende gestört und versucht, sich verständlich zu machen. Doch angesichts der Tatsache, daß man sie geschlossen zum Schandfleck der Familie erklärte, hatte sie sich schließlich in verächtliches Schweigen gehüllt. Kein Mann nahm sie zur Frau, da jeder fürchtete, er würde ein verhängnisvolles Schicksal auf sich ziehen. Gelegentlich sah man sie mit gesenktem Kopf und krummem Rücken ihre Reisigbündel schleppen. Den Rest des Tages versteckte sie sich hinter ihren Fenstern und spähte in eine Welt hinaus, aus der sie unwiderruflich verstoßen war – die Welt der Menschen. So waren die Culioli denn auch höchst erstaunt, als Zia Maria plötzlich auf dem Dorfplatz erschien. Kinder liefen vor ihr her und streckten ihr spottend die Zunge heraus. Sie irrte durch die Gassen, immerfort die gleichen Worte murmelnd: »Die Frangudini kehren zurück . . . Die Frangudini kehren zurück . . .«

Einige mit Alltagsarbeiten beschäftigte Frauen jagten sie, ohne genau hinzuhören, irritiert davon, damit sie sich unter keinen Umständen dem Hause näherte, in dem der kleine Dominique darniederlag.

Zwei Tage später behauptete Onkel Ziu Antonu, ein *Mazzeru*, eine Art Zauberer also, auch er habe in der Nähe des Oriu, des gewaltigen Felsens, der Chéra überragt, seltsame Geräusche gehört, die er sogar näher beschreiben konnte: »Es hörte sich an, wie wenn ein Fels in sich zusammenstürzt.«

Der Onkel schien von seiner Sache so überzeugt, daß alle ihm glaubten.

»Erinnert euch«, fügte er hinzu, »was die Gründer der Familie erzählten: Das Leben der Culioli wird erlöschen, wenn der Oriu in Staub zerfällt . . . Vielleicht sollten wir doch auf Zia Maria hören.«

Bald wurde das Grollen des Felsens so laut, daß alle es vernehmen konnten. Manchmal ging es im Rauschen des Windes unter, was einige beruhigte. Dann aber hob es sich wieder deutlich von allen anderen Geräuschen ab und stürzte die Culioli erneut in Angst und Schrecken. Es hörte sich an wie eine endlose Steinlawine. Der Ursprung des Bebens war ohne Zweifel der Oriu, aber der Raum, den es erfaßte, weitete sich jede Nacht ein wenig aus. Maßlose Angst hatte die Mitglieder der Familie erfaßt, und abends verschanzte jeder sich in seinem Haus, ohne sich noch um seinen Nachbarn zu kümmern. Die Solidarität ging an dem Höllenlärm zugrunde. Die Frauen waren die ersten, die etwas unternahmen und sich an den Pfarrer wandten: »Ihr seid ein Gottesmann, helft uns . . .«

Segnend breitete der Unglückliche die Arme über den dunklen Gestalten aus, die sich vor ihm auf die Knie geworfen hatten, und überlegte fieberhaft, welche Hilfe die heilige Religion den bedrohten Schafen seiner Gemeinde wohl bringen könnte. Er fühlte sich einfach ohnmächtig – ausgerechnet er, der er seinen Beruf nicht aus purer Berechnung, sondern auch aus Überzeugung gewählt hatte . . . Welchen Rat konnte er dieser von einem rätselhaften Übel befallenen Gemeinde bloß geben? Gewiß, seine priesterliche Macht versetzte ihn in die Lage, eine Art Exorzismus an Heuschrecken zu üben, die ihm während der großen Pflugarbeiten und während der Aussaat von den Männern und Frauen des Dorfes gebracht wurden. Er hatte sich einige Beschwörungsformeln ausgedacht, die geeignet schienen, in die winzigen Köpfe der verwirrten Tierchen einzudringen. Doch im vorliegenden Fall . . .?

Die Frauen hatten sich von den Knien erhoben und bedrängten ihn mit der flehentlichen Bitte: »So tut doch etwas gegen den Dämon, Vater, gegen den Dämon . . .«

Widerwillig erklärte der Pfarrer sich schließlich bereit, den Fuß des Oriu mit einem Eimer Weihwasser zu besprengen, während die Culioli, im Sonntagsstaat versammelt, stotternd ihr »Paternoster« beteten und einige »Ave-Marias« stammelten.

Noch am gleichen Abend aber mußten alle im Dorf wohl oder übel einsehen, daß die Religion machtlos war, denn das Dröhnen schwoll weiter an. Um Mitternacht erhoben sich die Klagelieder der Verdammten.

Am nächsten Sonntag strömte alles, was Culioli hieß, in die Kirche, um Gewißheit für die Ewigkeit zu finden. Der Pfarrer hatte seine Predigt kaum begonnen, als knarrend das Portal aufschlug. Alle Blicke wandten sich dem Eingang zu. In einem Lichtschwall kam Zia Maria herein, die *Acciaccadora*, begleitet von Ziu Antonu, dem *Mazzeru*, ihrem Erbfeind, der ihr stützend den Arm bot. Ein höchst ungewöhnliches Bild, denn seit Menschengedenken hatte Korsika im Bereich der Zauberei nie ein solches Bündnis zwischen Wasser und Feuer erlebt. Sicherheitshalber malten die Culioli sich mit dem Daumen ein flüchtiges Kreuz auf die Stirn.

Zia Maria stellte sich vor den Pfarrer, und ihre scheppernde Stimme hallte durch das Kirchenschiff: »Culioli, in der kommenden Nacht werden die Frangudini unsere Seelen angreifen und uns allesamt vernichten, wenn ihr nicht heute noch zur letzten Jagd aufbrecht, um die vor eineinhalb Jahrhunderten in den Bergen von Sorbollano begonnene Rache zu vollenden. Culioli, euer Geist ist eingeschlafen, während eure traditionsbewußten Ahnen sich in ihren Gräbern wälzten. Die anderen, die Frangudini, haben ihre Waffen mit Dämonen poliert, sie haben das Blut und die Tränen der Ihren nicht vergessen. Die Stunde der großen Marter ist gekommen, furchtbare Tage stehen bevor. Möge der *Rimbeccu* euch bis in die Hölle verfolgen, wenn ihr nicht imstande seid, eure Ehre nach Art der Korsen zu verteidigen. Der kleine Dominique hat versucht, euch auf seine Art zu warnen. Er klammert sich mit aller Kraft ans Leben, und solange ein Odem in ihm ist, mögen die Culioli sich noch Menschen nennen. Gesegnet sei der Kleine für seine Hartnäckigkeit. Und ihr, ich rate euch, nehmt den Kampf heute abend an . . .«

Der Pfarrer wandte sich ab. Diese Vendetta ging ihn nichts an. Sie war Sache der Culioli: Er selbst war schließlich nur ein Diener Gottes!

Von den Emporen kam zustimmendes Gemurmel. Die Männer erhoben sich.

»Es ist jedenfalls besser, kämpfend zu sterben«, hörte man sie sagen.

Schwerer Nebel hatte sich über die Vorberge der *Mezza-Muntagna* gelegt und zog in dichten Schwaden über den Maquis, nur hier und dort vom hellen Licht des Vollmondes durchbrochen. Gelegentlich entriß der Wind ihm ein paar Fetzen und trieb sie durch die Gassen von Chéra, ohne die klare Luft hier oben, wo der Oriu die Wiege der Culioli überragte, dauerhaft zu trüben. Als die *Acciaccadora* am Arm des *Mazzeru* auf dem Dorfplatz erschien, waren die Berge und die Ebene unter einer endlosen Nebeldecke verschwunden. Der Zauberer trug ein Bündel frischer Weinreben auf dem Rücken, die er dem Boden des Corbu gerade erst entrissen hatte. Um die Enden hatte er Affodillranken geschlungen. Herausfordernd ließ er das Bündel vor Antoines Haustür fallen: »Bedient euch, Männer der Familie. Diese Keulen sind immer noch das beste Mittel im Kampf gegen die Gespenster. Also bewaffnet euch und schlagt mit wuchtigen Hieben auf die Geister ein, die unsere Seelen wollen . . .«

Normalerweise hätte gewiß irgendein Culioli seine Witze darüber gemacht. Aber in dieser Schreckensnacht war die Angst stärker, und niemand war zu Scherzen aufgelegt. Zia Maria, schwach und wankend wie ein Schatten, stellte sich vor die Schar ihrer Angehörigen und deutete auf den Oriu, dessen riesenhafte Gestalt sich wachend über dem Dorf erhob: »Culioli, macht euch auf eine lange Nacht gefaßt. Ihr wißt es ebensogut wie ich. Die anderen, die Frangudini, halten sich dort oben versteckt. Allein werden wir Lebenden nicht mit ihnen fertig, denn sie haben die Grenzen des Zeitlichen durch ihre Rache und durch ihr Gedächtnis längst überschritten.

Darum folgt mir, meine Anverwandten. Kommt mit, wir wollen Hilfe holen.«

Immer noch am Arm des Zauberers, machte Zia Maria sich auf den Weg zum Poghiu. Bohrend starrte sie in den Nebel. Ihre Augen glänzten unter den faltigen, vom Alter gezeichneten Lidern. Sie warf den Kopf nach hinten und riß das Trauertuch herunter, so daß ihr weißes Haar wallend über die Schultern fiel und den welken Körper mit einer fast obszönen Schönheit umgab.

»Culioli, endlich sind wir wieder vereint, die Gestrigen und die Heutigen. O meine Nächsten, die ihr vom gleichen Fleische seid, mögen die Ahnen euch den Preis des Blutes und der Rache lehren, denn sie, die uns beistehen, haben die Grausamkeit der Frangudini am eigenen Leibe erlebt . . .«

Mit verdrehten Augen und mit monotoner Stimme sang sie Lieder vom Tod und der Vendetta. Dann hob sie plötzlich ihre Waffe: »Und jetzt, Männer der Familie, auf die Jagd . . .«

Geräuschlos waren die Seelen der Toten mit dem Nordwind gekommen und hatten sich zu den Lebenden gesellt. Gestärkt durch diesen schützenden Beistand stürmte die Meute los. Fiebernde Blicke bohrten sich in die Dunkelheit, um die körperlose Spur der Feinde zu entdecken. Und Zia Maria, die Verstoßene, die Verbannte, führte die Familie mit neuen Kräften an.

Die Männer hatten aufgehört zu denken. Auch fühlten sie nichts mehr, und ihre Augen waren beinahe blind. In ihnen aber loderte ein Feuer, so alt wie diese Welt. Besessen verfolgten sie ein einziges Ziel: Die Frangudini zu vernichten. Eine unwiderstehliche Gewalt hatte sich ihrer bemächtigt.

Am Fuß des Oriu schwang Zia Maria ihre Waffe und durchfurchte die Finsternis mit einem schneidenden Hieb. Der Kampf gegen die unsichtbaren Feinde war eröffnet, und die fünf Winde von Chéra hatten sich erhoben. Das Stürmen und Heulen war für Lebende und Tote eine würdige Kriegsmusik. Keuchender Atem begleitete den gnadenlosen Kampf. Dann hallte ein gellender Schrei durch die Nacht, ein einziger Aufschrei, der wie einer aus vielen Kehlen kam: Auf den Felsvorsprüngen sah man leichtfüßig hüpfende Gestalten, die sich plötzlich in den Maquis stürzten. Die Frangudini ergriffen die Flucht.

»Machen wir der Vendetta ein Ende«, flüsterte Zia Maria so laut, daß alle es hörten. »Ein jeder töte, was er töten kann.«

Aufs Geratewohl stürmten die Culioli los. Zweige schlugen ihnen ins Gesicht und rissen an ihren Haaren. Aber sie rannten, was das Zeug hielt, sie rannten um ihr Leben. Manchmal huschte ein Lächeln über ein zerfurchtes Gesicht. Bärte verfingen sich im dornigen Gestrüpp. Aber die Männer liefen weiter, ohne Rücksicht auf Schmerzen und Verletzungen. Die Vendetta verlieh ihnen übernatürliche Kräfte. Unter den zerfetzten Kleidern waren blutige Wunden zu sehen.

Erst bei Sonnenaufgang hielten die eifrigen Kämpfer inne. Die Hitze des anbrechenden Tages ließ ihre Wut dahinschmelzen und die Verbissenheit weichen. Halbtot vor Müdigkeit, fanden die Männer sich nach und nach auf dem Dorfplatz ein. Trotz der tiefen Augenringe sprach vollkommene Freude aus ihren Gesichtern. In der Ferne tauchte eine Prozession auf. Es waren die Frauen, die aus der Kirche kamen, in der sie sich die Nacht über eingeschlossen hatten. Sanft, ohne ein Wort zu sagen, umfingen sie die Männer und führten sie nach Haus.

Der Tradition gemäß hatte Julie angefangen, dem kleinen Dominique ein Leichenhemd zu sticken. Sie wollte nicht, daß sein Körper ohne etwas, was ihn von den anderen Verstorbenen unterschied, ins Gemeinschaftsgrab geworfen wurde. Sie legte ihre ganze schmerzliche Verzweiflung in diese Handarbeit und hatte gerade mit dem Saum begonnen, als sie den Kleinen schreien hörte. Auf der Stelle ließ sie das Nähzeug fallen und stürzte in das Zimmer, in dem Dominique schlief. Er lag weinend in seiner Wiege und schlug wie wild mit den

Fäusten um sich. Zitternd fühlte die Mutter seine Stirn. Das Fieber war gewichen.

Am gleichen Tag noch gingen Antoine und seine Frau in die Kirche, um dem lieben Gott zu danken, daß er ihr Kind gerettet hatte. Sie zündeten ein paar Opferkerzen an. Anschließend besuchten sie den Onkel, der sie durch sein Vertrauen ermutigt hatte.

»Aber wie habt Ihr es nur wissen können?«

Der Onkel strich sich über den Schnurrbart: »In der Nacht, als der Kleine krank wurde, habe ich geträumt, daß ich beim Brunnen spazierenging. Plötzlich entdeckte ich eine Wildsau mit sieben Jungen. Ich lief hin und nahm einen Frischling auf den Arm. Das Tier strampelte aus Leibeskräften, um mir zu entkommen. Da versuchte ich, es zu erwürgen. In diesem Moment aber nahm es das Aussehen eines kleinen Kindes an, das wie Dominique aussah. Erschreckt ließ ich es los. Zuerst noch unsicher auf den Beinen, fand es bald sein Gleichgewicht wieder und lief zu seiner Mutter. Von da an wußte ich, daß Dominique überleben würde.«

Trotz der Besserung, legten die Culioli vorsichtshalber Geld zusammen, um Dominique von dem Doktor in Bonifacio abhorchen zu lassen. Alle, die es irgend möglich machen konnten, begleiteten die Mutter und den Kleinen. Die Gesundheit dieses Kindes war für die ganze Familie von entscheidender Bedeutung. Es verdiente jede Aufmerksamkeit.

Auf dem Marktplatz von Bonifacio hatten die Männer nur ein Thema im Sinn: die Affäre von Guagnu. Bei den Bezirkswahlen von Soccia am 25. September des Jahres 1892 war einer der Kandidaten mit seinem Clan in die Gemeinde Orto gezogen, um den ordentlichen Ablauf der geheimen Abstimmung zu verhindern. Einige Gendarmen waren auf die unglückselige Idee gekommen, diesen aufgebrachten Wählern den Weg zu versperren. Daraufhin waren Schüsse gefallen, und zwei Gendarmen getötet worden. Jetzt saßen vierundvierzig Männer aus Guagnu im Gefängnis und warteten auf ihren Prozeß in

Bastia. Die Angelegenheit hatte auf der ganzen Insel für beträchtliche Aufregung gesorgt, denn allmählich setzten sich vornehmere Sitten durch. Die Bergbewohner und die Leute aus dem Hügelland mochten für die gewalttätige Reaktion noch Verständnis haben. Die Städter aber mißbilligten sie einhellig und schrieben den Vorfall der regionalen Rückständigkeit zu. Die Chéraner warteten auf dem Platz, ohne sich groß in die erregten Gespräche einzumischen: Im Vergleich zu dem, was sie bewegte, erschien die Affäre von Guagnu ihnen fast ein wenig lächerlich.

»Und wer wird von unserer letzten Jagd erzählen?« fragte einer der Jungen aus dem Dorf. »Schließlich haben wir eine Vendetta geführt, die wirklich so war, wie die Alten es wollten.«

Julie hatte ihren Sohn in eine Decke aus Ziegenfell gehüllt und war im Haus des Arztes verschwunden. Als sie endlich herauskam, wurde sie mit Fragen überschüttet:

»Nun, was sagt der Doktor? Was hat der kleine Dominique?«

»Der Doktor weiß es selbst nicht recht. Er sagt, der Körper sei wohlauf, nur die Seele mache einen matten Eindruck. Es könnte aber Typhus gewesen sein, diese Seuche, von der es heißt, daß so viele daran sterben. Jedenfalls muß man in Zukunft besonders vorsichtig mit ihm sein.«

3

Grüne Gerste

Julie schenkte ihrem Mann noch eine Tochter, dann einen zweiten Sohn, der den Vornamen Xavier erhielt, und schließlich brachte sie nacheinander drei weitere Mädchen zur Welt. Um so viele hungrige Mäuler zu ernähren, mußte Antoine härter arbeiten als je zuvor. An sich war seine große Familie nichts Ungewöhnliches, denn im Dorf gab es zahlreiche Haushalte mit über zehn Kindern. Aber die Böden, die ihm gehörten, warfen so wenig ab, daß er nunmehr bis zur Dämmerung auf den Feldern bleiben mußte. Von morgens bis abends schob er den Pflug, riß Zistrosen aus und verfluchte die Granithöcker, die wie bösartige Geschwülste aus der Erde ragten. Trotz allem trug er sein mühsames Los mit stoischer Geduld, ungeachtet der peinigenden Rückenschmerzen und des leeren Gefühls im Magen: Seit der Kindheit kannte er nichts anderes. Dennoch, fünf Mädchen ... Warum hatte Gott ihn so reichlich mit dem weiblichen Geschlecht gesegnet? Er liebte die Kleinen von ganzem Herzen, aber bei aller Liebe waren es eben fünf Töchter, die alle verheiratet werden mußten! Er starrte auf den Boden, und die Angst schnürte ihm die Kehle zu. Wie sollte er aus dieser Wildnis je das Geld für eine Mitgift schöpfen? Manchmal hoffte er insgeheim, das *Porcufanu* würde ihm erscheinen, jenes imaginäre Tier, das einem Ruhm und Reichtum brachte – vorausgesetzt, daß man es tatsächlich sah. Wie ein Kind schloß er die Augen und wünschte sich das Wunderschwein herbei.

Zum Glück machten die beiden Söhne ihm nur Freude. Er war

36

stolz auf sie, besonders auf den älteren, Dominique, den der Lehrer wegen seiner Leistungen in der Schule fast täglich lobte. Und das Allerschönste: Dominique brachte bessere Noten mit nach Hause als die Kleinen von Ziu Manzuetu. In Antoines Familie galt das Prinzip, daß die Kinder etwas lernen sollten. Unter keinen Umständen wollte Antoine miterleben, daß seine Söhne ihre Gesundheit auf den Feldern vergeudeten. Die Pflugarbeit brachte zu viel Mühsal und zu wenig Geld.

Was das anging, war übrigens ganz Korsika im Wandel begriffen. Die am besten ausgebildeten Kinder der Insel strebten meistens eine Verwaltungslaufbahn an, was immer das bedeuten mochte. Manche fanden sich als Pfarrer wieder, andere landeten beim Militär, oder sie wurden eben Lehrer. Die Sicherheit eines regelmäßigen Gehalts lockte die jungen Korsen immer mehr. Antoine besaß zu allem Überfluß eine ausgesprochene Liebe zur Schrift. Mühsam hatte er gelernt, seinen Namen zu schreiben, denn in seinen Augen war ein ungebildeter Mensch ein Schandfleck für die ganze Familie, und es stand fest, daß seine Söhne den königlichen Weg der Administration einschlagen würden, auch wenn er sich zu Tode plagen mußte, um die langwierigen Studien zu bezahlen. Nur die Töchter blieben ein Problem . . .

Dominique war ein beeindruckend ernsthaftes Kind. Offenbar hatte die Krankheit ihn früh reif werden lassen. Von schmächtiger Gestalt, trat er im Dorf wie ein Erwachsener auf. Der abwägende Blick, mit dem er Menschen und Dinge betrachtete, war so verständig, daß es schien, als hätten die Tore der Kindheit sich für immer hinter ihm geschlossen. Sobald ein Onkel oder ein anderes Kind die geringste Anspielung auf sein jugendliches Alter machte, zog er ein verdrießliches Gesicht, und bittere Falten zeigten sich auf seiner Stirn. Manchmal hatte Julie das Bedürfnis, ihn zu streicheln oder ihn wenigstens anzufassen, um sich zu vergewissern, daß dieses alterlose Wesen tatsächlich das gleiche war, das sie einst mit ihrer ganzen Liebe umsorgt hatte. Aber Dominique schaute sie dann immer nur ernst und befremdet an, als wäre er enttäuscht von soviel Oberflächlichkeit.

Der kleine Xavier hingegen nützte die mütterlichen Enttäuschungen weidlich aus. Schamlos hängte er sich an Julies Rockzipfel und schmuste endlos mit ihr herum, immer darauf bedacht, die süßen Liebkosungen in die Länge zu ziehen. Wie ein schnurrendes Kätzchen streifte er mit seinem Hälschen die mütterliche Hand:

»Mama, kratz mir den Rücken. Nicht hier, weiter rechts, nein, etwas weiter links. Ja, da . . .«

Die Jahrhundertwende hatte das Alltagsleben von Korsika kaum verändert. In Chéra hatten die Kinder eine Puppe aus Strohblumen verbrannt und waren im Kreis um die rauchende Asche gehüpft. Anschließend hatte der Lehrer ihnen eine kleine Rede über die Vorzüge des Fortschritts gehalten und sie über die Hoffnungen aufgeklärt, die in dem neuen Zeitalter lagen: Mit den Worten »möge das zwanzigste Jahrhundert Elsaß und Lothringen in den Schoß der Nation zurückführen«, hatte er seinen Vortrag rührselig und mit zitternder Stimme vor einer Versammlung gelangweilter Eltern beschlossen.

In der ganzen Region von Alta Rocca gab es tatsächlich nur wenige, die sich aktiv für die Zukunft Frankreichs interessierten, ganz zu schweigen von der Zukunft Korsikas! Die Clans würden die Jahrhunderte schon überdauern – davon ging man aus, und das war für die Leute vom Lande auch weiterhin die schönste Hoffnung: Wie der Granit in den Bergen von Alta Rocca würden sie den Veränderungen der Welt widerstehen.

In Corte hatte die »Fédération des syndicats d'initiative« den Kampf gegen das Elend auf der Insel angetreten. Ihr Präsident, Sylvestre Frasseto, setzte Himmel und Hölle in Bewegung, um Korsika aus der Sackgasse zu führen. Er stellte die Abgeordneten zur Rede. Eine Zeitlang wurde sogar die Gründung einer korsischen Partei erwogen. Frankreich war hier erst hunderteinunddreißig Jahre alt.

Auf allen Dorfplätzen und auf allen Märkten wurde heftig über diese Themen debattiert, denn die beiden großen Leidenschaften der Korsen waren immer noch Spiel und Palaver. Auch die Culioli versammelten sich an den freien Abenden, um die Neuigkeiten der Woche zu diskutieren. Ziu Manzuetu und seine Leute traten eifrig für die Maßnahmen des Arène-Clans ein, während Antoine verächtlich mit den Schultern zuckte: »*Baccalà pa'a Corsica*: Aller Abschaum für Korsika. Ja, reinen Abschaum hat die Arène-Verwaltung uns gebracht. In unserem Land ist alles korrupt und verdorben! Ihr habt gut reden, aber wer kümmert sich denn eigentlich um unsere Angelegenheiten? Eure französischen Abgeordneten etwa? Glaubt ihr das wirklich? Glaubt ihr, die würden uns die Kochtöpfe füllen?«

Antoine hatte schlaflose Nächte. Die Felder trugen einfach nicht. In einem Jahr hatten sie nur fünf Zentner Gerste pro Hektar eingebracht. Und es war eine Menge Arbeit, einen Hektar Land zu roden, ihn zu pflügen und ihn einzusäen. Trotzdem war es Antoine bisher immer gelungen, mit allem fertig zu werden. Die Geburt der kleinen Françoise im Jahre 1902 aber brachte das Faß zum Überlaufen. Der lange Winter machte das Unglück vollständig, denn die Vorräte im Kornspeicher gingen zur Neige. Eines Abends faßte Cardaghiola den Entschluß, um Hilfe zu bitten: »Oh, Dûme, würdest du mir morgen auf den Feldern helfen?«

Der Junge saß wie versteinert auf der Bank. Dann begann er so zu zittern, daß es kaum mit anzusehen war. Er schluckte, die Worte blieben ihm wie Fischgräten im Hals stecken: »Gewiß doch, gern . . .«

Dann, etwas gefaßter: »Ja, ich komme mit.«

Mit einer Geste bat Antoine seinen Sohn zu sich an den Tisch: »Dann iß«, sagte er. »Morgen müssen wir früh aufstehen.«

Julie protestierte nicht. Wenn ihr Mann beschlossen hatte,

seinen kaum elf Jahre alten Sohn um Hilfe zu bitten, mußten die Umstände wohl danach sein. Der Verkauf von Käse, Milch und Eiern auf dem Markt von Bonifacio reichte – auch wenn ein paar getrocknete Feigen hinzukamen – nicht mehr aus, um den Geldbeutel einer Familie mit neun Kindern zu füllen.

Und Antoine konnte das Gefühl der Schande nicht länger ertragen. Die Korsen waren zwar Meister in der Kunst, Leiden und Todesängste zu ertragen, aber für den Hunger empfanden sie größte Verachtung. Was konnte ein Mann schon wert sein, wenn er nicht imstande war, dem Boden das tägliche Brot für die Seinen abzuringen? Ein Haus, aus dem das Weinen eines hungrigen Kindes drang, war auf Generationen verflucht. Schlimmer noch, Schmach und Schande bedeckte die ganze Familie. Wenigstens der Schein mußte gewahrt werden, der äußere Schein – ein lichtes Gewand, unter dem sich allzuoft das Leichenhemd des Elends verbarg.

Schlaftrunken schlang Dominique die Arme noch fester um die Hüften seines Vaters. Die regelmäßigen Bewegungen des Maultieres lullten den Jungen wieder ein. Er schmiegte die Wange an die dicke Samtjacke, und während er sich so wiegen ließ, genoß er den einzigartigen Moment, in dem er seinen Vater ganz für sich allein hatte.

Er kniff die Augen so fest zusammen, daß der Schmerz ihn aus seinen Träumen riß. Ein beruhigender Geruch stieg ihm in die Nase. Ein undefinierbares Gemisch aus altem Stoff, Schweiß und tausend anderen Düften, die sich in die Alltagskleidung eingenistet hatten und die Gesetze des Wohlriechenden und des Übelriechenden außer Kraft setzten: Der Geruch des Vaters, seines Vaters.

Dünne Zweige schlugen ihm ins Gesicht, und der eiskalte Tau machte ihn vollends wach. Der Sohn begann, seinem Vater Fragen zu stellen. Und Antoine antwortete mit jenem Grummeln, das in Korsika oft mehr bedeutet als lange Sätze.

Als sie dann bei der Arbeit waren, wechselten sie kein Wort

mehr. Während der Erwachsene mit einer Hacke den Boden lockerte, holte der Junge kniend die Steine heraus und schleuderte sie so weit er konnte fort. Manchmal stand er auf, wechselte den Standort und machte sich dort in der gleichen Weise über die Steine her. Wenn die Müdigkeit ihn überkam, suchte er den Blick des Vaters, um alsdann ermutigt seine Arbeit fortzusetzen.

So ging es den ganzen Tag fast ohne Unterbrechung, denn die beiden gönnten sich kaum die Zeit, ein Stück Brot mit etwas Speck hinunterzuschlingen. Um nicht einzuschlafen, spannte Dominique zwischendurch alle Muskeln seines Körpers an. Als die Sonne unterging, nahm Antoine ihn in die Arme und trug ihn zu dem Platz, wo das Maultier wartete. Der Junge schlief mit geballten Fäusten, die Daumen in der geschlossenen Hand – wie ein Säugling.

Julie fand seinen erschöpften Zustand beunruhigend. Doch kaum hatte Antoine die Arbeitsjacke ausgezogen und sich zu Tisch gesetzt, kündigte er ohne Umschweife an:

»Heute abend ißt Dominique mit mir, und so wird es nun immer sein.«

Nachdenklich sah Julie ihn an: »Soll ich den Onkel Schuster bitten, daß er ihm Schuhe näht?«

Antoine zögerte: »Nein, das nicht, dafür ist er noch nicht alt genug. Er kann barfuß gehen, wie die kleinen Jungen und die Frauen.«

Die gemeinsamen Anstrengungen des erwachsenen Mannes und des Kindes reichten nicht aus. Eines Morgens kratzte Julie die letzten Körner der vergangenen Ernte zusammen. Sie teilte Antoine den Stand der Dinge mit – eine traurige Nachricht.

»Das neue Korn ist erst in einem Monat ausgereift«, bemerkte er.

Dann ging er hinaus, um mit seinen Gedanken allein zu sein.

»Mein Vater, mein Großvater und alle früheren Oberhäupter der Familie haben ihre Kinder auf ehrenwerte Art ernährt. Ich muß es schaffen, genau wie sie. Ein Culioli bettelt nicht, niemals«, murmelte er. »Morgen abend werden die Frauen und Xavier so viel Gerste und Weizen schneiden, daß es für einen Monat reicht . . .«

Er ließ Julie seine Entscheidung wissen. Xavier war der einzige, der protestierte: »Und warum sollte ich mit den Frauen gehen? Dominique darf jeden Abend mit Euch essen. Und ich, ich soll heimlich mit den Frauen zum Getreideschneiden auf die Felder gehen. Das ist ungerecht.«

Aufgebracht, mit wutverzerrtem Gesicht, bot er seinem Vater die Stirn. Dieser beugte sich zu ihm herab: »Hör zu, mein Sohn. Erstens sollt ihr den Weizen und die Gerste nicht heimlich schneiden; das würde ja bedeuten, daß wir Diebe wären. Ihr sollt das Korn unreif ernten, weil unsere Ehre es gebietet. Zweitens muß ich dich fragen: Wenn du nicht mitgehst, um die Frauen anzuführen, wer tut es dann?«

Xavier neigte den Kopf zur Seite, und nach einer Weile richtete er sich lächelnd auf: »So ist es in Ordnung. Das ist ehrenwert für mich.«

Zwei Tage später ließ Julie sich einen Platz im Backofen freihalten. Ihre Brote gingen nicht auf wie die ihrer Cousinen; sie blieben flach wie große Fladen. Aber niemand machte sich darüber lustig: Cardaghiola und die Seinen hatten den Schein gewahrt.

4

Dominiques Erinnerungen

Für Dominique hatten Gewohnheiten den Stellenwert allgemeingültiger Prinzipien, die er innerhalb der Familie streng durchzusetzen versuchte. Eifersüchtig wachte er über die Seinen und machte ihnen das eigene Modell zum Vorbild. Die geringste Abweichung von seinem inneren Reglement rief befremdetes Erstaunen, Zorn und schließlich Herablassung bei ihm hervor. Die Unverschämtheit einer unbedachten Handlung versetzte ihn in Empörung. Er verstand nicht, daß man sich weigern konnte, etwas zu tun, was ein für allemal festgelegt war, und daß nicht jeder sich einer strengen Lebensdisziplin unterwerfen wollte. Er selbst war gern bereit, jedem Andersdenkenden eine moralische Lektion über die Prinzipien und ihren unvergleichlichen Wert zu erteilen. Dabei jonglierte er mit rousseauistischen Erklärungen, würzte sie mit einer Prise Voltaire und überzog das Ganze mit ein paar Gedanken des utopischen Sozialismus über die notwendigen Zugeständnisse bei jeder Art von Gemeinschaftsleben. Dieses System enthielt ein ungeheures Paradox: Es vernichtete das Individuum zugunsten der Familie, verlieh ihm aber gleichzeitig eine gewisse Sicherheit, ja sogar ein Vertrauen in die Zukunft.

Als Dominique in den Ruhestand kam, begann er mit der Niederschrift seiner Erinnerungen, wie er es nannte. Von Memoiren wagte er nicht zu sprechen: »Memoiren sind eine ernste Sache«, pflegte er zu sagen. »Und was habe ich schon Ernstes zu berichten? Nichts außer dem, was mich selbst betrifft. Im übrigen ist es mir gleich«, fügte er erklärend hinzu, »was ihr mit den Papieren macht, wenn ich erst einmal unter der Erde bin.«

Sein Schamgefühl hinderte ihn, wie jeder andere für sich in Anspruch zu nehmen, daß er gern um seiner selbst willen und nicht nur als Familienoberhaupt anerkannt worden wäre: Zu diesem Schritt konnte er sich nicht überwinden.

Allem Anschein nach waren die einsamen Aufzeichnungen das einzige, was er je für sich selbst getan hatte. Aber auch hier hinterließ die Gewohnheit ihre Spuren. Ehe er sich an die Arbeit machte, legte er sein Werkzeug zurecht: Tinte, Löschblatt und Papier. Mit präzisen Handbewegungen stellte er jedes Ding an seinen Platz, ausgewählt nach geheimnisvollen Kriterien der Effektivität. Dann setzte er seine Lesebrille auf, den Blick schon fest auf die leere Seite des Schreibheftes gerichtet. Behutsam griff er mit den Fingerspitzen nach einem hölzernen Federhalter, steckte eine harte Stahlfeder vom Typ Sergent-Major hinein, streckte den Arm aus und vergewisserte sich, daß an der Spitze kein Stäubchen hing. Erst dann fing er an zu schreiben. Nie hielt er inne, um nachzudenken. Es sah aus, als schriebe er – bedächtig wie ein mittelalterlicher Mönch – einen klar vorformulierten Gedanken auf.

Wenn eines der Enkelkinder sich in die Schreibstube verirrte, hielt Dominique schützend die Hand vor sein Heft, wie ein ›Streber‹ in der Schule. Dann aber besann er sich und lehnte sich zurück. Entspannung trat auf sein Gesicht. Er fixierte den Eindringling und sagte mit kaum hörbarer Stimme zum hundertsten Mal: »Was ich da schreibe, werdet ihr bei eurem Erbe finden, neben dem ganzen Ackerland. Macht damit, was ihr wollt. Wenn ihr Lust habt, könnt ihr es sogar verbrennen … ich bin dann sowieso schon tot. Also …«

Er hatte den Zusammenhang zwischen den beschriebenen Seiten und seinem eigenen Tod so oft hervorgehoben, daß alle seine Nächsten die Hefte wie ein Symbol des Unheils mieden. Schon das Wort ›Heft‹ klang nach einem Testament.

1975 machte die »Action pour la renaissance de la Corse« von sich reden: Angeführt von Doktor Edmond Siméoni besetzte ein Kommando der Automistenbewegung in Aléria den Keller eines Repatriierten. Es kam zu einer Schießerei, bei der es unter den Gesetzeshütern Tote gab. Das traditionelle Korsika, das nicht zugrunde gehen wollte, hatte die Bühne der Politik, der Gegenwartsgeschichte, auf seine eigene Art betreten. Das Vorgehen von Doktor Siméoni rüttelte das Volk der Insel auf. Wenn ein Arzt ein solches Risiko einging, mußte das ernste Gründe haben. Die Unruhen in Bastia, ebenfalls geprägt vom gewaltsamen Tod eines Polizisten der C.R.S., ließ Korsika endgültig erwachen. Die jahrhundertealte Gewalt stellte sich der versteckteren Gewalt des Staates entgegen. Die Autonomisten prangerten Clans, Betrüger und Banken an. Sie forderten die Anerkennung des korsischen Volkes. Bis dahin hatte man sie für versponnene Träumer gehalten. Erst mit dem Gewehr konnten sie sich Gehör verschaffen.

Wie überall auf der Insel, gingen auch in Chéra die Meinungen auseinander. Anders hätte es übrigens in diesem Land der tiefen, organisch zur Natur gehörigen Kontraste auch gar nicht sein können. Die unterschiedlichen Beurteilungen des Dramas von Aléria hatten indes keinen Einfluß auf das Ansehen der Clans. Wer mit den Forderungen der Autonomisten übereinstimmte, konnte bei Wahlen durchaus für den Clan eines Jean-Paul de Rocca Serra oder für die Linksradikalen stimmen. Die konzentrischen Kreise der Inselpolitik hatten damit nichts zu tun. Xavier stand Edmond Siméoni von Anfang an feindlich gegenüber. Er, der mit allen Fasern für ein französisches Korsika eintrat, verdächtigte den Autonomistenführer, ein italienisches Korsika anzustreben. Ganz anders Dominique, der nicht umhin konnte, tiefe Bewunderung für den inhaftierten Siméoni zu empfinden. Und so wollte er jetzt noch leidenschaftlicher als zuvor bezeugen, wie das Leben auf Korsika in seiner eigenen Jugend ausgesehen hatte.

Schreiben ... Bezeugen ... Vom Vergessen bedroht, schrie das

Land seine Angst hinaus, blieb aber weiterhin in einer Kultur der mündlichen Überlieferung befangen, die unvermeidlich mit den Individuen verschwinden würde. Die Autonomisten hatten ein Gedicht aus der Vorkriegszeit als Hymne gewählt, geschrieben von einem Anführer der alten korsischen Autonomistenpartei, die sich Mussolini angeschlossen hatte. Dieses Gedicht trug den Titel *U Culombu*, so nämlich hieß die große Seemuschel, die die Bergbewohner einst benutzten, um Sturm zu läuten. In einer Strophe beklagt der Autor das Vergessen. Das Vergessen der Geschichte, aber auch das Vergessen der Seinen, sinnfällig geworden durch die endgültige Abwanderung vieler Korsen auf den Kontinent. Dominique hatte die Zerstreuung seiner Familie miterlebt. Die Kinder konnten die Sprache der Insel bereits nicht mehr sprechen. Sie würden sie vergessen. Manchmal starrte Dominique in den Himmel, diesen Himmel, unter dem er großgeworden war und den er in seiner Kindheit für das Symbol der Ewigkeit gehalten hatte. In solchen Momenten überkam ihn ein bedrohliches Gefühl der Einsamkeit. Jeden Sommer während der Ferienzeit versammelten die Culioli sich wieder in ihrem Dorf. Aber was verband sie eigentlich noch? Welten standen zwischen ihnen: die Berufe, die Pläne, ja einfacher noch, das Leben selbst. Den Winter über blieben nur achtzig Personen da, meist Alte, die abhängig waren von Briefen und Geldanweisungen, die der Postbote brachte. Das eigentliche Leben, das lebendige Leben, das seine Versprechungen hält, spielte sich jenseits des Meeres ab, auf dem Kontinent.

Dominique suchte nach den richtigen Worten – er, der sich nie jemandem anvertraut hatte. Eines Tages, gegen Mittag, kam ich ohne Vorankündigung mit dem Flugzeug aus Paris, um ihn zu besuchen. Früher hatte Großvater nicht viel für solche Überraschungen übrig gehabt. Aber jetzt, wo er alt war, freute er sich über jede Verrücktheit, die er damals heftig bekämpft hätte. Was mich betrifft, so war ich nicht nur zum Vergnügen gekommen, nicht nur, um mir ein paar schöne

Tage mit ihm und Großmutter zu machen: Ich brannte darauf, die Hefte zu lesen, an denen er nun schon zwanzig Jahre schrieb. Anfangs weigerte er sich, sie herauszugeben. Wie oft hatte er den Zusammenhang zwischen diesen Erinnerungen und seinem Tod hervorgehoben! Jetzt suchte er einen Weg, ja zu sagen, ohne daß es den Eindruck machte, er hätte seinen Entschluß zurückgenommen. Ich ermahnte ihn immer wieder, trug tausend Argumente vor. Er wollte darüber nachdenken, legte sich die ganze Nacht nicht schlafen und rückte statt dessen die Möbel zurecht, unruhig wie ein eingesperrtes Tier. Dann nahm er plötzlich die Hefte und kam nach oben, wo ich schlief. Ganz leise, um mich nicht aufzuwecken, legte er das kostbare Päckchen auf meinen Nachttisch.

Ich las die Aufzeichnungen in einem Zuge durch, nicht, ohne hin und wieder liebevoll über das alte, vergilbte Papier zu streichen. Der Geruch dieser verstaubten Schulhefte stieg mir in die Nase, erfüllte mein Gehirn. Die Art, wie die Buchstaben geformt waren, verstärkte den Eindruck einer Rückkehr in die Vergangenheit. Aus Liebe zur Schrift hatte Großvater gelernt, mit Auf- und Abstrichen zu schreiben. Keine Spur von Leidenschaft sprach aus diesen artigen Verzierungen. Aber sie waren geprägt von Zärtlichkeit und rührendem Eifer. Ich stellte mir den alten Mann vor, wie er mit leicht vorgeschobener Zunge konzentriert die einzelnen Etappen seines Lebens zu Papier gebracht hatte.

Ein Geräusch lenkte meine Aufmerksamkeit ab. Ein regelmäßiges, in der Lautstärke gleichbleibendes Geräusch. Es war Dominique: Vor lauter Erregung ging er unten in seinem Zimmer auf und ab, um die Zeit zu verkürzen.

Ehe ich ihm meine Meinung zu dem Gelesenen sagte, wollte er mir die Familiengeschichte erklären, indem er mich zu den wichtigsten Schauplätzen führte.

Das Dorf Saparelli, die Wiege der Culioli, lag kaum einen Kilometer von Chéra entfernt. Auf halber Strecke hatte die Familie eine Kirche erbaut und einen Friedhof angelegt.

Dominique zeigte auf den Hügel hinter dem Totenacker: »Von dort oben hat Maria Francesca diesen Ort entdeckt, *u pasciali di Chéra*, wo die Familie sich erst richtig entfaltet hat. Als ich alt genug war, um mich zur Ruhe zu setzen und nicht mehr zu arbeiten, wollte ich herausfinden, woher wir eigentlich gekommen sind. Ich fand es nämlich merkwürdig, daß es nur hier in dieser Gegend Leute mit dem Namen Culioli gab. Wie ein Forscher bin ich sämtlichen Quellen nachgegangen, bis ich die Gewißheit hatte, daß unsere Vorfahren nach einer Vendetta von den Bergen in die Ebene geflüchtet waren. In Sorbollano steht ein Haus mit der Inschrift ›a Casa Culiola‹. Damals – im 17. Jahrhundert, wie die Franzosen sagen würden – war die Insel in zwei Teile geteilt, genau wie heute. Den Norden nannte man das ›Land der Kommunen‹, *La Terre des Communes*, denn im 14. Jahrhundert hatte ein Aufstand von Notablen die Macht der Grundherren in diesem Gebiet zu Fall gebracht. Nach dem Strukturmodell der Pfarrgemeinden, hier *pièves* genannt, haben sich zahlreiche Lebensgemeinschaften in bemerkenswerter Weise organisiert. Diese Bewegung ist als ein Verdienst ihres mutmaßlichen Führers Sambuccuccio d'Alandu in die Geschichte eingegangen. Unser Süden, *La Terre des Seigneurs*, aber blieb in den Händen der Grundherren, unter denen wegen ihrer Bündnisse mit den verschiedenen italienischen Republiken immer Zwietracht herrschte. In den Bergen gab es endlose Vendettas, die unsere Familien dezimiert haben.

Wahrscheinlich hat eine alte Feindschaft den Clan der Culioli in Sorbollano mit dem Clan der Frangudini aneinandergeraten lassen. Die Frangudini haben unsere Verwandtschaft beinahe ausgerottet, und die wenigen Überlebenden flüchteten nach Saparelli. Stell dir einmal vor, Gabriel, wie der Maquis hier ausgesehen haben muß, als es noch keine Wege gab! Die Culioli waren besser geschützt als in einer Festung. Niemand wußte, wo sie geblieben waren.

Aber auf Korsika gilt es schon fast als Lebensnotwendig-

keit, sich immer wieder auseinander zu dividieren. Was soll's –
um uns richtig wohl zu fühlen, brauchen wir die Auseinandersetzung. Die rechte Hand zerstört, was die linke aufbaut. Die
wenigen Culioli, die in Saparelli lebten, haben tatsächlich
einen Weg gefunden, sich gegenseitig zu bekämpfen. Und
schon hatte jeder wieder seine *cispra*, seine alte Flinte, in der
Hand. Einer der Brüder beschloß, nach La Maddalena auszuwandern, in jenen Teil Sardiniens, der vor der Revolution zu
Korsika gehörte. Maria Francesca Culiola, Mutter von vier
Kindern, wollte nicht zulassen, daß die Ihren abermals die
Schrecken der Vendetta miterlebten. Einer ihrer Vettern, ein
Pfarrer, der von einer Gemeinde zur anderen zog und viel
unterwegs war, hatte ihr vom *pasciali di Chéra* bei Saparelli
erzählt. Sie folgte der Beschreibung, bis sie den Oriu und
die Quelle entdeckte. 1777 erbaute sie mit ihren Söhnen das
erste Haus des Dorfes. Alle Winde der Schöpfung fegten über
diesen Ort hinweg. Nachts heulte der Sturm und kühlte die
Luft ab. Aber Maria Francesca und ihre Kinder hatten endlich
ein Zuhause. Und das war mehr wert als alles andere.«
»Sag, Großvater, warum steht das alles nicht in deinen Heften?« fragte ich ihn. »Ich weiß nicht: Die Bäume, der Maquis,
die Geschichte von Alta Rocca, dem ›Land der Herren‹ ...
Glaubst du nicht, daß man Korsika begreiflich machen muß,
ehe man von den Culioli erzählt?«
Er zuckte die Schultern: »Das interessiert doch niemanden ...«
Dann fügte er etwas neugierig geworden hinzu: »Was meinst
du, wer soll das wissen wollen? Kannst du es mir vielleicht
sagen?«
Schweigend gingen wir weiter, bis Dominique plötzlich wieder das Wort ergriff: »Wir machen es ganz wie du willst,
Gabriel. Frag mich nur, ich werde antworten. Weißt du, wenn
ich mein Leben so überdenke, bin ich nicht ganz sicher, ob ich
mir immer die richtigen Fragen gestellt habe. Das heißt, ich
habe dauernd versucht, richtige Antworten zu geben, sogar
auf falsch gestellte Fragen. Aber jetzt bin ich mir gar nicht

mehr so sicher . . . Versuchen wir, gemeinsam zu arbeiten. Das würde mir Spaß machen. Ich öffne dir alle Tore meiner Erinnerung. Gewiß wirst du manchen nutzlosen Plunder finden, aber vielleicht stößt du auch auf verstaubte, unter Spinnweben verborgene Schätze oder auf Manuskripte, die du bewahren willst. Jetzt sollten wir jedenfalls nach Hause gehen und uns an die Arbeit machen. Ich fürchte, daß ich sonst von dieser Welt verschwinde, ehe wir mit allem fertig sind.«

Dominique lachte leise in sich hinein:

»Soll ich dir etwas sagen . . .? Aber du darfst es auf keinen Fall weitererzählen! Ich fühle mich in einem ähnlichen Zustand wie eine schwangere Frau kurz vor der Niederkunft: Die Wehen sind schon da, und ich brauche eine Hebamme. Jetzt bist du dran, Kleiner, du mußt mir Beistand leisten! Ich bin übrigens nicht der erste korsische Mann, der sich die Freuden der Geburt zu eigen machen will . . .«

Beschwingt ließ er einen Affodillzweig durch die Luft sausen, erstaunlich jugendlich für einen Mann von achtzig Jahren. Dann fuhr er fort:

»Die Reisenden des 18. Jahrhunderts behaupten in ihren Berichten, sie hätten auf Korsika die seltsamsten Geburten erlebt: Sobald das Kind abgenabelt war, wurde die Frau auf den Boden gelegt und der Mann nahm ihren Platz ein, um die ganze Szene nachzuahmen. Dann erst betrat die Familie den Raum und überreichte dem Vater Geschenke. Das stelle sich nur einer vor! Ja, wirklich, du mußt mir helfen, Kleiner. Ich habe soviel zu sagen und bin so wenig ans Sprechen gewöhnt. Den Weg allerdings muß ich selbst zurücklegen. Ich könnte das nie, mich in eine andere Person versetzen . . .«

5

Das Eindringen der Zeit

Die Felder von Ziu Manzuetu dehnten sich so weit aus, daß man mindestens eineinhalb Tage brauchte, um die gesamte Fläche auf dem Rücken eines Maultieres zu umreiten. An den langen Winterabenden erzählte man sich, die Böden seien im Zuge der Französischen Revolution an die Familie Manzuetu gefallen. Als damals die Neuigkeit von der Abschaffung aller Privilegien bekannt geworden war, hatte sich das Gerücht verbreitet, man könne das Land des Adels einfach in Besitz nehmen, wenn man es nur eingrenze. Die Culioli hatten nichts davon wissen wollen. Es schien ihnen unvorstellbar, daß die alte Ordnung in einer einzigen Nacht umgestürzt worden wäre. Diesen Bären ließen sie sich nicht aufbinden. Und wenn es Leute gab, die dumm genug waren, den Blödsinn zu glauben, sollten sie sich ruhig darauf einlassen und schuften, was das Zeug hielt! Sie, die Culioli, würden ihre Felder bestellen wie eh und je. Nur ein einziger, ein Vorfahre von Ziu Manzuetu, hatte sein ganzes Werkzeug auf ein Saumtier gepackt und war fortgegangen. In Bonifacio hatte er gehört, das ferne Frankreich stünde in den Flammen der Revolution, und er glaubte an die große Umwälzung. Schlimmstenfalls würde man ihn eben für einen Dummkopf halten. Er verschwand eine ganze Woche lang. Im Maquis schlug er Granitblöcke zurecht, in die er seine Initialen meißelte. Mit diesen Grenzsteinen kennzeichnete er die Ecken der Felder, die er haben wollte.
Das ganze Dorf lachte über ihn.

»Sieh einer an, der Wind muß ihn fortgetragen haben«, spottete man. »Bei seiner Größe wird ihn wohl ein Moskitoweibchen entführt haben. Hoffentlich lädt er uns zur Hochzeit ein. Das wäre vielleicht ein wirksamer Schutz gegen die Malaria.«

Als er wiederkam, hatte er den Spitznamen *Zinzala*, der Moskitomann, aber er hatte auch einen riesigen Grundbesitz. Er hatte das richtige Gespür und die notwendige Zähigkeit gehabt: Sein Land reichte bis zwanzig Kilometer über das Dorf hinaus. Manche Böden grenzten ans Meer und gaben nicht viel her. Andere aber waren fruchtbares Getreideland, das nur gerodet werden mußte.

Doch wer über Grundbesitz verfügt und keine Arbeitskräfte hat, kann sich allenfalls an den Reizen der Natur freuen. Ein ganzes Jahrhundert lang gaben Zinzalas Kinder sich damit zufrieden, den Maquis wachsen zu hören. Ihren Maquis. Von Zeit zu Zeit, wenn der Geldbeutel es zuließ, bezahlten sie einen armen Vetter, um Zistrosen auszureißen, die aber im nächsten Jahr wieder ebenso dicht standen wie zuvor.

So blieb es, bis Frankreich die Vorzüge der Modernisierung und namentlich das Gas entdeckte – ein Wort, das in dieser zweiten Hälfte des 19. Jahrhunderts zum Synonym für den Fortschritt wurde. Die Hauptstadt brauchte Holzkohle, und zwar in Massen. Die Korsen sahen den Maquis mit neuen Augen. Bislang war er die Zuflucht der Verbannten gewesen, der ›grüne Palast‹ der Banditen, ob ehrbar oder nicht. Er war der allgegenwärtige Feind, den es zu bekämpfen galt, um Gerste und Weizen anzubauen, und der im Herbst angezündet wurde, damit Platz für den Ackerbau entstand. Er repräsentierte die Ewigkeit einer unzerstörbaren Vegetation. Und jetzt auf einmal wurde er zum Kapital! Jede Familie rechnete sich aus, wieviel Hektar sie zu roden und wieviel Holz sie zu verwerten hatte. In wenigen Jahren legten die Korsen den Boden ihrer Insel frei. Sie rissen Mastixbäume, Wegedorn, Erdbeersträucher und die Heide aus. Dann bauten sie jene

Meiler, in deren Schutz das Holz langsam verkohlen konnte, bis die kostbare Holzkohle übrigblieb.

Die Reichsten vergaßen den traditionellen Anbau und verfolgten blindlings ihren alten Traum vom schnellen Geldverdienen. In den Buchten wurden kleine Häfen zum Verladen der Holzkohle angelegt. Männer und Frauen stiegen vom Hochland zum Meer hinab, obwohl das große Wasser ihnen nur Mißtrauen und Furcht einflößte. Ein wilder Atavismus hielt sie in den Bergen zurück, etwa der Glaube, daß alles Unglück vom Meer käme: die Malaria, die Invasionen. Frühmorgens brachen sie auf, jeder mit einem riesigen Sack Holzkohle auf dem Kopf. Die Männer auf Maultieren, die Frauen zu Fuß und noch schwerer bepackt als die Tiere.

In kleinen Gruppen ließen sie sich auf dem Sandstrand nieder und hielten Ausschau nach den Schiffen. Sobald ein Kapitän sich in seiner Barke stehend näherte, um über den Preis zu verhandeln, raffte eine Korsin die Röcke, ging ins Wasser und bat den Herrn, sich auf ihre Schultern zu setzen: So kam er ans Ufer, ohne naß zu werden. Wenn das Geschäft zum Abschluß gekommen war, hatten die Einheimischen nichts Eiligeres zu tun, als schnell in ihre gesunden und schützenden Berge zurückzukehren.

Wo Grundbesitz war, floß das Geld. Die Inselbewohner brauchten zusätzliche Arbeitskräfte. Was half es, wenn das Geld sich anhäufte und man nichts damit anfangen konnte? Aus den ärmsten Regionen Italiens, namentlich aus der Gegend von Lucca, kamen lange Züge in Lumpen gekleideter Auswanderer, um sich den meistbietenden Unternehmern zu verkaufen. Mittlerweile gab es auf der Insel fast nur noch Unternehmer. Wer nicht als solcher galt, sank in den Augen der anderen auf den Rang derer, die man *i lucchesi* nannte. Auf den Straßen herrschte reger Verkehr: lauter Karren, die von italienischen Köhlern geschoben wurden, Männer, schwarz wie die Sünde, die härter schuften mußten als Ochsen auf der Dreschtenne und demütiger wirkten als manche mildtätigen

Damen. Ihr einziger Luxus bestand darin, sich samstags abends zu besaufen. Jeden Tag legten sie etwas Geld für diese verzeihliche Sünde beiseite. Innerhalb kürzester Zeit wurden überall, wo sich die zum Elend verdammten Fremdarbeiter aufhielten, Trinkbuden errichtet.

In Chéra heuerte der alte Manzuetu einen kleinen Trupp *Lucchesi* an, die er in einem Heuschober unterbrachte. Ihr Anführer war ein Korporal, ein gewisser Giordano. Sein Aussehen unterschied sich in nichts von dem eines Korsen. Und doch war er Italiener. Einer, der sich immer etwas abseits hielt, denn seine Rolle war zwiespältig: Einerseits spielte er den Vermittler zwischen seinen Arbeitskollegen und dem Unternehmer, andererseits paßte er bei den großen Besäufnissen auf seine Landsleute auf. An solchen Abenden entlud sich ihre ganze Traurigkeit in wildem Gebrüll. Aus voller Kehle sangen sie die Lieder ihrer Heimat und tanzten dazu im Mondschein. Wenn im Rausch jede Schüchternheit von ihnen abgefallen war, ließen sie ihrem Heimweh lautstark freien Lauf. Dann entfernten einige sich schwankend auf den schmalen Pfaden, rollten plötzlich in den Maquis und krochen auf allen Vieren weiter, ehe sie mit stumpfem Blick fluchend versuchten, wieder auf die Beine zu kommen. Und auf einmal spuckten sie in einem großen Schwall den Alkohol mitsamt der Galle aus. In diesen Momenten stand Giordano ihnen bei. Er stützte sie, hielt ihnen die Schultern und brachte sie wie ein Vater in den Stall zurück, der ihre Unterkunft war.

Am Morgen darauf eilten die Italiener geschlossen zur Messe. Verstohlen warfen sie der Heiligen Jungfrau scheue und flehentliche Blicke zu, um Vergebung für ihre vergangenen und zukünftigen Ausschweifungen zu erlangen. Denn am nächsten Samstag würden sie mit der Sauferei wieder von vorn beginnen ...

Die Culioli belustigten sich über diese Geschöpfe, die ihnen schmutzig und feige erschienen. Aber sie gingen nicht bösartig mit ihnen um, und sie zögerten auch nicht, ihre *Lucchesi* zu verteidigen, wenn diese etwa auf dem Markt von Bonifacio angegriffen wurden: »Finger weg von den schmutzigen Italienern, das sind unsere«, pflegten sie bei solchen Gelegenheiten zu sagen.

Eines Tages hatten die Einwohner von Chéra sich bei der Messe wieder einmal hervorragend amüsiert. Der Pfarrer, ein großer, kräftiger Mann, hatte ein biblisches Thema zum Gegenstand seiner Predigt gemacht und es exemplarisch den Verhältnissen des Dorfes angepaßt. Der Hügel von Cuncutu beispielsweise sollte die Hölle sein: »Seht ihr«, hatte er, auf die Anhöhe deutend, zu seinen Schafen gesagt, die ihm vor die Kirchentür gefolgt waren, »bis dahin ginge die Hölle! Und die Hölle wäre ein Feuer im Maquis, ein loderndes Feuer, das sich nie verzehrt.«

An demselben Sonntag hatte der Pfarrer sich mit bösen Worten gegen einen in dem nahe gelegenen Ort Chiova d'Asinu lebenden Verwandten gewendet, mit dem ihn eine alte Feindschaft verband, deren Wechselfälle alle Chéraner interessiert verfolgten. Der *casus belli*: In schlechtem Französisch geschriebene Schmähbriefe an die Kirche. Es verging kein Sonntag, ohne daß der Gottesmann auf die Kanzel stieg, um seinen Vetter als die Inkarnation der Sünde zu beschimpfen, als eine Bedrohung für ganz Chiova d'Asinu. Bis zu dem Tag, da der Pfarrer seinem Feind – o heiliges Wunder! – ein öffentliches Friedensangebot machte und ihm vorschlug, am folgenden Sonntag zum Abendmahl in seine Kirche zu kommen. Antoine wurde beauftragt, die Rolle des Friedensvermittlers, des *paceru*, zu übernehmen. Also ging Antoine nach Chiova d'Asinu und trug das Angebot so überzeugend vor, daß der Verwandte akzeptierte.

Der Pfarrer erwartete seinen Vetter wie versprochen in der Kirche und reichte ihm die Hand. Alles stand zum besten, als der jähzornige Gottesmann plötzlich einen Eichenknüppel hinter dem Altar hervorholte und anfing, auf den Verwandten einzuprügeln. Der Geschlagene brüllte vor Schmerz. Antoine warf sich zwischen die beiden und hielt den Arm des Pfarrers fest: »Du solltest dich schämen, so etwas zu tun. Wie ihr zwei miteinander ins reine kommt, ist eure Sache. Aber 'du hast mich zum Friedensvermittler ernannt. Darum verbiete ich dir, den Mann zu prügeln.«

Der Pfarrer, durch die Soutane behindert, versuchte schnaufend, sich loszureißen. Dann beruhigte er sich langsam. Antoine sah ihn streng an: »Ich werde den Familienrat bitten, an den Bischof in Ajaccio zu schreiben. Einen Mann, der sein Wort bricht, wollen wir nicht länger zum Pfarrer haben.«

»Schreibt doch, was ihr wollt! Ich habe das Leben unter Wilden sowieso schon lange satt. Meine Heimat ist der Norden. Ich frage mich wirklich, was ich hier in diesem Land der Ziegen überhaupt verloren habe!«

Der Brief wurde aufs sorgfältigste formuliert. Er enthielt Angaben über alles, was vorgefallen war: die Wutausbrüche des Pfarrers, seine Versuche, Heuschrecken oder Grillen zu exorzieren und sie dann auf den Feldern wieder aussetzen zu lassen, seine unberechenbare Art, das Kreuz mit dem Gewehr zu verwechseln und die Gläubigen zu terrorisieren. Als die Culioli nach zwei Monaten sicher sein konnten, daß sie keine Antwort auf ihr Sendschreiben erhalten würden, mauerten sie im Schutz einer mondlosen Nacht die Kirchentür zu. Der Pfarrer schwor Rache: Er drohte, sie alle der Reihe nach mit seinem göttlichen Schwert aufzuspießen, wenn die schweren Steinbrocken nicht sofort von dem Gotteshaus entfernt würden. Es folgte eine Woche voller Spannungen. Dann wurde eine Übereinkunft getroffen. Der Pfarrer erklärte sich bereit, seine Versetzung selbst zu beantragen, und bis dahin ließ man ihn die Messe wieder lesen. Trotzdem war seine Autorität tief gesunken, und die Culioli hatten in der Kirche nur noch Streiche im Sinn.

Eines Sonntags nahmen sie die Schirmmütze eines alten Onkels mit ins Gotteshaus und reichten sie auf der Empore von Mann zu Mann. Die Frauen, die das Hin und Her bemerkt hatten, prusteten vor Lachen. In diesem frevelhaften Durcheinander lauschten nur die Italiener den Litaneien des jähzornigen Pfarrers, der seine Predigt irritiert unterbrach. Die Culioli saßen mucksmäuschenstill auf ihren Plätzen, andächtig und stumm wie Heiligenbilder. Argwöhnisch richtete der Pfarrer seinen Blick auf die hinteren Bänke. Dort sah er die Masse der Köhler, einen formlosen dunklen Haufen, der von vornherein Mißtrauen erregte. Da hatte er sie, die Störenfriede! Die Chéraner konnten es gar nicht gewesen sein, denn sie mußten ihn schon respektieren, wenn sie Wert darauf legten, daß er sich versetzen ließ. Langsam packte ihn die Wut: Für wen hielten sie sich eigentlich, diese Fremden, daß sie es wagten, derartigen Unfug mit der heiligen Religion zu treiben?

»Schaut mich an, *Lucchesi*«, brüllte er. »Schaut mich gut an, denn mir scheint, daß ihr mich nicht richtig kennt! Ich bin ein Diener Gottes und nicht euer Diener. Hört eine Geschichte, die man bei uns zu Hause erzählt: Es war einmal ein Pfarrer, *Lucchesi*, ein bescheidener Gottesmann, genau wie ich, der sich nicht gern auf die Füße treten ließ ... Das könnte übrigens auch für euch, Culioli, von Interesse sein ... Und dieser Pfarrer lag im Streit mit einer Familie seiner Gemeinde. An einem Weihnachtsabend nun tauchte der ganze Clan prunkvoll gekleidet in der Kirche auf und machte sich hemmungslos breit. Der Pfarrer legte sein Gewehr, seine Pistole und seinen Dolch auf den Altar. Dann sprach er die Worte der Elevation: ›Im Namen des Vaters ...‹ und packte sein Gewehr; › ... des Sohnes ...‹ und ergriff die Pistole; › ... und des Heiligen Geistes ...‹ und drohte mit dem Dolch. Wisset, *Lucchesi*, so sind wir Korsen, und wer Streit mit uns sucht, kann sich davon überzeugen. Raus mit euch!«

Noch ehe sich zeigte, ob die Lektion auch ihre Wirkung tat, kam ein Mann in die Kirche gestürzt, völlig außer Atem, mit langen Schweißspuren im Gesicht. Er war aus der Ebene heraufgekommen und konnte vor Erregung kaum sprechen.

Schließlich brachte er stotternd die Worte heraus: »Man hat auf Jean-François geschossen . . .«

Großes Getuschel. Männer wie Frauen versuchten herauszufinden, um welchen Jean-François es sich wohl handelte. Leise wurden Informationen ausgetauscht: »Das muß der Sohn der Tante von Angèles Cousine sein . . . Aber ja, du weißt schon, der Cousine dritten Grades deiner Schwester . . .«

»Du meinst den Neffen des Großonkels von Zia Maria . . .?«

So ging es weiter, bis man das Opfer schließlich identifiziert hatte und sich alsbald höchst besorgt seiner Sache annahm. Von allen Seiten wurde der Bote bedrängt, Einzelheiten des Dramas zu schildern. Wer den tödlichen Schuß abgegeben hatte? Und warum? Steckte eine Feindschaft dahinter, oder war es ein schäbiges Verbrechen? Gänzlich überfordert drehte der Gefragte den Kopf wie eine Wetterfahne hin und her. Alle zehn Sekunden unterbrach er sich.

»Sarden sollen es gewesen sein«, stammelte er endlich.

»Dann ist es ja genau das gleiche wie bei der Frau, die in den Backofen gesteckt wurde, weil ihre Eltern sie nicht mit einem Mann von drüben verheiraten wollten . . .«

Wem stand dieses schreckliche Ereignis, das die Gemüter in Alta Rocca und an der ganzen Küste erregt hatte, nicht noch vor Augen? Solche Verbrechen kamen auf der Insel selten vor. Gewiß, man tötete aus tausend Gründen. Aber anständig. Mit dem Gewehr oder mit dem Dolch. Die Vorstellung vom Feuertod hingegen flößte absolutes Grauen ein. Ein verbrannter Körper war für immer ohne Grab, einfach weg. Aber mehr noch als die vollständige Vernichtung entsetzte der Sadismus dieser Todesart. Warum ließ man einen Menschen leiden, wo es doch so einfach war, ihn mit einem Schlag umzubringen? Die Einwohner von Chéra erinnerten sich an die große Vendetta zwischen den Taffani und den Rucchini, ausgelöst durch einen jungen Mann, der einem Hund den Schwanz abgeschnitten hatte. Als der Bandit Rucchini schon zahlreiche Taffani auf dem Gewissen hatte, war er im Maquis untergetaucht, und das Gesetz des Schweigens hatte ihn geschützt, bis er eines Tages einen grausamen Mord an einer Hirtin beging, die sich ihm verweigert hatte. Er mißhandelte sie und verstümmelte ihren Körper. Kurz darauf wurde der Bandit denunziert und festgenommen ...

Von den Sarden war es nicht weit zu den Italienern, und schon richteten alle Blicke sich wieder auf die Köhler, die fröstelnd bei einer Korkeiche standen. Sekunden später hatte das Mißtrauen sich brutal in Haß verwandelt, mit jener Geschwindigkeit und jener Gewalt, die Korsika so wunderbar spontan und so elend rachsüchtig erscheinen lassen.

Der Korporal Giordano trat vor, offenbar in der Absicht, sich nach den Gründen dieses haßerfüllten Schweigens zu erkundigen. Er wandte sich an Menschen und stieß auf eine undurchdringliche kompakte Masse. Er suchte einen Blick, irgendeine Regung, die ihn zum Sprechen ermuntern könnte, begegnete aber nur ausdruckslos versteinerten Gesichtern. Ein einziges Wort kam aus seinem Mund: »Warum?«

Einer der Culioli nahm langsam das Gewehr, das über seiner Schulter hing, in beide Hände: »Und Jean-François?«

Erstaunt, ohne Hintergedanken fragte der Köhler zurück: »Aber wer ist Jean-François denn eigentlich?«

Ein allgemeines Grummeln war die Antwort: »Mörder!«

Giordano streckte die Hände vor; flehend, in zögerndem Korsisch, sagte er: »Ist denn nicht einer da, der mir das erklären kann? Was haben wir getan? Das darf doch nicht wahr sein! Wir kennen uns doch. Wir sind beinahe Freunde, oder?«

Die Italiener waren näher gekommen und standen hinter ihrem Anführer. Keiner hatte sein Messer gezückt. Sie protestierten nicht einmal. Sie sahen die Culioli nur entsetzt an. Der Kreis rückte bedrohlich zusammen, auf Tuchfühlung.

»*Ava basta*. Das reicht!«

Der Befehlston ließ die Männer zusammenzucken. Sie schreckten auf und schüttelten die Köpfe, als wären sie aus einem Traum erwacht. Antoine, gefolgt von Dominique, bahnte sich einen Weg, bis er genau in der Mitte stand. Auch er trug sein Gewehr über der Schulter; ohne die Waffe hätte er sich keinen Respekt verschaffen können.

»Laßt sie in Ruhe. Ihr wißt genau, daß sie nichts getan haben. Ihr seid schlimmer als die Waschfrauen. Da säuselt euch irgendein blödsinniges Gerücht um die Ohren und schon seid ihr auf dem Kriegspfad. Schämt ihr euch nicht?«

Antoine hatte die richtigen Worte gefunden, die für klare Gedanken sorgten, ohne verletzend zu sein. Langsam kehrten die Culioli in die Wirklichkeit zurück. Sie sahen wieder Licht. Das Blut hatte aufgehört, ihren Blick zu trüben, und die Starrheit wich aus ihren Gliedern. Keiner sagte einen Ton, und der Zwischenfall ging so schnell zu Ende, wie er begonnen hatte.

Im Laufe der Woche wurde bekannt, daß Jean-François nach einem scharfen Wortwechsel mit seinem Nachbarn von diesem leicht verletzt worden war. Eine Beleidigung war mit einem Schuß beantwortet worden: Die Waagschalen hielten sich im Gleichgewicht, ganz im Sinne der Moral.

Giordano begegnete Antoine auf der Straße nach Sotta. Beide trugen ihre langstielige Sense auf der Schulter. Sie sahen einander von Ferne und näherten sich mit dem wiegenden Gang, der typisch ist für die Leute vom Land.

Schweigend steckte Giordano eine Hand in die Tasche und zog sie mit geschlossener Faust wieder heraus. Antoine wartete ab, die Arme verschränkt auf sein Werkzeug gestützt. Das Benehmen des Italieners machte ihn neugierig.

»Das ist für Euch, wegen neulich«, sagte Giordano und drückte Antoine einen glänzenden Metallgegenstand in die grobe, schwielige Hand. Während Antoine das Objekt beinahe instinktiv abzuwägen schien, erforschte er die Züge des Italieners, um eine Antwort auf all die Fragen zu finden, die ihm durch den Kopf schossen. Bis dahin hatte er keinerlei direkten Kontakt zu den Einwanderern gehabt. Er senkte den Blick und sah, daß er eine große Stahluhr in der Hand hielt.

»Warum für mich? Was habe ich getan?«

»Naja, wegen der Sache auf dem Kirchplatz ... Wir haben das Geld zusammengelegt, ... um Euch zu danken.«

Antoine lauschte dem Ticken. Er konnte sich nicht satthören an diesem regelmäßigen, beständigen Geräusch. Liebevoll strich er über das Metall, dessen Feinheit er trotz der Hornhaut an den Fingerkuppen spürte. Dann umschloß er die kleine Kostbarkeit mit beiden Handflächen. Natürlich begehrte er das glänzende Objekt. Aber er hatte keine Ahnung, was das alles bedeuten sollte. Niemand hatte ihm je etwas geschenkt. Geschenke waren allenfalls für Kinder da, zu Weihnachten. Aber unter Erwachsenen ...? Er versuchte, die rätselhafte Haltung des Italieners zu begreifen: »Aber ich habe doch gar nichts getan, womit ich diese Uhr verdient hätte ...«, protestierte er zum letzten Mal.

»Doch, Ihr habt uns gegen die anderen verteidigt ...«

Antoine straffte sich: »Ich habe euch gegen niemanden verteidigt. Es war meine eigene Familie! Wie käme ich dazu, gegen meine Leute zu sein? Nein, niemals. Ich fand es nur nicht richtig, daß man euch wegen etwas beschuldigte, was ihr gar nicht getan hattet. Im übrigen wißt ihr doch, was heutzutage mit denen geschieht, die jemanden töten: Man nimmt sie fest und steckt sie in den Kerker! Das wollte ich den Meinen ersparen. Aber auf eines könnt ihr euch verlassen: Wäre ich von eurer Schuld überzeugt gewesen, hätte ich als erster mit euch abgerechnet! Denkt daran, in meinen Adern fließt das gleiche Blut.«

Giordano trat von einem Fuß auf den anderen: »Trotzdem habt Ihr uns geholfen. Nehmt die Uhr doch an!«

Antoine betrachtete sie abermals, und während er sie langsam in die Tasche schob, brummte er vor sich hin: »Ich gegen die Meinen ... Und das wegen einem Haufen Italiener!«

Dann hob er den Kopf und sah den Korporal scharf an: »Dafür jedenfalls vielen Dank«, sagte er, schlug mit der flachen Hand auf die Jackentasche und entfernte sich mit großen Schritten.

Antoine bat seinen ältesten Sohn, ihm die Zeit zu erklären. Der Dorflehrer stellte ihnen eine selbstgebastelte Holzuhr zur Verfügung, die sie mitten im Wohnzimmer aufhängten. Sobald der Vater abends von den Feldern kam, begann Dominique mit dem Unterricht, feinfühlig darauf bedacht, Antoine nicht in seinem Stolz zu kränken.

»Wenn der kleine Zeiger auf die Vier zeigt und der große auf die Zwölf, ist es . . .?«

Antoine war äußerst aufmerksam, und er trieb das Lernen um so schneller voran, als er die Sitzungen erniedrigend fand. Es machte ihm schwer zu schaffen, daß er das Geheimnis der Zeit in der Tasche mit sich herumtrug, ohne es durchschaut zu haben. Gelegentlich, wenn er wieder einmal auf eine tückische Frage hereingefallen war, überkam ihn die Wut, er verlor die Nerven und fing an, Unsinn zu reden. Sein Sohn, sein eigener Sohn, der ihm Achtung schuldig war, stellte ihm unwürdige Fallen. Und wenn ihm schließlich nichts mehr einfiel, rächte er sich an der Holzuhr:

»Und dieses Ding da? Wie soll das komische Brett uns denn wohl sagen, wann Abend und wann Morgen ist?«

Mit Engelsgeduld zeigte Dominique auf die Sonne: »Sie sagt uns, was die Uhr nicht weiß.«

»Siehst du, mein Sohn, eines Tages aber wird diese Uhr mit der Sonne ebenbürtig sein. Deswegen ist das Lernen mir so wichtig, verstehst du? Also bring mir etwas bei, statt sinnlos daherzureden!«

Schließlich konnte Antoine die Uhr tatsächlich lesen, und von Stund an bestimmte sie sein Leben. Sogar auf dem Acker unterbrach er zwischendurch die Arbeit, um einen Blick auf das glänzende Kleinod zu werfen. Und wenn er allein im Maquis war, führte er Selbstgespräche: »Sieh an, ich muß die

Zeit wohl zehn Minuten vorstellen . . .« »Oh, Jean-Baptiste ist heute morgen aber sehr spät dran . . .« Oder: »Bei der Heiligen Jungfrau, die Sonne läßt sich heute wieder einmal reichlich Zeit . . .«

So hatte er täglich das Gefühl einer ständigen Überraschung, während er gleichzeitig die Freuden der regelmäßigen Wiederkehr mancher Gesten genoß: »Siehst du«, sagte er zu seinem Sohn, »es war mir nie aufgefallen, aber ich stehe immer gegen halb fünf auf, dann nehme ich gegen acht den *spuntinu*, und mittags um zwölf hole ich das Essen aus dem Korb . . .«

Jetzt sah er die Ereignisse voraus und ließ sich nicht mehr überraschen. Es sei hinzugefügt, daß es im ganzen Dorf nur zwei Personen gab, die von der Zeit etwas verstanden: den Lehrer und ihn selbst. Daß ein Lehrer die Uhr lesen konnte, durfte man wohl erwarten. Aber er, ein armer Bergbauer . . . Außerdem gehörte der Lehrer zum Clan der ›Weißen‹. Dank der Italiener besaßen nun auch die ›Schwarzen‹ des Dorfes ihre Uhr. Vor lauter Stolz schwoll Antoine die Brust: Nicht einmal Onkel Manzuetu war auf die Idee gekommen, sich eine Uhr zu kaufen.

Julie indes hatte wenig Verständnis für die neue Leidenschaft ihres Mannes. Es erschien ihr soviel einfacher, nach dem Rhythmus des Tages zu leben . . .

»Die Zeit . . ., das ist etwas für Herren, die in die Stadt fahren und das Fuhrwerk oder den Wagen nach Ajaccio erreichen müssen. Sicher ist sie auch gut für unsere Söhne, die eines Tages einen gelehrten Beruf ausüben werden. Aber wir, Antoine, was sollen wir bloß mit der Zeit anfangen, wenn wir sie einmal haben?«

Um solche Einwände aber kümmerte er sich nicht. Mit geradezu militärischer Strenge hatte er die Tage in vierundzwanzig gleiche Abschnitte eingeteilt und jedem dieser Abschnitte eine bestimmte Funktion zugewiesen.

»Es gibt vierundzwanzig Stunden, wie es vierundzwanzig Samen auf einer guten Ähre gibt«, pflegte er seine Kinder zu belehren. »Und die Stunden kehren täglich wieder, heute wie morgen, bis ans Ende der Zeiten.«

»Bis wann ist das?« fragte Xavier einmal.

»Was meinst du, das?«

Xavier warf seinem Vater einen erstaunten Blick zu: »Na ja, das Ende der Zeiten?«

Antoine sah ihn von oben bis unten an, beinahe argwöhnisch. Wollte dieses Kind ihn vor der eigenen Familie lächerlich machen? Dann aber kamen ihm selbst Zweifel. Was hatte es in der Tat zu bedeuten, wenn man sagte, daß die Zeit weiterging? Und wohin ging sie eigentlich so gleichmäßigen Schritts? Er dachte nach und fand endlich eine Antwort, die ihm zufriedenstellend erschien: »Also schön. Du kennst doch den Oriu, nicht wahr? Siehst du, wenn der Oriu einmal nicht mehr ist, werden auch die Culioli nicht mehr sein, und dann bedeutet die Zeit nichts mehr. Sie wird zum Stillstand kommen.«

Gleich darauf wandte er sich an Dominique: »Richte dem Lehrer aus, daß ich ihn morgen abend um sieben treffen möchte . . .«

Er ließ seinen Blick liebevoll über die Uhr gleiten; dann fuhr er fort: »Hast du gehört? Um neunzehn Uhr, aber pünktlich . . . Auf dem Platz . . . Und vergiß es nicht!«

Die Begegnung zwischen dem Landstreicher Antoine Culioli, bei der Wehrerfassung der Republik als Jäger eingestuft, und Jean Milleliri, Lehrer an der staatlichen Grundschule und ehemaliger Student der Pädagogischen Hochschule von Ajaccio, verlief ausgesprochen feierlich, obwohl kein einziger Zeuge zugegen war.

Um dreißig Sekunden vor sieben traten beide Männer aus ihren Häusern. Gemessenen Schritts legte Antoine die fünf Meter fünfundsiebzig zurück, die ihn vom Dorfplatz trennten. Jean Milleliri, der die gleiche Entfernung zurückzulegen hatte, erreichte den Treffpunkt als erster, weil er größer war und bei jedem Schritt einige Zentimeter Vorsprung gewann. Doch Antoine nahm es ihm nicht übel und reichte ihm die rechte

Hand, während er in der linken seine Uhr hielt. Der Lehrer erwiderte die Geste: »Monsieur Culioli, ich freue mich, einen Mann begrüßen zu dürfen, der etwas auf Pünktlichkeit hält. Solche Menschen trifft man wahrlich viel zu selten.«

»Monsieur Milleliri, diese Worte gelten auch für Euch, denn sofern meine Uhr stimmt, seid Ihr nur zehn Sekunden zu früh . . .«

Julie aber wurde immer melancholischer, seit die Uhr in ihr Leben eingedrungen war. Als dieses verfluchte Objekt noch nicht dagewesen war, hatte der Wille des Mannes sie zum Schatzmeister der Familie erhoben. Nun sollte sie außerdem den Lauf der Zeit überwachen. Sie, die weder lesen noch schreiben konnte, mußte sich ihrerseits mit den Geheimnissen des hölzernen Zifferblatts vertraut machen, damit ihr Herr und Meister zur gewünschten Zeit geweckt wurde. Dabei durfte sie nichts falsch machen, denn wenn Antoine die Augen aufschlug, galt sein erster Blick der Uhr. Die Mädchen nahmen überhaupt keine Notiz von den väterlichen Launen. Sie gingen ihren gewohnten Beschäftigungen nach, wie ehemals, als die Tyrannei der Zeit noch nicht ausgebrochen war. Der Vater sah in dieser Haltung übrigens einen Beweis für die ewige Leichtfertigkeit des weiblichen Geschlechts. Was Xavier anging, so zeigte er wenig guten Willen, sich der neuen Disziplin zu beugen. Irgendwann, sagte er sich, würde das schon vorübergehen . . . Dominique hingegen empfand es als große Genugtuung, so unmittelbar zu spüren, wie sich die Stunden zu einem Tag, einer Woche, einem Monat aneinanderreihten. Er bewunderte dieses endlose Gebäude, das sich wie ein Obelisk zum Ruhm der Pünktlichkeit und der Modernität gen Himmel reckte.

Antoines Diktatur beschränkte sich schon bald nicht mehr auf den Kreis seiner Nächsten. Als wolle er beweisen, daß man ihn ganz zu Recht Cardaghiola nannte, traf er mit seinen Vettern tausend Verabredungen, alle auf die Sekunde genau und nur, um sich den Spaß zu machen, die anderen zu tadeln, wenn sie ›zu spät‹ kamen. Er legte soviel Leidenschaft in diese perverse Aktivität, daß nur wenige in Chéra es wagten, ihm ihre Meinung ins Gesicht zu sagen. Man glaubte, er sei verbittert über die Enttäuschungen, die sein Clan bei der Inselpolitik erlebt hatte. Darum bedauerte man ihn und beklagte vor allem das traurige Los der Seinen. Bis zu jenem Sonntag, an dem die Wahl stattfand ...

Es handelte sich keineswegs um eine nationale Wahl. Es ging vielmehr um lokale Interessen, um eine Abstimmung, bei der die Culioli gegen die Salvini antraten. Wie immer, könnte man fast sagen, denn die Affäre reichte bis in die sechziger Jahre des 19. Jahrhunderts zurück. Damals hatte jede der beiden Familien ihre eigene Kirche erbaut, und es ergab sich das Problem, welches Dorf den Hauptsitz der Pfarrei bilden sollte. Der Episkopat von Ajaccio wollte die Frage nicht entscheiden. Chéra erhob mit tausend mehr oder weniger glücklichen Argumenten Anspruch auf den Titel. Aber auch die Einwohner von Pietra-Longa, allen voran der Pfarrer, machten ihr Interesse geltend. Der damalige Bischof, Monseigneur della Foata, begnügte sich mit dem Wunsch, der ›Beste‹ möge gewinnen. Jedes der beiden Dörfer hatte Handwerker aus der Umgebung angeheuert, die alles taten, um ihre Rivalen bei den Bauarbeiten auszustechen. Kinder waren zu eifrigen Spionen geworden, und niemand hätte auch nur einen Sou auf den Sieg der einen oder der anderen Partei gewettet, so ungewiß war das Ergebnis. Mit Sabotageakten wurde der Gegner auf beiden Seiten behindert: Es wurden Balken zersägt und Dachziegel zerstört. In der Hoffnung, dieser höllischen Feindseligkeit ein Ende zu setzen, hatten die Culioli Dominiques Urgroßvater zum Bischofssitz entsandt. Ziu Dumenicu war tatsächlich von Hochwürden empfangen worden und hatte offenbar überzeugende Worte gefunden, denn der Bischof willigte ein, Chéra als Zentrum der Pfarrei anzuerkennen.

»Ich habe ihm zu bedenken gegeben«, hatte Ziu Dumenicu nach seiner Rückkehr stolz erklärt, »daß wir Culioli keine

Herdenwanderung mehr machen und das Vieh nicht mehr in die Berge treiben, seit wir herausgefunden haben, daß unser Land frei von Sumpffiebern ist. Infolgedessen, habe ich ihm gesagt, bleiben wir das ganze Jahr über im Dorf und können regelmäßig jeden Sonntag zur Messe gehen.«

Die Salvini hatten diesen Affront nie verziehen, und seither häuften sich die Provokationen. Wenn zufälligerweise eine ganze Woche ohne Zwischenfall verging, sorgte die eine oder die andere Familie dafür, daß der Mangel schnell behoben wurde und brach irgendeinen Streit vom Zaun.

»Wir sind wir, weil wir nicht die anderen sind«, pflegte Antoine seinem Sohn Dominique sehr richtig zu erklären.

Die Culioli mußten die Wahlen um jeden Preis gewinnen. Die Männer benahmen sich wie in Erwartung einer großen Festlichkeit, voller Vorfreude auf die Schlacht um die Urne. Ganz Chéra war erfüllt von lärmenden Männerdiskussionen, die auf das weibliche Geschlecht allerdings keinen Eindruck machten: »Seht sie nur an«, sagte Julie seufzend zu den anderen Frauen beim Waschhaus, »man braucht ihnen das Wort Politik nur unter die Nase zu reiben, und schon gackern sie wie eine aufgeregte Hühnerschar. Alle reden drauflos, und jeder rechnet sich seinen Vorteil aus. Wenn sie beim Kartenspielen wenigstens die gleiche Klugheit hätten . . .«

Sämtliche Culioli, aus welchem Clan auch immer, standen plötzlich wie ein Mann zusammen. Antoine erwies Ziu Manzuetu, dem Ältesten, die gebührende Ehre, indem er sich zu ihm begab, um das taktische Vorgehen bei der Wahl in allen Einzelheiten zu besprechen. Die Autonomisten aus der Stadt nannten das verächtlich *a pulitichegda*, die ›kleine Politik‹, im Gegensatz zur *pulitica*, der hohen Politik.

Der Onkel bat Antoine, Platz zu nehmen, und schenkte ihm – eine seltene Ehre – ein Glas Wein ein: »Hier, probier den mal. Der ist nicht von mir, er kommt aus Figari, dieser Wein. Und nun sag, hast du zusammengezählt, wieviel Wähler es sind, auf die du dich verlassen kannst?«

Antoine leerte sein Glas in einem Zug: »Natürlich habe ich das. Ich muß nicht erst im Maquis nachforschen, um meine Wähler zu kennen. Und du?«

Sie addierten ihre Zahlen. Der Alte verzog das Gesicht: »Das sieht nicht gut aus«, sagte er. »Um die Salvini zu schlagen, fehlen uns mindestens dreißig Stimmen . . .«

Antoine schnitt ihm ärgerlich das Wort ab: »Dein Gejammer hilft uns auch nicht weiter. Jetzt, wo wir wissen, daß wir die Wahl verloren haben, müssen wir eben sehen, wie wir sie trotzdem gewinnen.«

Die beiden Männer gingen alle bewährten Tricks durch, die ihnen aus der korsischen Wissenschaft bekannt waren. Der Norden der Insel verfügte ohne Zweifel über größere Spitzfindigkeiten als der Süden. Im ›Land der Herren‹ setzte man eher auf Stärke, während das ›Land der Kommunen‹ mehr zur Hinterlist neigte. Hier wie dort schloß man Gewaltanwendung aus. Die traurige Affäre von Guagnu hatte bewiesen, daß die Zeit der ungestraften Flintenschüsse endgültig vorbei war. Außerdem war die Sache kein Risiko wert. Zwei erfolgreich ausprobierte Methoden indes schienen Aufmerksamkeit zu verdienen.

Die erste hatte sich vor ein paar Jahren in Porto-Vecchio bewährt. Die Bonapartisten hatten ihr Wahllokal in den Maquis verlegt, an einen Ort, der nur ihnen bekannt war und die Republikaner zwang, mit Indianerlist herauszufinden, wo sie ihre Stimmen abgeben konnten: Erst schlichen sie den bonapartistischen Wählern nach, die aber Verdacht schöpften und sie wieder abschütteln konnten. Dann wurden Kinder losgeschickt, den Maquis nach der Urne abzusuchen – ebenfalls ohne Erfolg. Die republikanischen Frauen hatten sogar einen Bonapartisten gefangengenommen und ihn mit Aquavit betrunken gemacht; aber der Mann war elendig am Wegesrand eingeschlafen, ohne sein Geheimnis preiszugeben. Auch die Drohung, man werde die Wahl für ungültig erklären lassen, hatte nichts genutzt: Dutzende ehrenwerter Zeugen, darunter zwei traditionelle Wähler der Republikaner, hatten geschworen, daß alles vorschriftsgemäß verlaufen sei.

Erfinder der zweiten Methode war der neue Dorfschullehrer von Chéra, der dem Clan Manzuetu angehörte. Dieser Mann, eine von Natur aus freundliche Erscheinung, sprach so vornehm, daß seine Worte im Vergleich zum derben Tonfall seiner Umgebung beinahe kostbar klangen. Kein Fluch, keine Grobheit kam je aus seinem Mund. Und wenn er ausnahmsweise die Stimme hob, so nur, weil er sich über die Ignoranz und den Aberglauben seiner Mitmenschen empörte.

»Nun, meine Herren«, hörte man den Lehrer sagen, »es würde dem Sieg der Familie Culioli, der ich selbst nicht angehöre, gewiß zuträglich sein, wenn jede Möglichkeit einer Anfechtung ausgeschlossen werden könnte. Ihr habt mir soeben einen Kunstgriff beschrieben, der mir brauchbar erscheint, jedoch einer Verbesserung bedarf. Er besteht darin, daß die Salvini nicht erfahren dürfen, an welchem Ort die Urne steht.«

Antoine protestierte, indem er beide Arme hob: »Aber, Herr Lehrer, seit der Geschichte von Porto-Vecchio sind wir verpflichtet, den Ort auf öffentlichen Anschlägen bekanntzugeben.«

»Und wer wird die Anschläge beschriften?«

»Nun ja, unser Vetter Don Jacques, glaube ich ...«

»Glaubt Ihr ... Glaubt Ihr ... Aber Monsieur Culioli, man muß eben sicher sein, wenn man einen Krieg beginnt ...«

»Ihr geht etwas zu weit, Herr Lehrer. Wir haben doch vorhin gesagt, daß wir nicht zu den Gewehren greifen werden.«

»Es war doch bloß ein Bild, Monsieur Culioli, versteht Ihr? Ein Bild! Solche Dinge lassen sich nun einmal nicht improvisieren. Gehen wir darum von folgender Hypothese aus: Die besagten Anschläge werden in Chéra hergestellt, und Ihr bittet Euren Schreiber, die Bezeichnung des Ortes, an dem die Urne stehen wird, in unleserlichen Buchstaben zu schreiben ...«

Der alte Manzuetu dachte nach und nickte zustimmend: »Ja,

das wäre eine Möglichkeit. Don Jacques ist schließlich nicht verpflichtet, wie in einem Buch zu schreiben. Aber Monsieur Milleliri, ich frage mich wirklich, warum Ihr bei dieser Wahl, die Euch nicht einmal betrifft, eigentlich auf unserer Seite steht?«

Der Lehrer setzte seinen Zwicker ab und begann, die Gläser aufmerksam zu putzen.

»Monsieur Culioli, ich möchte Euch eine klare Antwort geben. Ihr legt mir ein Problem dar, und ich versuche es zu lösen. Das ist alles. Ich gehöre zu den Korsen, die in die Zukunft blicken. Ihr dagegen habt Herz und Verstand mit dem Wort ›Ehre‹ zugeschraubt. Ihr würdet Euch sogar vom nächsten Felsen stürzen, wenn Ihr überzeugt wäret, Euer Ansehen hinge davon ab. Das paßt nicht mehr in unsere Welt! Schaut Euch einmal an, wie die Regierungen funktionieren. Wäre ich Lehrer in Pietra-Longa, hätte ich den Salvini den gleichen Rat erteilt. Der Zufall aber will es, daß ich an der Schule von Chéra bin . . .«

»Monsieur Milleliri, könntet Ihr nicht gelegentlich auf diesen unverständlichen Jargon verzichten und Euch etwas klarer ausdrücken, wie ein anständiger Korse? Im Augenblick sieht die Sache so aus, daß wir – mit Verlaub, Herr Lehrer – Culioli sind und daß wir Culioli bleiben. Darum wollen wir die Wahl um jeden Preis gewinnen.«

So wurde alles organisiert, um den zuverlässigen Wählern, und niemandem sonst – außer dem einzigen ›Kontinentalen‹ des Wahlkreises, dem Doktor Bellepoix –, einen angenehmen Empfang zu bereiten. Der Doktor hatte sich durch seine hingebungsvolle Berufsausübung bei den Einheimischen beliebt gemacht, obwohl die Verständigung zwischen ihm, der sich darauf versteifte, nur französisch zu verstehen, und den korsisch sprechenden Bauern oft schwierig war. Doch seine kunstvolle Art der Wundversorgung und sein diagnostisches Gespür machten die herablassende Haltung gegenüber den Inselbewohnern wieder gut.

Erstaunt beobachteten die Chéraner, wie er das Wahllokal betrat. Kaum jemand wäre auf die Idee gekommen, daß ein Kontinentale sich an einer Wahlentscheidung beteiligen würde, bei der es im wesentlichen um die Stimmenverteilung zwischen den Culioli und den Salvini ging. Doktor Bellepoix drückte Ziu Manzuetu die Hand: »Guten Tag, mein Freund. Nun, wie läuft die Wahl? Alles in Ordnung?«
Der Lehrer spielte den Übersetzer. Doktor Bellepoix streckte die Hand nach den Stimmzetteln aus: »Da sind sie ja. Dann nehme ich von jeder Sorte einen, damit ich die Wahl habe.«
Er wandte sich dem Dorfschullehrer zu: »Würdet Ihr mir freundlicherweise zeigen, wo die Kabine ist?«
»Welche Kabine?«
»Die Wahlkabine natürlich, damit ich meinen Zettel unbeobachtet ausfüllen kann.«
Der Lehrer trat von einem Fuß auf den anderen.
»Nun, Herr Doktor, ich weiß, daß Ihr nicht viel von unseren Sitten haltet. Aber seht Ihr, hierzulande sind wir eben der Ansicht, daß es nicht mutig ist ... Nein, Entschuldigung ... Wir haben eben keine Angst, unsere Meinungen zu sagen ...«
»Aber, Herr Lehrer, ich verlange doch keine Vergünstigung, sondern nur die Anwendung des Gesetzes. Ich will eine Wahlkabine.«
»Ihr versteht mich nicht. Ich meine, Ihr könntet die Leute hier verletzen! Sie werden glauben, daß Ihr sie nicht für würdig haltet, Eure Entscheidung zu kennen.«
»Nun hört mir aber gut zu: Eines Tages wird die Zivilisation unvermeidlich auch dieses Land erreichen, und sollte ich ihre Lanzenspitze sein, wäre es mir ein Vergnügen. Ich verlange eine Wahlkabine, oder ich mache auf der Stelle kehrt und beantrage, daß das Wahlergebnis annulliert wird.«
Der Lehrer zuckte die Schultern: »Wenn Ihr Euch unbedingt lächerlich machen wollt, ist das Eure Sache. Aber da Ihr ein anständiger Mann seid, sollt Ihr sie haben, Eure Wahlkabine.«
Ziu Manzuetu verstand die Welt nicht mehr.

»Was will er denn eigentlich? Was ist das für eine Art, sich mitten unter den Leuten abzusondern? Dabei hielt ich ihn für einen ehrenwerten Mann . . .«

»Also schön, geben wir ihm seine Wahlkabine, sonst ist unser Sieg dahin.«

»Wie sieht so ein Ding denn aus? Ich bin sicher, daß es in ganz Korsika keine einzige Wahlkabine gibt.«

»Zwei Frauen spannen ein Laken vor ihm auf und fertig!«

Würdevoll verschwand der Doktor hinter dem Bettuch, steckte hocherhobenen Kopfes seinen Stimmzettel in die Urne und entfernte sich, ohne die Culioli noch eines Blickes zu würdigen.

Sobald er fort war, setzten die Frauen sich mit ihren Spinnarbeiten vor die Haustür, um auf diese Weise den Eingang zu versperren. Die Männer gingen auf dem Poghiu in Stellung, und es begann ein langes Warten. Einige zogen Karten aus der Tasche und spielten *Scopa*. Kundschafter tauchten auf und gaben im Flüsterton Informationen über die Bewegungen der Salvini weiter. Don Jacques hatte den Anschlag so schlecht beschriftet, daß es unmöglich war, den Namen des Wahlortes zu entziffern. Natürlich waren schon einige Salvini gekommen, um nachzufragen, ob die Urne sich in Chéra befände. Unter belustigten Zurufen waren sie wieder abgezogen, nachdem die Frauen sie mit dem Hinweis, sie verstünden nichts von Politik, aufgefordert hatten, das Dorf zu verlassen.

»Wenn ihr uns belogen habt, kommen wir wieder, und ihr werdet es bereuen«, hatten die Salvini gedroht.

Die Sonne stand schon tief am Horizont, als Antoine sich zu Onkel Manzuetu auf den Poghiu begab. Er schaute auf die Uhr: »Nur noch eine halbe Stunde, dann haben wir die Wahl gewonnen.«

Ein Kind stürmte im Laufschritt den Weg hinauf. Je näher es kam, um so deutlicher wurde sein Geschrei: »Die Salvini kommen, gleich sind sie da!«

Die Männer sprangen auf und ließen die Karten fallen.

»Wie dumm!« stöhnte Onkel Manzuetu. »Jetzt müssen wir doch noch den zweiten Teil des Plans in Angriff nehmen. Ihr, Herr Pfarrer, tätet gut daran, etwas näher zu kommen.«

Absolute Stille lag über dem Maquis und über den Felsen. Mit verschlossenen Gesichtern kamen die Salvini den Berg herauf. Der Älteste von ihnen wandte sich an Antoine: »Willst du uns nicht vielleicht sagen, wo die Urne steht? Das ist kein Spaß mehr. Wir wissen, daß sie hier ist. Und versucht vor allem nicht, uns an der Stimmabgabe zu hindern. Wir haben die Gewehre mitgebracht; für alle Fälle. Es wäre schließlich nicht das erste Mal mit euch Culioli . . .«

Antoine sah den alten Mann bestürzt und verständnislos an: »Ich habe nicht so recht begriffen, worum es eigentlich geht.«

»Ich will wissen, wo die Urne ist?«

»Aber die Urne stand doch den ganzen Tag im geöffneten Wahllokal, und vor einer halben Stunde sind die Ergebnisse verkündet worden«, erklärte Antoine. »Eine schlechte Wahl im Grunde, mit geringer Beteiligung. Stellt Euch vor, der Doktor ist immerhin gekommen. Ihr wißt doch, der *Pinzutu*, der Dreispitz vom Kontinent, der kein korsisch spricht. Ihr werdet lachen: Er wollte geheim wählen! Eine Wahlkabine hat er verlangt. Wir haben ihm zwar erklärt, daß man hierzulande stolz auf seine Wahlentscheidung ist, daß man sich nicht versteckt, aber es half nichts, er hat darauf bestanden. Er behauptete, das Gesetz der Republik garantiere ihm dieses Recht. Komischer Kerl, aber wahrscheinlich hat er allen Grund, zu verbergen, was er denkt. Es hätte nicht viel gefehlt und er hätte uns als Barbaren beschimpft. Ja, und was die Wahl betrifft, so ist sie vor genau . . . einen Augenblick, ich will eben auf die Uhr schauen . . ., vor genau 37 Minuten zu Ende gegangen.«

Der alte Salvini holte seine Taschenuhr heraus: »Du willst uns wohl für dumm verkaufen, Cardaghiola! Das Wahllokal schließt erst in 25 Minuten.«

Auf einmal schoben sich Gewehrmündungen durch das Gebüsch. Ziu Manzuetu sprach beruhigend auf die Culioli ein: »Leute, wir haben das Recht auf unserer Seite! Warum also die Gewehre sprechen lassen? Wir können unser gutes Gewissen sogar beweisen und zwei ehrenwerte Männer um ihr Zeugnis bitten. Persönlichkeiten, deren Ehrbarkeit nicht vom Blut, sondern von dem ausgeübten Amt herkommt. Möge der Herr Lehrer nähertreten und berichten, wie die Abstimmung heute im einzelnen verlaufen ist!«

»Nun ja, ich kann nur sagen, das Wahllokal wurde ganz nach dem Gesetz der Republik zur vorgeschriebenen Stunde geschlossen.«

»Diesem Schulmeister glauben wir kein Wort. Dem Pfarrer schon eher, denn als Diener Gottes kann er wohl nicht lügen. Also komm näher, Pfarrer.«

Der Pfarrer blieb wie angewurzelt zwischen den Frauen stehen. Verwirrt und mit hochrotem Kopf murmelte er leise vor sich hin:

»Mein Gott, du hast mich nicht verwöhnt, mich in dieses Dorf zu schicken. Was sind das für Probleme . . .«

Der alte Salvini drängte: »Nun sag schon, wie war es denn genau?«

Der Pfarrer dachte nach. Etwas lange, wie die Culioli fanden, die allmählich unruhig wurden und ihm strenge Blicke zuwarfen. Plötzlich hörte er sich selbst stammeln: »Es war so, wie Antoine sagt. Ganz genau, wie Antoine gesagt hat. Er hat eine Uhr, die nicht lügen kann.«

»Gott wird mir vergeben«, ermutigte er sich in seinem Innersten, »denn er weiß, welches Martyrium ich in dieser Familie erleide. Aber ich muß nun einmal mit ihr leben. Gott kennt meinen Sinn für Gerechtigkeit. Täte ich in Pietra-Longa Dienst, hätte ich die Salvini in gleicher Weise unterstützt.«

Der alte Salvini spuckte verächtlich auf den Boden: »Der Pfarrer ist nicht besser, als seine Schafe. Kommt, wir gehen, aber wir werden uns rächen . . .«

Einige Tage später blieb Antoines Uhr stehen. Er verheim-

lichte sein Unglück eine Woche lang, da er auf den privilegier-
ten Stand des Inhabers der Zeit nicht verzichten wollte. Doch
schließlich begrub er das Kleinod auf einem Feld und behauptete, er hätte es verloren.

Eines Nachts hörte Julie Xavier im Schlaf reden. Er lachte laut
auf und sagte: »Ich habe die Zeit totgeschlagen und sie im
Brunnen ertränkt! Ich habe die Zeit totgeschlagen ...«

6

Xavier, König der Banditen

Weil Dominique sich über alles tiefgreifende Gedanken machte, nannten die Kinder ihn ›Sgio Dume‹, eine Anrede, die sich im Französischen ungefähr mit ›Monsieur Dominique‹ wiedergeben läßt, nur daß ›Sgio‹ weit respektvoller ist. Ein Sgio ist ein Mann, der weniger über Reichtum als über Wissen verfügt und folglich erhebliche Macht besitzt. Seine Vortrefflichkeit wird von allen anerkannt, und alle wenden sich an ihn.

Der kleine Dominique war also von seinen Kameraden zum Sgio ernannt worden, und das erfüllte ihn mit echtem Stolz. Sein strenger Umgang mit sich selbst verbot ihm die unmittelbaren Freuden der Kindheit. Ernsthaft, beinahe überheblich behielt er seine ganze Gunst einem bestimmten Vetter vor, einem Jungen namens Benoît, dessen Familie ein schweres Schicksal zu tragen hatte, das auf rätselhafte Weise in die Grabsteine gemeißelt war: Alle männlichen Nachkommen starben in ihrer Jugend an einer geheimnisvollen Krankheit. Julie war beunruhigt, daß ihr Ältester sich derart in dieses Opfer der Natur vernarrt hatte.

»Ihm bleiben nur noch ein paar Jahre, mein Sohn. Du solltest dich nicht zu sehr an ihn binden, nachher bist du der Leidtragende.«

Dominique war entsetzt über so viel Berechnung: Er fand ganz im Gegenteil, daß gerade Benoît mehr Freundschaft und Zuneigung brauchte als irgendein anderes Kind. Und er, der anscheinend so unnahbare Knabe Sgio Dume, entfaltete ihm gegenüber eine Zärtlichkeit und eine Sanftmut, die Julie nicht in ihrem Sohn vermutet hätte. Für diese Freundschaft tat er alles: Er ließ seine Schranken fallen und vergaß eine Weile die rigorose Strenge, die ihn so altklug machte. Seite an Seite träumten die beiden Jungen von einer Zukunft, die – das wußten sie genau – nie Wirklichkeit sein würde:

»Eines Tages, oh ja, eines Tages werden wir ein Haus haben, wie Onkel Manzuetu. Mit Balkon und Außentreppe ... Du wirst sehen, Dominique, wenn wir einmal groß sind, nehme ich dich mit nach Frankreich, und wir kaufen uns alles, was wir wollen ... Eines Tages ...«

Und sogleich versuchte Dominique, ihn zu überbieten:

»Oh ja, mein kleiner Benoît, und dann gehen wir zusammen auf die Pädagogische Hochschule von Ajaccio. Gemeinsam werden wir es schaffen ...«

Er drückte seinem Vetter die Hand, als könne er dadurch die Zeit anhalten.

»Benoît, mein kleiner Benoît, ich möchte mit dir groß werden. Also los, streng dich ein bißchen an. So ungerecht kann die Welt nicht sein. Wir werden es schaffen, ich sage es dir, aber wir müssen zusammenhalten ...«

Er wünschte es sich so stark, daß ihm Tränen in die Augen schossen. In solchen Augenblicken fühlte Dominique sich erleichtert. Sein eigenes Schicksal, das ihn bedrohte, diese Familie, die er als Ältester vor der Armut würde bewahren müssen – das alles spielte für einen Moment keine Rolle mehr. Ein kleines Stück Kindheit war gerettet.

Xavier hingegen wirkte ausgelassen und lustig wie ein Fisch im Wasser. Seine geistige und körperliche Lebhaftigkeit und sein unbesonnenes Verhalten waren für Sgio Dume ein rotes Tuch. Gerade das reizte Xavier. Er ließ es sich nicht nehmen, den Tunichtgut herauszukehren, und auf dem Dorfplatz verstieg er sich in die Behauptung, sein Ideal bestünde darin, ein richtiger Bandit zu werden: »Am liebsten sogar König der Banditen. Meine Mama hat es mir übrigens versprochen.«

Etwas beunruhigt, stellten einige Verwandte Julie zu Rede: »Wie es scheint, hast du deinem jüngsten Sohn versprochen, daß er Bandit werden darf? Eine schöne Prophezeiung, das muß man sagen!«

»Mein Gott, wie dumm er ist, mein kleiner Engel! Er nimmt das Wiegenlied vom Cuscio so wörtlich, daß er mir tatsächlich glaubt, wenn ich singe, er würde einmal König der Banditen sein . . .«

Ein achtzigjähriger Onkel deutete fuchtelnd mit dem Stock auf Xavier: »Komm einmal her, Kleiner . . .«

Der Alte stotterte furchtbar, und der Speichel lief ihm in den Bart. Xavier wich zurück. Dann besann er sich: Ein König aus den wilden Bergen durfte auch vor einem so abstoßenden Mann nicht zurückschrecken. Spott schien ihm die beste Gegenwehr: »Ich werde Bandit, wie ich schon sagte. Und Ihr, Ihr seid der widerlichste alte Bock . . .«

Wie vom Donner gerührt ließ der Greis den Stock zu Boden sinken.

»Xavier, ich schäme mich für deine Eltern. Ein echter Culioli hat Respekt vor dem Alter«, brummte er nur.

Julie zog Xavier am Ärmel nach Hause und drängte ihn zur Tür hinein – ohne eine Spur Erregung, aber mit einer Bestimmtheit, die sich deutlich von ihrer gewohnten Sanftmut unterschied. Das Kind stieß einen einzigen empörten Schrei aus und gab nach. Es ahnte die Ungeheuerlichkeit seiner Worte und fand sich im voraus mit den Konsequenzen ab. Den ganzen Nachmittag blieb Xavier schweigend in seiner Ecke, während die Frauen sich ihrer alltäglichen Arbeit zuwandten. Dominique kümmerte sich nicht um ihn. Er fand, daß der kleine Bruder eine Lektion verdient hatte, aber er selbst war dafür nicht zuständig.

Der Vater ließ sich Zeit, in gewohnter Weise zu essen. Dann wischte er sich den Mund ab, holte wortlos Julies Reisigbesen und gab dem Kind durch eine Handbewegung zu verstehen, vor ihm hinauszugehen. So kamen die beiden auf den Dorfplatz. Ziu Francescu, der Beleidigte, machte gerade seinen Abendspaziergang, als Xaviers Füße von den ersten Schlägen getroffen wurden. Der Vater schlug ohne Zorn, aber mit Vorbedacht: Es sollte wehtun. Der Junge schrie und weinte, versuchte aber nicht, wegzulaufen. Er fiel hin, stand wieder auf und fiel abermals hin. In diesem Moment forderte Ziu Francescu Antoine auf, die Züchtigung zu beenden.

»O Cardaghiola, das reicht. Du wirst deinen Sohn noch verstümmeln.«

Antoine senkte den Arm ein letztes Mal: »Ich höre auf, weil Ihr mich darum bittet. Und jetzt, Xavier, wirst du dich bei dem Onkel entschuldigen und versprechen, daß du nie wieder einen Mann der Familie beleidigen wirst, der älter ist als du.«

Schniefend starrte Xavier auf seine blutigen Füße und sagte: »Ich bitte um Entschuldigung, Ziu Francescu . . .«

Dann holte er Luft, hob den Kopf und fuhr fort: »Aber ich werde trotzdem König der Banditen.«

Julie blieb die ganze Nacht am Bett ihres Jüngsten. Er schluchzte vor Pein und vor Schmerz. Sie sang ihm das Wiegenlied vom Cuscio, so schön und sanft, daß sie ihn schließlich beruhigte.

»Hör gut zu, mein Sohn«, flüsterte sie ihm ins Ohr, »ich singe es dir zum hundertsten Mal. Es stammt von unseren Ahnen, die es sangen, wenn der Sommer kam und sie mit den Herden ins Hochland gingen. Dann überquerten sie die Berge von Alcudine und von Cuscio, das Reich der Mufflons und der Wildschweine. Und nachts, wenn der Wind wie in der Hölle blies, schläferten die Frauen unserer Familie ihre Kleinen mit diesem Lied ein. Hör gut zu!«

Quandi vo nasciti poi / Vi purton a battizani / La cummari fu la luna / E lu soli lu cumpari / I stigdi ch'erani in cieli / D'oru aviani i cugdani / L'aria riturnò sirena / Tutta piena di splindori . . .

Als Ihr geboren ward / trug man Euch zur Taufe / Euer Pate war der Mond / und die Sonne Patin / Und die Sterne, die am Himmel standen / hatten sich mit Gold bedeckt / Auch die Luft klarte wieder auf / ganz erfüllt von Herrlichkeit . . .

Eng an seine Mutter geschmiegt flehte Xavier, immer noch schluchzend: »Bitte, sing mir das, wo ich Bandit sein werde . . .«

»Ja, mein Liebling, aber du mußt schlafen . . .«

»Sag, Mama, glaubt Ihr, daß viele Mütter ihren Söhnen singen, sie würden einmal König der Banditen sein?«

»Aber bei uns kennt doch jeder dieses Wiegenlied, vielleicht sogar jeder in ganz Korsika!«

Xavier setzte sich auf: »Und wieviel Könige wird es dann geben?«

Julie lächelte und strich ihm über das Haar.

»Mach dir keine Sorgen, Kleiner, für mich wirst du immer der einzige sein. Und glaub mir, daß die Mutter einen liebt ist wichtiger, als der erste Mann im Maquis zu sein.«

Ihre Stimme war wie ein Mondstrahl in der Dunkelheit, so sanft und so beruhigend, daß die anderen Kinder ein wohliges Seufzen von sich gaben:

Und wenn Ihr seid ein junger Mann / der auch die Waffen trägt / wird nichts Euch mehr erschrecken / kein Gendarm, kein Füsilier / Und wenn Ihr seid ein tapferer Mann / wird ein stolzer Bandit aus Euch werden . . .

Über ihnen bewegte der Wind die Dachziegel. Plötzlich schloß Xavier seine Hand fest um Julies Rockzipfel, und er fing an, regelmäßig zu atmen.

O schlaf, mein kleiner Engel / mit roten Wangen und lockigem Haar . . .

Julie stand vorsichtig auf. Der Mond warf einen hellen Licht-schein auf die Treppe. Während sie hinunterging, sang sie leise weiter:

Eurem Großvater und Eurer Großmutter / werdet das Herz Ihr brechen / Und eines Nachts, Ihr werdet sehn . . .

Ihre Stimme wurde schwächer, so daß man sie kaum noch hörte.

. . . kommt dann der böse Tod / und die Wurzeln meiner selbst . . .

Julie holte Luft, ehe die letzten Worte über ihre Lippen ka-men:

. . . kehren zum Herrn zurück.

Angst schnürte ihr die Kehle zu. Sie bekreuzigte sich. Erst jetzt wurde ihr bewußt, daß Tränen über ihre Wangen liefen. Mit lauter Stimme flehte sie zum Herrn: »Oh mein Gott, laß ihn werden, was du willst, Bandit oder Gendarm, Lehrer oder Pfarrer. Aber ich bitte dich, erhalte ihn am Leben. Er ist mein Sohn.«

7

Das Ende des Weges

In diesem Herbst 1976 enthüllte Korsika Schönheiten, die es den ganzen Sommer über eifersüchtig gehütet und versteckt zu haben schien. Vielleicht hatte das Feuer nicht seinen gewohnten Tribut an Maquis und Wald gefordert? Der Süden der Insel erblühte in diskreter Pracht. Leuchtend hoben die reifen roten Baumerdbeeren sich vom dunklen Grün des Blattwerks ab. Die kleinen Früchte hingen herab wie Blutstropfen einer überquellenden Natur.

Ich betrachtete die wilden Erdbeeren des Maquis, die mich unweigerlich an meine Kindheit erinnerten, an die Tage, an denen Großvater Dominique mit seiner Familie Beeren sammeln ging, damit zu Hause Gelee gekocht werden konnte. Im Nu hatten wir Kinder die Münder voll und genossen den süß-sauren Geschmack der Früchte, während Albertine, unsere Großmutter, drohend die Hand hob: »Paßt bloß auf, ihr kleinen Leckermäuler! Wenn ihr zuviel davon eßt, holt ihr euch einen Magendurchbruch. Sagt nur, ihr wißt nicht, was das ist? Ihr werdet es schon erleben: Da kriegt ihr einen Wickel um den Leib, der die Gedärme zusammenhält . . .«

Wir prusteten vor Lachen, streckten die Bäuche heraus und begannen einen Ententanz. Zu Hause umschlichen wir den Herd, auf dem Großmutter ihre Marmeladen kochte. Manchmal tauchte eine kleine Hand am Rand der Herdplatte auf und versuchte, in den Topf zu langen. Ohne weh zu tun, tappte der hölzerne Rührlöffel auf die gierig naschenden Finger.

Dominique erzählte gern von früheren Zeiten. Er ging neben

mir und sprach in aller Ruhe. Er blieb Sgio Dume, trotz der gebeugten Schultern, der faltigen Haut und der ungewissen Zukunft, die ihn erwartete. In den alltäglichen, tausendmal wiederholten Gesten fand er jene Kontinuität, die seinem Leben eine Einheit und folglich einen Sinn verlieh. Jeden Abend sah ich fasziniert zu, wie er sich auf haarsträubende Weise das Frühstück für den nächsten Morgen fertigmachte. Diese kleine Aktion nahm ihn voll in Anspruch. Er holte sein stumpfes altes Taschenmesser heraus und schnitt langsam ein Stück trockenes, drei Tage altes Brot in Scheiben: »Ich kann es doch nicht einfach wegwerfen. Immerhin ist es noch gut . . . Und weißt du, oft denke ich an früher, als es Weißbrot nur auf Hochzeiten oder als Essen für die zahnlosen Alten gab. Deswegen . . . Außerdem soll es gut für die Gesundheit sein.«

Er lachte und fuhr fort: »Xavier kann das nicht leiden. Er schreit mich an, lieber würde er mir jeden Morgen frisches Brot bezahlen. Aber ich mag es eben, mein trockenes Brot.«

Er legte so großen Wert darauf, daß er laufend für den notwendigen Vorrat sorgte. Er ordnete die Krusten wie zu einer Militärparade auf dem Wachstuch an, stellte eine Trinkschale mit einem kleinen Löffel in die Mitte und schmückte das Ganze mit einer Serviette, die in einem Kupferring aus den Schützengräben von 1917 steckte. Ich mokierte mich freundlich über diese Zeremonie, die ich ›Kaffee-Ersatz-Ritual‹ getauft hatte.

»Und du hast es immer so gemacht?«

Behutsam entfernte Dominique die Krümel von der Tischdecke: »Seit 60 Jahren, Kleiner, und ich werde es tun, solange ich lebe.«

»Hast du nie Lust gehabt, es einmal anders zu machen, mit etwas Phantasie?«

»Mit was? Mit Phantasie? Oh nein! Niemals!« brüllte er.

Eines Morgens, während er seinen Kaffee-Ersatz schlürfte, sagte er zu mir: »Heute gehen wir auf den Friedhof. Was sagst du dazu?«

Dominique sprach mit wechselndem Tonfall. Der Anfang des Satzes kam wie ein Befehl entschieden und ohne Zögern aus seinem Mund. Dann änderte sich die Stimmlage, wurde kindlich schrill und flehend und gipfelte schließlich in jenem Fragezeichen, das sich für einen Sgio Dume beinahe vulgär ausnahm. Ich war so unangenehm davon berührt, daß ich heimlich die Fäuste ballte. Auf dem Kontinent hätte ich einen derartigen Kommandoton gar nicht erst akzeptiert. Aber hier, im Dorf, mußte jeder die Rangordnung respektieren. Und Dominique war nicht dazu geschaffen, andere zu bitten.

»Also gut«, antwortete ich wider Willen, »ich bin dabei.«

Es war kurz vor Allerheiligen, und in den Köpfen begannen die Toten zu rumoren. Diese Schatten, die, von undefinierbarer Gestalt, alle Gewissensbisse und alle Sehnsüchte auf sich zogen, schickten sich an, einen gefürchteten Tag lang unter den Lebenden zu weilen. Ein süßlich-bitterer Geschmack würzte die melancholische Herbststimmung.

Wir durchquerten Chéra und erwiderten die Grüße derer, die uns begegneten.

Vor der Grabstätte von Julie und Antoine legte Dominique mir den Arm um die Schultern: »Hör genau hin, Kleiner. Der Wind, einige Stimmen in der Ferne, und sonst nichts – das nennt sich Stille. Dieselbe Stille wie einst. Nein ... etwas anders ist sie doch. Die Stimmen der Menschen sind weniger geworden. Und siehst du, wenn sie einmal wirklich still sind, hat die Stille des Todes über die des Lebens gesiegt. Und die Stille, die dann über uns kommt, ist definitiv und erschreckend, denn sie ist grenzenlos und ohne Ziel.«

Das alte Friedhofstor quietschte. Als ich den Totenacker betrat, schlug mir ein Geruch entgegen, den ich gleich wiedererkannte: So rochen Strohblumen, wenn die Sommerhitze sie ausgetrocknet hatte. Nur die Tatsache, daß Herbst war, machte die Situation unwirklich, denn zu dieser Jahreszeit veränderte der Tau, der die gesamte Vegetation mit Feuchtigkeit überzog, die Gerüche. Trotzdem kitzelte mich jener Duft, der tausend Erinnerungen in mir wachrief, wie Pfeffer in der Nase … Jedes Jahr Ende Juni sammelten die Dorfkinder riesige Sträuße Strohblumen, trugen sie zum Poghiu und türmten sie gegenüber des Gebirges auf. Wenn die Dunkelheit hereingebrochen war, leuchteten an den Rändern des Waldgebiets von Ospedale nacheinander zehn Strohfeuer auf, entzündet von anderen Kindern Korsikas, und die Chéraner antworteten, indem sie ein brennendes Streichholz mitten in die gelben Blumen warfen. Mit den knisternden Flammen stiegen pfefferartige Düfte gen Himmel, und die Kinder begannen, ausgelassen über das Feuer zu springen; dabei riefen sie mit lauter Stimme: »*San Ghiuvan a focu*, das Feuer der Johannisnacht.«

Strohblumen … Weihnachten … Ein Schwein kam näher und beschnüffelte uns. Früher waren diese Tiere die Gassenputzer des Dorfes gewesen. Die Chéraner pflegten sich nämlich tagsüber im Maquis und nachts vor ihren Häusern zu entleeren, wohlwissend, daß die Schweine nur allzugern bereit waren, den Kot zu fressen und die Wege des Dorfes sauberzuhalten. Wenn sie dann gut im Fleische waren, schnitt man ihnen – gewissermaßen zur Belohnung – die Kehle durch, und die Männer lachten über die wilden Todesschreie. Sobald das Blut abgetropft und in ein Becken gelaufen war, kamen die Frauen mit Zöpfen aus Strohblumen, die angezündet wurden, um die Borsten abzubrennen. Der Blumenduft mischte sich mit dem Geruch versengter Haut. Später kam dann der Geruch von gebratenem Fleisch hinzu. Jedes Kind erhielt als Leckerbissen ein Stück heiße, dem Körper des Tieres frisch entnommene Leber …

Die Hitze schien von dem kalkhaltigen, beinahe weißen Boden des Friedhofs abzuprallen. Plötzlich setzte der vom Meer her kommende Wind aus, und wieder entlockte die glühende Sonne der Erde jenen so unverkennbaren und würzigen Strohblumengeruch: Ein fleischiges, beinahe wollüstiges Gefühl, verstärkt durch die Sonne. Ich schloß die Augen, um die gigantischen Grabsteine zu vergessen, dazu bestimmt, der Zeit und den Elementen zu trotzen.

Der Wind kam wieder und fegte die Hitze mitsamt den Düften fort. Das Leben ging weiter. Von Ferne nahte eine Prozession. Im Wechsel mit dem Seewind kam und ging der Strohblumengeruch. Die Gräber sogen das Aroma auf, so stark, daß es in der Erinnerung haften blieb wie immaterielles Efeu. Die Frauen hatten den kleinen Friedhof von Chéra sorgfältig in Ordnung gebracht. Dennoch beugte Dominique sich gelegentlich zum Boden, um etwas Unkraut auszureißen. Vor einer Steinplatte blieb er stehen.

»Hier war die *Arca*, die Gemeinschaftsgruft, die benutzt wurde, solange es noch keine Einzelgräber gab ... Sieh genau hin, Gabriel. Fällt dir auf, daß da zwei Löcher sind? Eins für die Kinder, das andere für die Erwachsenen ...«

»Und warum dieser Unterschied?«

»Man sagte, die Kinder hätten eine reine Seele und kämen direkt zu den Engeln in den Himmel, während die Erwachsenen sich ihre Sünden erst vergeben lassen müßten ...«

»Und die Toten wurden alle in die Gruft geworfen?«

»Nein, nein. Manchmal wurden sie woanders unter die Erde gebracht. Man grub ein Loch, das einen Meter fünfzig tief war, legte den Leichnam hinein und kennzeichnete das Grab mit einem Stein am Kopf- und einem Stein am Fußende. Damals war es üblich, daß die Familie den Boden an dieser Stelle einmal im Jahr umgrub, damit dort kein Unkraut wuchs. Aber auf Korsika weiß man oft gar nicht so genau, wo eigentlich der Friedhof ist ... Warte, ich will mich einen Moment setzen. Am besten da drüben, auf der Mauer ... Im Norden der Insel, ›diesseits der Berge‹, wie man auf korsisch sagt, besaß jeder Ort einen Gemeindefriedhof. Aber hier, ›jenseits der Berge‹, und namentlich in Alta Rocca herrschten andere Verhältnisse. Du kennst ja unseren Chauvinismus. Unsere Toten mußten auf unseren Feldern begraben sein. Selbst der Elendste wollte die Ewigkeit auf dem eigenen Grund und Boden. Wir waren hin- und hergerissen zwischen einem gesegneten Plätzchen im Schatten der Kirche und unserem Ackerland. Und viele entschieden sich für den Boden, der ihnen gehörte. Aus Stolz oder aus Liebe ... Ich habe keine Ahnung.«

Dominique richtete einen vom Wind umgewehten Topf Geranien auf. Dann fuhr er fort: »Die Gräber im eigentlichen Sinne sind erst mit dem Krieg in unsere Berge gekommen. Die Sgios und die Städter hatten schon lange ihre Einzelgräber. Weißt du, für uns gehörte der Tod einfach zum Leben, wenn man das so sagen kann. Daß die Alten nicht mehr da waren, fanden wir normal, solange im Dorf noch Kinder spielten. Sie waren unsere Zukunft. Außerdem hatten wir nichts in den Händen, um uns ein Gesicht in Erinnerung zu rufen. Fotos gab es natürlich schon, aber sie waren zu teuer. Wozu auch? Oft wird der Schmerz erst durch eine Rückkehr in die Vergangenheit hervorgerufen. Unser Korsika war durch und durch lebendig. Wenn ein geliebter Mensch von uns ging, zahlten wir dem Tod unseren Tribut, und dann ging das Leben weiter.«

Die Sonne verbarg sich hinter einer Wolke. Dominique hatte den Gürtel seiner alten aus Militärbeständen hinübergeretteten Lederjacke festgeschnallt und schien jetzt mit sich selbst zu reden.

»Für mich hat die Errichtung dieser großen Totenhäuser einen Niedergang bedeutet. Man baute sie in aller Eile auf, obwohl die Wohnhäuser im Dorf keineswegs mehr wurden.

Oh ja, ich erinnere mich noch genau an einen Abend, den ich damit zubrachte, über diese Dinge nachzudenken. Damals erschien das Licht mir plötzlich so finster und so trübe, daß ich fast Lust bekam, eine nicht vorhandene Lampe anzuzünden. Ich war in dem alten Haus, in dem ich aufgewachsen bin. Deine Großmutter saß neben mir, aber ich hatte ihre Anwesenheit vergessen. Ich war allein und heulte wie ein Schloßhund. Warum? Ich weiß es selbst nicht. Ich glaube, ich versuchte, bestimmte Einzelheiten wiederzufinden, an denen meine Jugend sich orientiert hatte. Ich hatte sie einfach vergessen. Mir fehlten Gesichter, Geräusche. Ich suchte sie und fiel in ein abgrundtiefes schwarzes Loch.

Eines Tages, an Allerseelén ..., es ist lange her, kurz nach dem Zweiten Weltkrieg, wurde von ich weiß nicht welcher Familienautorität beschlossen, daß jedem die Möglichkeit gegeben werden sollte, seine Toten in Einzelgräber zu verlegen. Zwei Verwandte stiegen in die Gemeinschaftsgruft und nahmen die sterblichen Überreste heraus. Einige Frauen legten die Skelette ehrfurchtsvoll in Reih und Glied auf die im Gras ausgebreiteten Leinentücher. Die Schwärze der Knochen hob sich in scharfem Kontrast von dem makellosen Weiß des Stoffes ab. Wir baten darum, die Kleidungsstücke mit auszugraben, um die Körper leichter identifizieren zu können ...«

Dominique zeigte auf die Stelle, wo die Szene sich abgespielt hatte: »Jetzt erinnere ich mich genau. Zuerst haben wir uns etwas geschämt. Vielen von uns waren die Toten, die da ausgegraben wurden, gänzlich unbekannt, aber irgend etwas Tieferes trieb uns an, weiterzumachen. Die Familie hatte sich auf dem Kontinent zerstreut, und der Krieg hatte die Culioli grausam geschlagen. Das kollektive Vertrauen war dahin. Jeder von uns wollte sich um seine eigenen Verstorbenen kümmern, jeder wollte seine eigenen Gräber haben. Verloren liefen wir zwischen den Überresten herum und versuchten, uns an irgendeine Einzelheit der mündlichen Überlieferung zu erinnern, die uns helfen könnte, uns zurechtzufinden. Alle waren entschlossen, ihr persönliches Familiengrab zu bauen, nur stellte sich die Frage, womit oder vielmehr mit wem. Unter uns herrschte furchtbare Verwirrung und, um es kurz zu sagen, der Respekt vor den Toten schmolz dahin wie Schnee in der Sonne. Allmählich glich der Friedhof von Chéra einem Trödelmarkt. Gelegentlich sang eine Alte mit monotoner Stimme einen *Voceru*, ein Totenlied, von dem sie sich wohl eine geheimnisvolle Unterstützung versprach. Doch angesichts des Durcheinanders mußten wir einsehen, daß wir so nicht zum Ziel gelangen würden.

Da erhob sich unerwartet eine etwas schrille Stimme über dem Tumult. Sie wußte alles, und sie wußte es mit Sicherheit. Geradezu enthemmt lief eine ferne Verwandte von einem Toten zum anderen, zeigte auf die Überreste, und gab ihnen Namen. Fassungslos starrten wir sie an. Das Alter hatte ihre Sinne schon getrübt. Ihr wirrer Geist konnte Vergangenheit und Gegenwart nicht mehr unterscheiden. Aber sie erinnerte sich mit erstaunlicher Genauigkeit an alle Verstorbenen. Dieser Vetter hatte ein zu kurzes Bein gehabt, jener hatte seine braune Weste mit ins Grab genommen ... Wie ein Vogel hüpfte sie über die Leinentücher, bückte sich, deutete mit dem Stock auf ein Gerippe und taufte die sterblichen Überreste der Familie Culioli. Die anderen standen schweigend dabei, gehorchten der Alten aufs Wort und schnappten gierig ihre Knochen, um sie wie eine Kostbarkeit in ein Stück Stoff zu hüllen ...«

Dume verstummte und sah mich an: »Aber ich habe dich eigentlich nicht hierhergeführt, um dir diese alten Geschichten zu erzählen. Ich habe eine Überraschung für dich, schau.«

Ich folgte seinem Blick, sah aber nur unser Familiengrab, dessen Kammern teilweise mit Zementplatten verschlossen waren; die anderen standen offen, finstere Löcher, in denen zahllose emsige Insekten verschwanden.

»Siehst du das zweite Loch in der dritten Reihe, Kleiner? Das ist der Platz deiner Großtante Maguy. Sie ist Armenierin, und weil alle ihre Angehörigen von den Türken umgebracht worden sind, möchte sie, daß ihr Leichnam verbrannt und die Asche ins Mittelmeer gestreut wird. Sie hat sich darum bereiterklärt, dir ihren Platz zu überlassen.«

Er wandte sich mir zu: »Freust du dich wenigstens?«

Ich beugte mich über ihn und umarmte ihn vor Rührung.

»Wie kannst du da noch fragen?«

»Also dann ... bin ich aber froh.«

8

Die Glasscheibe im Haus

Der alte Manzuetu hatte den Familienrat bis zu den Vettern dritten Grades einberufen. Eine wichtige Entscheidung sollte getroffen werden, und alle Teilnehmer waren beunruhigt, denn im allgemeinen wies eine derartige Sitzung auf den Anfang oder das Ende einer Vendetta hin.

Vom Jüngsten bis zum Ältesten saßen die Männer unter dem Porträt des Familienoberhaupts, und jeder hatte seine Mütze vor sich auf den Tisch gelegt. Die Dunkelheit im Raum betonte die hervortretenden Wangenknochen, die hageren Gesichter. Alle warteten, und der alte Manzuetu sonnte sich in ihrem Schweigen. Er genoß diesen einzigartigen Moment der Macht. Endlich ergriff er das Wort: »Ich habe euch hergebeten, um euch ein ehrbares Projekt zu unterbreiten. Die Holzkohle steht weiterhin gut im Kurs, und darum schlage ich vor, daß wir alle zusammen ein Haus bauen, ein neues Haus.«

Irritiert sahen die Männer einander an. Der Onkel fuhr fort:
»Wozu ein neues Haus, werdet ihr fragen, wo wir doch alle schon eines besitzen. Ich kann nur sagen, ich für meinen Teil habe diese ebenerdigen Fuchsbauten satt! Ich will nicht, daß meine Familie in einer Unterkunft lebt, die besser als Schweinestall geeignet wäre. Nein, ich will ein Haus, das so aussieht wie die Häuser unserer Väter in den Bergen. Ein Haus mit vielen Stockwerken, eins über dem anderen ... Unten wäre Raum für die erstgeborenen, oben für die jüngeren Söhne. Wir könnten alle zusammen wohnen, wie früher in der heißen

Jahreszeit, wenn wir mit den Herden in die Berge zogen. Und die Familie fände ihre Einheit wieder . . .«

Er stand auf. Hinter ihm hing sein Porträt wie ein treuer Schatten. Gerade wollte er mit seiner Rede fortfahren, als eine Stimme ihn unterbrach: »Und wer bezahlt?«

»Wir alle natürlich!« begeisterte sich der Alte. »Es soll ein Haus sein, das uns allen gehört.«

Allgemeines Gemurmel übertönte seine Stimme; dann erhob sich lautstarker Protest: »Da sind wir aber nicht dafür. Aber ganz und gar nicht. Es ist überhaupt nicht einzusehen, warum wir uns für ein neues Haus verschulden sollten, wo wir doch schon eines haben.«

»Stimmt genau!«

Der Alte ließ einen wütenden Blick über die Versammlung gleiten. Mit soviel Ablehnung hatte er nicht gerechnet. Er fing an zu stottern. Dann übermannte ihn der Zorn, und das Blut schoß ihm in den Kopf: »Ihr zieht es also vor, im Hühnerstall zu leben!« brüllte er. »Ihr findet euch wohl nicht würdig genug, eine Existenz wie die Sgios in der Stadt zu führen. Nein, aber schaut euch doch nur an . . . Im Grunde habt ihr genau das, was ihr verdient. Bleibt ruhig in eurem Schlamm und kriecht am Boden, so lange ihr wollt.«

Während er sprach, ging er mit erhobenen Armen auf und ab. »Wie dumm bin ich, mich überhaupt um euch zu kümmern. Reißt mir lieber die Zistrosen aus, zu etwas anderem seid ihr doch nicht zu gebrauchen. Trotzdem werde ich euch jetzt zu trinken geben, weil ihr zur Familie gehört und weil niemand sagen soll, er wäre als mein Gast schlecht behandelt worden. Da mag er sich noch so dumm anstellen.«

Die Anwesenden umringten ihn und redeten ihm gut zu, sich nicht über die ablehnende Haltung der Familie zu ärgern. Er aber setzte sich mit hochgezogenen Schultern auf seinen unbequemen Stuhl aus Kastanienholz und brummte vor sich hin, er würde schon allein zurechtkommen und das Haus ohne fremde Hilfe bauen.

In den nächsten Tagen beauftragte er seine Söhne, die ihm Achtung und Gehorsam schuldig waren, sich mit den wichtigsten Handwerkern in Verbindung zu setzen. Der Zimmermann wohnte in Saparelli, der Steinhauer in Chéra. Beide erhielten genaueste Anweisungen, bis ins letzte Detail, die ihrer Phantasie keinerlei Spielraum ließen. Das künftige Heim der Manzueti sollte die doppelte Grundfläche ihres derzeitigen Wohnhauses haben und mitten auf einem Feld errichtet werden, am Rande des Dorfes, aber höher gelegen als dieses. Für das zweite Stockwerk waren ringsum Balkone vorgesehen, geschmiedet von Dominiques Großvater, genannt *u Maestru*. Auf der Frontseite des palastartigen Gebäudes sollten zwei Buchstaben prangen: C und M wie Culioli Manzuetu, Initialen, die der Zeit trotzen und dem Dorf die Stirn bieten würden.

Jeder Tag brachte neue Informationen, die alle den unvermeidlichen Weg über das Waschhaus nahmen. Die Frauen sorgten dann dafür, daß die Neuigkeiten verbreitet wurden. Aber diejenigen, die am meisten von dem neuen Haus träumten, waren die Kinder. Sie stellten es sich ähnlich vor wie die Schlösser, von denen die Mutter ihnen abends vor dem Einschlafen erzählte. Der alte Manzuetu verwandelte sich in einen Märchenkönig, und seine Töchter wurden zu Prinzessinnen. Dabei waren diese Mädchen gar nicht zu beneiden, denn sie hüteten die Ziegenherde des Dorfes, und beim Wäschewaschen standen sie Seite an Seite mit den Ärmsten der Armen. Das traurige Los der korsischen Frauen blieb ihnen nicht erspart, obwohl man sagte, sie seien reich. Genau wie alle anderen trugen sie ihr Holzbündel auf dem Kopf und flickten die Kleidung ihrer Männer.

Die klatschsüchtigen Waschfrauen bedrängten sie laufend mit Fragen, aber der alte Manzuetu pflegte in Gegenwart der Töchter kaum etwas zu sagen, und ihr Schweigen, das hochmütig erscheinen mochte, war im Grunde nur ein Ausdruck ihres Unwissens. Wenn sie sich aber, in die Enge getrieben, dennoch entschlossen, ein paar frei erfundene Informationen preiszugeben, verwandelten diese spärlichen Einzelheiten sich in den Ohren der entzückten Cousinen prompt in eine Gehässigkeit. Zu Hause angekommen, stießen die letzteren vor dem jeweiligen Ehemann leise Seufzer aus, die bekanntlich vorwurfsvoller klingen als das lauteste Geschrei. Beim Essen verweilte die Frau ungewöhnlich lange am Tisch, um noch ein paar gemeine Spitzen loszuwerden: Während andere im Überfluß lebten, schleppten sie ihr Elend wie Christus sein Kreuz ... Der Mann versuchte, das Gejammer durch immer heftigeres Kauen zu überdecken, worauf die Frau lautere Töne anschlug und sich revanchierte, sobald der Teller leer war. Der entnervte Ehemann brachte schließlich stöhnend seine ganze Autorität ins Spiel:

»O mein Gott, was für eine Frau habe ich mir bloß ins Haus geholt! Bist du nicht bald fertig mit den ewigen Klagen? Und immer nur dieses ›Francesca hat gesagt ...‹ und ›Maria hat erwidert ...‹. Läßt der Klatsch euch Weibern denn gar keine Ruhe? Wartet doch ab. Wir werden schon sehen, wie es in ein paar Monaten um das Haus von Ziu Manzuetu steht.«

Aber die Wochen vergingen, und die Bauwut des alten Manzuetu schien von Erfolg gekrönt. Italienische Arbeiter hatten Balken aus Kastanienholz von der Castagniccia geholt, Sonderanfertigungen der dortigen Brettschneider. Einer dieser Balken lag nun am Rande des Feldes, gleich neben dem Weg. Wenn es Abend wurde, ließ der Alte sich demonstrativ darauf nieder und erfreute sich an dem Neid, der allen vorübergehenden Verwandten in den Augen stand. So genoß er auf acht Metern gesundem Holz seine Einsamkeit – ein Bild des Hohns auf den Kleinmut seiner Angehörigen.

Jeden Morgen legte der Steinmetz die kurze Strecke von zweihundert Metern zu seinem Arbeitsplatz zurück. Manchmal leistete der kleine Dominique ihm Gesellschaft, um ihn bei seinem Handwerk zu beobachten, und der Mann hatte es gern, wenn dieses aufgeschlossene, vor Neugier überströmende Kind in seiner Nähe war.

»Weißt du, Kleiner«, erklärte er ihm, »das Gestein altert genau wie die Menschen, nur in anderen Zeiträumen. Welche Farbe der Granit hat, ist egal, ob Rot oder Grau kommt auf das gleiche hinaus. Wenn er jung ist, hat er eine Festigkeit, die er später verliert, ganz ähnlich wie die Frauen. In diesem Zustand läßt er sich leicht und sicher bearbeiten. Er ist ehrlich und berechenbar. Mit dem Alter fängt er an zu bröckeln, oder er zerspringt in alle Himmelsrichtungen. Vor allem aber mußt du die Lebenslinien des Steins ausfindig machen. Und du mußt nachsehen, ob die Rückseiten, die keine Sonne abbekommen, nicht von Moos bewachsen sind, das sich gern in die Ritzen setzt und dort gedeiht. Dann erst fängt die eigentliche Arbeit an: Du brichst einen großen Block heraus, den du anschließend mit Hammer und Meißel zerlegst . . .«

Das Kind sah den genau bemessenen Gesten des Onkels fasziniert zu. Der Mann atmete im gleichen Rhythmus, in dem er den Arm hob und senkte, wobei er die Bewegung jedesmal, wenn er auf den Stein traf, ruckartig beschleunigte.

»Der alte Manzuetu macht einen Fehler, Dominique, wenn er hier in Chéra ein Haus bauen läßt, wie man es aus den Bergen kennt. Man sollte nie ins Gegenteil verkehren, was unsere Ahnen taten. Sie hatten gute Gründe. In den Bergen konnten wir es uns leisten, die Wohnhäuser zur Schau zu stellen. Die Höhe schützte uns. Die ganze Familie hielt zusammen und verteidigte den Ort. Aber hier . . . Schau nur, unsere Häuser: Sie verschwinden in der Landschaft, sie passen sich den Felsen an. Früher waren wir hier von den Barbaresken bedroht, die an unseren Küsten landeten und raubgierig ins Land einfielen, um Sklaven zu fangen. Die korsischen Wächter saßen in ihren Genueserturmen auf der Lauer. Drohte Gefahr, zündeten sie Feuer an und ergriffen die Flucht. In den Dörfern schlugen die Hirten mit der großen Seemuschel Alarm, um die Bevölkerung zu warnen. Was hätte es genutzt, in den Häusern zu bleiben? Unsere einzige Chance bestand darin, daß die Eindringlinge unsere Dörfer gar nicht erst entdeckten. So haben wir gelernt, uns wie Eidechsen zu benehmen, uns an die Felsen zu ducken und das gleiche Aussehen anzunehmen ...«

Der Steinhauer nahm eine Stahlspitze in die Hand und machte sich daran, ein Loch zu vergrößern:

»Wir in Chéra sind Leute der *Mezza-Muntagna*, seit wir die Herdenwanderungen eingestellt haben. Das Leben in den Bergen ist etwas ganz anderes. Aber weißt du, es gibt eben Menschen, die würden sich am liebsten eine Pfauenfeder in den Hintern stecken, damit man sie bloß nicht übersieht. Und eines will ich dir noch sagen, Kleiner: Ich tue hier nur meine Arbeit. Man bezahlt mich, damit ich den Stein behaue, also behaue ich den Stein.«

Bald häuften sich Balken und Granitblöcke auf dem Feld. Die Chéraner kamen jeden Sonntag auf dem Weg zur Messe an der Baustelle vorbei und schielten aus den Augenwinkeln, damit ihnen nicht entging, wieweit das Werk inzwischen gekommen war.

Mit großem Prunk wurde das Startzeichen für die Aushebung der Baugrube gegeben: Die jeweils jüngsten Söhne der Culioli-Familien führten die ersten Spatenstiche aus. Der Alte hatte darauf bestanden, daß sie es taten, ohne daß genau zu erkennen war, ob aus Verachtung oder weil er es für nützlich hielt. Schaulustig drängte sich die ganze Verwandtschaft hinter der niedrigen Mauer, die das Feld begrenzte. Mit seinem angeborenen Sinn für Dramaturgie hatte Ziu Manzuetu die besten Schüler des Dorfes eingeladen, die Holzbalken seines neuen Hauses mit ihren unschuldigen Händen zu berühren. Die anderen Kinder, die weniger Glück hatten und das eingefriedete Gelände nicht betreten durften, versuchten unterdessen, die aufgetürmten Quadersteine zu zählen. Über das Ergebnis wurden gerade Wetten abgeschlossen, als der Alte plötzlich seine Stimme erhob, so laut, daß es auch den Schwerhörigsten nicht entging:

»Sie sollen glatt sein, spiegelglatt wie der Kopf von Onkel Pilatu . . .«, herrschte er den Steinmetz an.

»Und was meint Ihr, was da glatt sein soll?«

»Die Steine! Ich will, daß sie glatt sind, vollständig glatt.«

Ungläubig sah der Steinmetz erst den Granit, dann den Alten an:

»Ich verstehe immer noch nicht . . .«

»Ist es denn so schwer?« fragte der Alte gereizt. »Ich sagte doch: glatt wie der Kopf von Pilatu, den wirst du wohl kennen, oder? Nicht nur, daß er kein einziges Haar mehr hat, sondern seine Glatze ist wie poliert. Genauso sollen meine Steine sein, wie der Glatzkopf von Pilatu.«

»Aber das ist doch zu gar nichts nutze!«

»Und wenn schon! Meine Steine sollen ebenso glatt sein wie die, aus denen die Häuser der Sgios von Sartène bestehen. Denn ein Culioli ist mindestens so gut wie ein Sgio aus Sartène. Das ist jedenfalls meine Meinung. Und schließlich bin ich es, der bezahlt.«

»Du sollst haben, was du verlangst«, murmelte der Steinmetz am Ende seiner Argumente.

Antoine hatte Xavier auf die Schultern genommen und hielt ihn an den Händen fest. Während Manzuetu sprach, zog er den Kleinen zu sich hinunter:

»Hör gut zu, was der Alte sagt, ich bin nämlich ganz seiner Meinung. Ausnahmsweise sagt er einmal etwas Richtiges. Der Wert eines Mannes hängt allein von seiner Ehre ab, und wenn du einen Hut trägst, setz ihn nur vor Gott ab. Der Alte will, daß seine Steine glatt sind, also müssen seine Steine glatt sein.«

Der rapide Preisverfall der Holzkohle führte zum Stillstand der Bauarbeiten. Im Waschhaus schlugen die Frauen aus dem Hause Manzuetu leisere Töne an, ehe sie gänzlich verstummten. Die anderen Waschfrauen zeigten ihnen die kalte Schulter und rissen das Maul um so weiter auf, als die eigenen Ehemänner zu Hause wieder Haare auf den Zähnen zeigten:

»Ich hatte dir doch gesagt: Erst einmal abwarten! Jetzt siehst du, wieweit sie gekommen sind, die Manzueti mit ihren Königsträumen. Es heißt, sie könnten nicht mehr bezahlen. Und man sieht es den Bauarbeiten ja auch an . . .«

Die Stimmung des Alten sank immer tiefer. Sein Bauch verkrampfte sich vor Scham. Seine Reputation stand auf dem Spiel. Er konnte die dünkelhafte Zurückhaltung des Dorfes nicht mehr ertragen. Wie Ikarus, der sich zu nahe an die Sonne wagte, kannte er die Schrecken des Absturzes.

Er zögerte lange, ehe er sich zum Handeln entschloß. Sein Stolz gebot ihm, niemals von dem Weg, den er einmal eingeschlagen hatte, abzuweichen, während sein Verstand ihm zum Nachgeben riet.

»Aber wie soll ich bloß weiterleben, wie soll ich mich frei fühlen, zu atmen und um mich blicken, wenn ich mitten in der Furt stehenbleibe?« fragte er sich selbst.

Hatte er sich nicht über die gesamte Familie erhoben? Hatte er nicht seine Steine polieren lassen? Und jetzt sollte die ganze Pracht, die ja nun einmal da war, mitten auf dem Felde im Dreck versinken? Um ehrlich zu sein, wurden die Quadersteine allmählich auch in seinen Augen zum Symbol des eigenen Niedergangs. Nein, er mußte eine bessere Lösung finden. Und plötzlich, während er den schwärzesten Gedanken nachhing, kam ihm die erlösende Idee. Geschmeidig wie eine Wildkatze stieg er in den ersten Stock hinauf, öffnete den Kamin, fuhr entschlossen mit dem Arm hinein, tastete, fluchte und lächelte: In der rußgeschwärzten Hand hielt er eine nicht sehr große Geldbörse. Er schüttete den Inhalt aus. Es waren glänzende Louisdor, Goldmünzen, die seine Familie seit mehreren Generationen sorgfältig als letzte Reserve für schlechte Zeiten gehütet hatte – und die schlechten Zeiten waren gekommen.

Tags darauf erschienen die Frauen aus dem Hause Manzuetu stolz erhobenen Hauptes im Waschhaus und erzählten, Chéra würde in den nächsten vierzehn Tagen etwH erleben, was so unglaublich sei, daß sie es auf keinen Fall verraten dürften. Wenn man nach ihnen ging, war die schlimmste Vendetta im Vergleich zu diesem Geheimnis keine Aufregung wert.

Am elften Tag stand das Leben im Dorf still, als eine zweirädrige Kutsche einfuhr. Ziu Manzuetu, begleitet von seinen Söhnen, die prunkvoll ausgestattet auf schwarzen Maultieren ritten, führte eine regelrechte Prozession an, denn hinterdrein folgten mit nichtsahnenden Gesichtern etwa hundert Männer, Frauen und Kinder, deren Augen vor Neugier glänzten.

Der Fuhrmann und der alte Manzuetu nahmen mit äußerster Vorsicht einen großen, flachen, in schimmernden Stoff gehüllten Gegenstand vom Wagen. Konzentriert und angespannt mahnten sie sich gegenseitig zur Behutsamkeit, als bestünde das Objekt aus Eierschalen.

»Ihr werdet schon sehen, da kommt nichts als ein Holzbrett raus, bemalt mit lauter Hühnereiern«, sagte einer der Umstehenden aufs Geratewohl.

»Nein, dafür ist das Ding zu schwer«, antwortete ein anderer ebenso unsicher.

Langsam und bemessen entfernte Ziu Manzuetu das große Tuch, das den rätselhaften Gegenstand verhüllte. Der alte Schuft hätte die Sache ruhig beschleunigen können, aber statt dessen machte er lauter kleine obszöne Bewegungen, wie ein Enthüllungskünstler auf dem Jahrmarkt. Die Culioli reckten die Hälse, um nichts zu verpassen. Schließlich kam eine Ecke zum Vorschein, eine Ecke aus Holz:

»Das ist Kastanie«, raunte die Menge etwas voreilig.

Dann aber gingen die Meinungen auseinander. Manche glaubten, Schiefer zu sehen, andere hielten es für Wasser. Ziu Manzuetu ordnete an, das Objekt aufzurichten. Es war einen guten Kopf höher als er selbst.

»Das ist ja bloß eine Tür«, rief Xavier lachend.

Doch gleich darauf verstummte er, denn er sah Onkel Manzuetus Gestalt durch die angebliche Tür hindurch.

»Das ist Glas, richtiges Glas«, murmelte Julie respektvoll, beinahe andächtig, während ihre Hand sich an Antoines Jacke klammerte. »Habt ihr gesehen? Es sind Scheiben aus Glas, aus echtem Glas.«

Dicht gedrängt hatten die Chéraner sich um den Gegenstand geschart. Einige Kinder hielten ihre Hände auf die andere Seite, wo der Onkel stand, und spielten belustigt mit den Fingern:

»Unglaublich . . . Man sieht, wie sie sich bewegen, als gehörten sie nicht uns.«

Die jüngeren Frauen verzogen ihre Gesichter zu den schrecklichsten Grimassen und lachten einander aus. Etwas schüchterner gesellten die Männer sich der Runde hinzu:

»Wo haben sie das bloß aufgetrieben?«

»Ich habe gehört, der Alte hätte es anfertigen lassen. Extra für ihn. Einfälle hat er ja, das muß man ihm lassen.«

»Schaut her, Mama, wie gut man sich darin sehen kann«, sagte Xavier aufgeregt zu seiner Mutter.

Grotesk wiegte der kleine Kerl sich in den Hüften und spazierte mit gelegentlichen Kußhändchen vor den Glasscheiben auf und ab. Nun geriet die Menge in Bewegung; alle drängten nach vorn, um den eigenen Widerschein zu sehen. Das war in der Tat etwas ganz anderes, als die Effekte der winzigen Spiegel, die von den fliegenden Händlern aus dem Niolu verkauft wurden.

»Da lebt man ja wirklich«, bemerkte eine Frau, »es ist, als wäre man doppelt!«

Wie von einem gemeinsamen Wahn befallen, putzten plötzlich alle Frauen ihre Schönheit heraus, zogen sich die Röcke zurecht, schlugen das Haar im Nacken hoch, betrachteten ihr Spiegelbild und traten dann beiseite, um sich ein paar Ratschläge zu holen, ehe sie sich erneut vor den gnadenlosen Richter stellten.

Das Defilee dauerte an, bis das Tageslicht erlosch. Man hatte die Tür so an eine Mauer gelehnt, daß sie die letzten Sonnenstrahlen auffing.

Der Spiegel löste bei Julie eine regelrechte Metamorphose aus. Sie lernte, mit ihrem Gesicht zu spielen, indem sie die Wangen einzog und die Lippen wölbte, und hätte sie den kleinen Xavier nicht die ganze Zeit fest an sich gedrückt, wäre es ihr vielleicht in den Sinn gekommen, ihre Taille zu recken oder ihr Kleid über dem plötzlich zur Schau gestellten Körper zu straffen.

Das Übel befiel auch ein paar junge Männer, die sich zu einer kleinen Bande zusammengerottet hatten und sich wie Seemänner zu amüsieren pflegten. Immer, wenn Zahltag war, besorgten sie sich Alkohol und sangen bis spät in die Nacht. Einmal im Monat besuchten sie ein von verrufenen Frauen bewohntes Haus in der kleinen Ortschaft Zuccalella. Als es den Spiegel noch nicht gab, hatten sie sich mit der Bartpflege begnügt. Jetzt legten sie größten Wert auf ihre Kleidung.

Was Antoine betrifft, so fand er die ganze Geschichte zu anstößig, um seinen Sohn Dominique nicht aufzuklären:

»Mein Sohn«, sagte er, »gewöhnlich rede ich nicht viel, aber jetzt sind die Grenzen überschritten. Die Männer führen sich auf wie kokette Weiber, und die Frauen gebärden sich stolz wie die Männer. Sie tun schön vor diesem Spiegel, als wäre er die begehrenswerteste Partie von Alta Rocca. Nun wirst du wohl verstehen, warum unsere Fenster nicht mit Glas, sondern mit fettem Leder abgedichtet sind. Stell dir ein Haus mit zehn Glasfenstern vor! Die Frauen täten gar nichts mehr! Wie sollten die Familien da noch zusammenhalten? Ich frage dich, mein Sohn . . .«

Dieser Bastard aus Holz und Glas stahl ihm die Seele der eigenen Frau. Nein, so konnte es nicht weitergehen.

Einige rechtschaffene Mitglieder der Gemeinde forderten den Pfarrer auf, die Gefallsüchtigen und die Eitlen von der Kanzel aus zu geißeln. Der jähzornige alte Pfarrer war ersetzt worden durch einen jungen Galan aus Lévie, der am liebsten im Maquis spazierenging und gern mit der Dorfjugend Wein trank. Es kam vor, daß er ein feuchtfröhliches Mahl kurz vor

Mitternacht unterbrach, mit seinen Tischgenossen in die Kirche ging, vom Alkohol berauscht die heiligen Gebete sprach und dann gut aufgelegt zum nächtlichen Schmaus zurückkehrte. Er weigerte sich zwar nicht, diejenigen, die sich in der Glastür spiegelten, zu schelten, tat es aber so lustlos, daß seine Predigt keinerlei Wirkung hatte.

Antoine verabscheute die Tür, doch eines machte ihm zu schaffen: Er hätte trotz allem gern gewußt, wie er selbst aussah. Stellvertretend schickte er Dominique, sich in der Glasscheibe anzuschauen, und fragte ihn dann, wie es gewesen sei:

»Nun, was hast du gesehen?«

»Mich.«

»Und was sonst?«

»Sonst nichts.«

»Und was passiert, wenn man sich sieht?«

»Gar nichts. Man ist nachher genauso wie vorher.«

Enttäuscht spuckte Antoine auf den Boden. Er mußte also doch selbst hingehen. Warum sollte nicht auch er das Recht haben, Bescheid zu wissen? Aber er brauchte einen Vorwand. Auf keinen Fall wollte er der Familie Gelegenheit geben, ihn mit den Eitlen in einen Topf zu werfen! Er ließ sich von Xavier begleiten und schützte eine Arbeit vor, die es zu erledigen galt. Kurz bevor die beiden das Feld mit der Baustelle erreichten, strich Antoine sich mit den Fingern durch den Bart und zupfte seine Samtjacke zurecht. Noch ein paar Schritte, und endlich hatte er sein Bild vor sich! Eine enttäuschende Begegnung: Kaum hatte er den Widerschein seiner selbst gesehen, fand er ihn auch schon uninteressant, als hätte er sich seit langem daran gewöhnt. Jetzt, wo er Bescheid wußte, wünschte er, daß er nie hergekommen wäre, und warf sich seine Schwäche bitter vor. Fluchend kehrte er der Tür den Rücken.

Wie dem auch sei, der Spiegel blieb, in Schutz genommen von den jungen Stenzen und den Weibern, die ihn heimlich blankpolierten, wenn er vor Schmutz oder Staub seinen Glanz verlor, während die reiferen Männer ihn verfluchten. Da es aber mit der Holzkohle weiter bergab ging, und die Preise auf dem Tiefpunkt stagnierten, dauerte es nicht lange, bis Ziu Manzuetu von einer Fortführung der Bauarbeiten Abstand nahm. Er mußte Balken und Steine sogar wieder verkaufen. Die Glastür fand immer weniger Aufmerksamkeit und erntete nur noch hier und dort ein diskretes Augenzwinkern. Als schließlich ein reicher Mann aus Bonifacio das Prachtstück kaufte, nahm Chéra kaum Notiz davon. Mitte November brach der Winter herein, und eine ungewöhnliche anhaltende Kälte zog über das Land. Eines Nachts regnete es so stark, daß die Baugrube sich in einen kleinen See verwandelte. Der Granit hielt das Wasser so lange zurück, bis es gefror, und dort, wo der Alte den Traum seiner eigenen Größe hatte errichten wollen, erstreckte sich plötzlich der schönste Spiegel der Natur. Die Kinder trieben ein Schwein auf die Eisfläche und stießen es wie einen Ball hin und her. Das arme Tier quiekte verzweifelt, und die Frauen befreiten es von der Quälerei, denn man tut einem Schwein nichts zuleide, ehe man es tötet. Julie rutschte mit nackten Füßen über den spiegelglatten See. Aufmerksam schaute sie nach unten und lächelte, als sie einen schwachen Abglanz ihrer selbst entdeckte, einen Schatten von dem, was ihr Spiegelbild in den Glasscheiben der Tür gewesen war ...

9

Lisandra

Ziu Antononu fühlte sich dem von Menschen gemachten Gesetz wenig verbunden. Er hielt es eher mit dem Naturgesetz, das den Geschöpfen alle Freiheit ließ, zu leben und zu töten. Da er sich für die Angelegenheiten der Familie kaum interessierte, war er meist auf Wanderschaft und nahm hier oder dort kleinere Arbeiten an, gerade ausreichend, um zu überleben. Und wenn er irgendwo in der Gegend gefragt wurde, wer er sei, antwortete er schlicht und einfach:
»Wenn ich mein Äußeres betrachte, habe ich zwei Hände, zwei Füße und einen Kopf. Also bin ich ein Mensch. Geboren wurde ich in Chéra, einem Dorf auf der Insel Korsika. Also bin ich ein Korse, und zwar aus dem Gebiet von Alta Rocca. Außerdem bin ich ein Culioli. Diese Zugehörigkeiten habe ich mir nicht selbst ausgesucht, aber sie sind da. Und nun lasse man mich in Frieden.«
Sein Streben nach Unabhängigkeit grenzte manchmal schon an Unanständigkeit. So pflegte er etwa zum großen Schaden der Familie seine Hemden und Hosen selbst zu flicken:
»He, Anto«, rief man ihm zu, »das da ist Frauenarbeit! Du wirst doch wohl eine Cousine dritten Grades finden, die dir deine Hosen stopft! Laß sie das machen, denn deine Flickerei bringt alle Männer der Familie in Verruf.«
»Kümmert euch um eure Angelegenheiten, wie ich mich um die meinen«, antwortete er ohne Zorn, »und ihr werdet sehen, daß die Sonne weiterhin im Osten aufgeht.«
Die Jagd war seine ganze Leidenschaft, und er betrieb sie

hemmungslos, wie die Korsen es schätzen: nach Art der wilden Tiere.

Xavier, Dominique und Benoît begleiteten ihn in der schulfreien Zeit oft auf Streifzügen durch den Maquis. Im Gänsemarsch versuchten sie, mit Antononu Schritt zu halten, der schnüffelnd wie ein Hund vorauslief, tief nach unten gebeugt, die Nase am Boden und eine Hand voraus, um sich einen Weg durch das Gestrüpp zu bahnen:

»Seht her, Kinder, da sind Spuren von einem Fuchs und von einem Wiesel.«

Xavier rannte gestikulierend voraus, hielt dann aber unter den strengen Blicken seines Bruders betroffen inne. Dominique drohte ihm:

»Wenn du so weitermachst, nehmen wir dich das nächste Mal nicht mehr mit.«

Antononu hörte sich die kindlichen Streitereien lächelnd an. Doch manchmal trat ein Schatten grenzenloser Traurigkeit auf sein Gesicht.

Dominique mit seinem empfindsamen Gespür für verletzte Gefühle begriff sehr wohl, daß dieser Mann ein großes Unglück erlebt haben mußte; aber er fühlte sich nicht berechtigt, ihn danach zu fragen. Er dachte, der alte Mann hätte längst eine Gelegenheit genutzt, wenn er sich ihm, der ja noch ein Kind war, anvertrauen wollte.

Eines Tages lieferten die ausgelegten Schlingen reiche Beute: lauter tote Amseln. Antononu tätschelte sie mit der liebevollen Zuwendung eines Mannes, der gerne Fleisch ißt. Er legte die großen schwarzen Vögel auf den Rücken und öffnete ihre Flügel:

»Nein, so etwas, seht euch das an, Kinder. Fett wie die Pfaffen aus der Stadt! Die haben sich mit der Saat die Bäuche vollgeschlagen! Jetzt sind wir dran, und wir werden sie uns schmekken lassen! So ist das Leben, Kinder. Wer andere frißt, wird eines Tages selbst gefressen.«

Die Jungen reichten die weichen kleinen Körper von einer

Hand zur anderen und steckten ihre Finger in das warme Gefieder.

»Das ist ein Tag«, sagte der Alte. »Heute habt ihr gejagt wie die Großen! Also nehmt euch jeder einen Vogel und hängt ihn euch an den Gürtel, damit die Culioli sehen, was ihr wert seid.«

Die Amseln baumelten wie Geldbörsen an den Hüften. Xavier und Dominique betraten den Raum, in dem Julie arbeitete.

»Da sind ja unsere Amseltöter«, begrüßte sie die beiden.

»Mama, Ihr könnt Euch nicht vorstellen, wie nett unser Onkel ist«, sagte Xavier, während er sich setzte.

»Ja, ja, ich kenne ihn zur Genüge. Aber für Kinder gibt es einen besseren Umgang.«

»Was habt Ihr eigentlich gegen ihn?« fragte Xavier.

»Lauter Geschichten, von denen man nie so recht wußte, ob sie stimmen oder nicht. Vor Fremden würde ich Onkel Antononu jederzeit verteidigen. Aber ich will nicht, daß meine Kinder das Fürchten lernen.«

»Und was erzählt man über ihn?«

»Oh, sicher ist das alles dummes Zeug. Er soll eine Frau gekannt haben, eine Hirtin, die bei Bonifacio lebte, und von der es hieß, daß sie eine Hexe sei. Eines Tages ist sie verschwunden, und man weiß bis heute nicht, wie und warum. So, das reicht. Und jetzt hinaus mit euch!«

Dominique erfuhr die Geschichte rein zufällig, als er einmal auf Fährtensuche war und mehrere Frauen über seinen Onkel streiten hörte. Er versteckte sich und hörte die Klage der Lisandra, jener jungen Frau, die Ziu Antononu gekannt hatte.

Lisandras Mutter stammte von einer Hirtin, die ihre Herde bei Ventilegna hütete, an der Westküste nördlich Bonifacio. Dort lebte sie in hoffnungsloser Armut, niedergedrückt von der Verachtung, die ihr wegen ihres Berufs und ihrer ungewissen Herkunft entgegenschlug. In der Tat wußte niemand, woher sie eigentlich kam. Vielleicht war sie die Tochter einer jener

Italienerinnen, die ihre Heimat in der Hoffnung verlassen hatten, daß die *Ile de Beauté* ihnen Brot und Liebe schenken würde, und die in Wirklichkeit nur Hunger und Einsamkeit fanden. Sie behauptete, sie hieße Marie, doch niemand gebrauchte diesen Namen, denn alle nannten sie nur »du«. Sie trieb das Vieh vor sich her und durchstreifte die verlassenen Gegenden unten am Meer, geduldig wartend, damit jedes Schaf auf seine Kosten kam. Eines Nachts wurde sie von einem Korkschäler, dem der Sinn nach einer Frau stand, in ihrer Hütte überrascht. Sie wehrte sich nicht, als der Mann sie nahm. Das gewohnheitsmäßige Unglück hatte ihre Lippen schon seit langer Zeit verschlossen, und dieser neue Schicksalsschlag schien ihr die Folge einer furchtbaren Logik zu sein. Vielleicht war sie insgeheim auch glücklich, daß sich endlich jemand für sie interessierte . . .

Neun Monate lang trug sie die Frucht der Vergewaltigung in ihrem Leib. Manchmal, wenn sie mit Schwindel oder Übelkeit am Boden lag, schrie sie vor Empörung und vor Schmerz. Doch der Schicksalsglaube, auch die Weisheit der Armen genannt, deckte diesen letzten Impuls des Aufbegehrens mit einem schweren Mantel zu.

Als die kleine Lisandra zur Welt kam, biß Marie die Nabelschnur mit den Zähnen durch. Noch ganz wund, barg sie das blutverschmierte Neugeborene unter ihrem weiten Umhang aus Ziegenfell und ging hinaus, das Vieh zu weiden.

»Diese Frau ist nicht den Boden wert, darin man sie begräbt«, sagten die Leute im ›wohltätigen‹ Bonifacio.

»Stellt euch vor«, lästerten die Heuchler, »man weiß nicht einmal, wer der Vater ist.«

In dieser geschlossenen Stadt bekam Marie kaum das Nötigste zum Überleben. Männer wie Frauen warfen ihr vernichtende Blicke zu. Die verlorene Ehre der jungen Hirtin ließ die bösen Zungen nicht mehr ruhen. Was hätte sie zu all dem sagen sollen, die Ärmste? Daß ein Mann sie eines Nachts vergewaltigt hatte? Daß ihr Kind nichts für die Sünde konnte? Hätte sie sich in endlosen Reden erklären oder sich gar rechtfertigen sollen, wo die Leute sie doch vor Angst und Einsamkeit ersticken ließen? Bei klarem Wetter konnten die Städter sie manchmal von der Höhe ihrer ehrenwerten Festung aus beobachten: Die Mutter Marie, stets in ihren Mantel gehüllt, und ihre Tochter Lisandra, die den weißen Lämmern hinterherlief. Doch nie hörten sie die liebevollen Worte, mit denen die beiden einander trösteten, wenn der eisige Nordwind über das Küstenland fegte. Die scheinheiligen Damen der besseren Gesellschaft wußten nichts von den wenigen Jahren des Glücks, die Mutter und Tochter miteinander verlebten. Die Liebe dieser beiden Frauen war so zärtlich und so schön, daß die trostlosen Stätten der Einsamkeit in ihrem Glanz erstrahlten.

Eines Abends klopfte Lisandra weinend an die Tore der Stadt: Ihre Mutter, ihre Freundin, lag im Sterben. Flehentlich bat sie um Hilfe. Bei der Brücke kniete sie nieder und wartete vergeblich, daß eine Hand sich nach ihr ausstreckte.

Schön und wild gab die junge Lisandra sich ihrerseits einem Unbekannten hin, den sie begehrte. Aus dieser Vereinigung ging ein Sohn hervor, der bei Wind und Wetter in den Felsen aufwuchs. Er nährte sich von der Milch und von dem Fleisch der Herde. Als er geschlechtsreif wurde, weihte Lisandra ihn in die Freuden des Fleisches ein, und der Samen ihres Sohnes machte sie schwanger. Eines Abends bemerkte sie, daß das Gras von ihrem Speichel schwarz wurde. Da fürchtete sie um die Frucht ihres Leibes: Sie wollte keinen Gnom gebären, mit dem die Menschheit ihren Spott trieb. Sie schluckte Heilkräuter, doch ohne Erfolg. Als sie sicher war, daß das Kind leben würde, erschlug sie ihren ersten Sohn mit einem Schafsschädel und aß ihn auf.

So brachte sie viermal hintereinander ein unschuldiges Kind zur Welt, das seinen jeweiligen Vorgänger nichtsahnend zum Tod verurteilte.

Als die Hirtin die ersten Anzeichen der den Wechseljahren

vorausgehenden Trockenheit bemerkte, ließ sie den Letztgeborenen leben. Er trug alle Stigmata des unvermischten
Blutes. Drei Generationen Inzest und die ungewöhnliche Art
der Ernährung hatten dazu geführt, daß er halb Tier, halb
Mensch geworden war. Mit dröhnenden Hufen durchstreifte
er das dürre Land um Ventilegna und zeigte den Widdern
herausfordernd die Hörner. Er ging aufrecht wie ein Mensch,
doch sein ganzer Körper war mit lockigem braunem Fell
bedeckt, und seine Augen schimmerten wie Achate in den
hundert Farben der Natur.

Als er größer wurde, drängte der Samen zum ersten Erguß.
Mit übermütigen Sprüngen rannte er neben der Herde her
und warf den wollüstigen Lämmern verstohlene Blicke zu, die
nicht ohne Antwort blieben. Eines Abends begriff Lisandra,
daß ihr Sohn dabei war, einen Teil der Herde zur Flucht
anzustiften. Mit den gleichen Zähnen, die ihr bei allen Geburten zum Abnabeln gedient hatten, biß sie dem letztgeborenen
Sohn die Kehle durch und trank in langen Zügen sein junges
Blut. Dann schlitzte sie den noch warmen Bauch auf und
verschlang die Eingeweide vor den Augen des auserwählten
Schafs. Sie zerstückelte den Leichnam und legte sich das Fell
um die Schultern.

In dieser Situation soll Antononu ihr begegnet sein und sie
wie wahnsinnig geliebt haben. Aber niemand weiß, was im
einzelnen geschah, denn am nächsten Tag stieg Lisandra auf
den höchsten Felsen an der Küste. Von dort sah sie das Meer,
und sie fühlte die Winde wehen. Sie vertiefte sich in den
ewigen Sonnenuntergang, der die Welt mit jedem Zyklus in
schwarze Gewänder hüllt. Kniend küßte sie die Mutter Erde,
die so salzig und so trocken war, vergessen und verhöhnt, und
dennoch unzerstörbar. Dann beugte sie sich vor zu einem
endlosen Fall, der das Herz zerspringen und die Glieder brechen ließ, ihr aber endlich Ruhe brachte.

Seit diesem Tag erlebte Antononu Augenblicke unergründli-
cher Traurigkeit, die ihn zu jeder Tages- und zu jeder Nacht-

zeit in den Maquis trieben. Nur die stundenlange wilde Jagd brachte ihm eine an Heiterkeit grenzende Erleichterung.

Tränen überströmt lief Dominique nach Hause und warf sich Julie in die Arme.

»Mama«, schluchzte er, »ich werde nie heiraten. Nie.«

10

Der Grundschulabschluß

*Qui l'aurait cru / Après tant de batailles / Tu fus trahi par de
lâches tyrans / Tu sus braver la bombe et la mitraille / Dans
les combats même les plus sanglants / A Waterloo, la voix me
manque à dire / A Waterloo s'écroula ton empire ...*

Die Stimme der alten Tante erfüllte den Himmel. Sie sang
die Ode auf Kaiser Napoleon mit Modulationen, die
man sonst nur von den Totenliedern der Klageweiber kennt.
»Aber, was singst du denn da, Catali, verstehst du auf einmal
französisch?« wunderte sich Antoine, der sein Maultier vor
sich her trieb.
»O nein, verstehen tue ich es nicht, aber schön ist es trotzdem!«
Die Tante hatte die Wörter so eigenartig ausgesprochen, daß
Dominique sich das Lachen kaum verkneifen konnte.
»Papa«, fragte er, »wer war eigentlich dieser Napoleon?«
»Wie, habt ihr das nicht in der Schule gelernt?«
»Nein. Warum?«
»Ein Korse war er, sehr erfolgreich auf dem Kontinent. Ich
glaube, es hat sogar zwei Napoleons gegeben. Aber wie soll
ich dir das erklären ... Ich erinnere mich, daß unser Clan sich
vor langer Zeit bonapartistisch nannte, nach der Familie Bo-
naparte aus Ajaccio. Es war eine fette Zeit für uns hier auf der
Insel, denn der König der Franzosen war ein Korse. Bis er
dann gestorben ist ... Aber lange vor ihm hat es einen ande-

ren Napoleon gegeben, der seiner Familie zu großem Ruhm verhalf. Er ging nach Frankreich, auf den Kontinent, und verpflichtete sich der Armee. Ähnlich wie Großvater Belkadé, der Algerien erobern wollte. Nur, daß Napoleon sich geschickter anstellte: Er wurde erst Leutnant, dann General und schließlich Kaiser. Er hat seine ganze Familie aufs Festland geholt und den Verwandten überall, wo er militärische Siege errungen hatte, in die besten Posten gebracht. Nach Korsika konnte er kaum zurück, weil er mit dem Clan der Pozzo di Borgo verfeindet war. Später wollte er dann allzu hoch hinaus und hat so viele Leute gegen sich aufgebracht, daß er sich nicht mehr halten konnte. Er ist wohl irgendwo im Kerker gestorben.«

Kein Culioli sehnte sich zurück nach der Herrschaft dieses Kaisers, der seine Heimat schlecht behandelt hatte. Die Franzosen hatten ihn als Sohn eines Anhängers von Pasquale Paoli nach der Eroberung Korsikas im Jahre 1769 als Geisel in eine Militärschule auf dem Kontinent gesteckt. Zu Hause hatte der kleine Bonaparte höchst unangenehme Erfahrungen mit der Macht des großen Clans der Pozzo di Borgo aus Ajaccio gemacht. Der Groll, den er darum gegen seine Heimat hegte, ist wohl nie erloschen, denn er schickte seinem Volk den General Morand, einen gnadenlosen Befehlshaber, der, solange er die Macht hatte, täglich einen Korsen erschießen ließ. Die Erinnerung an die paolistische Unabhängigkeitsbewegung war dem Volk damals noch viel zu gegenwärtig, als daß es diese Tyrannei willig hingenommen hätte. Brutale Kolonnen der Armee durchkämmten die Berge nach Aufrührern. Unterstützt von einzelnen Einheimischen verfolgte die Soldateska auch die letzten wirklichen oder mutmaßlichen Anhänger Paolis bis in die hintersten Schlupfwinkel. Napoleon begünstigte seine eigene Verwandtschaft, die Mitglieder seiner Familie; dem korsischen Volk indes fügte er durch die eiserne Hand seines Befehlshabers Morand nur Leid zu.

So kam es, daß sein Tod im Jahre 1821 auf der Insel keine

leidenschaftlichen Gefühle weckte, sondern allenfalls eine dumpfe Furcht, da am gleichen Tag ein Komet am Himmel erschien. Die kaiserliche Rache an den Korsen erfüllte sich wenige Monate später durch den grausamen und exemplarischen Tod des Luc Antoine Viterbi. Luc Antoine, ein Mann aus der Casinca, einer Region bei Bastia, wurde wegen Beteiligung an einem Angriff auf die Familie Ceccaldi, deren Bündnispartner, die Frediani, mit den Viterbi verfeindet waren, vom Strafgerichtshof zum Tod verurteilt. 1796 war Luc Antoine nach einem dreijährigen Aufenthalt in Frankreich zum obersten Staatsanwalt des Gerichtshofes von Bastia ernannt und später von General Morand entlassen worden, weil er sich gegen die Salbung Napoleons ausgesprochen hatte. Auf Geheiß der Obrigkeiten eingekerkert, dann aber für unschuldig erklärt, wurde Luc Antoine 1821 erneut vor Gericht gestellt und schuldig gesprochen. Als Ehrenmann kam er der Vollstreckung seines Todesurteils durch die strikte Verweigerung jeglicher Nahrung zuvor. Da er aber nicht wollte, daß diese fatale Geste in Vergessenheit geriet, schrieb er seine letzten Eindrücke als Sterbender nieder. Kurz vor dem Koma verfaßte er noch ein Gedicht, dem er eine feierliche Versicherung seiner Unschuld hinzufügte. Die offizielle Geschichtsschreibung versuchte seinen Namen auszulöschen, denn er gehörte weder zu den Bonapartisten, die ihn so unerhört mißhandelt hatten, noch zu den Royalisten, die das Todesurteil über ihn verhängten; die Republikaner schließlich waren an einem derartigen Aushängeschild nicht interessiert. Man hatte ihn zum Banditen gestempelt und behandelte ihn als solchen. Doch sein Verschwinden löste heftigere Emotionen und zornigere Erregung aus als das des kaiserlichen Adlers. So hatte auch Viterbi seine späte Rache, denn die Ehre war nicht auf seiten der Mächtigen.

Paradoxerweise kam der Bonapartismus unter einem republikanischen Etikett nach Korsika, verkörpert durch Louis Napoleon, den ehemaligen *Carbonaro*. Bei den Präsidentschaftswahlen der Republik am 10. Dezember 1848 erhielt er auf der Insel 95 Prozent aller Stimmen, und zwar nicht, weil er Bonaparte hieß, sondern weil er Korse war. Frankreichs Präsenz auf der Insel währte schon fast acht Jahrzehnte, und das Elend war schlimmer denn je.

»Seit fast achtzig Jahren ist Korsika französisch, aber nur dem Namen nach ...«, erklärte der Abgeordnete von Casabianca in Paris. »Mit Verlaub, meine Herren, aber es muß einmal gesagt werden: Bisher hat Frankreich in keiner Weise die Verpflichtungen erfüllt, die es auf sich nahm, indem es uns unsere Nationalität raubte und eine heranwachsende Republik zerschlug, die unter der Präsidentschaft Paolis, unseres unsterblichen Gesetzgebers, in ganz Europa Bewunderung genoß.«

Die Juli-Monarchie, darauf bedacht, sich den noch sehr lebendigen Mythos des großen Napoleon zu eigen zu machen, hatte den Leichnam des Kaisers auf das Festland überführen lassen. Louis Napoleon belebte, oder besser gesagt, er erfand die Legende des Korsen Napoleon. Das deutlichste Zeichen dieser politischen Transformation: Am 5. Mai 1850 ließ der Präsident Louis Napoleon die Freiheitsstatue, die er selbst 1848 eingeweiht hatte, durch eine Statue des Ersten Konsuls ersetzen. Ein Plebiszit im November 1852 ermöglichte die Wiederherstellung des Kaiserreichs, und der Republikaner Louis Napoleon wurde Napoleon III., Kaiser der Franzosen. Diesmal kam es der korsischen Wirtschaft zugute, daß ein Bonaparte den französischen Thron bestieg. Vor allem aber profitierten die Clan-Oberhäupter. Senatoren, Minister, Berichterstatter im Staatsrat und Senatspräsidenten – die politischen Vertreter Korsikas fielen in den französischen Staat ein wie in erobertes Gebiet. In Marseille wie in Paris, in der Verwaltung wie in der Armee oder bei der Polizei, die Korsen verstanden es allenthalben, die besten Posten untereinander aufzuteilen.

Am 2. September 1870 wurde Frankreich bei Sedan geschlagen. Damit war für die Insel das goldene Zeitalter vorbei. In beleidigenden Schmähreden verwechselte die republikanische Linke alle Korsen mit dem bonapartistischen Despotismus. Am 4. September des gleichen Jahres griff Henri Rochefort, ein fortschrittlicher Mann, der der Regierung der nationalen Verteidigung angehörte, zur Feder, um den Vorschlag zu machen, Korsika gegen den symbolischen Wert von einem Franc an Italien zurückzugeben. Georges Clemenceau stellte einen Antrag, in dem es hieß, daß »Korsika ab sofort nicht mehr und nimmer mehr zur französischen Republik gehören« möge. Der sozialistische Abgeordnete Simon setzte sich seinerseits für eine Trennung ein, und Jules Vallès, der große Autor der »Geschichte eines Insurgenten«, schrieb: »In Wahrheit, das muß einmal gesagt werden, war Korsika nie französisch und es wird auch nie französisch sein. Nun schleppt Frankreich diesen Hemmschuh schon hundert Jahre mit sich herum, und mittlerweile ist es davon wund und wehe.«

Die konservativen Zeitungen »Le Figaro«, »Journal des débats«, »Le Gaulois«, »Le Rappel« und »L'Égalité« standen dem nicht nach.

In Paris stieß die Menge mehrere Korsen in die Seine, andere wurden aus ihren Stellungen vertrieben. In Marseille warf man sie ins Hafenbecken.

Der Bonapartismus dauerte an, aber für ihn stand nur noch die Fahne der Gavinisten, nach einem der großen Clans der Insel benannt, während die Arénisten den gegnerischen Clan bildeten. Korsika versuchte, alles zu vergessen, sowohl die Herrlichkeiten, die Napoleon III. ihm geboten hatte, als auch das Elend, das gefolgt war. Der Krieg von 1870 hatte so viele Menschenleben gefordert! Napoleon blieb allenfalls eine Episode der Geschichte, eine Erinnerung an eine kurze Phase des langen Weges der korsischen Clan-Politik. Mochte Ajaccio sich ruhig stolz als die Wiege des großen Kaisers Napoleon bezeichnen – die Bergbewohner hatten ihn vergessen, oder, schlimmer noch, sie hatten allein die

Massaker des Befehlshabers Morand im Gedächtnis bewahrt.

Antoines Vater war nur aus Treue zu seinem Clan Bonapartist, und Antoine war aus dem gleichen Grunde Gavinist geworden. Doch über die Person Napoleons wußte er nichts, außer daß die ganze Familie Bonaparte von seinem Aufstieg profitiert hatte. Wenn er sich ausgerechnet heute Gedanken über den Kaiser machte, so hatte dies mit der Prüfung zu tun, die Dominique bevorstand: dem Grundschulabschluß.

»Das ist der Ausweg aus dem Elend«, erklärte Antoine seinem Sohn, nachdem es ihm gelungen war, die Tante zum Schweigen zu bringen. »Du mußt es schaffen, wie die Bonapartes. Ich will nicht, daß meine Kinder so leben wie ich.«

Schon seit Monaten bereitete Sgio Dominique diese Prüfung vor, die allen Bauernsöhnen als das Fenster zur lächelnden Welt des Fortschritts und der Bildung erschien. Ohne sich noch eine ruhige Minute zu gönnen, hatte er gelesen, gerechnet und geschrieben, um Antoine das große Erfolgserlebnis nicht zu verderben. Wenn er die Prüfung bestand, würde sein Vater sich in Zukunft stolz erhobenen Kopfes präsentieren und sich vor allen anderen eines Sohnes rühmen, der es geschafft hatte. Er würde sich nicht mehr damit begnügen, zu sagen: »Ich bin Antoine Culioli vom Zweig der Grijoli, im Kreise meiner Nächsten Cardaghiola genannt«, sondern er würde hinzufügen: »Ich bin der Vater des jungen Dumenicu, der voriges Jahr den Grundschulabschluß gemacht hat und jetzt die Reifeprüfung vorbereitet.«

Endlich war der große Tag gekommen. Vater und Sohn machten sich auf nach Sotta, wo die Prüfung stattfinden sollte. Antoine, wie immer gut organisiert, hatte den Weg genau geplant. Gewiß, die Entfernung zwischen Chéra und Sotta betrug nur gute 15 Kilometer, aber Antoine hatte sie in lauter kleine Etappen mit kurzen Aufenthalten bei Verwandten eingeteilt – nicht etwa in der Absicht, sich dort auszuruhen oder eine Mahlzeit einzunehmen, sondern nur, weil er das Bedürfnis hatte, die Präsenz der Familie in den bangen Stunden vor der Entscheidung zu spüren.

Tante Jacqueline begrüßte sie mit einer herzlichen Umarmung: »Kommt herein. Ich habe etwas Gutes für Dominique gebacken, *Sciacci* mit Orangenblüten. Nimm dir, Kleiner, soviel du magst. Du mußt stark sein, damit du es schaffst – allein schon wegen deines Vaters, der alles für dich tut, was in seinen Kräften steht. Denk daran, wenn du erst einmal fertig bist, kannst du dein Peru selbst wählen. Und wer weiß? Bei deiner Intelligenz wirst du vielleicht sogar ein echter Sgio, ein Gesandter. Jedenfalls fängt alles Gute stets mit einem guten Essen an.«

Während Dominique ein großes Stück Kuchen verschlang, kam ein Vetter herein.

»Erkennst du ihn noch?« fragte die Tante.

»Das ist Ghiuvan Serra di Zi Don' Anto'. Ein entfernter Vetter von seiten deiner Mutter. Nun geh schon und begrüße ihn. Er hat gerade die Reifeprüfung hinter sich. Und du, Ghiuvan, du solltest Dominique ruhig ein paar Fragen stellen: Er ist auf dem Weg zum Grundschulabschluß.«

In Anbetracht der neuen Situation kehrte der improvisierte Prüfer seine ganze Autorität heraus, zog sich die Jacke zurecht, zupfte an den Ärmeln und begann das Kreuzverhör.

»Gut so«, urteilte er, nachdem er einige Fragen gestellt hatte, »ich glaube, er wird durchkommen.«

Mit langen Danksagungen verabschiedeten Vater und Sohn sich von der Tante und wollten gerade das Maultier besteigen, als eine Stimme ihnen zurief:

»Nun, steht der große Tag denn bald bevor?«

Antoine drehte sich um und sah auf dem Mäuerchen einen Mann sitzen, der wegen seiner Zauberkräfte bekannt, aber nicht sehr berühmt war. Immerhin schlug er sich mit seinem Können durch und nutzte seine übernatürliche Begabung vor allem dazu, den ganzen Tag mit Nichtstun zu verbringen. Sobald ein verheißungsvolles ›Täubchen‹ in Sicht war, bat er um eine Kleinigkeit, für die er als Gegenleistung eine wirksame Zauberformel versprach. Wenn sein Gegenüber den Handel aber ablehnte, drohte er mit furchtbaren Strafen.

»Die Prüfung ist heute, und wir sind eben auf dem Weg nach Sotta«, sagte Antoine. »Aber nimm dich in acht«, fügte er warnend hinzu, »wirf kein böses Auge auf den Kleinen, sonst schieße ich dir trotz aller Zauberei eine Kugel durch den Kopf.«

»Wie kommst du bloß auf so eine Idee! Aber wenn du meinst ... Also gut, gib du mir etwas Tabak, und ich sage ein paar Zauberformeln für den Kleinen auf, damit er die Prüfung besteht.«

Antoine kratzte sich am Kinn und dachte nach. Dann zückte er seinen Tabakbeutel aus Katzenfell: Er wollte kein Risiko eingehen.

»Wieviel willst du?«

»Vier Pfeifen voll, dafür bekommt er die besten Sprüche.«

»Und wenn ich drei sage, wirst du dann immer noch die besten nehmen?«

»Na schön, dann eben drei ...«

Als Dominique endlich am Prüfungstisch saß, schloß er die Augen, um sich zu konzentrieren.

»Jetzt ist es soweit«, dachte er. »Ich darf mich vor allem nicht verrückt machen.«

Dann fielen ihm die Worte seines guten Lehrers aus Chéra wieder ein:

»Meine Kinder«, hatte er gesagt, »Wissen ist Fortschritt. Freut euch an dem, was ihr lernt, denn es befreit euch von den Fesseln, und die Zukunft wird sich vor euch öffnen. Eine Zukunft, die es euch erlaubt, der Armut und dem Laster den Rücken zu kehren. Bei den Prüfungen wird es recht und billig zugehen. Die Besten werden bestehen, denn die Gesetze der Republik sind die Gesetze Spartas. Alle haben eine Chance, aber nicht jeder wird das Ziel erreichen.«

Dominique konnte die Fragen, die ihm vorgelegt wurden,

ohne weiteres beantworten, denn er ging ruhig und systematisch vor. Abends wurden die Ergebnisse bekanntgegeben: Er war zur mündlichen Prüfung zugelassen.

»Die Hälfte des Weges wäre also geschafft«, meinte Antoine. »Aber erst am Ziel weiß man, was die Reise wert war. Jetzt sollten wir uns ausruhen.«

Etwas nebulös Tragisches lag über den Ereignissen des nächsten Tages. Dominique, der sich in der schriftlichen Prüfung gut zurechtgefunden hatte, gab mit heiserer Stimme mechanische Antworten von sich. Er hatte den Eindruck, sich nicht im Griff zu haben, und hörte sich unergründliche Banalitäten sagen.

Als alles zu Ende war, entlud sich die ganze Spannung der letzten Stunden in einem Tränensturz: »Es tut mir leid, Papa«, schluchzte Dominique, »aber ich fürchte, meine Antworten waren alle falsch.«

Antoine biß die Zähne zusammen: »Mach dir nichts daraus, wir werden schon sehen.«

Etwas später erfuhren sie, daß Dominique die Prüfung als einer der Besten bestanden hatte. Vater und Sohn schauten sich an. Antoine war so verlegen, daß er stammelnd nach Worten suchte, bis seine Züge sich plötzlich entspannten. Aus seinem Gesicht sprach nunmehr großer Stolz, große Erleichterung. Erlöst fiel Dominique ihm in die Arme. Eine Weile standen Vater und Sohn fest umschlungen auf dem Platz von Sotta, beide erfüllt von dem gleichen Gefühl absoluter Überlegenheit.

»Jetzt kehren wir ins Dorf zurück und machen die Neuigkeit bekannt«, sagte Antoine. »Alle sollen wissen, daß mein Sohn es geschafft hat.«

II

Bonifacio

Sgio Dume weinte und weinte. Julie hatte ihm bis zum letzten Haus von Bonifacio die Hand gehalten. Dann hatte sie sich auf das Maultier geschwungen und es mit den Hacken angetrieben, um sich so schnell wie möglich zu entfernen.

»Niemand will dir weh tun«, hatte Antoine zu seinem Sohn gesagt, »aber du kannst nicht länger zur Dorfschule gehen. Jetzt, wo du den Grundschulabschluß hast, werden wir dich nach Bonifacio schicken, damit du die Reifeprüfung vorbereiten kannst. Ich habe drei Nichten dort. Eine von ihnen wohnt unten am Meer; sie wird dich aufnehmen. Wir haben keine andere Wahl, und wir müssen teuer dafür bezahlen. Also benimm dich wie ein Mann, mein Kind.«

Trotz dieser guten Worte machten die Widersprüche des Daseins und die Abwesenheit seiner Nächsten Dume schwer zu schaffen. Nun hatte er endlich den begehrten Zulassungsschein, und schon mußte er in die Fremde, fern von seiner Familie, fernab von seinem Dorf. Er verstand seine Eltern und die Notwendigkeiten des Lebens, aber diese Belohnung erschien ihm wie eine Strafe.

Seine Tante hatte ihn freundlich empfangen. Dennoch stieg Angst in ihm auf, eine Angst ohne Anfang und ohne Ende. Er blickte um sich und sah nur fremde Gesichter; die Landschaften rund um Bonifacio waren ihm ebenso unheimlich wie das nahe Meer. Er war oft mit Julie in der Stadt gewesen und hatte sie zum Sonntagsmarkt begleitet. Aber die Art, wie man ihn und wie er seine Umgebung angesehen hatte, war nicht die gleiche gewesen, denn es hatte stets eine Rückkehr gegeben. Nun aber wußte er, daß er eine ganze Woche auf seine Mutter warten mußte und daß lange Monate vergehen würden, ehe er Chéra wiedersah. Diese Zeiten der Leere waren ihm schon im voraus unerträglich.

Das Haus, in dem er wohnte, lag ganz hinten am Hafen. Durch das Fenster seines Zimmers sah er die Masten der Segelschiffe, die sich auf den Wellen wiegten. Überall herrschte aufgeregtes Treiben, ein unglaubliches Durcheinander von Soldaten, Fischern und Seeleuten. Von morgens bis abends schleppten Männer Lasten auf die Schiffsbrücken, während andere die an Korallen zerrissenen Netze flickten. Ein paar Dutzend Häuser säumten den Hafendamm wie reglose Wachposten inmitten des menschlichen Getümmels, das im Süden der Insel nicht seinesgleichen hatte.

Bonifacio besaß die Vorrechte einer regionalen Hauptstadt. Die Geschichte hatte ihm zu diesem Status verholfen, denn in der Zeit, als Korsika unter der Herrschaft der italienischen Republiken stand, war Bonifacio zum Sitz der genuesischen Besatzer geworden. Schon die geographische Lage krönte dieses Adlernest, das der übrigen Insel so entschieden den Rücken kehrte. Die Reederei Frayssinet, deren Schiffe im Mittelmeer verkehrten, hatte Verbindungen nach Propriano und Ajaccio eröffnet, da der Seeweg sicherer und weniger anstrengend war als Überlandtransporte mit Fuhrwerken. Produkte aus der ganzen Welt gingen durch den kleinen Hafen von Bonifacio: portugiesische Orangen, Zucker aus den Kolonien, exotische Hölzer, die in Zwischenlagern oder manchmal auch direkt am Kai gestapelt wurden – Hölzer, die tropische Gerüche verströmten und von langen Reisen in unbekannte Länder träumen ließen. Über diesem Schauspiel, das ganz andere Dimensionen hatte als das Dorfleben von Chéra, konnte Dominique seinen Schmerz gelegentlich vergessen.

Männer und Frauen redeten in einer Sprache, die für einen

Korsen aus Alta Rocca kaum verständlich war. Die Tante erklärte dem Jungen, daß die Fischer noch einen neapolitanischen Dialekt benutzten, der Aufschluß über ihre ursprüngliche Herkunft gab, während die Einwohner der Zitadelle genuesisch sprachen. So wurde auch verständlich, warum die streikenden Arbeiter der Korkfabrik, als sie durch die Straßen der Stadt gelaufen waren, *zinquanta patacouns* und nicht *cinquante sous* gerufen hatten.

In Bonifacio befanden sich die größten Niederlassungen der korkverarbeitenden Industrie: Eigentum der Herren Carrega und Santini, die als große Sgios der Region auch Konzessionäre der Frayssinet-Linie waren. Carrega und Santini ... Dominique lernte diese beiden Namen respektieren. Sie beherrschten die Region auf ähnliche Weise wie die Grundherren von einst. Sie brauchten nur mit den Fingern zu schnippen, und schon stiegen die stolzen Bauern von den Bergen herab, um ihnen auf der Wildschweinjagd als Treiber zu dienen. Carrega und Santini ... Die führenden Männer der Industrie und oberste Chefs der Frachtschiffahrt, vereint mit der Familie de Rocca Serra, die nicht nur eine Seidenfabrik besaß, sondern auch die besten Böden, auf denen zahllose Herden weideten, und die ferner an der Ausbeutung der Salzseen beteiligt war.

Trotzdem, wenn man die Leute so reden hörte, war nicht das geringste Zeichen eines Klassenkampfes zu entdecken. Ob arm oder reich, niemand gab auch nur die Existenz einer gesellschaftlichen Hierarchie zu. Der Chef tat seinem Verwandten einen Gefallen, wenn er ihm eine Arbeit gab, und der Verwandte akzeptierte die vorgegebenen Arbeitsbedingungen mit größter Dankbarkeit. Das war alles. Und die Gewerkschaften? In Bonifacio hielt man sie für Machwerke des Teufels und des Fortschritts, mit denen nicht zu scherzen war. Denn zur damaligen Zeit, gegen Anfang des Jahrhunderts, gab es nur zwei Sorten Individuen, die es wagten, sich der sakrosankten Ordnung zu widersetzen: Die Italiener, deren Streiks in der korsischen Presse Wellen der Empörung schlugen, und die Angestellten der jüngst in Betrieb genommenen Eisenbahn, die vor einem Jahr unter dem Einfluß der revolutionären Gewerkschaftsbewegung in Corte demonstriert hatten. Im Süden der Insel lehnte man sich auf, ohne die alten Gewohnheiten je zu durchbrechen: Unter strenger Einhaltung der Familienregeln und gegebenenfalls auf dem Wege der Vendetta!

Der Onkel hatte Wert darauf gelegt, Dominique alle Reichtümer Bonifacios zu zeigen, um ihm klarzumachen, wie sehr das Leben in der Stadt sich von der dörflichen Welt Chéras unterschied.

»Hier, mein Kleiner, sind die Culioli nichts oder jedenfalls so gut wie nichts«, hatte er gesagt. »Sie werden so behandelt wie alle anderen auch. Merk dir das gut, hier wird dir nämlich nichts geschenkt.«

Die Schule, in der Dominique sein Wissen vollenden sollte, befand sich in der Oberstadt. Während er und sein Onkel die schmale Treppe am Rand der Festungsanlagen hinaufstiegen, vermieden sie es, in den Abgrund zu schauen, der sich unter ihnen öffnete. Kaum hatten sie den Fuß der Zitadelle erreicht, mußten sie ausweichen, um einer höchst ungewöhnlichen Kolonne Platz zu machen: Dutzende, Hunderte von Eseln kamen ihnen entgegen. Ungelenk, mit scheuen Blicken und ängstlichen Schreien drängten sie im Licht des anbrechenden Tages an ihnen vorbei. Dazwischen oder dahinter liefen die jeweiligen Besitzer und führten ebenso bewegte wie vergebliche Pantomimen auf. Das Dröhnen der Hufe beim Durchzug durch das große Tor klang wie ein Aufmarsch römischer Legionen.

»Sie gehen jetzt auf die Felder, und so machen sie es jeden Morgen. Es ist nicht leicht, sie unter Kontrolle zu halten.«

»Und wo sind sie nachts?« fragte Dominique.

»Die meisten haben ihren Stall zu ebener Erde in den Wohnhäusern.«

In der Schule ging Dominique kaum aus sich heraus. Wenn

Pause war, lehnte er sich mit dem Rücken an die Mauer, vertiefte sich in seine Bücher und blickte nur schüchtern zu seinen Kameraden auf. Dieser Rückzug dauerte so lange, bis der Lehrer ihn eines Tages besorgt fragte: »Nun, Dominique, willst du nicht spielen gehen? Lernen ist gut, aber du mußt auch an dein Vergnügen denken!«

Das Kind senkte den Kopf, wie niedergedrückt von einer unerträglichen Schmach: »Ich bitte um Entschuldigung, Herr Lehrer, aber die Füße tun mir so weh. Ich möchte mich lieber nicht bewegen.«

»Und was ist passiert, daß die Füße dir so weh tun? Bist du hingefallen?«

»Nein, Herr Lehrer, aber im Dorf lief ich barfuß, wie die Frauen und die Kinder. Als ich dann die Prüfung bestanden hatte, haben mein Vater und meine Mutter mir Schuhe machen lassen. Ich trage sie erst seit drei Tagen. Und es tut sehr weh.«

Der Lehrer zeigte auf die schweren Schnürschuhe aus grobem Leder: »Du meinst, daß du damit nicht zurechtkommst?« fragte er bestürzt.

Dominique lächelte. Der Lehrer hatte die richtigen Worte gefunden, so gut verstand er ihn.

»Genau, das ist es, Monsieur.«

»Und nachts?«

»Lasse ich sie an, Monsieur.«

»Wirklich? Na gut, dann werden wir uns die Sache einmal ansehen.«

Der Lehrer wies dem Jungen einen Platz neben dem Ofen zu und kniete sich vor ihm auf den Boden. Dominique biß die Zähne zusammen, zwang sich aber nicht, ein leises Stöhnen zu unterdrücken.

»Ach du liebe Zeit ... Das ist ja Wahnsinn, mein armer Kleiner.«

Die Füße schwammen in einer dunklen Soße aus Dreck und Blut, und eine übelriechende gelbliche Flüssigkeit sickerte aus den verkrusteten Wunden.

Der Lehrer kehrte mit einer Schale Wasser und einem Tuch zurück. Dominique ließ ihn gewähren; er genoß diesen Moment, obwohl der Anblick des vor ihm knienden Mannes ihm peinlich war.

»Manchmal frage ich mich wirklich, aus welchem Holz ihr Bauern des Südens bloß geschnitzt sein mögt«, sagte der Lehrer. »Kannst du mir nicht verraten, wie du diese Marter ausgehalten hast?«

»Meine Klassenkameraden haben sich mit keinem Wort beklagt, und da ich glaubte, daß sie ebenso leiden wie ich, wollte ich nichts sagen.«

Dominique fühlte sich erleichtert, aber so recht froh konnte er nicht werden. Das Leben war düster und öde. Er lernte viel, aß wenig und weinte oft. Sonntags stellte er sich außerhalb der Stadt an den Straßenrand und wartete zitternd vor Ungeduld auf die kleine Gruppe der Chéraner. Sobald er das schwarze Maultier Mora erblickte, schlug sein Herz höher. Dann rannte er, was das Zeug hielt, bis er seiner Mutter lachend in den Armen lag. Anschließend begleitete er sie zum Marktplatz in der Oberstadt, wo sie sich niederließ, um die mitgebrachten Waren zu verkaufen. Der geringe Erlös reichte kaum aus, um Xavier und die Mädchen zu ernähren.

Einmal in der Woche, am Tag des Herrn, schmückte Bonifacio sich mit wirklichem Leben. Für ein paar Stunden vermischten sich die Seemänner und die Bürger aus der Oberstadt zu einem bunten Volk, das sich lustwandelnd unter freiem Himmel erging, die Kalkfelsen bewunderte oder an den Gräbern des Friedhofs betete. In den Gassen wimmelte es vor bußfertigen guten Seelen, sei es im Mönchsgewand oder einfach in dem reumütiger Mitmenschen, und die Bauern der Umgebung boten all diesen merkwürdigen Städtern ihre Produkte an. Man sah nur wenig Frauen, denn in Bonifacio pflegten die Männer – so hieß es jedenfalls – ihre Gemahlinnen nach Art der Süditaliener zu Hause einzusperren und sie über Seilzüge mit Lebensmittelkörben zu versorgen. Die Tiere reagierten nervös auf die sonntägliche Menschenmenge, und die erlauchte Stadt war erfüllt von Eselsgeschrei und Hundegebell, das die alten Kalkmauern bis in die Fundamente der weißen Felsen erzittern ließ. Auch Dominique zitterte, er allerdings vor Glück, einem kindlichen, reinen, zwanglosen Glück, das nichts zu fürchten hatte, außer der fliehenden Zeit.

Denn wenn die Sonne zwei Uhr nachmittags anzeigte, machte Julie sich auf den Rückweg nach Chéra, kaum 15 Kilometer von Bonifacio entfernt. Die Fischer legten diese Strecke im Laufschritt zurück, um ihre Ware frisch zu liefern. Und doch sah die Welt dort so anders aus . . . Sobald Moras Silhouette in der Ferne verschwunden war, kam das beängstigende Bonifacio wieder zum Vorschein und legte sich bedrohlich über die Sonntagsstadt der kindlichen Vergnügungen.

Aus Gründen, die Dominique nicht mitgeteilt wurden, mußte er in die Oberstadt umziehen. Er wohnte jetzt bei einem Onkel, der zwei Kinder hatte, und dessen Frau Krapfen an die Soldaten der Garnison verkaufte. Dominique half ihr gern dabei. So entzog er sich der abgrundtiefen Langeweile, die ihn nach der Schule regelmäßig befiel, und verschob die trüben Gedanken auf die Nacht, damit sie keine Gelegenheit hatten, ihn lange zu quälen, ehe er erschöpft von inneren Kämpfen einschlief. Eines Abends ließ der Wind einen vertrauten Geruch in sein Zimmer wehen. Dominiques Nasenflügel bebten. Er erkannte den Geruch des Meeres, den Geruch der salzigen Schwaden, die vom Wasser herkamen – wie üblich, denn diesen Dünsten, die sich auf alle Gegenstände aus Holz oder Metall setzten, war die Stadt immer ausgesetzt.

Aber da war noch etwas anderes . . . Seine Sinne hatten es wahrgenommen, noch ehe er dem, was ihm den Kopf so wunderbar verwirrte, einen Namen geben konnte. Sanft schlossen sich seine Augenlider. Der Schlaf wollte ihn überwältigen, doch das Prickeln in der Nase hielt ihn im Dämmerzustand.

Es war die Hitze! Der Geruch erinnerte an die heiße Jahreszeit. An Waldbrände und an Männer, die im Halbschatten ruhten.

An spinnende Frauen, die den qualmenden Topf auf der *Zigda*, dem großen Herd, überwachten und ihre Arbeit manchmal unterbrachen, um den immer dicker werdenden Kerzendocht in dem heißen Talg zu drehen ... Der Wind brachte Dominique diesen fetten, tranigen Duft, und er träumte von den langen Abenden im Dorf, von Geschichten, von mehrstimmigen Liedern. Er sah sich selbst einschlafen, den Kopf auf Antoines Knie gelegt. Er hörte, wie die erzählenden Stimmen bei den Klagen der Banditen in Erregung gerieten ... Dominique schüttelte den Kopf und kniff sich in die Arme, um aus dem Traum zu erwachen: Für ihn zählte nur die Pflicht, die sein Vater ihm auferlegt hatte. Draußen jaulte ein Hund. Dominique holte tief Atem; er hoffte, in seiner Kehle noch ein wenig von der Luft des Maquis zu spüren.

Plötzlich hatte er entgegen allen Versprechungen das Bedürfnis, einmal nicht der brave Junge zu sein. Die Verpflichtungen, die seiner Kindheit keine Zukunft ließen, erstickten ihn. Leise glitt er über den Fenstersims auf die Gasse hinaus, verwundert ob seiner eigenen Kühnheit. Ein aufregendes Abenteuer! Barfuß lief er in Richtung der Zugbrücke. Durch die Berührung des Bodens wußte er plötzlich wieder, was Laufen hieß. Manchmal kam er so hart auf dem Pflaster auf, daß es schmerzhaft im Kopf dröhnte; aber dieser Schmerz war ein Zeichen des Lebens. An der Mauer eines Vorhofs hielt er inne und stellte sich in eine Nische, um kurz zu verschnaufen. Und auf einmal mußte er lachen, hemmungslos lachen. Ohne besonderen Grund. Ungeachtet der Gefahr, rannte er den steilen Seitenweg hinunter, als hätte er nie ein Schwindelgefühl gekannt. Die Leere des Abgrunds machte ihn frei, und er fand ohne Schwierigkeit den notwendigen Halt.

Im Moment war es vollkommen windstill, und das Meer wirkte wie erstarrt. Nur das sanfte Schaukeln der Schiffe zeigte an, daß diese Welt real war. Der Junge hob die Augen zum Himmel, setzte sich auf den Hafendamm und ließ die Füße ins Wasser hängen. Morgen, so beschloß er, würde er die unsichtbare Grenze der Pflicht überschreiten. Er würde die Fischer, die Chéra belieferten, aufsuchen und ihnen einen Zettel für die Seinen mitgeben.

Wie lange mochte er geschlafen haben, als die ersten morgendlichen Geräusche ihm in die Ohren drangen? Seine Kleider waren klamm. Die Kälte ging durch und durch, und er schlotterte am ganzen Körper. In der geballten Faust hielt er immer noch den Brief an seine Familie. Er mußte sich beeilen, wenn er einen Fischer finden wollte, der ihm den Gefallen tat. Aber er zögerte.

»Dein Vater wird dich für einen Schwächling halten«, sagte er sich. »Er hat sein ganzes Vertrauen in dich gesetzt, und du hast ihn heute nacht zum ersten Mal verraten.«

Er ging vorwärts, hielt zögernd inne und ging wieder ein paar Schritte. Dann knüllte er das Papier zusammen. Mit einem unterdrückten Schluchzer machte sich auf den Rückweg zur Zitadelle.

Am folgenden Sonntag warf Dominique sich noch leidenschaftlicher als sonst in Julies Arme. Sie fand, daß er schlecht aussah. Überdies bemerkte sie ein Loch in seiner Jackentasche: »Gib mir die Jacke«, sagte sie. »Ich werde das Loch gleich stopfen.«

Sie nahm die Nähnadel, die im Saum ihres Kleides steckte, und zog einen Faden aus dem Mieder. Als sie die Jacke in der Hand hielt, spürten ihre Finger plötzlich ein Stück Papier. Sie konnte weder lesen noch schreiben, wollte aber trotzdem wissen, was auf dem Zettel stand, denn nichts vom Dasein ihres Sohnes sollte ihr verborgen bleiben. Also rief sie einen Jungen, der zufällig des Weges kam: »Würdest du mir bitte vorlesen, was da steht?«

Der Kleine zog die Augenbrauen zusammen und stotterte: »Ich bin traurig. Ich möchte nach Hause. Dominique.«

12

Die Legende von der Löwenschlange

Die ersten noch recht ungewissen Vorzeichen kündigten Weihnachten an: Eine alte Frau schleppte ein dickes Reisigbündel den Weg hinauf, die sonst lauten Stimmen wurden leiser, und vor allem legte sich eine Art Hoffnungsschimmer wie ein ferner Heiligenschein über die Menschen und ihre Umgebung.

Aus den Kaminen stiegen bewegte Rauchsäulen, den Launen des Windes folgend. Durch jeden schärferen Luftzug wurden die dunstigen Schwaden, gleichsam erschreckt über soviel Heftigkeit, in die Luft getrieben. Aber dann nahmen sie schüchtern ihren wollüstigen Tanz wieder auf, ehe sie endgültig verschwanden. Der Geruch von verbranntem Holz und feuchter Erde ließ selbst die rauhesten Seelen wieder von Liebe träumen.

Pfeife rauchend saß Antoine vor dem Kamin und genoß den einzigen wirklichen Ruhetag, den er sich im Laufe des Jahres gönnte. Die Geburt des Christkindes war es wohl wert, daß man für vierundzwanzig Stunden die Hände in den Schoß legte. Glücklicherweise wollte es die Tradition, daß der kleine Jesus von Nazareth im Winter geboren ward, zu einem Zeitpunkt, da die schlummernde Erde wenig Aufmerksamkeit verlangt. Und so wünschte Cardaghiola, dem Erlöser seinen ganzen Respekt zu bezeugen, indem er sich dem Glück der voranschreitenden Zeit hingab und sich darauf besann, wie die Wärme langsam in seine Kleider kroch.

Draußen schneite es so heftig, daß die Kinder einen Schneemann machen konnten, groß wie ein Erdbeerbaum. Dominique, der aus Bonifacio gekommen war, half ihnen vergnügt.

»Es soll ein Gendarm werden«, brüllte Xavier, »dann können wir ihn schlagen, bis er sich nicht mehr rührt.«

Die Idee gefiel seinen Kameraden, und bald nahm der Füsilier auf dem Dorfplatz Gestalt an. Von Zeit zu Zeit kamen die Kinder ins Haus, um sich die blaugefrorenen Hände und die kalten Füße aufzuwärmen.

Julie bereitete lächelnd das Essen vor. 1904 war ein gutes Jahr gewesen: Die Ernte hätte besser nicht sein können, der erstgeborene Sohn war in Bonifacio, und Marie, die älteste Tochter, sollte in der kommenden Nacht in die Gebete gegen den *Occhiu*, den bösen Blick, eingeweiht werden, denn ihre körperliche Entwicklung zeigte an, daß sie im Begriff war, in die Welt der fruchtbaren Frauen einzutreten. Darum mußte sie bereit sein, das Übel zu bekämpfen.

»Diese Gebete darfst du niemals vor den Ohren eines Mannes sprechen«, hatte Julie ausdrücklich gesagt, »und wenn du sie anderen Frauen beibringen solltest, darfst du es nur in der Weihnachtsnacht tun. Außerdem mußt du wissen, daß sie in einer anderen Sprache als der korsischen jeden Wert verlieren.«

»Aber, Mama, in welcher Sprache könnte ich sie denn wohl sagen?«

Julie kniff die Augen zusammen: »Hüte dich vor den Fremden, mein Mädchen. Sie sind immer nur zu uns gekommen, um Böses zu tun. Also sag mir, warum sie nicht auch versuchen sollten, uns unsere Macht zu stehlen?«

Marie nickte ernst. Später am Abend würde sie mit ihrer Mutter zu einer *Signadora* gehen, von der sie eingeweiht werden sollte. Danach würde sie – schon nicht mehr ganz die alte – in den Kreis der Familie zurückkehren.

Beim Anblick der mit weißem Käse gefüllten Krapfen lief den Kindern das Wasser im Mund zusammen, und der Magen grummelte. Julie wischte sich an ihrem Kleid die Hände ab:

»Zum Essen ist es noch zu früh. Soll ich euch eine Geschichte erzählen?«

»Ja!« schrien alle durcheinander, und sogleich schlug jeder seine Lieblingsgeschichte vor: »›Der Bucklige von Ventilegna‹ ...«, »nein, ›Der Kleine Prinz‹ ...«

Julie wehrte die Händchen ab, die an ihrem Mieder zogen: »Wenn ihr euch nicht einigen könnt, suche ich die Geschichte aus. Was haltet ihr von der Löwenschlange?«

Schon beim Namen dieses merkwürdigen Tieres kehrte Ruhe ein. Julie nahm ihre Jüngste auf den Schoß und fing an zu erzählen: »Hört gut zu, denn ich werde euch von einer Zeit erzählen, da es Chéra noch nicht gab. Weder eure Großväter, sei es *u Maestru* oder Belkadé, noch deren Väter haben diese Zeit erlebt, und doch waren sie alle zutiefst mit ihr verbunden, alle haben sie in Erinnerung bewahrt und weitergegeben. Damals brauchte noch niemand zu arbeiten. Es genügte, die Hand nach den schönsten Früchten der Schöpfung auszustrecken. An den Weinstöcken hingen riesige Trauben, jede einzelne dick wie ein Schaf, und aus den Bienenstöcken strömte der Honig. Es gab weder Kriege noch Feindseligkeiten, denn alle waren einander in Liebe zugetan. Selbst die Mufflons und die Wildschweine lebten ungestört unter den Menschen, von denen sie nichts zu befürchten hatten. Kein Messer, keine Flinte tat ihnen etwas zuleide. Und Gott liebte Korsika. Er liebte es mehr als jedes andere Land, denn er hatte es erst nach der Menschheit erschaffen. Als die Welt schon fertig war, hatte er bemerkt, daß in seinem Sack noch lauter kleine Reste waren: ein paar Berge, ein paar Hügel, Sand, Kieselsteine und Bäume. Von allem etwas, aber in geringer Menge. Er setzte die einzelnen Elemente so gut es ging zusammen, mit seiner ganzen göttlichen Liebe. Dann suchte er einen Platz im schönsten aller Meere und stellte sein Werk mit folgenden Worten vorsichtig hinein: ›Du sollst mir das schönste und das liebste aller Länder sein. Nur friedfertige Tiere sollen deinen Boden mit ihren Hufen und mit ihren Klauen

berühren. Sie sollen nicht mehr fressen, als ihr Magen verlangt. Und diesem Beispiel sollen auch die Menschen folgen.‹

Da aber der liebe Gott sehr weise war, wußte er wohl, daß ein
solches Paradies bald Neid und Begehrlichkeiten auf sich
ziehen würde, und in seiner unendlichen Güte gab er der Insel
einen Beschützer. Eigens für uns Korsen erfand er ein einzig-
artiges Geschöpf: die Löwenschlange. Ihre Haut glich der
einer Eidechse, mit moosgrünen Schuppen bedeckt. Der ma-
jestätische Kopf war größer als der Oriu, geschmückt mit
einer prachtvollen Mähne aus Seealgen, die ihm das Aussehen
eines Löwenkopfes verlieh. Auch die Vorderpranken glichen
denen eines Löwen. Der Rest des Körpers wirkte schlangen-
ähnlich, so lang, daß er sich um sämtliche Küsten der Insel
wand. Da dieses Fabeltier unter anderem den Auftrag hatte,
unsere Häuser vor bösen Winden zu schützen, schluckte
es den Wind und spie ihn wieder aufs Meer hinaus. Nur kleine
erfrischende Brisen fanden Gnade vor seinen Augen. Im übrigen wachte sein Blick über den Horizont, denn den Legenden
zufolge sollte das Unglück aus der unbekannten Ferne kommen. Sobald ein Schiff sich näherte, hob es sein riesiges
Löwenmaul aus dem Wasser und richtete es gegen die In-
sassen.

Die Korsen wußten, daß das Fabeltier eine ganze Armee mit
einem Schlag vernichten konnte und daß es sie gegen jeder-
mann verteidigen würde, außer wenn einer aus ihrem eigenen
Volke dem Feind die Tore öffnete. In diesem Fall mußte es
den Willen eines einzelnen respektieren. Denn Gott hatte
dafür gesorgt, daß der Mensch den Tieren in jeder Hinsicht
überlegen war. Wenn allerdings Probleme oder Unstimmig-
keiten auftauchten, gab die Löwenschlange den Menschen
Rat, und was sie sagte klang so richtig, daß es nie unbeachtet
blieb. So nahm das Leben seinen Lauf – und ich kann euch
sagen, Kinder, in dieser glücklichen Zeit genossen die Menschen es aus vollen Zügen.

Eines Morgens, als die Sonne sich träge hinter den Bergen

erhob, kletterte ein junger Mann den Felsen der Weisheit hinauf und wandte sich mit folgenden Worten an die Löwenschlange: ›Sag, Löwenschlange, der du sämtliche Ereignisse der Vergangenheit und der Gegenwart kennst, sag mir, warum der anbrechende Tag mir schon im voraus fad und leer erscheint? Warum macht mir das, was ich gestern gerne aß, heute nicht mehr die geringste Lust? Warum wälze ich mich nachts von einer Seite auf die andere, ohne Schlaf zu finden? Und warum schweift mein Blick, der einst bei den Schönheiten des Landes verweilte, jetzt auf das Meer hinaus, wo nie etwas passiert?‹

Die Löwenschlange hob den Kopf aus dem Wasser und legte ihn auf den feinen Sand. Ihre Augen sprühten vor Zorn.

›Du Niedriger unter den Niedrigen, verflucht sei der Tag, da deine Mutter dich gebar. Gott, dessen Name heilig ist, hat mir jede Lüge untersagt und mich verpflichtet, dir die Wurzeln deines Übels zu enthüllen, auch wenn du daran zugrunde gehst: Du träumst davon, über das Meer zu fahren, um ein Anderswo zu finden. Und ich werde dich nicht daran hindern, wiewohl ich dich mit einem bloßen Zucken meines Schwanzes ins Totenreich befördern könnte.‹

Der Mann zitterte vor Schreck. Er war gekommen, Linderung und Trost zu suchen, doch die Hüterin der Insel drohte ihm mit tausend Toden.

›Aber warum, o Löwenschlange, sollte ich wohl über das Meer fahren? Ich kenne die fernen Küsten nicht. Kann man von etwas Unbekanntem träumen?‹

›O Mensch, das Schicksal eines jeden ist unergründlich. Du hast mir eine Frage gestellt, ich habe sie beantwortet.‹

Die Worte der Löwenschlange spukten dem Mann im Kopf herum, bis ihre Saat aufging. Er kehrte auf den Felsen der Weisheit zurück.

›Ich kann meine frühere Lebensfreude nicht mehr wiederfinden‹, sagte er. ›Jetzt will ich tatsächlich fort.‹

›Habe ich es nicht gleich gesagt?‹

›Aber glaubst du denn, ich wäre je darauf gekommen, wenn du es nicht gesagt hättest?‹

›Das ist Schicksal‹, brüllte die Hüterin der Insel, ›das Unglück ist über dir und über deinem Volk!‹

Binnen eines Monats baute der Mann ein Floß aus dem Schilf der Seen von Porto-Vecchio. Dann entschwand er über das Meer. Er blieb so lange fort, daß man ihn schließlich für tot hielt und vergaß. Wieder einmal hatte die Legende sich bestätigt: ›Wage dich nicht über die Meere, denn sie reißen dich in die Tiefe.‹

Noch gab es auf Korsika keine Zeit. Sie begann ihren Lauf erst, als der Mann zurückkehrte. Eines Tages nämlich gewahrte die Löwenschlange in der Ferne einen größer werdenden Punkt. Sie vermutete ein Schiff, hob ihren Kopf so hoch aus dem Wasser, daß er den Oriu um ein Zehnfaches überragte, und versprühte mit den Nasenlöchern abertausend kleine Tropfen, die in der Luft verdampften und einen sauren Nebel bildeten. Das wachsame Tier war gerade im Begriff, seinen Schwanz gegen die Eindringlinge zu erheben, als eine bekannte Stimme ertönte: ›Nun, Löwenschlange, kennst du mich nicht mehr? Ich bin der Mann, der in die Ferne wollte. Jetzt bin ich wieder da!‹

Die Löwenschlange brüllte vor Schmerz und vor Wut: ›Dann habe ich dich also richtig eingeschätzt. Dein Wort ist so wenig wert wie ein Tropfen Wasser, der sich im Meer verliert. Aus lauter Eitelkeit nimmst du es hin, Unglück und Betrübnis über dein Volk zu bringen. Und ich bin ohnmächtig gegen dich – ich muß dich ziehen lassen.‹

Der Mann und seine Gefährten gingen an Land und wurden empfangen, wie es die Gastfreundschaft gebot: respektvoll und in Ehren. Ein paar Tage lang hielten die Fremden sich denn auch zurück. Doch eines Abends tranken sie zuviel Wein, und das wohlanständige Benehmen schien ihnen eine viel zu enge, viel zu traurige Aussicht. Wie von einem unheilvollen Wahn befallen, schlachteten sie aufs Geratewohl Wildschweine und Mufflons, zogen ihnen die Haut ab und luden die Korsen zum Festmahl ein. Der Heimkehrer, der das Fleisch wild hinunterschlang, rief seinen eigenen Leuten in beleidigender Weise zu: ›Kommt schon her, ihr Taugenichtse, und steht nicht blöd herum, wenn die Freuden der Welt euch die Hände reichen. Oh, meine Brüder, wenn ihr wüßtet, was ich in der Ferne alles erlebt habe! Also los, trinkt und eßt! Genießt die Tage, die vorübergehen ...‹

Zögernd kamen die Einheimischen näher, erst zu zweit, dann zu dritt ... Sie führten die Kelche an die Lippen und stießen mit den Fremden an. Auf riesigen Tischen aus den Stämmen uralter Eichen lag das blutige Fleisch und besudelte die Menschen in ihrem hemmungslosen Suff. Der Wein ergoß sich über abgenagte Knochen. Am Ende waren alle von Sinnen: Männer und Frauen vermischten sich in der Dunkelheit der Nacht.

Mit der ersten Morgendämmerung erwachten die Korsen aus ihrem Rausch, entsetzt über die Schmach, die sie sich selbst angetan hatten. Sie liefen zum Felsen der Weisheit, um bei dem Fabeltier Rat zu suchen. Die Löwenschlange erwartete sie mit den Worten: ›Ihr Elenden, ihr hattet alles und habt alles verloren. Warum? Für wen? Ist einer unter euch, der mir sagen kann, was diese Wahnsinnsnacht euch gebracht hat? Seht nur, was aus euch geworden ist! Für mich seid ihr nichts mehr. Ihr habt euer Wort gebrochen, und ich werde heimgehen zu meinem Schöpfer. Von nun an werdet ihr mit der Angst und mit dem Tode leben. Mühselig werdet ihr euch bei der Arbeit plagen, und jede Sekunde eures Lebens wird gezählt sein. Also lernt, mit eurem Niedergang zurechtzukommen, arme Menschen, die ihr seid, denn ihr habt ihn selbst gewählt. Eines Tages komme ich vielleicht zurück, wenn eure Seelen reingewaschen sind von diesen Sünden – alle eure Seelen, denn in der Stunde der Entscheidung darf nicht eine fehlen ... Und nun fahrt über die Meere, wie ihr es gewollt habt, und entdeckt die unbekannte Ferne ...‹

Kaum hatte die Löwenschlange diese Worte gesprochen, verschwand sie mit dem Grollen eines Donners im aufspritzenden Schaum.

Die Winde erhoben sich und brachten abwechselnd Hitze und Kälte über das Land. Sie trockneten den Boden aus und ließen die Malaria gedeihen, denn die Mücken nisteten sich in den Sümpfen ein. Außer sich vor Schreck und Zorn griffen die Männer zu den Waffen – angetrieben von den Frauen, die das Unheil schneller begriffen hatten –, um erstmals andere Männer zu töten. Sie verfolgten die Fremden und den, der sie mitgebracht hatte, in der Absicht, sie alle miteinander umzubringen. So starb ein Korse durch die Gewalt anderer Korsen, und es entstand die erste Vendetta. Denn die Angehörigen des Toten rächten ihren Verwandten. Und seither, meine Kinder, warten wir auf die Löwenschlange, daß sie uns wieder glückliche Zeiten verheißt.«

Julie ließ die kleine Françoise sanft von ihrem Schoß gleiten. Die Kinder schwiegen, erfüllt von all den wundersamen Dingen, die sie soeben gehört hatten.

Julie nahm die Lampe, drehte die Flamme höher und stellte die Pfanne auf den Herd.

»Heute ist ein festlicher Tag«, kündigte sie an, »darum essen wir alle zusammen, mit Antoine und den Kleinen.«

Nun waren die Kinder nicht mehr zu halten.

»Ich sitze neben Papa«, schrie Xavier und beschlagnahmte sogleich den begehrten Platz.

Der Vater bat Dominique an seine Linke: »Komm hierher. Heute will ich zwischen meinen Söhnen sitzen.«

Die kleinen Mädchen schielten begierig auf den hohen Krapfenberg und leckten sich die Mäuler.

»Danken wir dem lieben Gott für dieses Mahl«, sagte Antoine, und schon fielen die hohen Kinderstimmen ein: »Wir danken dir, mein Gott, für dieses Mahl.«

Julie bediente die ganze Familie, nicht ohne gelegentlich selbst in einen frischen Krapfen zu beißen. An diesem Abend war sie überall und nirgends; sie schürte das Feuer, strich hier und dort über einen Kinderkopf und vergewisserte sich, daß es dem Mann an nichts fehlte.

Am Ende des Festessens bat Antoine um Ruhe.

»Und jetzt der *Cunfocu* . . .«, sagte er.

Er legte ein wenig von allem, was er gegessen hatte, auf einen Teller und überließ es den Kindern, den Anfang zu machen. Seine Jüngste nahm ein Stück Krapfen und warf es in den Kamin, während Julie und Antoine Gebete sprachen. So ging es der Reihe nach, erst die Kinder, dann die Eltern, begleitet von den Litaneien. Mit diesem Opfer würde Gott zufrieden sein.

»Ich möchte die Geschenke sehen«, bettelte eines der Mädchen.

»Oh ja, das möchten wir«, stimmte Xavier zu.

»Wer sagt euch denn, daß es überhaupt Geschenke gibt?« fragte Julie. »Außerdem bekommt ihr sie sowieso erst morgen. Heute ist noch gar nicht Weihnachten.«

»Doch, jetzt«, drängelten die Kinder.

Julie lächelte, warf Antoine einen ratsuchenden Blick zu und verließ das Zimmer. Als sie wiederkam, hielt sie die Hände hinter dem Rücken versteckt. Die Kleinen trampelten ungeduldig mit den Füßen.

»Was ist es? So sagt es doch, Mama! Was ist es?«

Die Mutter legte sieben bunte Kugeln auf den Tisch.

»Schaut selber nach, ihr kleinen Rüsselschweine!«

Vierzehn Hände grapschten nach den Geschenken und zerrissen das Einwickelpapier. Dann erhob sich staunendes Gemurmel: »Orangen. *Portugali.*«

Mehr als die Farbe, die in der Dunkelheit kaum zu erkennen war, verriet der Geruch, um was es sich handelte.

»Laßt sie euch schmecken, Kinder«, sagte Julie. »Und genießt sie richtig, sie haben euren Vater viel Mühe gekostet. Fröhliche Weihnachten euch allen, meine Kleinen! Möge das kommende Jahr noch besser sein als das vergangene.«

13

Der Tod des Vaters

Mit der monotonen Regelmäßigkeit der Schultage ging der Winter dahin. Sobald Dominique ein paar freie Stunden hatte, half er seiner Tante beim Krapfenverkauf. Die Soldaten der Garnison kamen gern in die improvisierte Kantine mit der schwitzenden dicken Frau und dem rachitischen Jungen: »Krapfen gefällig? Kommt herein, probiert die köstlichen Krapfen von Zia Catali!«

Sonntags nahm der Onkel den Jungen manchmal mit nach Santa Manza, wo er am Ufer des Meeres ein Stück Land besaß. Der Boden dort war unfruchtbar: »Er hat zuviel Salz«, erklärte der Onkel, »aber mein Vater hat mir dieses Grundstück gegeben, und ich wollte es nicht verkommen lassen! Außerdem bringt es etwas Abwechslung in mein Metzgerleben, wenn ich mir hier die Beine vertrete.«

Gewöhnlich schlachtete der Onkel den lieben langen Tag – meist heimlich, um sich die Gebühren, die in den öffentlichen Schlachthäusern erhoben wurden, zu sparen. Er brachte seine Opfer in den Maquis und ließ sie dort nicht lange leiden. Aber auf den Märkten, auf denen er sich umsah, fand er meist nur elendes Vieh minderer Qualität, dessen Fleisch selbst den Italienern kaum gut genug war.

Für die Sommerzeit in Bonifacio hatte Dominique nicht viel übrig: Die Hitze war erdrückend, und es stank nach Unrat und nach Exkrementen, die einfach am Straßenrand liegenblieben. Sobald der Wind nachließ, schwirrten überall schwarze, blaue oder grüne Schmeißfliegen durch die Luft, die sich wie verabredet auf die Auslagen der Metzger stürzten und das Fleisch mit unappetitlichem Gewimmel bedeckten. Dann erhob sich der ganze Schwarm ebenso plötzlich, wie er gekommen war, und flog dröhnend in der flimmernden Hitze davon.

Die Kalkfelsen indes leuchteten im hellen Sommerlicht so zauberhaft weiß, so schön und so rein, daß man alle Sünden und Häßlichkeiten darüber vergessen konnte. Aber schon die kleinste Wolke, die sich vor die Sonne schob, machte der Pracht ein Ende, und Bonifacio sah wieder aus wie nach einem großen Fest, wenn die Musik verstummt ist, und der häßliche, fade, alle Träume zerstörende Alltag beinahe beschämt auf Zehenspitzen zurückkehrt. Alles trübte sich ein, alles war wieder beherrscht von einem unscheinbaren Grau-in-Grau.

Glücklich begrüßte Dominique die ersten Anzeichen des Frühlings. Endlich einmal standen schöne Tage bevor und klopften an die Tore der Stadt.

Eines Nachmittags während der Schulzeit sprach der Lehrer einer höheren Klasse ihn an: »Culioli, Dominique, im Hof wartet ein Vetter auf dich . . .«

Eine düstere Vorahnung beschleunigte seinen Schritt. Draußen fiel er gleichsam über den Verwandten her und bedrängte ihn mit Fragen: »Was ist passiert? Ist es schlimm?«

Was aus dem Gesicht des jungen Mannes sprach, konnte nur den Tod eines seiner Nächsten bedeuten.

»Hör zu, reg dich nicht auf! Es ist nur deine alte Tante, du weißt schon, die bei deinen Eltern wohnte und an Rheumatismus litt. Sie hat die strenge Kälte dieses Winters nicht überstanden. Für sie ist es vielleicht besser so«, sagte der Vetter. »Antoine hat darum gebeten, daß du nach Hause kommst. Er hat recht, du bist schließlich dreizehn Jahre alt, du bist ein Mann und kannst die Beileidsbezeigungen ebensogut entgegennehmen wie wir . . .«

Dominique atmete erleichtert auf – was er sich im nächsten Augenblick selbst zum Vorwurf machte. Er hatte so sehr gefürchtet, es könnte jemand aus dem nächsten Familienkreise sein ... Und nun war es die Tante, die das Zeitliche gesegnet hatte ... Er straffte sich und beschimpfte sich insgeheim: Diese Gefühle paßten nicht zu einem echten Korsen!

Während der Vetter schweigsam auf das Maultier stieg, begann Dominique zu reden. Er sprach von seinen Hoffnungen, den Vater glücklich zu machen, indem er Lehrer wurde. Er, Sgio Dume, würde die Seinen aus der Armut erlösen, dessen war er sich sicher. Wie könnte er seinen Vater enttäuschen, der sich so geschunden hatte, um ihm das Studium zu bezahlen? Er redete wie ein Wasserfall, ohne Rücksicht auf die einsilbigen Antworten des Vetters, bis er sich am Ende schon fast über die Gelegenheit freute, seine Familie wiederzusehen.

Zwischen den Bäumen tauchten die ersten Dächer von Saparelli auf, als eine schwarzgekleidete Alte sich schluchzend und jammernd vor die Füße des Maultieres warf. Der Vetter zog heftig an den Zügeln, um das Tier zum Stehen zu bringen. Die kläglich am Boden liegende Gestalt streckte einen Arm zu den Reitern aus, doch die Hand griff ins Leere, und ihre verkrampfte Steifheit drückte unermeßlichen Schmerz aus. Endlich hob die Frau den Kopf, und aus ihrem Mund kam ein Schrei, der Dominique ins Herz traf, noch ehe er den Sinn vollständig begriffen hatte: »Antoine ist tot! Antoine, dein Vater, ist nicht mehr ...«

Der Vetter herrschte die Frau an, auf der Stelle zu verschwinden. Aber zu spät. Dominique, der immer noch auf dem Maultier saß, ließ sich wie betäubt auf den Boden gleiten. Mit offenen Augen starrte er reglos ins Nichts. Beim geringsten Zucken seines Körpers würde die entsetzliche Nachricht wahr, der Alptraum würde Wirklichkeit. Sein Bauch verkrampfte sich vor Schmerz, und doch zwang er sich zu absoluter Ruhe. In seiner Brust stiegen Schreie auf, aber er hielt sie zurück.

Erst als der Vetter ihm über den Kopf strich, brach die Abwehr zusammen, und plötzlich begann er hemmungslos zu schluchzen. Der junge Mann vergrub seine große Hand im lockigen

Haar des Jungen und schwor ihm unter Tränen: »Du wirst sehen, Dominique, du wirst nie allein sein! Die ganze Familie ist für dich da. Unsere Väter waren die besten Freunde der Welt, und wir beide werden es ihnen nachmachen. Du weißt, was wir versprechen halten wir auch . . .«

Das Bild des Vaters ließ den Jungen nicht mehr los. Er hatte Antoines glühenden Blick vor Augen, seinen gebeugten Gang, wenn er müde von den Feldern kam . . . Das ›Nie-wieder‹ war Dominique ein unerträglicher Gedanke. Jede Erinnerung zerriß ihm das Herz und brachte einen neuen Tränensturz hervor. Behutsam setzte der Vetter ihn wieder auf das Maultier und führte es so, daß kein unsanfter Stoß den Jungen aus seinem Schmerz riß. Denn es war dies ein Schmerz, den Dominique ganz in sich aufnehmen mußte, um ihn bewältigen zu können. Solange der Schmerz äußerlich blieb, würde er leiden wie ein Verdammter, und das schlimmste stand ihm in Chéra ohnehin noch bevor.

Traditionsgemäß wartete die Familie weit vor dem Dorfeingang am Wegesrand. Hier nahm Dominique die ersten Beileidsbezeigungen entgegen. Wie benebelt stieg er von dem Maultier, ging von Hand zu Hand und küßte Gesichter, die er nicht wiedererkannte. Hinter ihm bildete sich ein Trauerzug. Die Frauen unterdrückten ihr Wehgeschrei, so nahe ging ihnen der Anblick des verzweifelten Kindes. Obwohl eine gewisse Schauspielerei in Korsika zum Leben gehört, reichte die Niedergeschlagenheit dieses jungen Menschen aus, um alle beschwörenden Klagen einen Moment verstummen zu lassen.

Julie stand auf der Türschwelle. Wie wahnsinnig stürzte sie sich auf ihren Sohn und riß ihn aus dem Sattel: »O mein geliebter, mein wunderbarer Sohn! Du, meine starke Zypresse! Dein Vater, dein armer Vater, die Hoffnung meines Lebens, mein Antoine ist tot! O mein Gott, wären da nicht meine Kinder, bäte ich dich um die Gnade, mich zu dir zu rufen, an seine Seite. Ich bin zu jung, um Witwe zu sein. Und meine

Kinder, meine Kleinen, wer wird bloß für sie sorgen? O mein Gott, was soll nur aus uns werden? Warum hast du uns verlassen?«

Hilfesuchend blickte sie um sich. Die Tanten kamen näher und beugten sich zu Dominique herab. Ihm war, als würde er verschlungen. Tränen verschleierten seinen Blick, doch er sträubte sich nicht gegen all die Hände, all die Körper, die ihn in den Totentanz hineinzuziehen suchten.

»Wehr' dich nicht länger«, murmelten die Frauen. »Laß dich nur gehen. Dann wirst du überleben. Der Tod ist stärker als alles, stärker als die Winde und der Sturm, stärker als das Leben und die Hoffnung. Gib dich ganz dem Tode hin, um ihn zu überwinden . . .«

Lauter Finger, die ihn tätschelten, todessüchtige Lippen, die ihn küßten, und von allen Seiten mitleidige Worte: »Armer Kleiner . . . Die arme Familie . . .«

Man führte ihn ins Haus und warf ihn auf den Leichnam seines Vaters. So sah er ihn auf einem weißen Leinentuch liegend, beleuchtet von ein paar Dutzend Kerzen, deren flackerndes gelbes Licht dem eingefallenen Gesicht eine Art Scheinleben verlieh. Dominique wich entsetzt zurück. Doch schon spürte er eine Hand im Rücken, die ihn zwang, den Kopf wieder herabzubeugen:

»Küß ihn. Du mußt ihn küssen.«

Er durfte sich erst aufrichten, nachdem er es getan hatte – zu erschöpft, um weitere Tränen zu vergießen. Mit kleinen Schritten ging er zu seinen Geschwistern in den Nebenraum. Die Klageweiber scharten sich jetzt um Julie und schenkten ihm, der sich mit den anderen Kindern schutzsuchend in eine Ecke kauerte, keine Beachtung mehr. Es dauerte jedoch nicht lange, bis der nächste Sturm über Antoines ältesten Sohn hereinbrach: »Dominique, jetzt bist du das Oberhaupt der Familie. Du mußt deinem Vater ebenbürtig sein . . .«

Wieder küßte man ihn, wieder gab es Umarmungen, traurige Gesichter, düstere Worte, tonlose Stimmen. Er ließ sich mit dem Strom treiben und stürzte sich hemmungslos in seinen Schmerz, wie ein Vogel sich von einem Felsen stürzt, um den aufsteigenden Wind zu nutzen. Die ganze Familie lud ihn zu dieser kollektiven Reise ein. Er konnte und wollte sich ihr nicht entziehen. Tausend Jahre korsischer Tradition ließen ihn spüren, daß er hier jene Unterstützung fand, die er brauchte, um nicht schwermütig zu werden. Durch die Tränen und das Wehgeschrei der sich wiegenden Schatten am Totenbett wurde ihm im Angesicht des väterlichen Leichnams das Geheimnis des Clandenkens offenbar. In dieser Gemeinsamkeit realisierte er, wie unbedeutend die Kraft eines Individuums war.

Er nahm das Nachtgewand, das man ihm reichte. Er mußte den Seinen ein Oberhaupt sein, und er würde diese Rolle spielen, was es ihn auch kosten mochte. Allein kehrte er dorthin zurück, wo Antoines Leichnam ruhte, beugte sich über die erkalteten Wangen und küßte sie inniglich. Beim Hinausgehen kam er gerade noch bis zur Tür, dann brach er zusammen. Man setzte ihn auf einen Stuhl, damit er die Beileidsbezeigungen würdig entgegennehmen konnte. In ihm war eine überwältigende Leere. Er hatte das Gefühl, ein anderer Dominique würde ihn aus dieser Leere heraus beobachten und ihm sagen, was zu tun sei. Ein Dominique gehorchte dem anderen, wie der äußere Schein dem Bewußtsein gehorcht.

Plötzlich fielen ihm die Augen zu. Als er wieder aufwachte, erfuhr er, daß Xavier versucht hatte, sich ein Messer in den Leib zu stoßen. Ein Onkel hatte es dem Kleinen gerade noch entreißen können. In der angespannt-dramatischen Atmosphäre, zusätzlich aufgeheizt durch einen gewissen Hang zur antiken Tragödie, konnte niemand etwas Genaues über die wahren Absichten des Jungen sagen. Trotzdem äußerte Dominique lebhafte Empörung: »Xavier muß wissen, daß wir Männer nicht das Recht haben, uns unseren Pflichten zu entziehen. So schnell darf er nicht aufgeben. Wer soll sich denn um unsere Mutter und um unsere Schwestern kümmern, wenn mir eines Tages etwas zustößt?«

Er betrat das Wohnzimmer. Xavier saß da und weinte. Dominique betrachtete die von Krämpfen geschüttelte magere Gestalt. Einige Sekunden lang empfand er eine Art Genugtuung: In Zukunft war es an ihm, den jüngeren Bruder zu schützen. Dann überwältigte ihn das Mitleid: »Nun komm schon, Kleiner«, sagte er, »unsere Mutter und unsere Schwestern brauchen uns. Heute nachmittag soll die Beerdigung sein.«

Über den Weg des Poghiu strömten Männer aus den entlegensten Ecken von Alta Rocca herbei, und vor der Haustür standen schon zahlreiche Vertreter des Gavini-Clans. Manche waren die ganze Nacht gelaufen, um Chéra rechtzeitig zu erreichen. Alle trugen einen Stock in der Hand, ein Gewehr über der Schulter und als Kleidung einen schwarzen Samtanzug, von dem der rote Gürtel sich wie gestochen abhob. Sie warteten in der Rangfolge der Familienhierarchie, um Antoines Angehörige nacheinander zu begrüßen, und jeder von ihnen schloß Dominique stürmisch in die Arme: »Antoine war ein Ehrenmann, ein echter Korse. Nimm dir ein Beispiel an ihm. Tu es ihm in jeder Hinsicht gleich, damit du seiner würdig bist.«

Julie war umgeben von den Vettern zweiten Grades, die ebenfalls Beileidsbezeigungen entgegennahmen. So erweckte die Familie in dieser betrüblichen Stunde den Anschein vollkommener Solidarität.

Etwas später versammelten die Männer sich auf dem Dorfplatz, wo sie in kleinen Gruppen zusammenstanden, um über Politik oder Geschäfte zu reden und dem Tod die Banalität des Lebens entgegenzuhalten. Die Frauen stimmten sich unterdessen darauf ein, diesem Tag seine ganze Fülle zu verleihen – sonst würde der Tod immer neue Opfer verlangen, um seinen maßlosen Hunger zu stillen. Er liebte Wehgeschrei und herzzerreißende Klagen. Mit einer stillen Beerdigung ohne das Schauspiel der Klageweiber würde er sich nicht zufriedengeben. Es war die Rolle der Frauen, ihm etwas zu bieten, während die Männer, festgelegt auf die ihnen gebührende

Würde, Tränen vergossen, ohne sich ihrem Schmerz hinzugeben.

Die Männer bildeten das Publikum, wenn ihre Mütter, Töchter und Gemahlinnen, in wogende Trauergewänder gehüllt, die *Voceri* rezitierten; wenn sie sich die Köpfe hielten, Schreie und Klagen aus ihren Mündern quellen ließen, sich durch die Klauen des Todes wanden und sich daran ergötzten, ihnen dennoch zu entrinnen; wenn sie sich mitten ins Entsetzen stürzten, sich aber, sobald es gefährlich wurde, abrupt wieder aus dem Bannkreis lösten. Die Frauen ließen sich von den Strömungen des Bösen in die Tiefe reißen, um alsbald unversehrt wieder aufzutauchen. Denn sie, diese äußerlich so unscheinbaren und so geheimnisvollen Wesen, bewahrten die alten Bräuche entschlossener als die Vestalinnen der Antike. Wer rief zur Rache, wenn ein Mitglied der Familie eines gewaltsamen Todes starb? Wer besang die guten Eigenschaften des Verstorbenen an seinem Totenbett? Die Frauen, immer nur die Frauen. Wie der Herrgott wandelten sie durchs Leben, und wie er nahmen sie das große, nie vergehende Leid auf sich. Sie bargen es in ihren Seelen und in ihren Kleidern, bis sie eines Tages selbst an der Reihe waren, und der Schöpfer sie zu sich rief.

»Geh hinaus, mein Sohn«, sagte Julie zu Dominique. »Geh hinaus und schau sie dir an, alle miteinander, die für meinen Antoine gekommen sind, für deinen Vater. Da siehst du, wie hoch man ihn geschätzt hat! Sei immer stolz auf ihn, denn er hat als Ehrenmann gelebt. Und wisse, daß auch du einmal die Spur, die du gelassen hast, an der Zahl derer messen kannst, die dir auf deiner letzten Reise das Geleit geben. Und nun wollen wir deinen Vater begraben. Kopf hoch, mein Sohn, das Leben liegt vor dir. Über deine Tränen wäre Antoine sicher nicht glücklich gewesen.«

14

Das erloschene Porträt

Mit fünfundachtzig Jahren war Dominique ein kleiner, hagerer alter Mann, der so weite Hosen trug, daß sie ihm beim schwächsten Windhauch um die Beine flatterten. Ohne je von der chronologischen Reihenfolge abzuweichen, schrieb er langsam und gewissenhaft seine Erinnerungen auf, als ginge es darum, bei Einbruch der Dunkelheit einen rutschigen, steilen Pfad hinaufzusteigen.

»Man muß die Schrift lieben«, pflegte er zu sagen. »Eine Schrift ohne Tintenkleckse und ohne Schmiererei, denn später wird sie ein umfassenderes und besseres Zeugnis liefern, als das Gedächtnis unserer Nächsten. Die mündliche Überlieferung ist dann womöglich Personen zu verdanken, die von uns nur haben reden hören. Eine schriftliche Erinnerung dagegen behält ihren unmittelbaren Wert. Darum sollte man zusehen, daß einem die Feder nicht überläuft; manchmal ist es besser, sich etwas zu verkneifen und zu schweigen.«

Diese Vorbehalte konnte ich nicht akzeptieren. Letztlich schien es der korsischen Seele nur um den äußeren Schein zu gehen. Als müsse jeder sein Leben lang an einer kunstvollen Rolle feilen, um sie am Tag des großen Abgangs vollkommen spielen zu können. Als ich Dominique diesen Charakterzug vorhielt, lächelte er und sang mir einen Vers, den die Einwohner der Ebene auf die Culioli gedichtet hatten:

O Chéra, o Chéra, Vi diti principalini Chi par la scopa,
li sarcona V'eti sfattu l'Usciachinu.

O Chéraner, o Chéraner, Ihr nennt Euch Fürsten, die Ihr durch
die Heide den Usciachinu zerstört, um Ziegenpferche zu errichten.

»Ich brauche dir wohl nicht zu sagen, Kleiner«, fügte Großvater hinzu, »daß die Verbindung zwischen der Heide und
den Ziegen nichts Aristokratisches an sich hatte. Da siehst du,
was die ›Brunnenleute‹, wie wir sie nannten, von uns hielten. Warum, meinst du, sollte ich mich ändern? Wir sind stolz
und hochmütig, das stimmt. Du bist nicht der erste, der das
sagt. Schon 1803 hat Sir Elliot, der von Großbritannien ent-
sandte Vizekönig, über uns geklagt und behauptet, wenn
er an die Korsen appelliere, um fünfzehntausend Soldaten
und fünf Generäle zu bekommen, erhielte er fünf Soldaten
und fünfzehntausend Generalsanwärter. Aber bei den fünfen,
Kleiner, kann man sicher sein, daß sie keine echten Korsen
waren.«
Er zwinkerte mir zu, ehe er seine Rede mit den Worten
beschloß: »Was soll man machen?«
Ich selbst war gerade aus Paris gekommen, aus einer Stadt,
in der die Korsen keinen festen Lebensort hatten. Manche
trafen sich in Vereinen, die ich kaum kannte. Ich war ausge-
hungert nach einer Kultur, die ich rein wünschte. Dennoch –
angesichts des hohen Alters meines Großvaters fürchtete ich
mich vor dem Augenblick, da er und die anderen seiner Generation nicht mehr dasein würden. Jahr für Jahr wurde die
Lücke größer, die durch den Tod dieser alten Leute entstand,
denn sie waren es, die die Kultur ihrer Familien verkörper-
ten. Die Erinnerung, die mir von meinem Heimatdorf geblieben war, hing untrennbar mit den weißbärtigen Greisen, den
schwarzgekleideten, unscheinbaren kleinen Frauen und den
ewigen Diskussionen im Schatten der Häuser zusammen. Ich
wünschte mir sehnlichst die Rückkehr jener Zeit, in der Korsika, wie mir schien, nur ein einziges Gesicht gehabt hatte.
Die Entfernung durch das Leben auf dem Kontinent, vielleicht aber auch eine gewisse Form von Romantik, die in

nationalistischen Kreisen umging, veranlaßten mich, dem Wort Kultur einen intellektuellen und globalen Inhalt zu geben, dessen Dominique sich nicht bewußt war.

Seine Frage berührte die Grenzen der Arbeit, die von Autonomisten und Nationalisten geleistet werden konnte. Und was das Wissen um die Vergangenheit anging, so stand Korsika hilflos vor der gähnenden Leere, die das Vergessen schuf.

»Was man machen soll? Du mußt eben alles sagen, verstehst du? Alles. Schreib jede Einzelheit auf und geh über nichts hinweg. Erzähl von dem, was dir Freude macht, ebenso wie von deinem Unglück.«

Die Vergangenheit verschlang unsere Diskussionen, schluckte unsere Tage. Ich hatte den Eindruck, daß das Korsika vom Anfang des Jahrhunderts mir näher war als alles, was sich gegenwärtig dort ereignete, zumal Chéra in diesem Winter kein Alter mehr zu haben schien. Die Flechten am Mauerwerk der Steinhäuser waren üppiger geworden, die Bäume waren ein Stück gewachsen. Und wenn die Familie etwas von ihrer Substanz, von ihrem Fleisch verloren hatte, so verdeckte die Nachsaison diese klaffenden Lücken durch den Anschein friedlicher Ruhe.

Dominique hatte mit dem Alter eine große Fähigkeit erworben, sich den Wünschen der Seinen anzupassen. Früher hatte er den anderen seinen Willen aufgezwungen. Jetzt beugte er sich seinen Gesprächspartnern, indem er ihre Meinungen aufgriff. Vielleicht fürchtete er, zu vereinsamen? Oder akzeptierte er mittlerweile, daß seine Kinder oder seine Enkelkinder andere Vorstellungen hatten, als er selbst? Die Einheit der Familie war sicherlich einige Konzessionen wert; außerdem wollte er wohl wissen, was ich dachte, ehe er mit seinem Namen unterschrieb.

Ein bestimmter Bereich seiner Erinnerung war die ganze Zeit über im Schatten geblieben. Dominique kam immer wieder darauf zu sprechen, wandte sich dann aber gleich einem anderen Thema zu, um das ebenso rätselhafte wie vertraute Phantom bei der nächsten Gelegenheit erneut zu streifen: Die Gestalt seines Vaters. Dieser Vater war in seinem Gedächtnis ständig präsent, ohne je den Ehrenplatz einzunehmen, der ihm hätte zukommen müssen. Nur manchmal, im Laufe seiner häufigen Gespräche mit Xavier, erzählte Dominique gewisse Einzelheiten aus der Zeit vor dem unheilvollen Jahr 1905. Ich hatte nie so recht gewagt, tiefer in ihn einzudringen, wahrscheinlich weil ich fürchtete, keine zufriedenstellende Antwort zu erhalten oder gar auf schroffe Ablehnung zu stoßen.

Ein Spaziergang zum Friedhof gab mir Gelegenheit, meine Neugier zu befriedigen. Wir standen am Straßenrand, vor der Grabstätte von Antoine und Julie. Ich spürte, daß der alte Mann andächtig in sich versunken war und daß ich nicht das Recht hatte, seine Ruhe zu stören. Also wartete ich, bis er sich wieder regte, um ihn dann behutsam zu fragen: »Sag, wie kommt es, daß du in deinen Heften nur so flüchtig vom Weggang deines Vaters sprichst?«

»Ich weiß es nicht.«

»Fürchtest du, es könnte dir weh tun?«

»Ich sagte dir doch, ich weiß es nicht. Aber sicherlich ... Es gibt Ereignisse, die das Gedächtnis nicht in seine Zellen sperren will ...«

Dann sprach Dominique wie nie zuvor. Vielleicht war der richtige Moment endlich gekommen. Das, was er mir sagte, sprengte die Beziehung zwischen Großvater und Enkelsohn; es machte uns zu Freunden.

»Glaubst du wirklich, ich hätte in meinem Leben objektiv sein können? Gerecht, ja – aber nur so, wie wir Korsen es verstehen. Unsere Nächsten kommen immer zuerst. Das ist nicht einmal eine Entscheidung, sondern schlichte Notwendigkeit. So gesehen könnte ich schon die Kraft finden, meinen Vater zu beschreiben. Aber was sollte ich über ihn sagen? Hast du darüber nachgedacht, Gabriel? Ist es wirklich möglich, so innige Gefühle aufs Papier zu bringen? Ich bin mir da nicht sicher. Mein Vater war gewiß kein Heiliger, aber er war mein Vater. Ich möchte diese Beziehung mit niemandem teilen. Würde ich es tun, müßte ich seinen Hochmut, seine Wutausbrüche irgendwie rechtfertigen. Dazu fühle ich mich nicht befugt, und ich habe auch keine Lust dazu. Mein Vater war eben mein Vater. In Korsika akzeptieren wir einen Tatbestand, oder wir akzeptieren ihn nicht. Wenn wir ihn nicht akzeptieren, bekämpfen wir ihn. Wenn wir ihn aber akzeptieren, verteidigen wir ihn. Antoine di i Grijoli hat mich gezeugt – darum kann ich ihn nur lieben. Du siehst, wie wenig ich zu sagen habe.«

»Und wenn wir etwas weitergingen? Erzähl mir von dem Mann, den man Cardaghiola nannte. Er war immerhin mein Urgroßvater.«

Dominique bemühte sich redlich, meine Fragen zu beantworten. Er wollte mich nicht quälen. Er war der einzige, der mir Auskunft geben konnte. Alle anderen seiner Generation waren nicht mehr da. Außer ihm lebte nur noch eine alte Tante, die Cardaghiola hätte kennen können. Doch leider erinnerte sie sich nur an ihre eigene Familie.

»Du willst Dinge von mir wissen, die über siebzig Jahre zurückliegen! Weißt du eigentlich, was das bedeutet? Ich war damals zehn Jahre alt!«

Dominique beschrieb das Bild eines Mannes ohne besondere Merkmale: Cardaghiola sei ein harter Arbeiter, guter Vater und guter Ehemann gewesen. Ich wollte nun nicht länger nachfragen. Meine Gegenwart sollte auf keinen Fall zu einer Quelle der Angst für Großvater werden. Kampfesmüde war ich bereit, meine Nachforschungen aufzugeben. Antoine würde für immer im Gedächtnis dieses alten Korsen begraben sein.

Wir schrieben das Jahr 1978. In der Nacht vom 13. auf den 14. Januar sprengte ein Kommando der Nationalen Befreiungsfront F.L.N.C. die Einrichtungen der Marineflieger in Sulinzara. Noch nie hatte die seit zwei Jahren bestehende

Untergrundorganisation einen solchen Schlag gewagt. Und jetzt griff sie auf direktem Wege den französischen Staat mit seinem Militärapparat an. Das Attentat rüttelte die Menschen aus der gedämpften Stimmung der kurzen Wintertage auf. Dominique, der das Ereignis besonders aufmerksam zu verfolgen schien, klebte geradezu mit dem Ohr am Radio. Er schwankte zwischen scharfer Mißbilligung, einem Hut-ab vor dem Mut derer, die den Anschlag verübt hatten, und einer Ablehnung der Unabhängigkeitsforderungen. Schließlich faßte er diese augenscheinlich paradoxen Empfindungen in einem lauten ›Umbah!‹ zusammen und kam in einer Art Selbstgespräch zu dem Schluß: »Solange ein Korse Plastiksprengstoff explodieren läßt, gibt es auf Korsika wenigstens noch einen echten Korsen. Aber dieser Blödsinn mit der Unabhängigkeit – wer wird daran schon glauben? Wir und unabhängig, kannst du dir das vorstellen? Es gäbe ebenso viele Parteien wie Individuen. Wir würden uns nur noch in den Haaren liegen. Nein, wir brauchen eine Autorität, mit der wir uns verbünden oder gegen die wir kämpfen können, die aber jedenfalls da sein muß. Wie ein Vater.«

Der Zufall wollte es, daß ich am nächsten Tag Geburtstag hatte. Wir feierten ohne viel Aufhebens mit einem Käsekuchen, den Albertine gebacken hatte. Dominique schnitt ihn gerade in Stücke, als wir hörten, wie vor dem Haus ein Auto hielt. Im Sommer wäre dieses Geräusch nicht weiter aufgefallen. Im Winter dagegen bedeutete es eine Überraschung, einen Bruch im gleichmäßigen Lauf der Zeit. Dominique richtete sich auf und lauschte den Schritten, die über den Gartenweg näher kamen. In der Tür erschien ein Wuschelkopf: »Hoffentlich störe ich nicht.«

Es war Jean-François, der das Eßzimmer betrat, ohne eine Antwort abzuwarten, denn er kannte sie ebensogut wie ich: Er konnte gar nicht stören, er war mein Freund. Er schüttelte sich wie ein nasser Hund und knöpfte seine dicke Lederjacke auf.

»Mir ist eingefallen, daß du heute achtundzwanzig wirst, und da bin ich einfach hergekommen.«

Mit einer Geste lud ich ihn ein, Platz zu nehmen. Meine Großmutter war wortlos in der Küche verschwunden, um dem Besucher einen Teller zu holen. Ich sah ihn an. Ein ganzes Jahr war vergangen, und er hatte sich kaum verändert. Immer noch das gleiche lässige Gehabe, obwohl er Menschen und Dinge in Wirklichkeit scharf beobachtete. Dominique brach das Schweigen: »Willst du uns nicht bekanntmachen?«

»Aber sicher! Das ist Jean-François Léonetti aus der Gegend des Fium' Orbu.«

Großvater stürzte sich sogleich in die unvermeidlichen Fragen über die Verwandtschaftsbeziehungen zwischen den einen und den anderen. Diese hierzulande verbreitete Gewohnheit hat einige Ähnlichkeit mit dem Verhalten mancher Tiere, die einen Neuankömmling beschnüffeln, um ihn richtig einschätzen zu können. Jean-François schlug sich tapfer. Offenbar wurde er akzeptiert, und schon entbrannte eine Diskussion über zehn Themen zugleich, die sich alle um Korsika drehten.

Ich betrachtete das Schauspiel mit echtem Wohlbehagen. Alles um mich herum gab mir das Gefühl sanfter Geborgenheit: Der Geruch des Herdfeuers, der Käsekuchen, meine Großeltern und Jean-François.

Ich erinnerte mich an unsere erste Begegnung bei einer Pariser Demonstration gegen irgendeine obskure, aber ungerechte Sache. Die Polizei war mit Tränengas zum Angriff übergegangen. Schon ganz blind vor Tränen hatte ich jemanden schreien gehört: »He du, Korse, wir weichen zurück, aber langsam! Kümmer dich um die linke Seite!«

Bei dem Versuch, die seitlichen Ketten zu ordnen, waren wir plötzlich zu zweit gewesen. Der Akzent des anderen hatte mir die Gründe der Verwechslung unverzüglich klargemacht. In der Folgezeit wurden wir Freunde. Aber erst durch unsere gemeinsame korsische Heimat bekam diese Beziehung ihre wahren Dimensionen. Jean-François war Mitglied der Untergrundorganisation »Ghiustizia Paolina«. Über die Motive seines Engagements wußte ich kaum etwas und, ehrlich gesagt, interessierten sie mich auch nicht besonders. Da er mein Freund war, akzeptierte ich seine Meinungen ohne Vorbehalt. Er gehörte zu denen, die fanden, der Autonomismus könne kein Allheilmittel für die korsische Nation sein, und der Führer der A.R.C., Edmond Siméoni, müsse sich ›zwischen Angelrute und Gewehr‹ entscheiden.

Als nach den Festnahmen von Aléria ein Solidaritätskomitee gegründet wurde, trafen wir uns selbstverständlich wieder. Unter den dort versammelten Korsen herrschte eine Atmosphäre der kulturellen Renaissance, eine Art Brüderlichkeit, die den wenigen kontinentalen Besuchern höchst ungewöhnlich erschien.

Im Mai 1976 trat Jean-François in die neugegründete F.L.N.C. ein. Von seinen militanten Aktivitäten wußte ich nur das, was er mir von sich aus anvertraute. Manchmal bat er mich um kleine Gefälligkeiten. Während ich mich darauf verlassen konnte, daß er meine Interessen berücksichtigen und mich nicht in Schwierigkeiten bringen würde, hatte er genügend Vertrauen zu mir, mich in persönlicher Not um Hilfe zu bitten. Kurze Zeit später kehrte er in sein Heimatdorf am Fium' Orbu zurück, wo er sich, wie er sagte, wirklich zu Hause fühlte. Er tauschte seinen Job als Studienaufseher gegen den Beruf eines Bienenzüchters. Wir sahen uns nur noch dank der häufigen Reisen, die mich auf die Insel führten. Unsere Beziehung war nicht mehr so intensiv wie früher. Eine gewisse Komplizenschaft, an der mir sehr viel lag, hatte die Entfernung nicht überlebt. Jean-François war mir als ein junger Mann in Erinnerung geblieben, der gedankenlos mit dem Revolver im Gürtel herumlief und über seine eigene Unvorsichtigkeit lachte: »Mach dir keine Sorgen, Gabriel. Was soll uns schon passieren? Fürchtest du etwa die Polizei? Glaubst du denn wirklich, die Polizei würde mich wegen einer 11,43 festnehmen? Nein, nein, die erhofft sich weit mehr von mir. Ich war schon zweimal in Untersuchungshaft, und beide Male haben sie mich wieder freigelassen. Nicht, weil es an Belastungsmaterial gegen mich gefehlt hätte, sondern weil sie glaubten, über mich an andere Verbindungsleute heranzukommen.«

Mir gefiel seine Unbekümmertheit. Im übrigen wußte ich, daß die Prahlerei nicht ernst zu nehmen war und daß es abgesehen von seinem Engagement für Korsika nur eine einzige Leidenschaft in seinem Leben gab: seine Frau Marie. An seinem Umgang mit ihr ist mir klargeworden, was es bedeutet, wenn einer wahnsinnig wird vor Liebe. Dieser Mann, der nicht zögerte, ausgewählte Ziele mit Vorbedacht in die Luft zu sprengen, geriet in Anwesenheit der kleinen Marie mit den großen braunen Augen schier aus der Fassung und benahm sich tapsig wie ein verschüchterter Bär. Und wenn sie ihrerseits darüber wütend wurde, machte er nur unbeholfen Männchen. Die Treue, die er in seiner Seele trug, war über jeden Zweifel erhaben. Ich hatte den Eindruck, daß die gemütlichen langen Abende am Herdfeuer ihn weit mehr anzogen als seine nächtlichen Ausflüge in den Untergrund. Aber er handelte nach seinem Pflichtgefühl und scheute weder Mühe noch Gefahr.

Da er meine ganze Zuneigung besaß, trug ich ihm eines Tages meine Vorbehalte gegen gewisse Aktionen vor, an denen die F.L.N.C. möglicherweise beteiligt war. Er fegte meine Einwände mit ein paar Worten vom Tisch.

»In einem Befreiungskampf wählt man nicht immer die Mittel, die einem moralisch am saubersten erscheinen, sondern man entscheidet sich für die, die am wirksamsten sind. Wie sollten wir an Geld kommen, wenn wir auf das verzichteten, was du als *Racket* oder als *Hold-up* bezeichnest? Du mußt zugeben, daß wir dabei nie jemanden getötet haben. Im übrigen haben alle Revolutionäre sich dieser Methoden bedient. Stalin hat für die Bolschewiken Banken überfallen lassen; die Basken und die Irländer ziehen eine Revolutionssteuer ein.«

»Darauf wollte ich gar nicht hinaus«, erwiderte ich. »Ich meinte vielmehr die zwielichtigen Gestalten, bei denen man nicht so recht weiß, ob sie der Unabhängigkeitsbewegung aus Überzeugung angehören oder um ihrer eigenen Interessen willen . . .«

»Ja, und in Algerien waren manche Kämpfer Zuhälter.«

»Das finde ich unerhört!« explodierte ich. »Soll man vielleicht unter dem Vorwand, daß der Nachbar etwas Böses tut, moralisch berechtigt sein, genauso zu handeln wie er? Ihr wißt Bescheid, was im Valincu vor sich geht. Seid ihr denn einverstanden, daß gemeine Betrüger eine ganze Region planmäßig ausplündern?«

»Die Befreiungsfront ist eine Art Verband. 1976 haben sich mehrere Untergrundorganisationen zusammengeschlossen. Du mußt bedenken, daß zu den verschiedenen politischen Richtungen auch noch die Kämpfe zwischen verschiedenen Regionen kommen. Die Gegend des Valincu beispielsweise ist mir nicht sehr vertraut. Wir müssen versuchen, die Nebensache von der Hauptsache zu trennen. Und die Hauptsache ist, daß wir gewinnen.«

Seit dieser Auseinandersetzung, die einen bitteren Geschmack bei mir hinterlassen hatte, war ich Jean-François nicht mehr begegnet. Ich fand, daß er sich die Hände schmutzig machte, indem er solch kompromittierende Handlungsweisen rechtfertigte. Später kam ich dann auf den Gedanken, daß Dinge, die mir unmoralisch erschienen, für ihn wohl gar nicht unmoralisch waren. Dennoch. Vielleicht erlebten wir nicht die gleiche korsische Realität? Die seine erschien mir wahrer, konkreter als die meine, die schon fast legendäre Züge trug, so sehr hatte ich mich in die Vergangenheit vertieft.

Daß Jean-François nun hier mit meinen Großeltern zusammensaß, freute mich sehr. Ich hörte zu, wie sie korsisch miteinander sprachen. Beide Wahrheiten waren endlich vereint.

Sein Besuch dauerte drei Stunden. Er verließ uns mit dem Versprechen, bald wiederzukommen. Ehe er dann in seinen Wagen stieg, schlug er mir augenzwinkernd auf die Schulter:

»Hast du gesehen, gestern nacht ...? Nicht schlecht, die Operation Zera, oder?«

Voller nostalgischer Gefühle ging ich ins Haus zurück. Es hätte mir Spaß gemacht, wieder so mit ihm zu reden, wie wir es einst getan hatten, ohne ein Blatt vor den Mund zu nehmen. Das war leider nicht mehr möglich. Aber noch etwas quälte mich: Mein Urgroßvater ging mir einfach nicht aus dem Sinn. Ich wollte alles von ihm wissen. Mir war eine Idee gekommen, und ich beschloß, Dominique noch einmal auf das Thema anzusprechen.

»Du bist wirklich ein störrischer Esel«, fiel er mir ins Wort. »Was soll ich dir nach allem, was ich dir erzählt habe, denn bloß noch sagen?«

»Ich wollte dir vorschlagen, sein Gesicht zu zeichnen. Wir könnten eine Art Roboterporträt entwerfen. Ich halte den Stift, und du führst mir die Hand.«

Dominique seufzte: »Na schön, von mir aus. Es ist wohl das einzige Mittel, dich loszuwerden. Trotzdem wüßte ich gern, was dich zu diesem Vorhaben treibt. Inwiefern wird es dein Leben ändern, wenn du das Aussehen meines Vaters kennst?«

»Ich versuche nicht, mein Leben zu ändern. Ich kann nur einfach nicht zulassen, daß eine Person für immer verschwindet, vom Vergessen geschluckt wird. Dein Vater gehört sicher zu denjenigen Menschen, die du am meisten vermißt, und du hast es nicht einmal geschafft, drei Zeilen über ihn zu schreiben. Gestern sprachst du noch von Paoli und dem Respekt der Söhne gegenüber ihren Vätern. Selbst die F.L.N.C. fordert auf ihre Weise eine Treue zur Vergangenheit. Versuch, deinen Vater anderswo unsterblich zu machen, als in deinem eigenen Herzen.«

Wir gingen an die Arbeit. Dominique durchforschte sein Gedächtnis und unterbrach die langen Schweigepausen durch kurze, sehr präzise Monologe: »Ja, er hatte einen kleinen Leberfleck über der Oberlippe ... Nein, die Nase war länger. Vielleicht ...«

Zwischendurch hatte er manchmal das Bedürfnis, sich zu rechtfertigen.

»Ich war dreizehn, als er starb. Wir haben keine Fotos von ihm gehabt.«

Ich bemühte mich, ihm zu helfen. Aber er lebte ganz in seiner Vergangenheit. Er erinnerte sich an die letzten Träume, in denen sein Vater ihm erschienen war. Die Gesichtszüge waren im Laufe der Zeit verwischt, wie auf einem verblichenen alten Foto. Langsam machten wir Fortschritte, wobei wir die Arbeit des Vortages manchmal wieder zerstören mußten, weil der Ausdruck Dominiques Erinnerungen nicht oder nicht mehr entsprach. Die ganze Sache widerstrebte ihm. Er antwortete kaum noch und versuchte mit allen Mitteln, unsere Sitzungen abzukürzen. Er entzog sich mir, während ich mit meiner Hartnäckigkeit fast grausam wurde.

Eines Morgens war die Skizze verschwunden. Ich suchte sie, weil ich annahm, irgendein Luftzug hätte sie vom Tisch geweht. Vergeblich.

Dominique grub hinter dem Haus den Boden um. Ohne aufzublicken, sagte er zu mir: »Willst du wissen, wo die Skizze geblieben ist? Ich habe sie zerrissen.«

»Warum? Du hättest mich fragen können, findest du nicht?«

»Eigentlich schon, aber ich habe es nicht getan. Komm, setzen wir uns einen Moment. Unterbrich mich bitte nicht. Was ich zu sagen habe, ist nicht leicht auszudrücken. Weißt du, meine Erinnerungen sind für mich eine Art Testament, das ich euch hinterlasse. Als du mir vorgeschlagen hast, sie gemeinsam mit mir durchzugehen, war ich überglücklich, daß mein Enkel noch zu meinen Lebzeiten eine Jugend mit mir teilen wollte, die bis dahin eine ganz persönliche Angelegenheit gewesen war. Aber heute nacht konnte ich nicht schlafen. Immer wieder stürzten Eindrücke auf mich ein, die mich in die schlimmsten Augenblicke meiner Existenz zurückversetzten. Ich spürte eine grenzenlose Traurigkeit, die ich längst für überwunden hielt. So hatte ich mich gefühlt, als ich vom Tod meines Vaters erfuhr, und dann noch einmal, als dein Bruder starb. Plötzlich hatte ich keine Lust mehr, mit dem Porträt fortzufahren. Die schmerzlichen Einzelheiten früherer Erlebnisse sind im Laufe der Zeit erloschen, und du hast sie gegen deinen Willen wieder zum Leben erweckt. Mein Dasein hatte plötzlich keinen Sinn mehr. Die Familie ist für uns Korsen das entscheidende Motiv, um mit den Schwierigkeiten des Daseins fertig zu werden. Leiden heißt, wieder allein und schwach zu sein. Und das will ich nicht. Ich bin Dominique, aus der Familie Culioli. So ist es, und so soll es bleiben. Mein Vater gehört nur mir allein. Vielleicht werde ich dir gelegentlich von ihm erzählen, wenn mir danach ist. Stell ihn dir vor, wie du Lust hast. Ich will ihn jedenfalls unversehrt in mir bewahren, und ich lege Wert darauf.«

Ich bat ihn um Entschuldigung für meine schamlosen Fragen, für meine gnadenlose Quälerei und meine leichtfertige Dummheit. Er legte mir den Arm um die Schultern und zog mich an sich wie früher, als ich klein war: »Schon gut, schon gut. Das haben wir nicht nötig, schließlich sind wir doch beide Culioli.«

15

Die Trennung von Staat und Kirche

Julie erzählte Dominique, unter welchen Umständen sein Vater gestorben war: Bei der Arbeit auf den Feldern war eine längst verheilte innere Verletzung aufgebrochen. Blut spuckend, hatte Antoine sich bis vor das Dorf geschleppt. Während der Doktor geholt wurde, hatte er Julie ein letztes Versprechen abgenommen: Sie sollte dafür sorgen, daß die Studien seiner Söhne bis zu Ende bezahlt würden. Dann hatte er das Zeitliche gesegnet.

Dieser Bericht quälte Dominique mehr, als wenn er den Tod seines Vaters selbst miterlebt hätte. In Bonifacio nahm der Lehrer sich seiner an und half ihm bei der Arbeit.

»Zwischendurch solltest du dich ruhig etwas erholen«, ermahnte er den Jungen.

»Dazu habe ich kein Recht. Ich muß die Prüfungen unbedingt schaffen, Monsieur.«

»Aber wie kannst du daran bloß zweifeln? Du bist mein bester Schüler. Und das ist auch nur gerecht, wenn man bedenkt, was du an Wissen alles in dich hineinstopfst.«

In den Ferien kehrte Dominique nach Chéra zurück. Bei Tisch blieb der Platz des Vaters leer. Manchmal brach eines der Kinder in Tränen aus, und vorübergehend übertrug der Schmerz sich auf die anderen.

Traditionsgemäß halfen die Onkel und die Vettern Julie bei der Feldarbeit, ohne mehr als einen bescheidenen Teil der Ernte für ihren Einsatz zu verlangen.

»Dank ihrer Hilfe werden wir ausreichend zu essen haben,

mein Sohn ...«, erklärte Julie Dominique, der sich Sorgen wegen der hohen Kosten seines Studiums machte. »Sämtliche Mitglieder der Familie gehen uns zur Hand, und wir können ihnen gar nicht dankbar genug dafür sein. Aber mach dir keine Gedanken. Wir werden Antoine seinen letzten Wunsch erfüllen. Wenn du nur deine Prüfungen schaffst, sind wir reichlich belohnt.«

Als Dominique wieder nach Bonifacio kam, fiel ihm auf, daß in der Stadt eine ungewohnte Atmosphäre herrschte. Der Lehrer klärte ihn über die Gründe auf: »Die Leute bereiten die Wahl eines Gesetzes über die Trennung von Staat und Kirche vor. Schon letztes Jahr sind die diplomatischen Beziehungen zwischen Frankreich und dem Vatikan abgebrochen worden.«

Im Dezember wurde das Gesetz verabschiedet. Nur ein einziger korsischer Abgeordneter, Monsieur Forcioli, stimmte der Neuerung zu. Alle anderen, ob Arénisten oder Gavinisten, wiesen sie empört zurück – was natürlich nicht genügte, um den Spruch der Volksvertretung außer Kraft zu setzen. Auf der ganzen Insel löste die Nachricht einen Zorn ohnegleichen aus. »Was?« so sagte man. »Die Abgeordneten vom Kontinent wollen uns vorschreiben, wie und woran wir zu glauben haben? Nein, wir werden nicht zulassen, daß man in unsere Kirchen kommt, um Bestandsaufnahmen zu machen, niemals!«

In Balagne, einer überaus fruchtbaren Gegend, sammelten die Einwohner große Krüge voll Olivenöl, das gegebenenfalls als Bratfett erhitzt werden sollte, um die Gendarmen zu frittieren. In Palneca und in Lévie kam es zu spontanen Schlägereien zwischen der berittenen Polizei und der einheimischen Bevölkerung. So manche Pfarrer schürzten die Soutanen und wiesen ihre Schafe an, die kirchlichen Güter und Stellungen zu schützen: In vielen Familien gab es Söhne, die Pfarrer geworden waren, wie andere Soldaten, und es war fraglich, wer in Zukunft die Kosten der Pfarrei tragen und wer den Pfarrern ihr Gehalt bezahlen sollte. Die Sache war es jedenfalls wert, verteidigt zu werden, dafür gab es einen schlagenden Beweis: Sie war seit Menschengedenken die erste und die einzige auf Korsika, in der alle Clans zusammenhielten.

Dominique wurde von dem Geräusch stampfender Hufe geweckt: Das Pflaster der Stadt dröhnte wie unter lauten Trommelschlägen. Dann hörte er Schreie und Pferdegewieher. Er stürzte ans Fenster. Die berittene Polizei hielt die Hauptstraße besetzt. Die Gendarme hatten die Säbel gezückt, und die Pferde piaffierten. Auf Befehl eines Unteroffiziers setzte der Trupp sich langsam in Bewegung, um eine wütende Menschenmenge zu vertreiben. Nie hatte die Stadt eine derartige Aufregung erlebt.

Dominique zog sich eilig an und ging hinunter auf die Straße. Er wurde von der Menge mitgerissen und kam erst vor der Kirche Sainte-Marie-Majeure wieder zum Stehen. Überall wurde heftig diskutiert.

»Sie haben unserem Herrgott sein Hab und Gut gestohlen«, schrie ein bieder aussehender Mann mit einer Melone auf dem Kopf, die bei jedem Windstoß wegzufliegen drohte.

»Ja, das haben sie!« erwiderte ein anderer. »Das kommt von dem ruchlosen Gesetz, das die Herren in Paris verabschiedet haben. Schmach und Schande über Combes, der diesen Skandal zu verantworten hat. Ein Kontrolleur soll die Güter der Kirche inventarisieren, und wir sind gekommen, ihn daran zu hindern. Jetzt hetzen sie die Polizei auf uns, als wenn wir Straßenräuber wären.«

Er schwang einen schweren Wacholderstock mit dicken, vorspringenden Knoten.

»Sollen sie nur kommen, die Füsiliere. Sie werden schon sehen, aus welchem Holz wir Korsen geschnitzt sind.«

Die Worte wurden begeistert begrüßt. Ein unscheinbarer Mann in Beamtenkleidung und mit einem Zwicker auf der Nase trat unter Polizeischutz auf den Platz. Links trug er, eng an den Körper gepreßt, eine dicke Ledermappe, während er mit der rechten Hand seinen Hut festhielt. Die Gendarme drängten das protestierende Volk unsanft zurück, bis der Kontrolleur die Kirchentür erreichte. Dort wandte der kleine Mann sich den Demonstranten zu und las ihnen auf französisch den Gesetzestext vor. Außerdem wies er darauf hin, daß er durch den Gesetzgeber ermächtigt sei, die öffentliche Gewalt anzurufen, falls der Pfarrer sich weigern sollte, ihm das Gotteshaus zu öffnen.

Empörtes Geschrei übertönte seine Worte.

»Frevel, Frevel! Fort mit dem Gotteslästerer!«

Die Polizei rückte auf. Die Kirchentür knarrte, und zwei Vertreter des Gemeinderats kamen heraus. Der ältere der beiden verlas einen Text, in dem er sich gegen das Gesetz aussprach. Der Kontrolleur hörte ihm höflich zu. Dann gab er ein Handzeichen, und schon nahten drei Uniformierte mit der Axt, um die Tür einzuschlagen. Der Vertreter des Gemeinderats stellte sich ihnen in den Weg und wandte sich erneut an die Menge:

»Wie ihr seht, haben die Gottlosen beschlossen, mit Gewalt in das Haus des Herrn einzudringen. Es hilft nichts, wir müssen nachgeben. Wir bitten die Mitglieder der Gemeinde, in dieser schmerzlichen Stunde großen Mut zu beweisen. Lassen wir uns nicht zur Gewalt verführen! Die anderen fordern sie heraus, wir aber lehnen sie ab. Bei uns zu Hause gilt der Spruch: *Dinari e bastunati un se pigda ni senza cunta* – Geld und Stockschläge bleiben niemals ungezählt. Im Jenseits wird alles auf die Waagschale geworfen.«

Der Kontrolleur zuckte die Schultern und verschwand in der Kirche, während die Menge sich enttäuscht zerstreute. Dominique wurde den Eindruck nicht los, daß der Gemeinderat sich bloß die Kosten für eine neue Tür hatte sparen wollen, da die Kirche jetzt nicht mehr mit öffentlichen Geldern rechnen konnte.

Am folgenden Sonntag erfuhr er, wie die Sache in Chéra abgelaufen war. Ungeachtet der unterschiedlichen Clanzugehörigkeit hatte die gesamte Familie beschlossen, sich der Inventarisierung des Kirchenguts mit allen Mitteln zu widersetzen. Wie üblich waren einige Kinder als Kundschafter ausgeschickt worden, die ›Truppenbewegungen‹ zu beobachten.

»Sobald ihr nur den Hut eines Gendarmen seht, sagt ihr uns auf dem schnellsten Wege Bescheid«, hatte der alte Manzuetu ihnen eingebleut. »Unterdessen machen wir Männer die Gewehre bereit.«

Der Gemeindepfarrer war wenig begeistert über die aufgeheizte Kriegsstimmung: »Habt ihr denn wirklich gut darüber nachgedacht?« versuchte er zu beschwichtigen. »Zu den Waffen wollt ihr greifen? Jesus Christus wäre niemals einverstanden gewesen, wenn man ihn seinerzeit mit dem Gewehr verteidigt hätte. Vergeßt nicht, daß er am Kreuz gestorben ist, um die Menschheit zu erlösen ...«

»Lieber Herr Pfarrer, Jesus war Jesus, die Culioli aber sind nun einmal die Culioli. Der Kontrolleur wird diese Kirche nicht betreten.«

Zahlreiche Kinder hatten sich im Gotteshaus eingeschlossen, sämtliche Türen mit den schweren Sitzbänken aus Eichenholz verbarrikadiert und sich obendrein hinter großen Steinhaufen verschanzt. So waren sie gut gerüstet, um die Angriffe der Uniformierten abzuwehren. Auf dem Kirchhof schwangen die Frauen Dreschflegel, fest entschlossen, die Spreu vom Weizen zu trennen und jeden in Staub zu verwandeln, der versuchen sollte, die Stätte der heiligen Lucia durch gewaltsames Eindringen zu beschmutzen. Die Männer schließlich saßen mit griffbereiten Gewehren auf dem Dorfplatz, wo sie Taschentücher mit Eicheln ausgelegt hatten, um über die geringe Munition, die sie besaßen, hinwegzutäuschen. Auf diese Weise würde die berittene Polizei an eine gute Bewaffnung glauben.

Je weiter der Tag voranschritt, um so aufgeheizter wurde die Stimmung. Die einen und die anderen malten sich erregt alle möglichen Einzelheiten der bevorstehenden Schlacht aus. Die Männer des Manzuetu-Clans, überzeugte Republikaner, erklärten sich freiwillig bereit, den ersten Angriff abzuwehren.

Um die Mittagszeit meldeten die Kundschafter zwei Männer auf stattlichen Pferden. Zwei gegen hundert: Die Logik dieser ungleichen Begegnung ließ die Culioli von vornherein als Sieger erscheinen, ohne daß es nötig war, einen ausgeklügelten Schlachtplan zu entwickeln. Verfolgt von feindseligen Blicken ritten die Gendarme wortlos durch die Gassen, bis sie das Dorfzentrum erreichten. Sie sahen sich um, ließen die Pferde auf elegante Weise kehrtmachen und schlugen im langsamen Trab den gleichen Weg ein, den sie gekommen waren. Man wartete bis zum Abend, aber es passierte nichts.

Am nächsten Tag wurde bekannt, daß der Dorfpfarrer sich unter der Hand mit dem Kontrolleur geeinigt hatte. Beide hatten eine Bestandsaufnahme der armseligen Reichtümer der Kirche von Chéra unterschrieben und das Dokument nach Bonifacio gebracht. Etwas Ähnliches geschah in vielen Dörfern. Um den Bürgerfrieden zu erhalten, gaben die Pfarrer ausführliche Listen über das Kirchengut ab. Ihr Bürgersinn war stärker, als die Versuchung eines Kreuzzuges.

In Chéra forderte das neue Gesetz trotzdem ein Opfer: Die junge Lehrerin, die erst seit kurzer Zeit an der Dorfschule war. Sie hatte den Mut gezeigt, das Prinzip der weltlichen Schule zu verteidigen. Der alte Manzuetu war außer sich: »Wie? So eine gottlose Person, und obendrein noch eine Frau! Wir werden unseren Kindern verbieten, zu ihr in den Unterricht zu gehen.«

Die ganze Familie teilte diese Meinung – außer Dominique. Zum ersten Mal in seinem Leben vertrat er vor seiner Mutter einen eigenen Standpunkt: »Xavier und meine Schwestern werden weiterhin zur Schule gehen. Oder soll ich sie vielleicht zu Onkel Strambale schicken? Ich besuche in Bonifacio eine weltliche Schule. Warum sollte es hier anders sein?«

Ein paar Wochen später wurde die Lehrerin in den Norden der Insel versetzt. Die Culioli hatten die zuständigen Behörden schriftlich ersucht, die junge Frau aus der Dorfschule zu entfernen.

Ehe sie abreiste, bedankte sie sich bei Dominique: »Ich möchte dir noch sagen, wie sehr deine Geste mich gefreut hat. Weißt du, ich wollte deine Verwandten nicht verletzen, aber ich glaube eben an die Prinzipien der Französischen Revolution und der Kommune. Vielleicht war es ein Fehler, daß ich meine Meinung öffentlich geäußert habe. Wie auch immer – kümmert euch gut um Xavier. Er hat einen anständigen Schulabschluß verdient!«

Als Ersatz für die Lehrerin kam ein junger Lehrer namens Eugène Manonni, der seinen ersten Unterrichtstag mit folgenden Worten begann: »Ich weiß, warum meine Kollegin versetzt worden ist. Aber ich will euch nicht verschweigen, daß auch ich ein begeisterter Anhänger der Republik, der weltlichen Schule und der allgemeinen Schulpflicht bin. Unser Jahrhundert ist erst sechs Jahre alt. Möge es für uns alle ein Jahrhundert des Fortschritts und der Bildung sein!«

16

Der Eintritt in die Hochschule

Der Onkel, bei dem Dominique wohnte, behandelte ihn mit väterlicher Güte. Er sorgte dafür, daß es dem Jungen an nichts fehlte: »Kümmere du dich nur um deine Studien, alles andere regele ich mit deiner Mutter.«

Das Jahr 1908 sollte der große Wendepunkt in Dominiques Leben werden: Dann würde er nach Ajaccio reisen, um die Reifeprüfung abzulegen und sich danach, wenn alles gut ging, um die Zulassung für die Pädagogische Hochschule bewerben.

Der Onkel und die Tante ernährten ihn, so gut sie konnten.

»Sieh nur, wie du aussiehst, klapperdürr wie eine alte Geiß. In diesem Zustand wird man dich gar nicht erst zur Prüfung zulassen. Jetzt iß, damit du etwas Speck ansetzt.«

Sie verpaßten ihm eine regelrechte Mastkur: Kartoffeln, Weintrauben, löffelweise Olivenöl und nicht zuletzt große Stücke Fleisch, die der Onkel von dem abzweigte, was er heimlich im Maquis geschlachtet hatte.

»Auch wenn es Fleisch für Italiener ist – es nährt seine Kinder. Und das, was du gerade auf dem Teller hast, ist wirklich nicht das schlechteste. Es kommt von einer schönen Ziege mit hängenden Eutern, die man mir verkauft hat, weil sie sich in den Felsen ein Bein gebrochen hatte.«

Dominique beklagte sich nicht über diese Art der Fürsorge. Die Freundlichkeit seiner Verwandten half ihm, mit den schwarzen Stunden fertig zu werden, dem ›Tiefgang‹, wie die Seeleute von Bonifacio es nannten.

Im April 1908, kurz vor seinem 16. Geburtstag, traf er die letzten Vorbereitungen für die weite Reise nach Ajaccio. Julie hörte nicht auf, ihn vor den Gefahren der großen Stadt zu warnen: »Mein armer Kleiner, wie wirst du dich dort bloß zurechtfinden? Ich frage mich, warum der Clan, obwohl er doch so mächtig ist, nicht dafür sorgen konnte, daß die Prüfung hier abgenommen wird. Schließlich sind nicht alle Leute in Ajaccio geboren! Paß jedenfalls gut auf dich auf, ja?«

Eines Morgens stand er dann in aller Frühe auf dem Kai von Bonifacio, den er so oft sehnsüchtig betrachtet hatte. Er hielt die zwanzig Franc, die Julie ihm gegeben hatte, fest in der Hand. Zwanzig Franc, gesammelt von den Männern des Clans und der Familie, damit er, der Sohn des ehrenwerten Antoine Culioli di i Grijoli, von den Seinen Cardaghiola genannt, die Reifeprüfung ablegen konnte.

Das Schiff verließ die lange, schmale Hafeneinfahrt. Die Küste Sardiniens war deutlich zu erkennen. Obwohl Dominique innerlich ganz mit der bevorstehenden Prüfung beschäftigt war, konnte er Korsika nun zum ersten Mal in seinem Leben vom Meer aus bewundern: Es sah aus wie ein unberührtes, geheimnisvolles, wunderschönes Land. Dominique gab sich dem Schauspiel der in zarten Abstufungen verschwimmenden Farben eine Weile hin, ehe er sich in seine Bücher vertiefte.

Am nächsten Tag erreichte das Schiff die Kaiserstadt. Im morgendlichen Dämmerlicht hoben die hohen Häuser sich scharf vom Himmel ab, und der alte Verputz der Fassaden wirkte pastellfarben und sanft. Der ganze Anblick stimmte keineswegs mit dem angeblichen Hochmut der Männer und Frauen aus Ajaccio überein: »*Grande Bastia, buffonu Ajacciu, riccu Sarte*« – Groß ist Bastia, protzig Ajaccio und reich die Stadt Sartène, pflegte man zu sagen.

Auf den Kais drängten sich die Fischer, die offensichtlich alle Hände voll zu tun hatten. Für sie war der Tag weit fortgeschritten, denn sie machten gerade die letzten Boote fest.

Dominique hatte nichts anderes mehr im Sinn als seine Prüfung. Ihn interessierten weder die fremdartigen Gerüche noch die lauten Stimmen der Marktschreier, noch die vielen Männer auf den Terrassen der Cafés. Er versuchte, sich auf sein Wissen zu konzentrieren, was ihm trotz allem nicht leichtfiel. Der Monat Juni war zu schön ... Aber es wäre Wahnsinn gewesen, sich von den äußeren Reizen verführen zu lassen ... Noch war die Mittagshitze nicht über die Stadt hereingebrochen, und die Einwohner von Ajaccio genossen die kühlen Stunden des Tages. Es gab keinen schattigen Platz, der nicht von Gewerbetreibenden besetzt war. Unter einem Balkon knüpften die Frauen Fischernetze, und gleich daneben, in einem kleinen Stall, füllte ein Wasserverkäufer seine Behälter, ehe er zu dem langen Marsch durch die Stadt ansetzte. Dominique lächelte. Er hatte die Rufe des Mannes schon im Ohr: *»Acqua, acqua fresca!«*

In Bonifacio stiegen die Wasserverkäufer mit riesigen Krügen bis in die obersten Stockwerke hinauf, während es hier üblich war, daß die Kunden selbst auf die Straße kamen, um sich zu bedienen. Mit glänzenden Augen überquerte Dominique den Markt, wo es nach Obst und Gemüse roch.

Dann ging die Außenwelt in einem Strudel der Konzentration und der geistigen Vertiefung unter – in einer Landschaft, die den Rahmen seiner Prüfungen bildete und ihm bald zur Gewohnheit werden sollte. Er kehrte erst wieder in die Wirklichkeit zurück, als ihm beim Verlassen der Prüfungsräume schmerzlich bewußt wurde, daß sein Vater ihn diesmal nicht am Ausgang erwarten würde.

Dominique hatte die Prüfung mit hervorragendem Erfolg bestanden. Er nahm sich kaum Zeit für seine Freude und stürzte sich sogleich in die Vorbereitungen für die Hochschulzulassung.

Drei Wochen später stand er wieder am Eingang des Gebäudes in der Route des Sanguinaires. Der Tinten- und Radiergummigeruch gab ihm die innere Ruhe, die er brauchte, um sich voll auf die Fragen der Prüfer konzentrieren zu können. Der Ablauf war so organisiert, daß er zwischendurch einen halben Tag frei hatte. Es lag zwar nicht in seiner Absicht, sich ablenken zu lassen, aber Ajaccio zog ihn an, ob er wollte oder nicht. Also ging er die Straße zur Place du Diamant hinauf und weiter zum Grand Hôtel. Dort, so sagte man, wohnten Touristen, die unschätzbare Reichtümer besaßen. Dort hatte auch der Bandit Ghiuvan Camegdu Nicolai mit einer Fremden, einer Engländerin, auf großem Fuß gelebt, bis er dann hatte flüchten müssen und bald darauf umgekommen war – getötet von Gendarmen, die sich durch die Frauenkleider, die er trug, nicht hatten täuschen lassen! Dominique streichelte den Stamm einer Palme. Die Mädchen waren hier anders aufgemacht als im Süden. In Bonifacio konnte man ihnen die ländliche Umgebung schon an ihrem Gang ansehen! Hier dagegen wirkten die Ärmsten wie Prinzessinnen. Sogar die Muschelverkäuferinnen trugen wunderhübsche Strohhüte ... Welches junge Mädchen in Alta Rocca würde je den Mut aufbringen, sich so herauszuputzen? Ajaccio besaß den Charme einer vom Schicksal begünstigten Stadt. Dank seiner westlichen Lage war es von dem verheerenden Sumpffieber, das den Städten an der Ostküste so schwer zu schaffen machte, verschont geblieben. Die reizvolle Landschaft zog so manche Pioniere des Tourismus an, vorwiegend aus Großbritannien. Und schließlich hatte Kaiser Napoleon III. keine Mühe gescheut, um der Heimatstadt seines berühmten Onkels zur Blüte zu verhelfen.

Erregt betrachtete Dominique das Farbenspiel, das sich seinen Augen bot: Lila Auberginen gepaart mit dem tiefen Grün der Courgetten und dem zarteren Grün der Wachsbohnen, und dazu ein Berg rotwangiger Tomaten ... Die reifen Pfirsiche sahen so süß und samtig aus, daß dem Jungen das Wasser im Mund zusammenlief. Die Natur hatte nichts vergessen – außer der leeren Geldbörse in seiner Hosentasche. Er beschleunigte den Schritt und kehrte entspannt zur Hochschule zurück.

Am nächsten Morgen um neun Uhr verkündete der Direktor, Monsieur Mary, die Ergebnisse der schriftlichen Prüfung: Dominique hatte bestanden. Auch der mündliche Teil am Nachmittag machte ihm keinerlei Schwierigkeiten. Gegen abend wußte er dann, daß die Schlacht endgültig gewonnen war. Er überlegte sich den Text des Telegramms, das er am nächsten Morgen nach Chéra schicken wollte. Lange suchte er nach Worten. Er wollte seine totale, seine absolute Freude in einem Satz ausdrücken, der möglichst wenig Geld kostete. Schließlich hatte er das Richtige gefunden und schrieb: »Ich habe gesiegt.«

17

Der Tod des kleinen Benoît

Emmanuele Arène, der meistbeachtete Politiker Korsikas, von seinen Anhängern ›König Emmanuele‹ genannt, starb am 15. August 1908 auf der Straße nach Fayet. Vier Tage später fand in Ajaccio seine Beerdigung statt. Die Korsen trugen den Mann, der siebenundzwanzig Jahre lang der unangefochtene Herr der Insel gewesen war, mit solchem Prunk zu Grabe, wie er in der fernen Hauptstadt Frankreichs kaum je einem Monarchen zuteil geworden war.

Der Clan der ›Weißen‹, dem der Verstorbene angehört hatte, trommelte für die grandiose Zeremonie Menschen aus Stadt und Land zusammen.

Bis hin in das unwegsame felsige Gebiet von Alta Rocca mobilisierte der Clan ganze Horden von Bauern, die – bis auf wenige Ausnahmen – noch nie einen Fuß in die Kaiserstadt gesetzt hatten. Alles, was Räder hatte, war gemietet worden: Fuhrwerke, Karren, Sonderzüge. Jeder Transport, ob herrschaftlich oder bescheiden, trug dazu bei, Seiner Königlichen Hoheit, dem Repräsentanten der Republik, in gebührender Form die letzte Ehre zu erweisen.

Der alte Manzuetu hatte seine Sonntagskleidung angelegt: Ein Hemd mit steifem Kragen und eine saubere Jacke. Diesen Aufwand war der Clan wohl wert! Mit ernster Miene schritt er einher, doch sein Blick war nicht der eines Leidenden; es war der Blick eines Mannes, der bewußt am letzten Akt einer zu Ende gegangenen Geschichte mitwirkt. An diesem Tag hatte übrigens jedes einzelne Clanmitglied den Eindruck, Abschied von seinem geistigen Vater zu nehmen.

Bei glühender Hitze wurde der Sarg unter Blumen und Tränen vom ganzen Volk zur Route des Sanguinaires begleitet. Schwarze Pferde zogen den Leichenwagen. Ihm folgten die Würdenträger des Clans. Sie, die Mächtigen, trugen Gehrock und Zylinder. Sie bildeten die uniformierten Bataillone des von ewigen Streitigkeiten zerrissenen Korsikas, vereint nur in der Sorge, ihre Privilegien zu bewahren. König Emmanuele war einer von ihnen gewesen, Halbgott eines Volkes zerlumpter Fürsten, eine Art Insel-Moloch, der seine eigenen Kinder liebte und vernichtete.

Denn hinter den Notablen in weißen Handschuhen ging das gemeine Volk, die Wangen vom ungewohnten Gebrauch der Rasiermesser zerschnitten; eine heruntergekommene Bauernschaft, die einen sauren Milchgeruch verströmte, strauchelnd vor Elend und dennoch stolz, dem toten König auf dem letzten Ehrenmarsch das Geleit zu geben.

In ihrer Mitte befand sich auch Ziu Manzuetu, schweißgebadet, aber hocherhobenen Hauptes, als wären alle Augen auf ihn gerichtet. An diesem schönen Sommertag hätte nur ein Heide die Bösartigkeit besitzen können, all die häßlichen Vorwürfe aus der Schublade zu ziehen, mit denen Emmanuele Arène zu Lebzeiten geplagt worden war – jener Mann, den der eigens aus Paris angereiste Direktor des »Figaro«, Monsieur Calmette, gerührt beweinte: ».. . Hier, in der schluchzenden Menge, die bei dir ist und um dich trauert wie um einen Vater, muß ich es noch einmal sagen: Für uns, die wir allen deinen Werken im fernen Paris applaudierten, wirst du stets ein unvergeßliches Bild der Großherzigkeit, der geistigen Anziehungskraft, der unverbrüchlichen Gefühle, der Zärtlichkeit und der Güte bleiben – sonnig wie deine schöne Heimat Korsika. Ade, Emmanuele, ade!«

Man mußte sie schon gesehen haben, diese Männer des Arène-Clans, wie sie in Trauerkleidung vorbeidefilierten, beide Hände in den Hosentaschen, ein Auge feucht vor Traurigkeit und das andere glänzend vor Stolz. Als machte der Tod alle Sünden der Welt wieder gut. Als böte das Sterben die Vorteile einer nachträglichen Heiligung.

Beinahe majestätisch vor Unparteilichkeit kehrte der alte Manzuetu in sein Dorf zurück: »Arène hat denen, die ihn verleumdet haben, persönlich verziehen. Wahre Güte ist offenbar schwer zu erkennen. Aber die Zeit wird erweisen, wie gut der Rat unseres Königs war . . .«

»Hör endlich auf«, unterbrach ihn Onkel Don, der neuerdings den Clan der ›Schwarzen‹ repräsentierte. »Deine ewigen Predigten gehen uns auf die Nerven. Daß du weinst, finde ich ganz normal, denn schließlich gehörst du ja zu seinem Clan. Aber verschone uns mit deinen Geschichten von der guten Verwaltung. Du weißt doch, was man sagt: *Un ci he piu un palmu di nettu* – es gibt keine Ecke mehr, die sauber wäre. Wir respektieren deinen Schmerz, also respektiere du auch unser Schweigen. Er war kein Clan-Oberhaupt, dein Emmanuele. Er war, wie soll ich sagen . . . ein Abenteurer der Politik, ja eigentlich schon fast ein Usurpator.«

Im Zuge der geschichtlichen Entwicklung hatten auf Korsika zwei Männer den Königstitel erhalten, beide ohne die geringste Legitimität.

Der erste, Theodor von Neuhoff, war Anfang des 18. Jahrhunderts aus dem fernen Deutschland nach Korsika gekommen und dank seiner geschickten Bündnisstrategie vorübergehend Monarch geworden. Der zweite, Emmanuele Arène, hatte die Inselpolitik zur reinsten Choreographie gemacht. Indem er die Clans der Gavinisten und der Casabiancisten nach allen Regeln der Kunst gegeneinander ausspielte, schwang er sich auf den höchsten Platz empor, infiltrierte die Administration, in deren Schoß die Pfründe und das Geld zu finden waren, mit seinen Leuten, und gelangte dann durch Charme, Druck und Dreistigkeit zur wahren Macht, die allein auf dem Vertrauen der Pariser Regierung beruhte. Er wußte alle Klippen mit soviel Intelligenz und Zynismus zu umschiffen, daß er bis zuletzt an der Macht blieb.

Für Dominique, der gerade in die Hochschule aufgenommen worden war, hatte der Tod des Politikers keine größeren Folgen. Um so schwerwiegender aber waren die Konsequenzen für die von zügelloser Vetternwirtschaft zerrüttete Insel. Emmanuele Arène hatte das 19. Jahrhundert um acht Jahre überlebt. Er ließ Korsika, sein Korsika, in einem nie dagewesenen Zustand des Verfalls zurück.

Einen Monat nach seinem Tod wurde der Rapport Clemenceau veröffentlicht. Der Leichnam des Königs war noch nicht erkaltet, als die Republik, die seine Politik stets unterstützt hatte, ihn auf die Anklagebank zu setzen schien.

Kurze Zeit später starb Dominiques liebster Freund, der kleine Benoît, an derselben Krankheit, an der auch alle anderen männlichen Nachkommen seiner Familie in jungen Jahren gestorben waren. Trotzdem löste sein Tod in Chéra weniger Bestürzung aus als der des Clan-Oberhaupts: Er war gewissermaßen Bestandteil eines tragischen und unwiderruflichen Schicksals. Benoît war nicht einmal sechzehn Jahre alt geworden, und man sprach für ihn dieselben Worte wie für einen zweiundfünfzigjährigen Politiker, der, von den Seinen geehrt, ein ausgefülltes Leben hinter sich hatte.

»Das Licht ist abgebrannt«, murmelte Julie statt eines Totengebets.

Der kleine Leichnam wurde auf ein Fuhrwerk geladen, das im Vorbeifahren einen unheilvollen Fäulnisgeruch verströmte.

Voller Panik beschlossen die unglücklichen Eltern, ihn des Nachts zu begraben. Wie einen Selbstmörder, ohne das verheißungsvolle Tageslicht. Eilig wurde der Sarg zur Kirche gebracht, als wäre er ein schändliches Objekt des Ekels. Unter dem Himmelszelt sah man die Schatten gebeugter Gestalten. Ein Anblick grenzenloser Traurigkeit.

Um Benoît die letzte Ehre zu erweisen, hatte Dominique seine Hochschuluniform angezogen. So legte er seinem Freund die Zukunft zu Füßen, von der sie gemeinsam geträumt hatten. Einem Freund, der am Alter starb noch ehe er erwachsen geworden war.

Und hier, auf der Kirchenbank, umgeben von reglosem Schmerz, erinnerte Dominique sich an die gemeinsamen Spiele, an die Ausflüge in den Maquis. Benoît – die einzige Spur seiner Kindheit.

Der faulige Geruch verbreitete sich in der Kirche, drang bis zum hintersten Winkel und zwang die Anwesenden, sich Taschentücher vor die Nase zu halten. Der Pfarrer reckte sein Kinn so hoch er konnte, um sich auf diese Weise den Keimen der Zerstörung zu entziehen. Die Worte kamen ihm nur schwer über die Lippen. Offensichtlich galt seine erste Sorge dem Gestank, doch seine stotternde Rede handelte von etwas anderem: Ihr Thema war das tragische Ende eines allzu kurzen Lebens, dessen vergängliches Glück er sich aus Gründen der Konvention zu beschreiben bemühte.

Fast beschämt trug man den kleinen Benoît zu Grabe. Der Sarg wurde in ein tiefes Loch herabgelassen, und die Angehörigen beeilten sich, ihm eine Handvoll Erde nachzuwerfen. In der Nacht klang das Geräusch der aufprallenden Kieselsteine wie Donnergrollen. Auch Dominique bückte sich, um etwas Erde aufzuheben. Als seine Hand den Boden berührte, hörte man ein leises, aber deutliches Krachen. Er richtete sich wieder auf, tat seine Pflicht und kehrte mit langsamen Schritten auf seinen Platz neben Julie zurück.

»Mama«, flüsterte er, »meine Hose ist aufgeplatzt. Ich muß mir unbedingt einen neuen Anzug kaufen . . .«

Er sprach mit erstickter Stimme, um die Zeremonie nicht zu stören.

». . . Wir werden zu Hause darüber reden, Mama.«

Innerlich zitterte er vor Erregung. Zu Hause angekommen, hatte er die Schwelle kaum überschritten, als ein regelrechtes Unwetter aus ihm herausbrach:

»Es geht um unser Ansehen, hört Ihr? Unsere Reputation

steht auf dem Spiel! Dieser Anzug ist völlig verschlissen. Ich ertrage das nicht länger.«

Julie lief aufgeregt um ihn herum und sah sich den Schaden aus der Nähe an.

»Vielleicht finde ich einen Stoff, der ungefähr die gleiche Farbe hat«, meinte sie. »Wer weiß? In Bonifacio gibt es so viele Kaufleute! Und wenn nicht, kommt sicher bald ein Krämer aus dem Niolu vorbei, der etwas Passendes zu bieten hat. Ein bißchen wirst du schon noch warten können.«

Dominique ging wie ein Tier im Käfig auf und ab.

»Nein, das kann ich nicht – ich sagte es schon! Seht Euch die Jacke doch an, wie zerlumpt sie ist! Und die Nähte platzen eine nach der anderen . . . Ich sehe aus wie ein Bettler.«

»Hör zu, Dominique, wenn es nur die Nähte sind, werde ich sie alle reparieren. Für einen neuen Anzug haben wir einfach nicht genügend Geld. Was meinst du, was der kosten würde?«

Dominique blieb stehen.

»Ich habe in der Rue Fesch einen kleinen Schneider gefunden, der ihn mir für siebenundsechzig Franc machen würde. Er wäre sogar einverstanden, die Raten über mehrere Monate zu strecken.«

Julie faßte sich an den Kopf:

»Siebenundsechzig Franc? Und was glaubst du, wo wir das Geld hernehmen sollen . . .?«

Sie schaute ihrem Sohn mehrere Minuten lang tief in die Augen und fuhr mit sanfterer Stimme fort:

»Eine Lösung würde es schon geben . . .«

»Und welche?«

»Das Gewehr deines Vaters . . .«

»Nein, niemals, hört Ihr, Mama? So lange ich lebe, bleibt dieses Gewehr auf dem Kamin! Papa hat sich dafür halbtot gearbeitet, und Ihr selbst habt die schlimmsten Entbehrungen in Kauf genommen. Mit dieser Waffe hat er unsere Ehre gegen die Salvini verteidigt. Ehe ich das Gewehr verkaufe, gehe ich lieber barfuß.«

»Dann, mein Sohn, weiß ich auch nicht weiter.«

Gemeinsam gingen sie alle Mitglieder der Familie durch, die möglicherweise einen so hohen Betrag entbehren konnten. Nur zwei kamen in Frage: Ein entfernter Vetter, der nach Bordeaux ausgewandert war, und eine alte Tante, die in Bonifacio lebte und ihre Tage mit der Anbetung des Jesuskindes verbrachte. Nach einigen Wochen wurde offensichtlich, daß der Culioli aus Bordeaux den Brief, den sein bedürftiger Verwandter ihm in aller Eile geschrieben hatte, nicht beantworten würde. So blieb Dominique nichts anderes übrig, als sein Glück bei der frommen alten Tante zu versuchen.

Er erkannte sie an den pieksenden Barthaaren. Sie bewohnte ein Haus ganz oben in der Altstadt, über einem Meer, das sie nie eines Blickes würdigte.

»Schön, daß du gekommen bist, mein Neffe«, begrüßte sie ihn. »Deine Mutter hat mir gesagt, daß ihr eine gewisse Summe braucht, damit du anständig angezogen herumlaufen kannst. Ich habe das Geld, mein Neffe, und meine finanzielle Situation erlaubt mir auch, es dir zu leihen, für lange Zeit sogar. Als guter Korse wirst du jedoch zugeben, daß eine Gefälligkeit immer auf Gegenseitigkeit beruht!«

Dominique hörte ihr zu, während er seinen Blick durch den Raum wandern ließ. Die Möbel aus schwerem dunklem Holz ließen auf einen gewissen Wohlstand schließen. Und doch störte ihn etwas an dem reich beladenen Dekor. Endlich fand er heraus, was es war: Die Religion war in jedem Gegenstand, in jedem Quadratmeter Wand vertreten. Überall reihten sich Kruzifixe aneinander, manche aus düsterem Ebenholz, andere aus Elfenbein, wobei die letzten trotz des Schreckensbildes vom Gekreuzigten beinahe fröhlich wirkten. Hier ein perlmutterner Rosenkranz, dort ein schmuckvoll verziertes Gebetbuch ... Die Tante stellte ihr christliches Leben derart zur Schau, daß sie unwillkürlich in den Verdacht der Frömmelei geriet. Sie roch geradezu nach falscher Inbrunst und dauernden Lippenbekenntnissen.

»... darum, mein Neffe, will ich dir ein kleines Geschäft vorschlagen. Die religiöse Bruderschaft, der ich angehöre, organisiert jedes Jahr eine Karfreitagsprozession, an der nur Männer teilnehmen dürfen. Alle Büßer ziehen eine Mönchskappe über, schwarz wie *u catenacciu* von Sartène, damit niemand ihr Gesicht erkennt. Da ich selbst unglücklicherweise keinen Sohn habe, möchte ich, daß wenigstens ein Mann aus dem gottlosen Geschlecht der Culioli an der Zeremonie teilnimmt. Ich bitte dich also, am besagten Tag in die Kirche Saint-Roch zu kommen.«

Wie vor den Kopf geschlagen blieb Dominique einen Moment lang stumm. Er hatte mit drakonischen finanziellen Auflagen gerechnet, mit der Frage nach Bürgschaften, mit festen Rückzahlungsterminen und mit wer weiß was sonst. Nur so etwas hatte er nicht erwartet ... Aber er brauchte das Geld, ob er an Gott glaubte oder nicht. Und sein Anzug war wohl eine Messe wert.

»Einverstanden, Tante. Ihr habt mein Ehrenwort.«

Die Alte erhob sich aus dem Sessel und fiel ihm glücklich um den Hals.

»Das Geld liegt abgezählt auf dem Tisch. Ansonsten vertraue ich dir, wie ich deinem Vater vertraut hätte.«

Dominique kehrte nach Ajaccio zurück und ließ sich einen neuen Anzug schneidern. Endlich konnte er sich ganz seinen Studien widmen, ohne unter der Schmach eines armseligen Erscheinungsbildes zu leiden.

Monate vergingen, bis ein Studienfreund ihm eines Tages erzählte, er wolle Ostern mit der ganzen Familie nach Sartène fahren, um der schwarzen Prozession zur Kapelle San Bastianu beizuwohnen. Dominique wurde bleich. Siedendheiß fiel ihm sein Versprechen ein. Er hatte es vollständig vergessen. Erst die Worte seines Freundes holten es ihm ins Gedächtnis zurück. Auf einmal wurde ihm klar, wieweit ein Ehrenwort von seiner Einlösung entfernt sein konnte. Wie sollte er als Student der Pädagogischen Hochschule, militanter Atheist und treuer Anhänger der Republik, in das falsche Gewand des Aberglaubens schlüpfen und sich mit einer Mönchskappe kompromittieren? Und was wußte er schon von den absurden Gepflogenheiten dieser merkwürdigen Kongregation aus Bonifacio? Welche Marter würde er erdulden müssen?

Verunsichert durch die verfahrene Situation konnte er doch nicht verhindern, daß ihn bei dem Gedanken, sein Ehrenwort zu brechen, heftiges Herzklopfen befiel. In seinem ganzen Leben hatte er nie gelogen, keine Sekunde lang; zugleich aber schien es ihm unmöglich, seine persönliche Moral derart mit Füßen zu treten. Von Zweifeln geplagt, teilte er das Problem einem Lehrer mit, der seinen Zwicker mindestens dreimal von der Nase nahm, ehe er sich zu einer Antwort entschloß: »Culioli«, sagte er, »Sie bringen mich wirklich in Verlegenheit. Als Atheist – fast möchte ich sagen, als berufener Atheist – kann ich Sie gewiß nicht ermutigen, bei diesem abergläubischen Humbug mitzumachen. Als überzeugter Republikaner muß ich jedoch sagen, daß die Wahrheit für mich eines der höchsten Güter ist – und versprochen ist eben versprochen. Mit Ihrem Gewissen müssen Sie selbst ins reine kommen ... Ich weiß nicht, ob es Ihnen helfen kann, aber vergessen Sie nicht, daß wir Korsen Nachkommen der alten Römer sind, die sich selbst die rechte Hand verbrannten, wenn sie meinten, diese hätte ihre Pflicht vernachlässigt.«

Beklommen stieg Dominique die drei Stockwerke zur Wohnung seiner alten Tante hinauf. Er fand die Tür verschlossen, wartete eine gute halbe Stunde im Treppenhaus und beschloß dann, den Versammlungsort der Bruderschaft aufzusuchen.

»Oh, Madame Culioli ist nicht mehr unter uns«, seufzte der alte Pfarrer. »Der Herr hat sie schon vor drei Wochen zu sich gerufen. Aber hat man es Euch im Dorf denn nicht erzählt?«

»Ich komme direkt aus Ajaccio. Nein, ich wußte nichts davon. Ich bin ihr Neffe ...«

Der Pfarrer lächelte: »Dann seid Ihr wohl Dominique, der

Neffe, der an der Prozession teilnehmen soll? Sie hat uns von Euch erzählt. Sie war sich sicher, daß Ihr kommen würdet, und wie ich sehe, hat sie sich nicht getäuscht. Morgen wird Euer Bußgewand hier bereitliegen ... Die alte Dame läßt Euch allerdings ausrichten, daß·Ihr das geliehene Geld als Euer Eigentum betrachten dürft und daß Sie Euch von dem Ehrenwort, das Ihr gegeben hat, befreien möchte. Sie wollte eine fromme Tat nicht mit Geld erkaufen. Sie hat gesagt, Ihr würdet das verstehen.«

Dominique stand auf, um sich von dem Pfarrer zu verabschieden. Dann zögerte er, dachte zwei Sekunden nach und sagte: »Ich werde morgen hier sein. Versprochen ist versprochen.«

18

Xaviers Beschneidung

Als frischgebackener Hochschulabsolvent hatte Dominique mit Unterstützung des Clans eine erste Stellung an der Dorfschule von Conca unweit Porto-Vecchio erhalten. Dieser Posten war nicht sein Ideal, doch in Erwartung eines besseren richtete der junge Lehrer sich in einem gemieteten Zimmer ein. Julie half ihm beim Kauf des spärlichen Mobiliars, das die letzten Ersparnisse der Familie verschlang. Ein entfernter Verwandter, der in Porto-Vecchio ein Geschäft besaß, verkaufte ihm das strikte Minimum der Einrichtung gegen eine stattliche Summe, über deren Höhe Dominique sich nur wundern konnte: »Ich bitte um Entschuldigung, Mama, aber ich finde nicht, daß er uns einen günstigen Preis gemacht hat«, sagte er zu Julie. »Außerdem will er uns nur zwei Monate Kredit gewähren.«

»Aber mein Sohn, er ist mein einziger Vetter; ich konnte ihn nicht übergehen. Was meinst du, wozu die Familie sonst gut wäre?«

Dominique unterrichtete etwa zwanzig Kinder, denen er die Reichtümer der französischen Sprache beibrachte, und die sich – so gut es ging – bemühten, ihre korsische Muttersprache während der Schulzeit zu vergessen.

»Das Französische, Kinder, wird euch helfen, im Leben zurechtzukommen. Mehr als fünfzehntausend unserer Männer sind bei der französischen Armee – wie könnten sie das, wenn sie die Sprache unseres Landes, die Sprache Frankreichs, nicht gelernt hätten? Deswegen möchte ich, daß ihr auf dem Schulgelände nur französisch sprecht und nicht den hiesigen Dialekt. Sicherlich wäre es einfacher, ich würde mich mit Worten an euch wenden, die ihr sofort begreift. Aber wir sind nicht hier, um es uns leichtzumachen, sondern um zu lernen. Wenn ich einen erwische, der korsisch spricht, wird er bestraft. Nicht aus Bosheit, sondern weil ihr euch eine gewisse Disziplin angewöhnen müßt. Später werdet ihr der Schule unserer Republik für alles danken, was sie euch Gutes getan hat.«

Die Kleinen konzentrierten sich und versuchten, den Sinn der Worte, die sie nur in der Schule hörten, zu enträtseln. Ohne Ende sagten sie die Grammatikregeln auf. Doch manchmal, wenn der Satzbau allzu schwierig wurde, rutschte trotz allem ein Wort mit heraus, das nicht hätte sein dürfen.

Dominique rollte mit den Augen: »Jean, du bringst mir einen Holzscheit für den Winter.«

»Aber Monsieur, der Fluch ist ganz von allein herausgerutscht!«

»Ich weiß, aber du kennst ja den Preis, Jean: Ein Wort, ein Holzscheit.«

»Es ist ja nur wegen meiner Mutter, Monsieur, sie wird böse sein.«

»Also gut, das nächste Mal paßt du aber besser auf.«

Dominique erhob sich: »Seid nicht dumm, Kinder, gebt euch etwas Mühe. Ich will nur euer Bestes. Um mich brauche ich mir keine Sorgen mehr zu machen, ich habe alles erreicht. Aber ihr – wollt ihr etwa euer Leben lang den Pflug schieben?«

Die Eltern bezeugten dem Dorfschullehrer ähnliche Hochachtung wie dem Doktor. Man sagte, Dominique sei ein gebildeter Mann, eingeweiht in die Geheimnisse, die den Weg zum Kontinent erschlossen. Dennoch fühlte er sich in seinem neuen Dorf kaum zu Hause. Nicht, daß die Einwohner feindselig gewesen wären, aber jeder blieb eben an seinem Platz, und der junge Mann zeigte sich auch nicht sehr kontaktfreudig. Jeden Sonntag pilgerte er nach Chéra, drei Stunden hin und drei zurück, um nur knappe zwei Stunden bei seiner Familie zu verweilen.

»Wende dich an den Clan«, riet ihm Julie. »Geh zum Bürgermeister von Sotta. Er war ein Freund deines Vaters. Wenn er kann, wird er dir helfen.«

Der Bürgermeister empfing Dominique außerordentlich wohlwollend: »Nun, wie geht es deiner Familie? Dein Besuch ehrt mich. Es ist schön, daß Antoines Sohn zu mir kommt. Nein wirklich, es freut mich sehr, wenn ich sehe, daß die Kinder die gleichen Vorstellungen haben wie die Eltern. Solange das so ist, wird Korsika uns erhalten bleiben.«

Etwa zehn Minuten lang tauschten die beiden Männer Familienklatsch und andere Banalitäten aus. Dann änderte der Bürgermeister plötzlich seinen Ton: »Aber das ist sicher nicht alles, Dominique. Ich nehme an, daß du etwas Bestimmtes auf dem Herzen hast. Es geht um eine Gefälligkeit, nicht wahr? Du solltest wissen, daß ich der Familie deines Vaters nichts zu verweigern habe. Sprich dich aus, dann können wir gemeinsam über das Problem nachdenken. Wenn es in meiner Macht steht, werde ich dir helfen.«

Dominique erklärte die Notlage, in der seine Familie sich seit dem Tod des Vaters befand. Der Bürgermeister nickte ernst: »Ich verstehe, Dominique. Ihr habt wirklich nicht viel Glück gehabt. Manchmal läßt der liebe Gott seltsame Dinge geschehen. Aber was soll man machen? Man muß das Leben nehmen, wie es kommt. Und nun sag, welche Stellung würde dir gefallen? Porto-Vecchio? Bonifacio? . . .«

»Bonifacio würde vieles erleichtern. Mein Bruder bereitet dort die Reifeprüfung vor. Wir könnten uns ein Zimmer teilen und allerhand unnötige Kosten sparen . . .«

»Keine Sorge, Kleiner, da kann der Clan schon etwas machen. Ich werde mit Sgio Balesi sprechen. Er hat großen Einfluß in der Gegend, und es würde mich wundern, wenn er das nicht arrangieren könnte. Er erinnert sich an deinen Vater, wie du dich an den Clan – so ist es doch, nicht wahr?«

»Wie könnte ich vergessen, wer uns in der Not geholfen hat?« erwiderte Dominique.

»Siehst du«, meinte der Bürgermeister. »Und wo wir schon beim Thema sind – es ist durchaus möglich, daß wir in Zukunft einen tüchtigen Wahlhelfer brauchen. Wenn du nur halb so viele Stimmen mitbringst wie dein Vater, bist du sicher der richtige Mann für uns.«

»Ihr könnt euch auf mich verlassen.«

»Ich wußte es doch, mein Sohn! Also mach dir keine Sorgen, irgendein Weg wird sich schon finden.«

Der Abgeordnete Balesi machte seinen Einfluß unverzüglich geltend, denn eine knappe Woche später erhielt Dominique offiziell Bescheid, er möge seinen Koffer packen und nach Bonifacio kommen.

Julie war glücklich.

»Schade ist es trotzdem«, sagte sie. »Beinahe hättest du hoffen können, Lehrer in der Schule von Chéra zu werden.«

»Und Eugène? Glaubt Ihr denn, ich würde ihn von hier vertreiben?«

»Das natürlich nicht! Aber der Zufall will es, daß Eugène gerade auf das Cap versetzt worden ist. Weißt du etwa nichts davon?«

»Wie sollte ich, Mama? Schließlich unterrichte ich in Conca, dreißig Kilometer entfernt!«

Julie wischte sich die Hände an ihrem Mieder ab, wie sie es immer tat, wenn sie anfing, Geschichten zu erzählen.

»Du erinnerst dich doch an deine Cousine Cicchina, nicht wahr? Siehst du, und Eugène hatte sich in sie verliebt. Die unschuldige Kleine war natürlich überglücklich, daß ein älterer Mann, der obendrein noch Lehrer war, Interesse für sie zeigte. Eugène ließ ihr heimlich Liebesbriefe zukommen, die er zwischen den Wurzeln der alten Linde versteckte, du weißt schon, gleich neben dem Backofen. Bis Cicchinas Vater die Briefe eines Tages fand und seine Tochter ihm gestehen mußte, wer sie geschrieben hatte – was sowieso nicht schwer herauszufinden war. Oder kennst du etwa viele Culioli, die imstande wären, Schmeicheleien auf französisch auszudrücken? Jedenfalls haben die beiden Männer sich getroffen. Der Vater wollte sich zuerst einmal vergewissern, ob der Verehrer seiner Tochter auch ernsthafte Absichten hatte. Man wußte schon, daß er kein Schürzenjäger war. Und er war wirklich verliebt in die Kleine. Am Ende hieß es dann, wenn Cicchina erwachsen und im heiratsfähigen Alter sei, könne er um ihre Hand anhalten, doch im Augenblick müsse er noch warten. Eugène fand die Antwort erniedrigend. Seinerzeit wäre bei einem solchen Affront Blut geflossen. Aber heute ... Eugène hat um seine Versetzung an einen möglichst fernen Ort gebeten, und sein Wunsch wurde offenbar erfüllt. Doch ehe er fortging, hat er versprochen, daß er zurückkommen würde, sobald die Kleine erwachsen wäre.«

Mit einem lächelnden Blick auf ihren jüngeren Sohn fuhr sie fort: »Xavier hat sich nicht schlecht gefreut, als Eugène seine Koffer packte. Stell dir vor, unser kleiner Herr hatte ebenfalls ein Auge auf die hübsche Cicchina geworfen. Wirklich, sie fängt gut an im Leben! Gerade fünfzehn Jahre alt, und schon wühlt sie die Herzen auf, wie eine Pflugschar den Boden. Und der charmante Xavier hat ihr einen Heiratsantrag gemacht, ohne mir ein Wort davon zu sagen!«

Dominique half dem bis über die Ohren rot gewordenen Bruder, sein Gesicht zu wahren, indem er ihn hinten auf dem Maultier aufsitzen ließ. Xavier rückte dicht an ihn heran.

»He, Dominique, ich will dir etwas sagen«, flüsterte er ihm zu, sobald sie den Dorfplatz überquert hatten. »Hörst du mir auch zu? Einmal habe ich hinter Cicchina auf einem Esel gesessen, wie jetzt hinter dir. Und da habe ich gemerkt, was es mit der Liebe auf sich hat. Ganz merkwürdig hat sich das angefühlt, weißt du ...«

Dominique sah stur geradeaus. Er schwankte zwischen peinlicher Berührtheit und einem Lachausbruch.

»Ich finde, statt von so etwas zu träumen, solltest du dich lieber für die Schule interessieren.«

»Oh, das hat damit nichts zu tun! Du kannst ruhig meine Hefte sehen! Ich bin sehr gut in der Schule.«

Gegen Monatsende wurde das Geld oft knapp, aber es reichte immer noch für das Nötigste. Julie besorgte Gemüse und Brennholz, während Dominique das Brot kaufte, und zwar immer zehn Kilo auf einmal. Das hatte zwei Vorteile: Zum einen waren große Brote preiswerter als kleine, und zum anderen wurden sie in wenigen Tagen so hart, daß man sie kaum noch essen konnte.

»Dadurch verbrauchen wir weniger«, erklärte Dominique zum Leidwesen seines kleinen Bruders, der lustlos auf den in Wasser aufgeweichten Brocken herumkaute.

»Am besten pinkele ich drauf, dann wird noch weniger gegessen«, maulte Xavier schlecht gelaunt.

Die Bitterkeit, die in seiner bissigen Bemerkung mitschwang, war kaum zu überhören.

Der Kleine sah in der Tat erschreckend mager aus: Er wog nicht einmal dreißig Kilo! Manchmal, wenn Dominique ihn so betrachtete, ausgemergelt und mit glänzenden Augen vor lauter Schwäche, fühlte er sich unwillkürlich an den kleinen Benoît erinnert. Sogleich versuchte er, die finsteren Gedanken abzuschütteln und sich zu beruhigen: Gewiß, Xavier war reichlich dünn, zu dünn sogar; aber das hatte weiter nichts zu bedeuten ... Doch schon schossen ihm Tranen in die Augen: Nein, er konnte sich nichts vormachen. Das arme Kind sah aus wie ein vertrocknetes Skelett. Wenn Xavier den Sack mit der schmutzigen Wäsche zu seiner Tante bringen mußte, brach er schier unter dem Gewicht zusammen. Dominique machte sich Vorwürfe, daß er nicht mehr Zeit hatte, sich mit seinem Bruder zu beschäftigen, ihm seine Zuneigung zu zeigen. Aber die täglichen Sorgen verschlangen ihn.

Eines Nachts wurde er wach, weil Xavier unruhig im Zimmer auf und ab lief.

»Warum schläfst du nicht?« fragte er.

»Laß nur, Dominique. Ich habe schlecht geträumt. Ich lege mich gleich wieder hin.«

Der große Bruder drehte sich zur Wand und schlief wieder ein. Doch in der folgenden Nacht ging die Unruhe aufs neue los.

»Jetzt reicht es aber, Xavier. Erklär mir bitte, was du hast.«

Erregt kniff der Kleine die Augen zusammen. Er ballte die Fäuste und schlug in die Luft.

»Ich habe genug . . . Mehr als genug. Hörst du?«

»Komm, beruhige dich erst einmal, und dann erzähl!«

»Ich kann es nicht sagen. Ich schäme mich zu sehr.«

»Sieh mir in die Augen. Glaubst du wirklich, unter Brüdern müßte man sich schämen? Und bin ich nicht auch eine Art Vater für dich? Komm, Xavier, sag mir, was dich quält.«

Schluchzend versteckte der Junge sein Gesicht im Kopfkissen: »Ich mache immer noch ins Bett!«

»Was sagst du? Ich habe nicht richtig verstanden«, fragte Dominique unsicher zurück.

Xavier sah ihm voll verzweifelter Herausforderung in die Augen: »Ich wußte es doch, daß du mich auslachen würdest! Aber es ist mir egal. Ich habe nie aufgehört, ins Bett zu pinkeln. Mit sechzehn Jahren bin ich immer noch ein Kind.«

Wieder begann er laut zu schluchzen. Dominique klopfte ihm beruhigend auf den Rücken.

»Mach dir nichts daraus, es ist nicht so schlimm, irgendwann wird sich das geben.«

»Ja, aber wann?« brüllte Xavier.

»Ich weiß auch nicht, aber sicher bald. Das glaube ich jedenfalls.«

»Glaub, was du willst, ich sterbe jedenfalls vor Scham. Was würde unser Vater sagen, wenn er sähe, daß ich immer noch ins Bett mache wie ein Säugling? Na, was würde er wohl sagen?«

In den folgenden Nächten versuchte Xavier, wach zu bleiben. Mit verschränkten Armen saß er da und starrte die Wand an.

Wenn er es nicht mehr aushalten konnte, stürzte er zum Nachttopf. Trotzdem war das Bettuch am nächsten Morgen wieder naß.

»Ich finde das ganz normal«, erklärte Dominique. »Oder kennst du etwa Menschen, die ohne Schlaf auskommen? Ich will dir etwas sagen, Kleiner: Die ganze Sache ist mir so egal wie das Jahr vierzig. In Zukunft werde ich die Bettücher selbst zum Waschen bringen. Dann merkt niemand etwas von deinem Problem.«

»Schön, aber eine Lösung ist das auch nicht. Welches Mädchen wäre schon bereit, ihr Lager mit einem Bettnässer zu teilen?«

»So weit sind wir noch nicht, Xavier. Alles zu seiner Zeit.«

Eines Abends wirkte Xavier entspannter als sonst. Dominique blies die Kerze aus.

»Vergiß nicht«, sagte er, »morgen gehen wir nach Chéra. Wir müssen früh aufstehen.«

Zum erstenmal seit langer Zeit lachte Xavier laut auf: »Keine Sorge, Brüderchen, schlaf gut.«

»Heute abend bist du wieder einmal richtig glücklich. Das freut mich für dich. Gute Nacht, Xavier.«

Morgens war das Bettuch trocken.

»Herzlichen Glückwunsch«, sagte Dominique. »Siehst du, alles wendet sich zum Besseren.«

Der Tag war kaum angebrochen, als die beiden ihre Mutter in die Arme schlossen. Gegen Mittag wurde Xavier sichtlich nervös. Er fuhr seine Schwestern so hart an, daß Julie sie in Schutz nahm: »Was ist los mit dir, mein Sohn? Warum führst du dich so auf?«

Drei Stunden später lag er am Boden und krümmte sich vor Schmerzen. Die ganze Familie stand fassungslos um ihn herum. Mit Tränen in den Augen und zusammengebissenen Zähnen brachte er schließlich die Worte heraus: »Sagt den Mädchen, daß sie das Zimmer verlassen sollen, und zieht mir die Hose runter.«

Dann fügte er hinzu: »Um nicht mehr ins Bett zu pinkeln, habe ich ein Stück Draht . . .«

»Schnell, zieht ihn aus . . .«, befahl Dominique, starr vor Entsetzen. Der kleine Bruder hatte sein Glied mit einem Draht umwickelt und ihn am äußersten Ende so zusammengeklemmt, daß er tief in die Haut einschnitt. Unterhalb der blutigen Geschwulst war alles dick vom angestauten Urin.

»Großvater Belkadé soll sofort herkommen. Er hat den Krieg mitgemacht, er kennt sich aus.«

Obwohl der alte Mann schlecht auf den Beinen war, dauerte es nicht lange, bis er herbeigeeilt kam. Er sah sich die Sache an und bat Dominique, eine Zange zu holen.

Angezogen von dem erregten Hin und Her kamen erst drei, dann vier, dann zehn Verwandte herein, die sich zufällig auf dem Dorfplatz aufgehalten hatten. Männer und Frauen umringten den beinahe ohnmächtigen Xavier, und jeder riet etwas anderes: »Ich würde es mit Olivenöl versuchen . . .« – »Es wäre besser, nach unten zu ziehen . . .«

Julie probierte alles: Sie nahm Öl, sie drückte und sie zog, aber dem Übel war nicht beizukommen. Der Draht hatte sich zu tief in das wunde Fleisch hineingefressen. Die beiden Großväter, die das Drama verfolgten, winkten Dominique und Julie in eine Ecke.

»Es geht nicht anders, man muß es abschneiden.«

»Was abschneiden?« stotterte Julie.

»Das Stück Haut natürlich.«

»Daß ihr meinen Sohn bloß nicht verstümmelt!«

»Denk daran, daß er nicht nur dein Sohn, sondern auch unser Enkel ist, und daß es bei den Culioli nie einen Kastrierten gegeben hat.«

»Also, los«, drängte Dominique.

Großvater Belkadé, der ältere der beiden, schob ein Holzbrett unter das Glied und griff nach einem schweren Messer. Er murmelte ein kurzes Gebet, in dem er Gott bat, ihm die notwendige Kraft und eine ruhige Hand zu geben – dann sauste die Klinge herunter. Julie hielt den Atem an. Die Anwesenden wichen zurück, ohne Rücksicht auf das spärliche Mobiliar. Ein langer Strahl blutiger Urin überschwemmte den Boden und bespritzte diejenigen, die in unmittelbarer Nähe des Kranken standen. Xavier schlug erleichtert die Augen auf: »So ist es besser. Was habt ihr mit mir gemacht?«

Seine Hände zitterten noch von dem Schmerz. Vorsichtig hob er das Tuch, das Julie ihm über den Unterleib gelegt hatte, und fing laut an zu brüllen: »Jetzt bin ich kein Mann mehr! Ich bin kein Mann mehr!«

Seine Mutter faßte ihn bei den Schultern und zwang ihn, sich wieder hinzulegen.

»Ruh dich aus und hör auf, dummes Zeug zu reden. Wie kannst du dir auch nur eine Sekunde lang vorstellen, daß deine Mutter, die Frau, die dich zur Welt gebracht hat, so etwas dulden würde?«

Dann erklärte sie ihm in aller Ruhe, was geschehen war.

»Also gut«, sagte Xavier halbwegs versöhnt, »aber es brennt . . .«

Er drehte sich auf die Seite und suchte mit den Augen den Boden ab.

»Und wo ist das Stück Haut, das ihr abgeschnitten habt?«

Großvater Belkadé überlegte: »Ich glaube, ich habe es zur Tür hinausgeworfen. Ja, ganz sicher . . . Zur Tür hinaus.«

Xavier erhob sich mühsam von dem Tisch und kroch auf allen Vieren, den nackten Hintern in die Höhe gestreckt, in die angedeutete Richtung. Trotz seiner Blöße ließ er sich nicht aufhalten: »Laßt mich, ich will nicht, daß es hier herumliegt. Ich muß es wiederfinden.«

Er suchte vor der Haustür, ohne sich um sein Aussehen zu kümmern. Im Augenblick interessierten ihn weder die blutgetränkten Verbandstücher noch seine verschmierten Schenkel.

»Da wirst du nichts finden«, sagte ein alter Onkel.

»Und warum nicht?«

»Weil *es* die Haut gefressen hat. Ich habe es mit eigenen Augen gesehen.«

Der Onkel deutete auf ein Schwein, das in aller Ruhe von dannen zog, als sei nichts geschehen. Mit sturem Blick ging Xavier ins Haus zurück, nahm Antoines Gewehr von der Wand und schob eine Patrone in den Lauf. Noch unsicher auf den Beinen, rannte er halb nackt hinter dem Tier her, das ebenfalls zu laufen begann. Endlich holte Xavier sein Opfer ein, zielte auf kurze Entfernung und schoß. Das Schwein brach unter heftigen Zuckungen zusammen. Xavier blieb reglos neben ihm stehen, bis es kein Lebenszeichen mehr von sich gab. Dann erst schien er in die Wirklichkeit zurückzukehren und sagte zu seinem Bruder: »Geh, hol mir den Pfarrer.«

»Was soll denn der Pfarrer hier, was willst du von ihm?«

»Hol ihn her, das ist alles.«

Er schien sich seiner Sache so sicher zu sein, daß Dominique gehorchte. Der Pfarrer bahnte sich einen Weg durch die Umstehenden. Ohne das Schwein aus den Augen zu lassen, sagte Xavier: »Herr Pfarrer, dieses Schwein muß christlich beerdigt werden, es hat einen Teil von mir im Magen.«

Der Pfarrer blickte zum Himmel auf.

»Aber mein Kind, du bist wohl wahnsinnig. Ich werde doch keine Gebete über der Leiche eines toten Schweines sprechen!«

Xavier hielt dem Pfarrer die Gewehrmündung vor den Bauch: »Du sollst ja nicht das Schwein in den Himmel schicken, sondern das, was es von mir gefressen hat.«

Der Pfarrer blickte hilfesuchend in die Runde. Großvater Belkadé, der älteste im ganzen Dorf, trat einen Schritt vor.

»Wenn Xavier es für nötig hält, soll es geschehen. Es geht schließlich um seine Person«, entschied er.

Die Frauen brachten ein Leinentuch, um das Tier zu bedecken.

»In die Kirche brauchen wir es nicht zu bringen«, gestand Xavier zu. »Einige Gebete auf dem Friedhof reichen aus. Aber sie dürfen nicht heruntergeleiert werden. Paßt gut auf, Mama, daß kein Wort fehlt!«

Der Pfarrer tat seine Pflicht, ohne auch nur den Anflug eines Lächelns auf den Gesichtern der Anwesenden zu entdekken. Die Familie stand einmütig und geschlossen hinter dem in seiner Männlichkeit gekränkten Jungen. Die meckernde Stimme des Pfarrers erhob sich zu dem leicht bedeckten Himmel. Auf das Gewehr gestützt, wachte Xavier mit finsterem Blick darüber, daß die Zeremonie nach dem gewohnten Ritual ablief. Allein die Beileidsbezeigungen wurden ausgelassen, da der Verletzte nur einen Teil von sich verloren hatte. Erst als die Gebete gesprochen waren, willigte Xavier ein, sich gesund pflegen zu lassen.

In der folgenden Nacht wachte er auf, und sein Laken war wieder naß.

19

Marseille

Julie wollte es nicht wahrhaben: Ihr Sohn Xavier war aufgrund seines Untergewichts bei der ärztlichen Pflichtuntersuchung für nicht geeignet erklärt worden, die Hochschulzulassung zu erwerben. Und der Clan hatte es nicht geschafft, das Reglement zu durchbrechen.

Dominique machte das Schicksal für die Situation verantwortlich: »Ihr wißt doch, Mama, nach dem Tod des alten Abgeordneten Sgio Balesi hat ein gewisser Giordan, den hierzulande niemand kennt, seine Stelle eingenommen. Seit dieser Mann Caicuttoli geschlagen hat, werden sämtliche Wahlergebnisse vor Gericht angefochten. Er ist einfach unfähig. Er glaubt, in Korsika ließen die Wähler sich kaufen. Er fordert uns auf, mit vollen Geldbeuteln von Haus zu Haus zu gehen. Stellt Euch nur vor, Mama, ich, Cardaghiolas Sohn, soll die Stimmen der Leute mit Geld erpressen! Dieser Herr beschmutzt unsere Politik, Mama. Ich sage Euch, unsere Schulangelegenheiten sind ihm egal. Aber eines Tages wird er geschlagen werden, das schwöre ich. Jetzt stehen wir aus Prinzipientreue noch hinter ihm. Doch irgendwann steht niemand mehr hinter ihm. Nein, Mama, wir haben beim besten Willen nichts ausrichten können, und der Doktor in Ajaccio hat mir erklärt, Xavier hätte das Gewicht eines zwölfjährigen Kindes.«

»Aber die Reifeprüfung hat er doch mühelos geschafft! Ich habe Antoine am Grab von dem Erfolg erzählt und ihm versprochen, unsere beiden Söhne würden einmal Lehrer sein ... Das ist ungerecht!«

»Laßt die Gerechtigkeit aus dem Spiel, Mama. Wir müssen kämpfen.«

»Ich werde in die Kirche gehen und zur Heiligen Jungfrau beten. Man weiß nie . . .«

»O ja, tut das. Beten kann jedenfalls nicht schaden.«

Seit ungefähr acht Tagen reifte in Dominique ein Gedanke heran. Ein Verwandter, mit dem er über seine finanziellen Schwierigkeiten gesprochen hatte, hatte ihm geraten, sich über die Bewerbungsmöglichkeiten bei der Post zu informieren.

»Dort würdest du mehr Geld verdienen«, hatte der Verwandte gesagt. »Und laß dich bloß nicht davon abhalten. Glaub mir, die Beförderungschancen sind dort weit besser als im Schuldienst!«

Der einzige Dorn an diesem Rosenstrauß war die Tatsache, daß nur bei der Hauptverwaltung in Marseille Stellen angeboten wurden. Dominique fand keine Ruhe mehr. Der Gedanke, seinen Beruf als Lehrer aufzugeben, quälte ihn sehr. Aber Xaviers Zukunft war wieder völlig offen. Der Kleine hätte auf der Hochschule sicher Erfolg gehabt, doch das Schicksal hatte anders entschieden. Und die Familie war wichtiger als Dominiques persönliche Interessen. Im Grunde machte es ihm angst, sich blindlings in eine unbekannte Welt zu stürzen. Die Verlassenheitsgefühle bei seinem Aufenthalt in Bonifacio waren ihm noch allzu gegenwärtig, und die Aussicht, sich allein in Marseille wiederzufinden, ließ ihm das Blut erstarren: Allein in einer Fünfhunderttausend-Seelen-Stadt, die doppelt soviel Einwohner hatte wie Korsika! Ajaccio zählte zwanzigtausend Seelen, und Bastia, das Industriezentrum, kaum mehr als dreißigtausend. Fünfhunderttausend! Dominique versuchte, sich eine Vorstellung von den Straßen zu machen. Er las Zeitungen und kaufte für viel Geld eine Nummer der »Illustration«, die ein schlechtes Foto der alten Phokäerstadt enthielt. Abends vertiefte er sich in diese Abbildung, um eine Antwort auf seine Fragen zu finden.

»Wenn ich das Bild erst einmal ganz in mich aufgenommen habe«, dachte er, »kann ich wohl frohen Herzens nach Marseille gehen.«

Eine bestimmte Information gab den letzten Anstoß zu seinem Entschluß, das Risiko auf sich zu nehmen: Rein zufällig las er in einem Artikel, daß in der französischen Großstadt vierzigtausend Korsen lebten.

»Na, siehst du«, sagte er zu sich selbst, »eine Stadt, in der vierzigtausend Landsleute leben, kann nicht ganz unerträglich sein. Jetzt werde ich Mama von meiner Entscheidung berichten. Das wird nicht einfach sein.«

Händeringend rief Julie den Himmel und die Ahnen, Gott und den Teufel an: »O weh! Mein Sohn, in den wir alle unsere Hoffnungen gesetzt hatten, dieser Sohn will uns verlassen und über die Meere fahren ... Dabei habe ich mich doch der heiligen Lucia zu Füßen geworfen. Ich habe sie angefleht wie eine Büßerin ... Was habe ich ihr nur getan, daß sie mir eine solche Antwort gibt? Oh, die scheinheilige Lügnerin, seht nur, was sie meinem Ältesten in den Kopf gesetzt hat! Das kommt nicht aus ihm selbst. Sie muß es ihm eingeflüstert haben! Ein korsischer Mann läßt seine Mutter und seine Schwestern nicht einfach allein. Ganz allein auf dieser Welt ...«

»Genug, Mama. Nun hört mir erst einmal zu ...«

»Aber mein Sohn, wenn ich weine, so nur wegen dir. Du hast recht: Ich werde schweigen. Dein Herz ist erkaltet, es spürt meine Tränen nicht mehr. Also sprich, mein Sohn, du weißt sehr wohl, daß ich, deine Mutter, dir immer zuhören werde, was du auch tust ...«

»Mama, ich wollte Euch sagen, daß ich die Fahrkarte nach Marseille schon gekauft habe. In ein paar Tagen nehme ich das Schiff ...«

Julie ließ sich fassungslos auf eine Bank sinken.

»... Irgendwie müssen wir doch aus dem Elend heraus, Mama«, fuhr Dominique fort. »Verzeiht mir, daß ich derart gegen Euren Willen handele. Aber Ihr habt Papa versprochen, daß wir nicht unser Leben lang die Pflugschar schieben werden. Ich versuche lediglich, ihm seinen letzten Wunsch zu erfüllen. Glaubt mir, ich habe lange nachgedacht. Aber der Fortschritt will es so. Gestern haben wir die Armut, an der unser Vater zugrunde ging, noch duldsam hingenommen. Heute finden wir sie unerträglich. Warum sollten wir im Schlamm leben, wenn wir die Möglichkeit haben, uns anderswo, in Frankreich, zu entfalten?«

»Aber Frankreich ist nicht Korsika . . .«, seufzte Julie.

In dieser Nacht rief Dominique inständig nach seinem Vater, damit dieser ihm die notwendigen Ratschläge für das neue Leben gab, das sich vor ihm öffnete. Er suchte ihn in Gedanken, aber der Geist antwortete nicht. Und der Sohn quälte sich vergeblich; erfolglos strengte er sich an, sein Gedächtnis aufzufrischen und Antoines erloschene Züge in seine Erinnerung zurückzurufen.

»Wenn er doch nur kommen würde . . . Wenn er mir sagte, es nicht zu tun, würde ich die Fahrkarte sofort zurückgeben . . .«

Wie gebannt starrte er in die Dunkelheit, und beim geringsten Lufthauch begann sein Herz zu klopfen. Aber es passierte nichts.

Am Tag der Abreise umarmte Dominique die Seinen. Der dicke, mit Riemen verschnürte Koffer, der abgewetzte alte Anzug: Das also war der Start in die Fremde. Er fand, daß sein klägliches Äußeres genau zu einem Mann paßte, der seine Heimat und sein Dorf verließ – vorübergehend, das hoffte und das wußte er. Laute Fanfarenstöße, begleitet von salzigen Tränen seiner Schwestern und seiner Mutter, wären ihm wohl mehr ans Herz gegangen, als die ungläubige Skepsis in den Augen seiner Angehörigen.

Während der Fahrt in der Kutsche sprach er kein Wort. Seine Erinnerungen bewegten ihn, als stünde er an der Schwelle des Todes. Bei dem Versuch, all diese Gefühle ein wenig zu entwirren, wunderte er sich über den Kontrast zwischen der glanzlosen Realität des Augenblicks und den immer noch unvorhersehbaren Konsequenzen seines Handelns.

Abschied nehmen. Gott war Zeuge, daß er es nicht aus freien Stücken tat. Das Schiff entfernte sich vom Kai. Dominique hielt alle Einzelheiten der bläulich schimmernden Berge in seinem Gedächtnis fest. Die Hafengeräusche verstummten. Nie hatte er das in Korsika wenig verbreitete Gefühl der Einheit seiner Insel so stark empfunden. Warum mußten ihn ausgerechnet im Moment der Abreise so heftige Gefühle überkommen? Adieu, Korsika. Nein, wirklich, diese Sentimentalität hatte etwas Unerträgliches. Schließlich entfloh er dem Elend und nicht seinem Heimatland. Er verließ es, ließ es aber nicht im Stich. Die Familie, die Menschen waren wichtiger, als seine persönliche Bindung an den heimatlichen Boden.

Marseille schluckte ihn ohne Übergang. Bei der Annäherung an den Hafen hatte er wegen der dunstigen Hitze nicht viel von der französischen Küste erkennen können. Jetzt sah er Frankreich, sein Land, das als die ununterbrochene Fortsetzung Korsikas galt, zum ersten Mal mit eigenen Augen. Er dachte vor allem an die Vorlesungen seiner Hochschullehrer, die Frankreich als das Land der Freiheit und der Toleranz in den Himmel zu heben pflegten. Während er die Füße auf den Kai setzte, suchte er instinktiv nach Ähnlichkeiten mit Ajaccio, fand aber kaum welche. Vor ihm zogen sich die Häuser einen steilen Hang hinauf, unregelmäßige Fassaden mit andersfarbigen Dächern. Der junge Mann hatte seinen Koffer abgesetzt und atmete tief. Die Luft hier war schwerer als in Korsika, weniger parfümiert vielleicht. Nein, das war es nicht. Sondern das Meer hatte einen stärkeren Geruch, der genau zu dem Akzent der Hafenarbeiter paßte. Die Wörter wurden mit viel Nachdruck gesprochen, und manche Redewendungen verstand er nicht einmal. Hin und wieder drehte sich der Wind, und ein Kräuterduft, ein exquisiter Wohlgeruch, erfüllte den Hafen, bis das Meer wieder die Oberhand gewann, und Dominique sich erneut von den stampfenden Geräuschen und dem öligen Geruch gefangennehmen ließ. Ein lautes Quietschen schreckte ihn auf: »He, Kleiner, geh etwas zur Seite, sonst wird Pfannkuchen aus dir . . .«

Ein merkwürdiges Vehikel hatte hinter seinem Rücken angehalten. Es sah aus wie ein Omnibus mit zwei riesigen Antennen, die an elektrischen Leitungen hingen.

»Hör mal, Kleiner, du blockierst die Trambahn und den ganzen Verkehr von Marseille. Das ist ein bißchen viel für einen einzigen Trottel, findest du nicht?«

Dominique sprang beiseite und fragte den freundlich lächelnden Mann: »Entschuldigung, Monsieur, könnten Sie mir bitte sagen, wie ich nach Les Chartreux komme?«

»Na, so was, Kleiner, Korse bist du also! Das hört man aber! Du sprichst nicht wie die Leute von hier. Sicher bist du heute morgen mit dem Schiff gekommen.«

»Ja, Monsieur.«

»Was da jetzt so alles rüberkommt von euch! Wenn das so weitergeht, gibt es in Marseille bald mehr Korsicos als auf eurer Insel! Was ist eigentlich los, gefällt es euch daheim nicht mehr?«

»Das ist es nicht, Monsieur, es ist wegen der Arbeit . . .«

»Keine Angst, du wirst dich schon wohl fühlen. Hier bist du wenigstens nicht ganz fremd. Also willkommen, Kleiner. Les Chartreux, sagtest du? Nichts einfacher als das . . .«

Dume fragte noch dreimal nach dem Weg und bewunderte im Vorübergehen die großen Wohnhäuser mit den vielen Stockwerken. Diese bürgerlichen Viertel strömten einen Wohlstand aus, der dem Neuankömmling Vertrauen einflößte.

Schließlich kam er zu der Adresse, die Julie ihm gemeinsam mit den letzten Ratschlägen gegeben hatte: »Onkel Jean ist ein herzensguter Mann. Ich habe ihm schreiben lassen, damit er weiß, daß du kommst. Während deiner Bewerbung kannst du bei ihm wohnen. Danach wirst du dich wohl allein durchschlagen.«

Onkel Jean erwies sich tatsächlich als der gute Verwandte, den Julie beschrieben hatte. Er empfing Dominique mit rührender Freundlichkeit. Er wohnte seit einigen Jahren in Marseille und wartete auf eine bessere finanzielle Situation, ehe er sich eine Frau zum Heiraten suchte.

»Im Augenblick lebe ich allein«, erklärte er. »Aber manchmal, wenn es Abend wird, überkommt mich das Heimweh, verstehst du? Ich bin froh, jetzt einen Landsmann unter meinem Dach zu haben. Wenn es dich nicht langweilt, können wir uns viel erzählen. Wirklich wahr, das Leben ist nicht auszuhalten, wenn man nur an die glückselige Zeit der Rente denkt. Du wirst sehen, in Marseille ist ein Korse nie allein. Aber jetzt will ich dir erst helfen, dich im Salon einzurichten. Dann zeige ich dir die Stadt.«

Dominique öffnete seinen Koffer.

»Wenn es Euch nichts ausmacht, Onkel«, wandte er zaghaft ein, »würde ich mich vorerst gern auf die Prüfung bei der Postverwaltung vorbereiten. Danach machen wir alles, was Ihr wollt.«

Tag für Tag vergrub Dominique sich wie ein Maulwurf in seine Bücher und tauchte erst gegen Abend wieder auf. Dann ließen er und Onkel Jean sich in die alten Ledersessel sinken, und sie sprachen über Korsika und die Familie.

Dominique wurde angenommen – als Hundertsechzehnter von dreihundert Bewerbern. Aber die Rangfolge war ihm egal. Sein erster Gedanke galt der Familie. Er ging zum nächsten Postamt und gab ein knapp formuliertes Telegramm auf: »Habe es geschafft.«

»Und jetzt, Dominique, bist du ein echter Marseiller«, sagte der Onkel lachend. »Komm, wir gehen aus. Ich mache dich mit deiner neuen Heimat bekannt.«

20

Das Jahr 1914

Die Korsen nahmen in Marseille eine besondere Stellung
ein. Als Fremde konnte man sie kaum betrachten, dafür
waren sie schon zu lange in der Stadt. Außerdem erinnerte
man sich noch sehr gut an ihre machtvolle Position während
des zweiten Kaiserreichs.

Unter denen, die von der Insel herübergekommen waren, gab
es einige hundert Wohlhabende, deren Reichtum für die
Emigrationswellen der vergangenen Jahrhunderte stand. Doch
die meisten übten bescheidene Gewerbe auf den Bürgerstei-
gen oder sogar mitten auf den schmutzigen Gassen der volks-
tümlichen Viertel aus. Andere dienten bei der Marine und
hatten sich eine Unterkunft in der Gegend von La Joliette am
alten Hafen gesucht. Viele Korsen warteten auch in der Nähe
der Geschäftshäuser und der Handelsniederlassungen, daß
ihnen Arbeit angeboten wurde. Sie lehnten an einer Mauer
oder an einem Baum, den Hut tief ins Gesicht gezogen, die
Daumen über Kreuz unter den Westenrand gesteckt, und hielten Ausschau nach potentiellen Auftraggebern. Diejenigen,
die schon lange dabeiwaren, zögerten nicht, ihre Arbeitskraft
forsch anzubieten, während die Neulinge, die frisch aus den
Bergen kamen, unzugänglich wie Granitblöcke auf ihrem Platz
verharrten.

»Schau sie dir an«, spottete Onkel Jean. »Sie glauben, daß man
sie holen wird, daß man sie geradezu anflehen wird, doch bitte
eine Arbeit anzunehmen. Aber warte, in drei Monaten wird
das anders sein: Sie werden sich benehmen wie ihre erfahrene-

ren Brüder. Sie werden die wichtigen Leute auf den ersten Blick von den unwichtigen unterscheiden und hinter denen herlaufen, die Geld haben. Ihr Blick wird nicht mehr so schwarz, und ihre Haltung wird demütiger sein. Wir sind hier nicht mehr bei uns zu Hause! Die Alternative ist einfach: Entweder man macht Konzessionen, oder man geht wieder aufs Schiff . . . Komm, ich führe dich ein wenig herum.«

Der Onkel zeigte Dominique verschiedene Viertel und Sehenswürdigkeiten.

»Hier sind wir überall und nirgends«, erklärte er. »Hör mal die Kinder, die dort in der Gosse spielen! Sie sprechen den gleichen Dialekt wie wir! Und die da hinten sind kleine Neapolitaner. Das ist Marseille: Italiener, Korsen, Provenzalen, Seemänner, Beamte, Geschäftsleute . . ., man findet einfach alles! Aber du mußt wissen, daß die Geschlossenheit der korsischen Gemeinschaft unsere ganze Stärke ausmacht. Das Individuum ist verloren. Ich werde dir zeigen, wo der Hauptsitz unseres Verbandes ist. Schreib dich dort ein, und sieh zu, daß du dir gute Beziehungen schaffst. Wir aus Alta Rocca haben einen schwerwiegenden Nachteil gegenüber den anderen Korsen. Vom Cap, aus der Balagne und aus Ajaccio sind Legionen in Marseille. Aus dem Süden dagegen ist kaum jemand hier. Vielleicht hat das ›Land der Herren‹ uns so an die Armut gewöhnt, daß wir sie länger hingenommen haben? Oder hat die Familienpolitik uns eher den Weg zur Armee und in die Kolonien gewiesen als nach Marseille? Wie auch immer, wir müssen jedenfalls zusammenhalten.«

Dominique spitzte die Ohren, ohne sich im geringsten von dem Schauspiel, das die Straße bot, ablenken zu lassen. Mehr als die Wäschegirlanden, die zwischen den Häusern gespannt waren und mit Hilfe eines ausgeklügelten Rollensystems von schwatzenden Frauen bedient wurden, war es der Lärm, der die ganze Szenerie einheitlich erscheinen ließ. Quietschende Schubkarren, kreischende Kinder, lautes Geschimpfe und schallendes Gelächter – eine Geräuschkulisse, die sich von den Gassen bis zum Hafen erstreckte. Hier strahlte sogar der Schmutz Lebensfreude aus, verschönt durch einen sonnigen Mistral.

Marseille zerfiel in lauter kleine Gemeinschaften, zu jung noch, um miteinander zu verschmelzen. Es herrschte ein unverbundenes Nebeneinander aller möglichen Sprachen und Gewohnheiten. Mitten in diesem Wirrwarr schlenderten die immer fröhlichen Provenzalen einher, manchmal heftig auf die Invasion der Fremden schimpfend, aber ohne jede Feindseligkeit gegenüber den Ausgestoßenen der Mittelmeerländer. Die Stadt verfügte über eine Anpassungsfähigkeit, die für große Toleranz sorgte. Selbst die Kabylen mit ihrer merkwürdigen Aufmachung und den Kehllauten in der Sprache fanden einen Platz in diesem nach Süden geöffneten Hafen.

Die Armut der Neuankömmlinge erinnerte Dominique an korsische Verhältnisse. Männer und Frauen waren es gewöhnt, unter freiem Himmel im Sonnenschein zu leben, und sie maßen dem gepflegten Wohnen kaum wirkliche Bedeutung bei. Die Straße gehörte ihnen. Sie war die unmittelbare Erweiterung der elenden, engen, oft baufälligen Unterkünfte mit gefährlich schrägen Wänden. Hier, in den Gossen der Altstadt von Marseille, war das Glück im schlimmsten Dreck offenbar immer noch zu Hause.

An den Fortbildungslehrgängen der Post nahmen Marseiller jeder Herkunft teil, in der Mehrzahl aber echte Provenzalen. Dominique genoß diese Art der Uniformität, die ihm dazu verhalf, daß er nicht mehr der Alta-Roccaner aus dem Dorf Chéra war, sondern ›Monsieur‹ Culioli, Angestellter der französischen Post im Vorbereitungsdienst, seinen Gefährten in jeder Hinsicht gleichgestellt. Die Anonymität gab ihm die Chance einer Identifizierung, die ihm auf der Hochschule von Ajaccio kaum zuteil geworden war.

Er befreundete sich mit einem ›Kollegen‹, einem gewissen Gaston Domenou. Gaston war ein überschwenglicher Südfranzose, der seine Schüchternheit mit allen Mitteln zu überspielen suchte und eine unvergleichliche Art hatte, den ›kleinen Korsen‹ mit einem kräftigen Schlag auf die Schulter zu einem Glas Wein in die Straßencafés der Canebière einzuladen.

Hinter seiner permanenten guten Laune verbarg Gaston einen ausgeprägten Sinn für soziale Gerechtigkeit. Er war erklärter Sozialist und ein großer Bewunderer von Jean Jaurès. Durch ihn fühlte der junge Korse sich an den Enthusiasmus seiner Hochschullehrer erinnert. Dreyfus, die Kommune, die Hoffnungen der Revolution: Gaston vertrat seine Ideale überzeugender als irgend jemand sonst. Vor allem aber strahlte er soviel Unverdorbenheit und Begeisterung aus, daß Dominique sich vorbehaltlos von ihm mitreißen ließ: »Hier, dieses Buch mußt du unbedingt lesen. Ja, ich weiß, der Titel hört sich etwas seltsam an: ›Erinnerungen des Teufels‹. Aber ich glaube, es ist wirklich die beste Art, an die soziale Frage heranzugehen. Wenn du es gelesen hast, sag mir, was du davon hältst . . . Im Augenblick will ich dich lieber nicht beeinflussen.«

Und Dominique vertiefte sich fasziniert in die Geschichte eines Arbeiters, der durch einen Pakt mit dem Teufel reich werden sollte. Der Satan stellte dem armen Mann jeden Tag große Summen zur Verfügung und verlangte nichts, als daß der Beschenkte sie vor Sonnenuntergang ausgegeben haben mußte; andernfalls sollte seine Seele in der Hölle verbrennen. In den ersten Monaten nahm der Arbeiter das Geld und vergeudete es blindlings. Dann aber kam er auf die Idee, es in Arbeiterkooperativen zu investieren. So wurden mit dem Geld des Teufels die ersten Keimzellen des Sozialismus ins Leben gerufen.

»Weißt du, Dominique«, schwärmte Gaston, »eines Tages wird die Menschheit frei sein von Schmarotzern, die sich an der Arbeit anderer bereichern. Derjenige, der etwas schafft und produziert, muß selbst über seinen Gewinn verfügen können. Du wirst sehen, eines Tages . . .«

Im Augenblick spitzte die europäische Krise sich zu und heizte die Diskussionen auf der Straße an. Die korsische Art zu denken gab der sachlichen Analyse einen heroischen und kriegerischen Anstrich. An den Versammlungsabenden des Verbandes traf Dominique seine Landsleute in einem Café unweit des Hafens. Vom Anislikör in Stimmung gebracht, schwangen die Wortführer endlose Reden, die zu später Stunde wegen der schweren Zungen allerdings nicht mehr ganz ernst zu nehmen waren: »Nein, die *Boches* werden uns nicht wieder unter ihre Knute kriegen. Elsaß und Lothringen sind sie uns sowieso noch schuldig! Ah, wenn es in Frankreich ausschließlich Korsen gäbe, wäre die Sache längst erledigt. Vom Kämpfen haben die *Pinzuti* eben keine Ahnung . . .«

Gaston hatte Angst, obwohl er sich zu beruhigen versuchte: »Gewiß«, sagte er, »da ist der Dreibund zwischen Deutschland, Österreich-Ungarn und Italien, aber auf der anderen Seite stehen ebenfalls drei: Frankreich, Rußland und Großbritannien. Unmöglich, daß in dieser Situation ein Krieg ausbricht! Stell dir nur vor, was das für ein Gemetzel gäbe! Millionen Tote jedenfalls . . . Weißt du, Dominique, in Hinsicht auf den Krieg ist der Fortschritt sozusagen eine Friedensgarantie. Früher ging man mit blanken Waffen oder auch mit alten Flinten aufeinander los. Aber heute, wo es Granaten und Maschinengewehre gibt – welcher Staatsmann würde es in Anbetracht der Geschichte, in Anbetracht der Menschheit, schon noch wagen, die Verantwortung für einen so grauenhaften Konflikt zu übernehmen? Und selbst wenn es Gangster sind, die an der Spitze unserer Regierungen stehen, ist die Arbeiterbewegung doch stark genug, solch mörderische Absichten zu vereiteln. Ein Generalstreik auf beiden Seiten, und die Generäle stehen dumm da. Was sollen sie machen, wenn die Soldaten nicht kämpfen wollen?«

Am 28. Juli griff Österreich-Ungarn Serbien an, und Gaston kommentierte immer noch: »Jaurès wird den Krieg verhindern, darauf kannst du dich verlassen. Er wird es schaffen. Im Augenblick beschränkt sich der Konflikt ohnehin noch auf die Balkanländer, und es wäre nicht das erste Mal . . .«

In Marseille herrschte eine Atmosphäre der offenen Kriegshetze. Sozialisten und Gewerkschafter wurden brutal von den Mitgliedern der revanchistischen und nationalistischen »Action française« angegriffen. Auf der Canebière gab es täglich Demonstrationen, die Frankreichs Eintritt in den Krieg verlangten. Die Stunde der allseitigen Verdächtigungen war gekommen. Jeder Fremde, woher er auch kommen mochte, wurde mit dem potentiellen Feind gleichgesetzt. Die Korsen hatten dieses Mißtrauen schon in den siebziger Jahren des 19. Jahrhunderts zu spüren bekommen. Dann waren die Italiener von der »Gazette du Midi« als kriminelle Elemente und Unruhestifter angeprangert worden. 1881 hatte ein dreitägiger Aufruhr mehrere Opfer unter ihnen gefordert. Und auch jetzt, in diesem schönen Sommer des Jahres 1914, hielten die Kriegstreiber sich nicht zurück. Sie denunzierten alle durcheinander: den Kaiser, die Sozialisten, die Dreyfusverteidiger und die Angehörigen fremder Rassen.

Am 1. August wurde Dominique von polternden Schlägen gegen die Zimmertür geweckt. Es war Gaston. Mit verweinten Augen kam er herein, ballte die Fäuste und suchte schluckend nach Worten. Endlich fand er Kraft zu sagen: »Sie haben Jaurès umgebracht, Dominique! Gestern haben sie ihn umgebracht! Alle Hoffnungen sind dahin! Sie haben ihn ermordet, weil er der einzige war, der den Krieg hätte verhindern können.«

Gemeinsam gingen sie zum Sitz der Sozialistischen Partei, wo sich schon Hunderte von Anhängern und Sympathisanten versammelt hatten. Die Niedergeschlagenheit stand ihnen im Gesicht. Ein Bezirksleiter erschien auf dem Balkon: »Genossen, sie haben Jaurès ermordet . . .«

Dominique hörte nicht mehr zu. Erst die letzten Worte der Rede erreichten ihn wieder: ». . . trotzdem: Nieder mit dem Krieg!«

Dann erhob sich die »Internationale«, ein Lied der Verzweiflung in dieser dem Wahnsinn verfallenen Stadt. Im Laufe des

Sonntags wurden Angestellte der städtischen Behörden zum Plakatekleben ausgeschickt, um die Mobilmachung bekanntzugeben.

Am Montag, dem 3. August, versammelte der Verwaltungsdirektor der Post sein Personal. Er wandte sich an all die jungen Männer, die seit dem Vortag wußten, daß der Krieg erklärt worden war: »Meine Herren, Frankreich hat die allgemeine Mobilmachung verkündet. Wir werden alle in den Krieg ziehen: Ihr, die ihr jung und voller Hoffnung seid, und wir, die älteren, die wir schon eine Vergangenheit hinter uns haben . . .«

Auf der Straße zog ein Haufen Männer unter lautem Gegröle in Richtung Stadtmitte: »Auf nach Berlin! Wir machen sie fertig!«

». . . Wir werden unsere Pflicht als Franzosen erfüllen, denn die Republik hat uns gerufen«, fuhr der Verwaltungsdirektor fort. »Viele von uns werden nicht zurückkehren. Darum bitte ich euch, meine Kinder, die ich nicht einmal kennenlernen konnte, gebt acht auf euch! Wisset, daß die Hoffnung das Leben selbst bedeutet. Seid nie feige, aber sucht euch einen ehrenhaften Weg, der nicht zum Friedhof führt! Ich wünsche euch allen viel Glück.«

Er nahm seinen Zwicker von der Nase und wischte sich die Augen.

Dominique ging hinaus und lenkte seine Schritte wie betäubt zur nächsten Post, um seiner Mutter zu schreiben. Er schloß mit folgenden Worten: »Betet, daß wir uns alle auf korsischem Boden wiedersehen. Gebt acht auf Xavier und auf unsere Schwestern. Euer euch liebender Sohn – Dominique.«

21

Auf nach Berlin!

D er erste Tag der Mobilmachung ist ein Sonntag, der
2. August 1914 . . .«
Begierig las Xavier das Plakat, das zur Information des Dorfes
Chéra an Ziu Manzuetus Haus befestigt worden war. Sein
Blick wanderte hinunter bis zu der Zeile: »Sonderbestimmun-
gen für Korsika . . . Freiwillige Dienstverpflichtungen: Alle
Männer zwischen achtzehn und zwanzig Jahren sowie alle
Männer über fünfundvierzig Jahre sind berechtigt, sich für die
Dauer des Krieges und für den Dienst in Korsika freiwillig zu
verpflichten . . .«
Der Pfarrer wußte nicht mehr, wo ihm der Kopf stand. Man
bedrängte ihn von allen Seiten, den aufbruchsbereiten Solda-
ten, die für das in Bonifacio stationierte 173. Regiment der
Infanterie eingezogen worden waren, seinen Segen zu geben.
»Hier, Pfarrer, segne auch mein Messer«, hörte man eine
Stimme, »es könnte gut möglich sein, daß es Gelegenheit
bekommt, irgendeinem Deutschen den Bauch aufzuschlit-
zen . . . Und ihr Weiber solltet euch die düsteren Mienen
der brotlosen Zeiten sparen! Es wird nicht lange dauern.
Gerade lange genug, um den Namen der Culioli mit Ruhm zu
bedecken.«
Unter fröhlichen Rippenstößen erzählten sie sich im voraus
die Heldentaten der bevorstehenden ›Vendetta‹. Der Krieg
konnte von den Korsen nur als eine persönliche Abrechnung
zwischen dem Kaiser, dem *Guglielmacciu,* und ihnen selbst
begriffen werden.

»Sie werden Elsaß und Lothringen schon zurückgeben, das schwören wir euch . . .«

Schüchtern, beinahe verlegen, kamen die Frauen näher. Die ganze Sache mit dem Krieg war ihnen nicht geheuer. Sie verstanden das alles nicht, oder besser, sie verstanden nur allzugut, daß ihre Ehemänner, ihre Söhne, ihre Väter im Begriff waren, über das Meer zu fahren und in der Fremde zu kämpfen, in Ländern ohne Sonne, in denen der Tod auf unvorstellbare Weise alles verdüstern würde. Und diese wahnsinnigen Idioten glaubten immer noch, daß sie sich aufmachten, um in gewohnter Weise eine Feindseligkeit zu vergelten. Was wußten sie schon von dem fernen Frankreich? Auf einmal brach die Einheit der Familie auseinander, der Zement, der die Mütter mit den Söhnen, die Vettern mit den Onkeln verband, bekam einen tiefen Riß: Hier waren diejenigen, die zu Hause blieben, dort die anderen, die fortgingen. Die Frauen hatten das Drama längst begriffen, während die Männer weiterhin die Haudegen spielten.

Xavier fühlte sich erniedrigt. Er mit seinen siebzehn Jahren war dazu verdammt, die Gruppe der Rekruten wie ein kläffender junger Hund zu umkreisen. Ihm kamen die Tränen, so sehr beneidete er die Soldaten, die da beim Abmarsch die »Marseillaise« anstimmten, während er mitten unter den Frauen und den Kindern stand. Nur mit den Fingerspitzen durfte er die Kleider derer berühren, die richtige Männer waren. Er tat alles, um ihre Aufmerksamkeit zu gewinnen und einen Blick aufzufangen, der ihn wenigstens für eine Sekunde in ›einen der ihren‹ verwandelt hätte. Die Männer marschierten im Schritt, um sich schon jetzt an die siegesverheißende militärische Disziplin zu gewöhnen. Alle Culioli hatten einen ähnlichen Gang angenommen und folgten dem gleichen Rhythmus. Wieder ertönte die »Marseillaise«. Die Frauen winkten, und der ganze Trupp verschwand auf der Straße nach Saparelli.

Xavier blieb allein zurück. Allein in einem Dorf mit Frauen,

Kindern und Greisen. Nachdem man ihn für zu schmächtig befunden hatte, um die Hochschule zu besuchen, konnte er wohl erst recht nicht erwarten, eine Sondergenehmigung als Freiwilliger zu bekommen! Außerdem dachte er an die Bettnässerei, die ihm nach all den Jahren immer noch zu schaffen machte. Es war schon ein echter Widerspruch, wenn er sich vorstellte, tagsüber Deutsche niederzusäbeln und nachts ins Bett zu pinkeln ... Xavier, der zunächst mit dem Gedanken gespielt hatte, sein Geburtsdatum zu fälschen, begnügte sich also damit, seinem Bruder einen Brief zu schreiben, in dem er ihn fiebernd vor Nationalismus bat, die Pflicht des Jüngeren stellvertretend mit zu erfüllen.

Dominique kehrte zu seiner Kaserne in Marseille zurück, nachdem er erreicht hatte, daß er an Ort und Stelle einem Regiment zugeteilt wurde. Er fand es sinnlos, erst nach Korsika zu fahren, da er ohnehin im Norden Frankreichs würde kämpfen müssen.

»Was Sie da sagen, junger Mann, ist zwar einleuchtend«, hatte der Offizier ihm geantwortet, »aber ich weiß nicht, ob die Militärbehörden damit einverstanden sind.«

Dann war er verschwunden und erst nach einer guten halben Stunde wieder aufgetaucht, strahlend vor Freude über seinen Sieg: »Einfach war das nicht, aber ich habe durchgesetzt, daß Sie sich zwischen dem 22. Kolonialregiment und der Infanterie entscheiden können.«

Dominique hatte kurz nachgedacht. Die Kolonialregimenter waren sicher nicht gut dran. Also lieber die Infanterie ...

Die in Korsika rekrutierten Korsen wurden schon ab Mitte August mit dem 15. Korps an die Front geschickt und erlebten bei Dieuze ihre erste Schlacht. Die Generäle zögerten nicht, diesen Kindern, die dem Feind auch zahlenmäßig unterlegen waren, den Sturm auf gut befestigte Stellungen zu befehlen. Ohne so recht zu begreifen warum, fielen sie, die ihre Berge innerhalb von vierzehn Tagen gegen die Tragödie des Krieges eingetauscht hatten.

Mit krimineller Leichtfertigkeit ließ General de Castelnau, Kommandant der III. Armee, schon im ersten Gemetzel dieses Konflikts alle vier korsischen Bataillone und zahlreiche Marseiller abschlachten. In Marseille wurde die Information laut, das größtenteils aus Provenzalen bestehende 141. Infanterieregiment habe in zwei Tagen beinahe die Hälfte seines Truppenbestands verloren: Rund eineinhalbtausend Tote. Und in Paris tunkte Senator Gervais, einer der glorreichen Drückeberger, seine Feder in Gift und verfaßte einen Kommentar für die – bis auf ihren Namen – nicht sehr lichte Zeitung »Le Matin«. Am warmen Ofen sitzend, machte er das 15. Korps in gemeinster Weise nieder, indem er den südländischen Typus als schlafmützig und feige beschrieb. Er beschuldigte die Toten, ihre Stellung zu schnell geräumt zu haben, und warf den Korsen mangelnde Opferbereitschaft vor.

Die korsischen Soldaten in Marseille sprachen nur noch davon, dem Schlächter Castelnau und dem beflissenen Schreiberling, der die Fehler seines hochdekorierten Generals mit Lügen verdeckte, eine Kugel in den Kopf zu jagen. Bei der wochenlangen Polemik, die sich daraus ergab, wurden Lebende wie Tote schonungslos durch den Dreck gezogen.

Trotzdem ließ die Kriegsbegeisterung nicht nach, vor allem nicht bei denen, die in den Kasernen zurückgeblieben waren. Vollgestopft mit einer verlogenen, von der Zensur abgesegneten Propaganda steigerten sie sich hinter den schützenden Betonmauern blind in ihre Kampfeswut hinein und beschimpften die Soldaten, die draußen vorbeikamen: »Was lungert ihr noch hier herum, während die anderen längst an der Front sind? Feiglinge!«

Um diese explosive Situation zu entschärfen, ließ der Generalstab die Übungen der ›Rothosen‹ in den Zoo verlegen, wo Affen die grinsenden Zuschauer spielten. Hier lernte Dominique die wesentliche Kunst des Marschierens, hier übte er sich – was offenbar lebenswichtig war – im Tragen des Gewehrs und in der grenzenlosen Geduld, die man entfalten mußte, um die blödsinnigen Befehle irgendeines Schwachkopfs schweigend hinzunehmen.

Am 10. November befand ein General von seinem Schreibtisch aus, die Männer hätten nun genug geübt und seien kampftüchtig. Oder brauchte man vielleicht Nachschub, Ersatz für die hohen Verluste infolge laufender Angriffe?

Brüllend vor Begeisterung, stürmten Dominiques Gefährten in die Viehwaggons, die sie zum Schlachtfeld bringen sollten.

»Endlich! Auf in den Kampf! Reichlich lange hat es schon gedauert! Hoffentlich haben die anderen uns ein paar Deutsche übriggelassen, damit wir was zu schlachten haben . . .«

Man sagte ihnen, sie führen nach Norden. Schweigend verfolgte Dominique die Veränderungen der Landschaft. Wie oft hatte er davon geträumt, dieses Frankreich zu entdecken, das er auf der Schulbank lieben gelernt hatte. Und nun durchquerte er es in aller Eile, um dorthin zu gelangen, wo das beginnende Jahrhundert seine eigenen Kinder verbluten ließ. Das gemeine Soldatenleben war ohne jeden Glanz. Mit Hunderten von Kriegsgefährten schleppte Dominique Knüppelholz und Stacheldraht, um den Vormarsch des Feindes aufzuhalten. Dabei wußte niemand so genau, wo dieser sich eigentlich befand. Manchmal fragte einer, als wäre ihm plötzlich etwas eingefallen: »Wo sind wir hier überhaupt, beim Sturm oder bei der Abwehr?«

Dann nahm er seine Arbeit wieder auf, ohne das Rätsel gelöst zu haben. Alle zweifelten an der Richtigkeit der Informationen, die ihnen zu Ohren kamen, aber es gab keinen, dem die falschen Gerüchte nicht lieber gewesen wären als gar nichts. Dominique versuchte, die Wahrheit durch ständiges Vergleichen sämtlicher Nachrichten zu ergründen, und er hatte dabei eine so glückliche Hand, daß er bald als die zuverlässigste ›Anlaufstelle‹ des ganzen Regiments galt. Er war einer der ersten, der die Neuigkeit vom Stillstand der deutschen Offensive an der Marne verbreitete und der nach den üblichen ›Prüfungen‹ die berühmte Taxi-Episode bestätigte. Er gab aber auch weniger ermutigende Informationen weiter, etwa die vom massiven Einsatz des tödlichen, nach Veilchen duftenden Senfgases, das – zumindest dem Vernehmen nach – die Lungen, die Hoden und die Achselhöhlen zerfraß ... Der fröhliche Aufbruch in den Krieg war im eisigen Schlamm der Weihnachtszeit des Jahres 1914 in weite Ferne gerückt. Xavier hatte seinem Bruder einen Brief geschickt. Er hatte eine Arbeit als stellvertretender Lehrer in Sari di Porto-Vecchio gefunden. Von dem bescheidenen Gehalt konnte die Familie überleben. Aber sein größter Traum war immer noch, Soldat zu werden. Dominique antwortete ihm scharf und knapp: »Wenn du meinen Befehl mißachtest und deine lächerlichen Kriegsambitionen nicht aufgibst, bist du ab sofort nicht mehr mein Bruder. Hör endlich auf, nur an dich zu denken. Sollte mir ein Unglück zustoßen, wärest du schließlich das Oberhaupt der Familie.«

Am 24. Dezember kam der erste Kampfeinsatz. Dominique hatte weiche Knie und ein übles Gefühl im Bauch. Er lief mechanisch mit gesenktem Kopf in die angezeigte Richtung. Das Denken hatte ausgesetzt. Er blickte stur auf den Boden, und manchmal ließ er sich, ohne so recht zu wissen warum, in einen Granattrichter fallen. Dort traf er seine Freunde, ebenso verängstigt wie er selbst: »Alles in Ordnung?«

»Es geht.«

Der Pfiff des Unteroffiziers trieb sie wieder in die Hölle, eine Hölle aus ohrenbetäubenden Explosionen und pfeifenden Kugeln, aus unkenntlichen Leichen und schlammbedeckten Körpern, verkrampften Händen und zerfetztem Fleisch. Sie kehrten zurück, wie sie gekommen waren, nur daß ein Viertel ihrer Kameraden auf dem Schlachtfeld blieb. Dominique ging in Stellung wie ein Veteran. Nach dem dritten Angriff hatte er gelernt oder vielmehr begriffen, welche Reflexe und welche Gesten ihm eine Überlebenschance gaben. Die Erfahrung zeigte, daß Helden meist nicht alt wurden. Dieser Krieg nahm keine Rücksicht auf naive Draufgänger, die glaubten, sich in einer Art privater Fehde zu befinden. Wie viele dieser kleinen Korsen hatte Dominique nicht schon gesehen, die mit überhöhtem Kampfesmut laut fluchend Sturm gelaufen waren und plötzlich die Arme hochgerissen, sich um sich selbst gedreht hatten und zu Boden gestürzt waren.

Er lebte wenigstens. Er korrespondierte sogar mit der Familie. In seinem tiefsten Innern empfand er die Notwendigkeit, diese Bindung, die ihn immer noch und immerdar als Mitglied der Familie Culioli definierte, zu bewahren. In dieser Welt des Krieges, die weder Vergangenheit noch Zukunft hatte, wußte er manchmal nicht mehr, wer er eigentlich war. Der Tod, der anonyme Tod, erschreckte ihn, denn er bedeutete das schlimmste, was ihm widerfahren konnte: Auf ewig ohne die Nähe der Seinen und ohne ein heimatliches Grab zu sein, fern von dem korsischen Boden. Nachts träumte er von seiner Insel wie von einem einzigartigen geliebten Wesen, und leise Schluchzer stiegen in ihm auf.

22

Franzosen bis zum Tod,
Korsen bis in Ewigkeit

Xavier, der prahlerische kleine Korse, der immer nur Haut und Knochen gewesen war, hatte sich in wenigen Monaten vollständig verändert. Sein Gesicht wirkte ausgeglichener, obwohl es nichts von der hochmütigen Frechheit, die manchmal in seinem Blick aufleuchtete, verloren hatte. Die ungewöhnlich glatten, hohlen Wangen zeigten leichte Fettansätze. Aber trotz dieser vorzeitigen Alterserscheinungen hatten seine Züge etwas Kindliches, einen unschuldigen Charme, der paradoxerweise durch einen schmalen Oberlippenbart hervorgehoben wurde.

Er lebte unter Korsen und fühlte sich endlich wohl in seiner Haut. Nach zwei Jahren Krieg hatte der Oberste Generalstab der französischen Armee in Hinsicht auf die menschliche Zusammensetzung der Truppeneinheiten einiges dazugelernt. 1914 hatten die Generäle, bewegt von hochtrabendem Nationalismus, die französische Republik noch für eine unteilbare Einheit gehalten. Nach den ersten militärischen Mißerfolgen waren neue Regimenter ohne Rücksicht auf die geographische Zugehörigkeit der einzelnen Soldaten gebildet worden. Nur für die Kolonialtruppen hatte es eine Ausnahme gegeben: Den Eingeborenen wurde das Recht gelassen, ihre Seele im Kreis ihrer Nächsten auszuhauchen. Die Senegalesen starben unter Senegalesen, die Annamiten unter Annamiten. Die ›wahren‹ Franzosen indes, wie die Propaganda sie nannte, waren es sich schuldig, über kulturelle Unterschiede hinwegzusehen. Fröhlich wirbelten die Offiziere alles durcheinander, den Südwesten und den Norden, den Süden und den Osten, was nicht selten zu lächerlichen Situationen führte. Manche Unteroffiziere, die soeben einen schneidenden Befehl verkündet hatten, brauchten ewig lange Zusatzerklärungen, um sich ihren Männern verständlich zu machen, und überall sah man weltfremde Bauern aus den entlegensten Dörfern, die verzweifelt nach einer Möglichkeit suchten, sich die Worte ihres Vorgesetzten in den heimatlichen Dialekt übersetzen zu lassen.

So bemerkte man denn recht schnell, daß die Feldsoldaten sich in einer vertrauten menschlichen Umgebung auch beherzter massakrieren ließen. Von nun an wurden die Überlebenden mit Hilfe eines gelehrten Auswahlverfahrens umgruppiert und je nach regionaler Bindung neuen Einheiten zugeteilt.

Auf diese Weise hatten die Korsen sich wiedergefunden, zunächst mißtrauisch gegenüber diesem unerwarteten Glück. Sie hatten sich untereinander angeschaut, ja beinahe beschnüffelt, und sich dann gegenseitig nach der Herkunft gefragt. Erst als jeder wußte, woran er mit den anderen war, trat eine Entspannung ein. Heimatliche Wärme breitete sich unter den Soldaten aus und gab ihnen, die schon keine Hoffnung mehr gehabt hatten, das Ende dieses langwierigen Krieges zu erleben, neuen Mut. In einem Punkt waren sie sich ohne Diskussionen einig: Überleben war das wichtigste. Und da das Schicksal sie wieder zusammengeführt hatte, mußte jeder einzelne versuchen, diesem gemeinsamen Interesse bestmöglich zu dienen.

Xavier gab wie üblich schnell den Ton an. Durch eine Art natürliche Autorität setzte er sich bei seinen Kameraden durch. »Versuchen wir festzustellen, welches die günstigsten Kampfbedingungen sind und wie wir uns am besten verhalten«, schlug er vor. »Mit dem Nachdenken sollten wir uns beeilen, denn jeder Tag fordert seine Leichen.«

Eines Nachts versammelte er seine Landsleute in aller Heimlichkeit.

»Wir können die Kugeln nicht vermeiden, aber wir können Verletzte retten. Viele von uns sterben, obwohl ihnen geholfen werden könnte. In Zukunft werden wir uns so organisieren, daß jeder, der in Schwierigkeiten ist, mit den Verwundeten zurückgebracht wird. Vor jedem Angriff müssen wir ausmachen, wer sich um die Männer kümmern soll, die sich nicht selbst helfen können.«

»Ja, aber die Oberen werden damit nicht einverstanden sein . . .«, sagte eine Stimme in der Dunkelheit.

»Unsere Vorgesetzten sind Korsen, genau wie wir. Wir werden es ihnen schon erklären, und wenn sie wirklich Mist im Kopf haben, werden wir es ihnen auf andere Art begreiflich machen. Ihre Familien würden sicher nicht gern hören, daß die Söhne sich wie Schweinehunde gegenüber ihren Landsleuten benommen haben. Nein, ich glaube, was das betrifft, haben wir freie Hand . . .«

Hundert in lumpige Decken gehüllte Schatten umringten Xavier, während er fortfuhr: »Ansonsten ist mir aufgefallen, daß wir bei Nahkämpfen immer besonders viele Tote haben. Und wir wissen alle, wie furchtbar die Verletzungen durch ein Bajonett sind. Wir müssen also zusehen, daß wir uns besser verteidigen . . .«

»Und wie?«

»Ich habe darüber nachgedacht. Ich glaube, die Bajonette behindern uns nur. Vielleicht sind die Gewehre zu lang oder zu schwer dafür. Wenn man einen *Boche* direkt vor sich hat, muß man erst zurückweichen, um ihn aufzuspießen, und dabei verliert man leicht das Gleichgewicht. Außerdem habt ihr wohl alle gemerkt, daß unsere Ausbildung nicht die beste war . . .«

»Er hat recht«, ließ eine rauhe Stimme mit dem Akzent von Calenzana vernehmen, »der Mann hat recht. Mit diesem aufgepflanzten langen Messer auf dem Lauf kommt man sich vor wie der letzte Tölpel. Ich bin von Haus aus Holzhacker, was niemanden verwundern wird, da ich ja aus Calenzana komme, und ich bin mir sicher, das, was wir Korsen brauchen, ist nichts anderes als unsere gute alte *Rustaghia,* unsere geliebte Hippe. Damit könnten wir das ganze Heer des Kaisers auseinandernehmen. Das gäbe einen wunderbaren Dung für Frankreichs Boden, und von dem Rest würden auch noch unsere Hunde satt.«

Xavier nickte. Er fand die Idee hervorragend. Unlängst hatte er bei einem Rückzugsmanöver Inder von der englischen Armee gesehen, die seltsame krumme Messer schwangen. Der befehlshabende Offizier hatte ihm auf seine Frage hin erklärt, die *Gurkha* fühlten sich mit dieser Bewaffnung auf dem Schlachtfeld wie zu Hause: »So kämpfen sie besser, und so sterben sie besser«, hatte er geschlossen.

Man ließ einen Helm umgehen und vertraute das gesammelte Geld mit genauen Instruktionen einem Landsmann an, der gerade auf Heimaturlaub ging.

»Keine Sorge, Xavier, es wird alles so gemacht, wie du es gesagt hast.«

Einen Monat später kam der Mann mit schweren Kisten aus Korsika zurück.

»Hier, du kannst sie aufmachen, Xavier. Es ist alles drin. Und bitteschön, beste Qualität.«

Die Soldaten stießen die Deckel mit Gewehrkolben ein und schütteten den Inhalt auf den Boden. Klingen für zweihundert Hippen fielen in den Schmutz.

»Mein alter Vater, ein gelernter Schmied, hat sie eigenhändig hergestellt. Extra für euch. Ich habe ihm erklärt, wofür wir sie brauchen. Er hat Tag und Nacht gearbeitet, damit das Metall hart genug, aber nicht starr wurde. Vor dem Einsatz müssen die Klingen noch einmal geschliffen werden. Als Lohn hat der Alte nur soviel haben wollen, wie ihn das Metall gekostet hat. Auf seine Art wollte er eben auch etwas zum Sieg beitragen! Jetzt sind wir dran.«

Der Leutnant, dem Xaviers Einheit unterstand, sprach mit dem Akzent von Ajaccio. Er begriff sofort, welchen Vorteil die

Hippen bringen konnten. Die Männer hatten gutes Holz für die Stiele geschlagen, sie über einem Holzfeuer geradegebogen und die Klingen befestigt. Jetzt übten sie sich im Umgang mit dieser neuen in den Offizierskasinos unbekannten Waffe: »Das ist zwar nicht ganz vorschriftsmäßig«, seufzte der Leutnant, »aber wenn ihr tüchtig kämpft, drücke ich ein Auge zu.«

Im Laufe der zahlreichen Angriffe hatte Xavier Freundschaft mit einem Kampfgefährten aus Porto-Vecchio geschlossen. Claude Rossi sprach genau die gleiche Sprache wie er selbst, bis in die letzte Kleinigkeit. Vielleicht handelte es sich auch um eine geheimnisvolle Alchimie der Charaktere ... Mittlerweile waren die beiden ein unzertrennliches Paar.

Lachend schwang Claude seine Hippe: »Ein komisches Volk sind wir schon. Mit dem Gewehr haben die meisten von uns keine gute Figur abgegeben, und jetzt, mit unserer alten *Rustaghia*, schlagen wir uns wie die Teufel.«

»O ja, die korsische Seele kehrt im Galopp zurück! Am Anfang des Krieges glaubten wir, wir könnten Berlin in vierzehn Tagen nehmen. Zuhauf haben wir uns freiwillig gemeldet. Schlimmer noch, wir wollten nicht als Korsen behandelt werden. Für uns gab es nur ein einziges Frankreich, und seine Söhne waren alle gleich. Jetzt allmählich kommt unser Sinn für die Kunst des Überlebens wieder zum Vorschein. Wir werden nach unseren eigenen Vorstellungen kämpfen. Und dadurch bekommen wir wieder das Gefühl, daß es unser eigener Krieg ist, ganz gleich, ob es stimmt oder nicht. Man muß es einfach glauben, man muß ans Leben glauben, sonst verrecken wir alle miteinander. Sieh nur, Claude, sogar unser ›französisierter‹ Leutnant ist zufrieden.«

Von nun an nannte man die Korsen nur noch ›die Kerle mit der *Rustaghia*‹, und die Erzählung ihrer Heldentaten drang weit über die Schützengräben hinaus. Sie kämpften wie die Teufel, stürmten lachend gegen die feindlichen Linien und brüllten vor Begeisterung, wenn sie mit ihren Hippen ins

Fleisch der Teutonen schlugen, wobei die eigenen Gefährten stets als Zeugen ihrer Tapferkeit zugegen waren.

Nach jedem Angriff nahm die Schilderung der vollbrachten Heldentaten ganze Abende in Anspruch, sofern die eifrigen Kämpfer nicht vor Erschöpfung in den Kasematten einschliefen.

Zum großen Leidwesen der Deutschen vereinigten sich Frankreich und Korsika in der auf einem Amboß der Insel geschmiedeten Stahlsichel. Jedesmal, wenn Xavier einen *Boche* getötet hatte, ritzte er eine Kerbe in den Stiel seiner Hippe. Das gefiel auch den anderen, und bald brach unter den Korsen ein allgemeiner Wettkampf aus. Der Leutnant applaudierte, befriedigt über diese Menschenjagd, die er als ›gallisch‹ und ›männlich‹ bezeichnete.

»Wer in sechs Monaten die meisten Kerben hat, bekommt das große Verdienstkreuz, das schwöre ich euch in meiner Eigenschaft als französischer Offizier«, hatte er verkündet und lachend hinzugefügt: »Pech für die Feiglinge und die Toten!«

Xavier kämpfte wie der Held, der zu sein er immer geträumt hatte. Er fand ein gewisses Glück in der Unmöglichkeit, sein Leben auf die Zukunft auszurichten. Er aß, schlief und kämpfte. Das genügte ihm. Manchmal, wenn er merkte, daß eine absurde Angst in ihm aufstieg, betrank er sich, oder er dachte an seinen nächsten Besuch im Bordell. Dann legte sich der Koller, und er fühlte sich wieder richtig zufrieden.

Eines Abends, als er viel getrunken und ein wenig in Wollust geschwelgt hatte, ließ er sich wohlig rülpsend auf sein Feldbett sinken. Er hatte Lust, zu reden. Der Alkohol machte ihn sentimental und weckte die freundschaftlichen Gefühle in ihm.

»Weißt du, Rossi«, sagte er, »ich möchte dir etwas anvertrauen, was ich hier nie jemandem verraten habe. Aber ich glaube, jetzt, mit dem Krieg und all den Kameraden, die man hier verrecken sieht, hat das nicht mehr die gleiche Bedeutung wie früher: Stell dir vor, ich habe bis zu meinem achtzehnten Geburtstag ins Bett gepinkelt. Ja, bis ich achtzehn war, wie ein

Säugling in die Windeln. Als die anderen sich schon rasierten, machte ich mir immer noch die Hosen naß. Und weißt du, wie ich diese ekelhafte Sache losgeworden bin? Ich habe dir doch erzählt, daß man mich im ersten Kriegsjahr als Aushilfslehrer nach Sari di Porto-Vecchio geholt hat. Und da ist es passiert, da habe ich eine Frau kennengelernt, die sich billig anbot. Zuerst wollte ich nicht, ich dachte, es wäre nicht gut. Aber dann hat sie mich bedrängt, und am Ende habe ich nachgegeben. Ruckzuck habe ich es ihr besorgt, im Stehen gegen eine Tür gelehnt. Sie wartete nur auf ihr Geld, und ich war so verwirrt, daß ich mich an nichts mehr erinnern konnte. Ob du mir glaubst oder nicht, seit diesem Tag habe ich nicht mehr ins Bett gemacht. He, Claude, hörst du mir überhaupt zu?«

Ganz mit seinen Vertraulichkeiten beschäftigt, hatte Xavier den verzweifelten Ausdruck seines Freundes nicht bemerkt:

»Hör mal, Junge, was ist denn mit dir los?«

»Nichts, laß mich in Ruhe . . .«

Ernüchtert setzte Xavier sich auf Rossis Bett.

»Was machst du bloß für Sachen? Hat die Angst dich gepackt? Komm, zusammen schaffen wir es schon. Aber das ist es gar nicht, wie? Ist es was Schlimmeres? Sag schon, du wirst mir doch kein Geheimnis verbergen? Ich bin dein Freund. Es wäre nicht gut . . .«

Claude wühlte in seiner Tasche und zog ein Telegramm hervor. Xavier las laut vor: »Kind verstorben. Beileid.«

Er wagte nicht mehr, Claude in die Augen zu sehen.

»Scheiße, Scheiße und nochmals Scheiße. O mein Gott, mein Gott. Claude, was kann ich für dich tun? Sag es mir. Egal was, ich werde es tun.«

Der Elitekämpfer Claude Rossi desertierte in derselben Nacht, ohne seinen Kameraden ein Wort zu sagen. Als diese dann ausgeschickt wurden, ihn zu suchen, fanden sie ihn völlig entkräftet in einer Scheune.

Er benahm sich, als hätte er den Verstand verloren, immerfort den Namen seines Sohnes murmelnd. Xavier stützte ihn auf dem Weg zum Leutnant. Leise, teils freundschaftlich, teils vorwurfsvoll, sprach er auf ihn ein: »Warum, Claude, sag, warum? Das hättest du nicht tun dürfen. Es geht um die Ehre der ganzen Kompanie. Aber nein, laß nur, ich rede dummes Zeug. Hör nicht drauf. Wie könnte man seinem eigenen Freund übelnehmen, wenn er ... Aber Soldat bist du trotzdem ... Egal, hab keine Angst, Claude. Wir holen dich da schon wieder raus. Sie werden versuchen, dir weh zu tun. Aber wir sind auf deiner Seite, wir, die Kerle mit der *Rustaghia.* Das sind sie uns wohl schuldig, daß sie dich laufenlassen, gewissermaßen als Gegenleistung für all die *Boches,* die wir zur Hölle geschickt haben ...«

Der Leutnant kehrte seinen Männern den Rücken.

»Rossi, wenn es nach mir ginge, würde ich Sie wie einen Hund erschlagen. Individuen wie Sie entehren die französische Armee. Und zu allem Überfluß haben Sie rücksichtslos gegen Ihre Kameraden gehandelt. Ich werde Sie der Militärjustiz als Deserteur ausliefern und hoffe, daß man Sie zum Strang verurteilt.«

Die vier Soldaten, die bei Rossi standen, stießen einen einzigen Schrei der Empörung aus: »Aber, Herr Leutnant, das können Sie nicht tun! Er hat gerade seinen Sohn verloren. Schließlich sind Sie Korse, genau wie er, wie wir ...«

»Schluß jetzt, Ruhe! Hier gibt es keine Korsen. Ich sehe nur Franzosen und einen Verräter. Verschwindet.«

Vier Tage später verkündete das Militärgericht den Urteilsspruch. Die Männer erhielten Befehl, sich zu versammeln. Es regnete, und der aufgeweichte Boden hemmte den ohnehin schon zögernden Schritt der Feldsoldaten. Alle wußten Bescheid: Aufgrund der vernichtenden Zeugenaussage des Leutnants war Claude schuldig gesprochen worden. Man würde ihn erschießen.

»Herr Leutnant, suchen Sie die Todesschützen nicht in unseren Reihen«, warnte Xavier seinen Vorgesetzten mit ruhiger Stimme. »Sie werden keinen finden.«

»Aber Culioli«, beschwichtigte der Leutnant, »Sie müssen verstehen, ich habe doch nur für die Nation gehandelt.«

»Herr Leutnant, daß Rossi desertiert ist, habe ich nicht nur mißbilligt, sondern ich hätte ihn an Ihrer Stelle höchstwahrscheinlich auch bestraft. Aber den Tod hat er nicht verdient. Nicht einmal den Kerker hätte er verdient gehabt. Er war von Sinnen. Alle, die dabei waren, als wir ihn gefunden haben, könnten es bezeugen. Und nun wird man ihn erschießen. In diesem Dreckskrieg, Herr Leutnant, sollten wir alle darauf achten, unsere grundlegenden Werte zu bewahren. Ein Korse bleibt für mich ein Korse, und bei mir zu Hause, in meiner Familie, gibt man einen Bruder nicht preis, auch nicht für Frankreich. Und nun entschuldigen Sie mich, Herr Leutnant, ich muß mich darauf vorbereiten, gleich um einen Mann zu trauern, den ich liebte, wie man nur bei mir zu Hause, in Alta Rocca, liebt.«

Die Offiziere stellten ein Erschießungskommando aus einsatzbereiten Gendarmen zusammen. Kurz danach erschien der Verurteilte, aufrecht und erhobenen Hauptes trotz der Fesseln, mit denen ihm die Hände hinter dem Rücken zusammengebunden waren.

Er passierte die Reihen der ordentlich aufgestellten Soldaten und begegnete dem Blick seiner Landsleute. Dann blieb er stehen, schüttelte die Wachen, die ihn fest im Griff hatten, ab und stellte sich als freier Mann mit ruhigem Gesicht vor das Erschießungskommando. Diese Tapferkeit ließ die Herzen der Seinen höherschlagen. Es hätte ihnen weh getan, wenn er, der den Feind stets kühn herausgefordert hatte, im Angesicht des Todes schwach geworden wäre. Ihre Fäuste ballten sich, als er die Augenbinde ablehnte. Tiefes Schweigen lag über dem riesigen Feld, das voller Soldaten war, die gekommen waren, um einen der Ihren sterben zu sehen, als sie plötzlich eine leise Melodie vernahmen. Der Verurteilte sang. Er sang Worte von zu Hause, und seine Stimme durchdrang den Nebel und die Feuchtigkeit. Das Lied erreichte sie alle und rührte sie zutiefst. Irgendeine Stimme griff den Refrain des Verurteilten auf, dann fielen zwei, dann hundert Stimmen ein. Die korsische Hymne stand plötzlich wie ein Regenbogen über dem Schauspiel des Todes: *»Diu vi salve Regina ...«* Stimmen aus den Bergen, und Stimmen aus den Ebenen; Stimmen aus dem Norden, und Stimmen aus dem Süden ... Sie erfüllten die Luft und umgaben die kleine, ganz vorn allein im Schlamm stehende Gestalt.

Der Offizier brüllte, um sich Gehör zu verschaffen. Doch das Klicken der Hinterlader schien den Gesang kaum zu stören. Seine Intensität schwoll an. In den Korsen flammte eine wahnsinnige Hoffnung auf. Und wenn Claude kraft ihrer Hoffnung doch noch gerettet würde?

Selbst die Schüsse ließen das Lied nicht verstummen. Die Stimmen schwankten kurz, als der graue Schatten in der Ferne auf den Boden sank, aber dann wurden sie wieder fest, um der Stille des Todes keinen Raum zu lassen. Auch den Gnadenschuß verdeckten sie noch. Dann erst waren sie bereit, zu weichen, wie das Leben aus Claudes Körper gewichen war.

Noch am gleichen Abend gingen die Soldaten im Leuchtschein der Raketen zum nächsten Angriff in Stellung. Wie immer hatte der Leutnant das Kommando. Die Pistole fest in der Hand, wandte er sich an seine Männer, um sie zu ermutigen.

Eine Salve ließ ihn mit durchlöcherter Brust zu Boden sinken. Dann zerschmetterte ihm ein aus nächster Nähe abgegebener Schuß den Schädel. Die Korsen gingen im Laufschritt über den Leichnam hinweg, um ihre Soldatenpflicht zu erfüllen. Zwei Stunden später kam der Befehl zum Rückzug. Fünfzig Männer waren bei dem Angriff umgekommen, und alle fünfzig Leichen wurden zum Standquartier zurückgeschleppt.

Xavier wies seine Gefährten an, die Toten auf ihre Soldatenmäntel zu legen. Ganz vorn, vor allen anderen, fand der Leutnant seinen Platz.

»Und jetzt holen wir Claude«, sagte Xavier in einem Ton, der keine Widerworte duldete.

Die hundertfünfzig Überlebenden nahmen ihre Hippen und bewegten sich im Gänsemarsch zu einer von Gendarmen bewachten Holzbaracke.

»Halt! Da ist kein Durchgang! Was wollt ihr eigentlich hier?«

»Wir wollen nur den Mann abholen, der da drinnen schläft.«

»Aber das dürft ihr nicht. Er ist heute morgen erschossen worden. Wir haben Befehl, hierzubleiben, bis er geholt wird.«

»Eben darum sind wir ja gekommen.«

Die Klinge der *Rustaghia* hatte sich um die Kehle des vor Schreck erstarrten Gendarmen gelegt. Auch die anderen Wachmänner wurden von den Korsen in Schach gehalten.

»Keine Bewegung, dann passiert euch nichts. Sollte aber einer von euch so dumm sein, sich uns in den Weg zu stellen, hat er Pech gehabt. Ein Toter mehr fällt bei dem Gemetzel ohnehin nicht ins Gewicht.«

Vorsichtig legten sie Claude auf eine Tragbahre und brachten ihn zum Schützengraben.

Die Fackeln spendeten dem Toten ein letztes Dämmerlicht.

Xavier bettete seinen Freund neben den Leutnant. Die beiden Soldaten schienen eine Geistertruppe anzuführen.

»Und jetzt halten wir die Totenwacht für sie, wie man es bei uns zu Hause tut«, brummte Xavier. »Laßt uns schwören, daß wir bereit sind, sie wie Lebende zu verteidigen, wenn die Gendarmen versuchen sollten, Claude zurückzuholen.«

»Wir schwören es!«

»Ich brauche ein Stück Stoff. Irgendeinen Fetzen, egal, was es ist.«

Die Männer zerschnitten ein altes Krankenzelt, während Xavier seine Finger in den Dreck tunkte, um das Tuch mit einer Inschrift zu versehen.

»Hier, hängt das bei den Toten auf, damit alle wissen, was wir tun«, wies er seine Gefährten an.

Danach legten die Korsen alle Hippen, die nun nicht mehr gebraucht wurden, vor den Leichen ihrer Kameraden nieder.

Frühmorgens ging die Wachablösung schweigend am Schützengraben vorbei. Die Soldaten brachen auf, um in den Kampf zu ziehen. Zwei von ihnen blieben plötzlich stehen.

»Hast du gelesen, was die Korsen auf das Tuch geschrieben haben?« fragte der eine und las laut vor: *»Franzosen bis zum Tod, Korsen bis in Ewigkeit.«*

Diejenigen, die vom Urlaub an die Front zurückkehrten, hatten nur Trauriges aus der Heimat zu berichten. Durch die lange Abwesenheit der Männer war das Land regelrecht ausgeblutet, und der seltene Schiffsverkehr der Fraysinnet-Linien führte zu großen Versorgungsschwierigkeiten. Der Krieg machte deutlich, wie abhängig die Insel vom Kontinent war.

Auf den Feldern sah man nicht selten das traurige Schauspiel eines kläglichen Häufleins von Frauen, Greisen und Kindern, die den Pflug zogen, um mühsam etwas brachliegenden Boden aufzukratzen.

Was Dominique betrifft, so folgte er blind seinem Leutnant beim Auskundschaften geeigneter Standorte für militärische Fernsprechanlagen. Die Pistole in der Hand und beide Augen an die Fersen des Vorgesetzten geheftet, ahmte er dessen Bewegungen nach, hielt mit ihm inne und warf sich mit ihm an den Boden.

»Aufschließen, Culioli, in Gottes Namen, so schließen Sie doch auf! Wir müssen zusammenbleiben! Und hüten Sie sich, verflucht noch mal, vor den Kugeln und den Splittern. Was sollte aus mir werden ohne meinen Korporal?« mahnte der Leutnant.

Dominique bemühte sich, so dicht wie möglich bei ihm zu bleiben, jeden Abend glücklich über den Tag, den er dem Tod abgerungen hatte. Er hatte einen Zustand erreicht, in dem er nichts mehr empfand. Die Angst quälte ihn nicht mehr wie in den ersten Monaten, aber auch die Momente des kleinen oder großen Glücks, wenn man sich nach einem Angriff wieder in den Armen lag, waren ihm abhanden gekommen: Zu viele Freunde waren nicht zurückgekehrt, und jeder fürchtete sich, neue Bindungen zu Menschen zu knüpfen, die morgen tot sein konnten.

Die Erinnerung, sogar die an seine eigene Familie, schien in einer fernen Vergangenheit erstarrt. Von Zeit zu Zeit erreichte ihn ein Päckchen, das sein Gedächtnis belebte. Doch diesen nostalgischen Bildern fehlte der Glaube an die Zukunft.

Um so präsenter war die Gegenwart, präsent in den explodierenden Granaten, den pfeifenden Kugeln, den leidenden Soldaten. Zuviel Unglück und zuviel Metzelei. Nur ein winziger Hoffnungsschimmer schwebte über dem sumpfigen kalten Gelände, und Dominique bewahrte ihn wie eine Kostbarkeit in seinem Herzen, um sich gegen das tiefsitzende Grauen zu schützen. Er kannte es nur allzugut, dieses plötzliche Gefühl, das ihm Tränen entlockte, ihm den Magen verdrehte und ihn zum Selbstmord trieb. Er zog es vor, nichts wahrzunehmen: keinen Blick mehr auf die verheerten Felder und die im Dreck liegenden Leichen zu werfen. Er zog es vor, sich unter dem Leinentuch der eisigen Langeweile einem geruchlosen Alptraum hinzugeben.

Dominiques Hauptsorge bestand darin, abends etwas von dem Schlaf nachzuholen, der ihm durch die Angriffe verlorengegangen war. Wenn er einen freien Tag hatte, streckte er sich auf seinem Strohsack aus und schlief am liebsten vierundzwanzig Stunden durch. Sofern ihm dann noch etwas Zeit blieb, machte er sich ans Flöhefangen. Es war eine lange und harte Jagd, denn dieses Ungeziefer versteckte sich in jeder Hautfalte. Der Feldsoldat, so hieß es in den höheren Kreisen, gewöhnte sich an alles, an die Müdigkeit, den Hunger, den Dreck, ja sogar an die Dummheit seiner Vorgesetzten, aber niemals an die Flöhe! Kaum, daß man einen zu fassen bekam, den man zwischen den Nägeln von Daumen und Zeigefinger knacken konnte, waren hundert andere da, die sich rachsüchtig und blutgierig auf einen stürzten . . .

Dominique trank nicht und weigerte sich auch, die Freudenmädchen zu besuchen. Wenn er die Langeweile kommen fühlte, schloß er die Augen und dachte an seine Heimat, an den ewigen Maquis und den unzerstörbaren Granit. Gott allein wußte, wie viele Kriege und wie viele Brände der Boden Korsikas schon ausgehalten hatte ... Dennoch war die Insel unverändert so geblieben, wie sie zur Zeit ihrer Schöpfung gewesen war. Die Barbaren hatten sie besetzt, dann die Pisaner und dann die Genuesen. Die Wikinger hatten sie geplündert. Und sie hatte reglos im Mittelmeer ausgeharrt. Jetzt aber hatte man ihr ihre Söhne genommen, damit sie anderswo in den Krieg zogen. Und dagegen kam Korsika nicht an.

Das Jahr 1917 mit all den fehlgeschlagenen Offensiven und den Strömen von Verwundeten, mit all den Krüppeln und Verstümmelten, die nicht das Glück gehabt hatten, zu sterben, dieses Jahr 1917 wollte und wollte kein Ende nehmen.

Der Weltschmerz verbreitete sich wie die Pest und verseuchte die Gemüter. Die Männer sprachen nicht mehr miteinander. Bei jedem Brief füllten die Augen sich mit Tränen. Nachts verließen Soldaten ihre Posten, um zu desertieren. Es war die Rede von Verrat zugunsten der Deutschen – erst recht, seit in Rußland die Arbeiterrevolution losgebrochen war. Der Zar war gestürzt worden, und das Volk hatte die Macht übernommen. Gerüchte über Verbrüderungen zwischen Soldaten der verfeindeten Lager gingen um. Als Antwort auf die zunehmenden Verweigerungen beim Sturmangriff ordnete der Generalstab Erschießungen an. Um ein Beispiel zu statuieren. So starben einige Hundert tatsächliche oder vermeintliche Aufrührer durch die Hand ihrer Kameraden. Zahllose andere zogen gehorsam in den Angriff und endeten im großen Blutbad. Dominique wußte, daß es höchste Zeit war, nach Korsika zurückzukehren.

Wie oft hatte er nicht schon unter einem Kugelhagel im Schützengraben gelegen und sich ausgerechnet, wie lange er brauchen würde, um die Küsten seiner Insel zu erreichen. Er hatte über alle Möglichkeiten nachgedacht, aber nie herausgefunden, wie er in den zwei Wochen, die ein ordnungsgemäßer

Heimaturlaub dauerte, von der Front nach Chéra und wieder zurückkommen sollte. Ratsuchend besprach er das Problem mit seinen Landsleuten, die in ungläubiges Gelächter ausbrachen: »Warte, du willst doch nicht etwa sagen, daß du deine Familie seit drei Jahren nicht mehr gesehen hast?«

»Wie hätte ich es denn anstellen sollen?«

Die anderen sahen einander an, als sträubten sich ihnen die Haare. Dann wandte einer von ihnen sich herablassend und mitleidig an Dominique: »Weißt du, Dominique, in diesem Scheißkrieg sind mir alle möglichen Typen über den Weg gelaufen: alte, junge, Feiglinge und Helden. Aber der größte Idiot, der steht gerade vor mir. Und damit du Bescheid weißt, es tut mir in der Seele weh, daß es ein Landsmann ist.«

Dominique stand auf, rot angelaufen vor Wut: »Sagt mal, wer gibt euch eigentlich das Recht, mich zu beleidigen? Wenn ihr Streit sucht, könnt ihr ihn haben, das garantiere ich euch . . .«

»Hör schon auf, ärgere dich nicht. Du wirst sehen, wenn ich dich von deinen Sorgen erlöst habe, wirst du dich selbst zum König der korsischen Esel ernennen. Für uns Korsen, das hättest du eigentlich wissen müssen, beginnt der Urlaub erst, wenn wir heimatlichen Boden unter den Füßen haben. Sobald du in Ajaccio oder in Bastia angekommen bist, gehst du zu den Militärbehörden und läßt dir den Urlaubsstempel geben. Das muß man dann auch wirklich machen, sonst geht es einem schlecht bei den Kontrollen der Gendarmerie. Aber bis dahin, Dummkopf, fährst du ein bißchen spazieren. Du schaust dir Frankreich an. Nur eine Vorsichtsmaßnahme: Laß dir in jeder Stadt, durch die du kommst, den Schein abstempeln. Man weiß nie . . . Und während du dich amüsierst, spuckt vielleicht irgendein Gewehr die für dich bestimmte Kugel aus, ohne dich zu finden . . .«

Dominique schlug sich mit der flachen Hand vor den Kopf.

»Wie kann man nur so blöd sein. Ich finde es aber auch unglaublich, daß mir das nie jemand gesagt hat!«

»Und wie viele Korsen wart ihr in eurer Kompanie?«

»Ich war der einzige.«

Sieben Tage später stieg Dominique in den Zug. Der Leutnant hatte die Urlaubsbewilligungen unter brüllendem Hurra bekanntgegeben.

Der Lärm des Kanonenfeuers schien diesen Soldaten, die sich endlich wieder wie Menschen fühlten, in weite Ferne gerückt.

Woher sie auch kommen mochten, aus dem Morvan, der Auvergne, der Provence, dem Béarn oder aus Korsika, alle, die mit Dominique im Abteil saßen, freuten sich im voraus, den Scheinfrieden des sogenannten ›Hinterlandes‹ zu genießen.

Manchmal, wenn es draußen etwas zu sehen gab, stürzten sie ans Fenster: Ein unversehrtes Stückchen Wald, Häuser mit aufrechten vier Wänden, heile Dächer, die keinen Schaden genommen hatten. Die Männer reagierten wie Kinder, die staunend erstarren, wenn sie das Meer oder die Berge zum ersten Mal entdecken. Ihre leuchtenden Blicke verdrängten die Spuren der Erschöpfung auf den Gesichtern, die ungepflegten Stoppelbärte, den strotzenden Dreck der Uniformen und den Schweißgeruch.

Je weiter es nach Süden ging, um so einheitlicher wirkte die Soldateska. Der unnachahmliche Akzent der Mittelmeeranrainer setzte sich durch. Dominique lauschte fasziniert. Ein paar Worte, und man fühlte sich zu Hause. Zwei, drei Zeilen von einem Lied, und auf einmal war das Leben wieder da: »O Mann, wie wohl das tut, keine Angst mehr zu haben.«

In Marseille stiegen sie aus. Außer sich vor Freude, stürmten sie über den Bahnsteig, ohne Rücksicht auf die übrigen Passanten.

»Wie glücklich sie sind, unsere kleinen Soldaten!« meinte ein alter Herr, der angerempelt und in eine Ecke gedrängt worden war.

Dominique erreichte den kleinen Platz des Prado, wo die Korsen auf ihre Schiffe warteten. Glücklicherweise bekam er noch am Abend einen Platz, und in der ersten Morgendämmerung hatten die Küsten seines Landes ihn wieder.

War es normal, daß diese mit Maquis bedeckten Felsen ihn derart verwirrten? Dominique hatte die schmerzlichen Freuden der Liebe nie erlebt, aber sie mußten eine gewisse Ähnlichkeit mit dem zwiespältigen Gefühl haben, das einerseits in der Sehnsucht bestand, diese Schönheiten zu teilen, und andererseits in dem Wunsch, sie ganz für sich zu behalten. All die verschiedenen Grün-, Blau- und Brauntöne ... Oh ja, in diesen vergessenen Farben steckte das Leben! An der Front gab es nichts dergleichen, keinen Schimmer von dieser Ewigkeit. Das Rot der Granaten flammte auf, um sogleich in tödlichen Splittern wieder zu erlöschen, und die Leuchtraketen schienen in der Dunkelheit zu erstarren wie grausame Kundschafter, die mit ihrem Lichtschein auf das Leben deuten. Plötzlich war dann die Schwärze der Nacht wieder da, eine ersehnte, schützende Schwärze. Tagsüber dominierte ein schmutziges Braun, die Farbe des Bodens, die Farbe von trockenem Blut.

Ajaccio lag im Winterschlaf. Häuser und Straßen hatten sich kaum verändert, aber die Menschen und die Geräusche waren verschwunden. Gemeinsam mit einigen anderen, die ebenfalls in den Süden wollten, erkundigte Dominique sich nach einem Schiff in Richtung Bonifacio: »Da habt ihr Pech, es ist gerade abgefahren.«

»Aber hätte es denn nicht warten müssen? Gibt es keinen Anschluß für das Schiff, das die Soldaten bringt?«

»Mein armer Freund, wir tun, was wir können, um die Häfen zu versorgen. Wir haben sogar versucht, die Männer, die an die Front gegangen sind, durch Kriegsgefangene zu ersetzen, aber das genügt noch lange nicht. Außerdem heißt es inzwischen, daß man sie uns wieder wegnehmen will! Wie auch immer, das eigentliche Problem liegt woanders, denn in Wirklichkeit nutzen einige die Situation aus, um sich die Taschen vollzustopfen. Sie treiben die Preise in die Höhe, und der kleine Mann bezahlt. Die Lebensmittel sind wichtiger als ihr. Außerdem hatten wir noch Passagiere, die nicht gut warten konnten . . .«

Er zeigte mit dem Daumen auf ein offenes Lager, in dem sich Dutzende notdürftig mit Planen bedeckte Särge stapelten.

»Einfach schrecklich. Und das bei uns . . . Aber was soll man machen? Man findet die Eltern nicht heraus. Also warten sie . . .«

»Und warum hat man sie hierher geschickt?«

»Oh, ich glaube, nur wegen ihrer Militärausweise: ›Soldat Antonini, geboren in Ajaccio . . .‹ Also hopp, nach Ajaccio! Im Augenblick muß es schlimm sein für euch da drüben! Bei all den Särgen, die seit dem Chemin des Dames hier angekommen sind . . .«

Dominique und seine Freunde nahmen ehrfurchtsvoll ihre Kopfbedeckungen ab.

»Dann bleibt uns wohl nichts anderes übrig, als zu Fuß zu gehen. Wenn wir auf die Kutsche warten, verlieren wir einen ganzen Tag. Das ist zuviel . . .«

Sie fürchteten den Fußmarsch nicht und machten sich zuversichtlich auf den Weg. Ihre erste Station war Pila Canale, wo einer der Soldaten wohnte. Die Mutter berührte ihren Sohn wie eine heilige Reliquie.

»O mein Gott, ich danke dir, er lebt! Du hast ihn mir erhalten. Ich danke dir . . .«

Sie konnte sich nicht beruhigen. Immer wieder wischte sie sich die Tränen ab, die ihr über die Wangen liefen: »Ihr wißt ja nicht, wie viele von unseren Kleinen schon tot sind . . . Alle haben Angst, daß der Briefträger mit dem blauen Umschlag kommt. Und wißt ihr, wie sie es einem mitteilen, diese Herren von der Armee? Sag es ihnen selbst, Antunietta. Voriges Jahr haben sie der Ärmsten ihren Enkelsohn getötet.«

Eine alte Frau kam aus der Ecke, in der sie zusammengekauert gesessen hatte. Sie setzte sich einen Zwicker auf die Nase und las mit gebrochener Stimme in abgehacktem Französisch den

Brief vor, den sie zitternd in der Hand hielt: ».. Beim be-
geisterten Sturm auf einen wichtigen, vom Feind besetzten
Posten wurde er am 14. Oktober tödlich getroffen und ver-
schied kurz darauf. Sein Mut wurde gemäß den Vorschriften
des Regiments rühmend hervorgehoben.«
Vorsichtig steckte sie das Papier wieder in den Saum ihres
Kleides und kehrte an den dunklen Platz zurück.
»Hier herrscht die absolute Trostlosigkeit, *u scumpientu*. Man
wartet eben.«
Dominique erinnerte sich an ein Gedicht, das Saveriu Paoli im
März 1914 geschrieben hatte:

> *Canzone sparghite l'ale / Purtate la bona nova*
> *Da lu borgu à lu paciale / A Corsica si rinnova.*

> *Ihr Lieder entfaltet die Schwingen / daß die fröhliche Kunde geht*
> *um / in der Stadt wie auf dem Lande / Korsika erneuert sich!*

Das war drei Jahre her. Eine Ewigkeit für die meisten jungen
Korsen.
Um Mitternacht setzten die Soldaten ihren Marsch fort. Zwölf
Stunden später blieb nur noch Dominique übrig. Kurz vor
Sartène begann es so heftig und so kalt zu regnen, daß er sich
zusammenkauerte, wie er es in den Schützengräben gelernt
hatte. Eine freundliche Wirtin holte ihn ins Haus, gab ihm zu
essen und besorgte ihm eine Mitfahrgelegenheit im Auto.
Das war eine neue Erfahrung für ihn, denn bisher hatte er
Autos nur im Krieg gesehen. Er hätte die Fahrt gern bei
vollem Bewußtsein genossen, war aber so übermüdet, daß er
bis Figari schlief. Endlich erreichte er Chéra. Erschöpft, krank,
der Ohnmacht nahe, blieb er zwei Tage lang im Bett, ohne daß
Julie von seiner Seite wich. Es waren schon mehrere Culioli im
Krieg umgekommen. Sie wachte über ihren Jungen und ließ
niemanden herein.
Als er endlich zu sich kam, strich Julie ihm über den Kopf:

»Der Krieg hat dir fast alle Haare geraubt – immerhin besser als das Leben. Findest du nicht? Zusammen mit dem Schnurrbart sieht es sogar gewichtig, respektabel aus.«

Sie lachte wie ein junges Mädchen. Dann fuhr sie mit ernsterer Miene fort: »Fünf deiner Vettern sind an der Front gefallen. Und Großvater Belkadé ist auch tot. Gestorben wie ein vor den Pflug gespannter Esel. Was ist das für eine Zeit, mein Sohn, die nicht einmal Achtung vor dem hohen Alter und den Ahnen hat.«

»Und Xavier?«

»Xavier? Oh, der schlägt sich immer durch! Man hat ihn wegen einer Heldentat geehrt. Bei Chemin des Dames wurde er verwundet und ist jetzt bei einem Regiment, das sich um die Fernsprecher kümmert. Ja, auch er, mein Kleinster, hat sich sehr verändert . . .«

Am vierten Tag des Heimaturlaubs starb ein weiterer Vetter: Ein Stier hatte ihn auf die Hörner genommen und in der Bauchgegend regelrecht durchbohrt. Der Unglückliche hätte eine Woche später wieder in den Krieg gemußt. Sechs Stunden lang rang er mit dem Tode. Nie hatte ein Sterbender so elendig gelitten. Dabei waren die Todesumstände geradezu absurd. Dieser junge Mann, der drei Jahre Krieg ohne einen Kratzer hinter sich gebracht hatte, war als zufälliges Opfer eines wütenden Tieres unter den schlimmsten Schmerzen zugrunde gegangen. Der Gesang der Mutter drang wie ein verzweifelter Schluchzer in die Häuser ein:

O la latra di la morti / Si ni ghiunghi pianu pianu / Si ni cogda in sulaghiolu / Ci misura come granu.

O räuberischer Tod / Er kommt auf leisen Sohlen / und schleicht zum Speicher rauf / Er mißt uns Menschen wie das Korn.

Zu allem Unglück brachte der Briefträger im Laufe des Morgens auch noch einen der unheilvollen blauen Umschläge.

Wieder war ein Vetter gefallen, diesmal an der belgischen Front. Der Körper war so übel zugerichtet, daß er nicht einmal in die Heimat überführt werden konnte. Während Natalis Familie das relative Glück hatte, den aufgebahrten Leichnam des Verstorbenen beweinen zu können, mußte die Familie des an der Front getöteten Feldsoldaten sich mit einem bloßen Foto begnügen.

Angesichts dieser Situation schienen selbst die *Voceri* deplaziert. Der Tod hatte mit dem Tod nichts mehr gemein. Das Klagelied schleppte sich dahin, wie eine seelenlose Wiederholung, der Ausklang einer todkranken Kultur:

> *Verflucht sei das Los / dieses verfluchten Krieges. / Er hat meinem Herzen / den kostbarsten Zweig entrissen. / Nun will ich nur noch ein Gewehr / und schnell meine Rache vollenden.*

Die geschundene Hand liebkoste das graue Klischee. Die Finger berührten ein Gesicht aus Glanzpapier. In dieser hoffnungslosen Verzweiflung war der blanke Hohn an die Stelle der Tragödie getreten.

Korsika verschwand in der Dunkelheit wie ein Schiff in seinem letzten Hafen. Der *Voceru* klang tonlos und mechanisch. Die Tante wiederholte ihn, weil sie ihn in einem anderen Dorf gehört hatte. Die Gewohnheit machte den Schmerz steril: Zu viele Tote und nicht genügend Lebende.

Die Triebfeder der Energie, die Korsika in stürmischen Zeiten stets vor dem Bankrott bewahrt hatte, war auf den Schlachtfeldern des anfangenden Jahrhunderts gebrochen. Dominique las in dieser unerträglichen Wiederholung das nahe Ende, die Verheißung eines gigantischen Zusammenbruchs.

23

Die Hochzeit

In den Schützengräben träumte Dominique vom großen Glück. Er konnte das Gesicht einer jungen Frau, der er in Figari kurz begegnet war, beim besten Willen nicht mehr vergessen ... Während er auf ein Maultier wartete, hatte ein Verwandter ihn zu sich ins Haus gebeten und ihn in den großen Wohnraum geführt, wo ein wärmendes Holzfeuer brannte. Seine Augen mußten sich erst an die Dunkelheit gewöhnen. Fünf oder sechs Personen sahen ihn neugierig an. Es war so still, daß man kaum mehr als die vom feuchten Holz knisternden Flammen hörte. Der Kamin verströmte einen angenehmen Duft. Dominique erkannte mehrere Spieße mit Wurstscheiben über der Glut. Der Onkel schloß leise die Tür und wies ihm einen Platz zu: »Ruh dich aus. Du wirst müde sein von diesem langen Krieg. Am besten, du setzt dich dort neben Albertine ...«

Er zeigte auf eine junge Frau, deren Gesicht halb im Schatten verschwand. Dann fuhr er fort: »Vielleicht kennst du sie. Sie ist stellvertretende Lehrerin. Darf ich euch vorstellen? Dominique Culioli aus Chéra ... Albertine Luciani aus Cuo.«

Dominique setzte sich zögernd. Die Nähe der jungen Frau verwirrte ihn zutiefst. Er wagte nicht, sie anzusehen, obwohl er sich kaum zurückhalten konnte. Ab und zu, wenn sie einen Spieß umdrehte, beobachtete er sie heimlich. Die Flammen warfen ein seltsames Licht auf ihr sanftes, von den Entbehrungen kaum gezeichnetes Gesicht. Sie hatte langes, lockiges Haar. Zwei- oder dreimal begegneten sich ihre Blicke. Mit klopfendem Herzen wandte er sich ab. Er hatte keine Erfahrung mit Frauen, doch eine innere Stimme sagte ihm, daß diese Albertine Luciani in seinem Leben eine Rolle spielen würde. Schließlich begann er ein unverfängliches Gespräch, in dessen Verlauf er einige interessante Dinge erfuhr. Sie war die jüngste Tochter einer vielköpfigen, durch das männliche Geschlecht gut gesicherten Familie. Man wußte allerdings noch nicht, wie viele ihrer Brüder aus dem Krieg zurückkehren würden. Einer von ihnen war bei den heldenhaften Sturmangriffen des 173. Regiments in Bois-d'Arcy bereits gefallen. Ihr Vater verdiente seinen Lebensunterhalt durch den Verkauf von Pferden, die er bei gutem Wetter nach Bastia brachte.

Die junge Frau antwortete fast unhörbar auf Dominiques Fragen. Als sein Maultier endlich vor der Tür stand und er Abschied nehmen mußte, fühlte er ein Stechen in der Brust. Er war tief von Albertine beeindruckt und dachte sich schon tausend Pläne aus, die aber alle auf das gleiche Hindernis stießen: den Krieg. So wollte er sich denn wenigstens jemandem anvertrauen. Er erzählte seiner Mutter von der Begegnung, einfach so, wie nebenbei, weil ein Sohn derjenigen, die ihm das Leben geschenkt hat, nichts verbergen darf.

»Willst du heiraten, mein Sohn?« war Julies erste Frage.

»Aber wie kommt Ihr denn darauf! Nein, ich sagte nur, daß Albertine Luciani mir gut gefallen hat.«

Nach seiner Rückkehr zu den von Granaten aufgewühlten Schlachtfeldern träumte Dominique nur noch von ihr . . .

Sein Regiment wurde bei sinnlosen und völlig unverantwortlichen Sturmangriffen fast gänzlich aufgerieben. Man zog die Überlebenden in die Region von Soissons zurück. Dort schliefen die Soldaten in seltsamen Grotten, den *Creutes*. Mittlerweile schämten die Männer sich nicht mehr, ihrer Sehnsucht nach Frieden und ihrem Abscheu vor dieser Vergeudung von Menschenleben Ausdruck zu verleihen.

»Später wird man sagen, wir wären Helden gewesen und hätten gekämpft wie die Löwen. Na schön. Aber die Raubtiere wollen, daß man sie jetzt in Ruhe läßt. Ja, genau das wollen sie. Sonst gehen die Schüsse womöglich noch nach hinten los. Unsere Pflicht haben wir längst erfüllt, doppelt und dreifach. Es ist Zeit, daß die Generäle sich selbst in den Dreck werfen und daß wir es sind, die beschließen, wo und wann man sie zu Hackfleisch macht.«

Eines Abends im Kerzenschein holte Dominique ein Buch heraus, das er sich heimlich besorgt hatte und trotz aller Risiken aufbewahrte: »Das Feuer« von Henri Barbusse. Er begann aus dem Kapitel vorzulesen, in dem der Autor das Verhalten der Offiziere anprangerte und beschrieb, inwieweit sie für den Ausbruch und die Fortsetzung der Feindseligkeiten verantwortlich waren.

Im Gewölbe der Grotten hallte seine Stimme wider, und bald hatte er vor Begeisterung jede Vorsicht vergessen. Die um ihn sitzenden Soldaten hörten schweigend zu, als plötzlich lautes Gebrüll ertönte: »Verfluchte Idioten, glaubt ihr denn wirklich, ich hätte ihn gewollt, diesen Scheißkrieg? Glaubt ihr, es machte mir Spaß, mit euch meine Haut zu riskieren? Ich stecke genauso tief im Dreck wie ihr! Also laßt die Finger von diesem verflixten defätistischen Buch und rollt euch auf die Seite, sonst könnt ihr sicher sein, daß das Kriegsgericht kurzen Prozeß mit euch macht. Ihr wißt ja, wie das geht: Schnell, aber gründlich!«

Auf diese Warnung des Leutnants hin wurde die Kerze gelöscht, und die Männer verzogen sich geräuschlos. Am 11. November 1918 um elf Uhr morgens blies der Hornist den Waffenstillstand. Mitten im Hurrageschrei schloß Dominique die Augen. Er war davongekommen. Er lebte. Obwohl er vor Freude hätte jubeln mögen, erschien dieser Sieg ihm allzu bitter. Er zog sich in die Trümmer eines Hauses zurück, legte seinen Mantel auf den Boden und schlief ein, ohne noch einen Gedanken an den Tod oder an die Zukunft zu verschwenden.

Xavier wartete im Hafen von Ajaccio auf das Schiff, das ihn nach ein paar Tagen Heimaturlaub wieder zum Kontinent bringen sollte. Chéra hatte heftig unter der Spanischen Grippe gelitten, einer bösartigen Epidemie, die über ein geschwächtes Korsika hereingebrochen war. Von Corte aus hatte sie den Tod gesät bis in den äußersten Süden und den Verheerungen des Krieges weiteres Leid hinzugefügt. Nun ließen die Nachrichten schon seit einer Woche einen baldigen Sieg vorhersehen. Österreich hatte seinen Waffenstillstand bereits unterzeichnet. Doch die Korsen waren durch Erfahrung mißtrauisch geworden.

Der junge Soldat, der sich auf dem Rückweg in den Krieg befand, vernahm plötzlich lautes Geschrei. Fensterläden flogen auf und Köpfe zeigten sich: »Das ist der Sieg! Wir haben gesiegt . . .«

Das eben noch so leere, durch die Abwesenheit der Männer wie gelähmt wirkende Ajaccio blühte mit einem Schlag auf. Xavier sah, wie die Frauen, allesamt mit schwarzen Tüchern auf dem Kopf, vor Freude weinend aus den Häusern strömten. Auf der Place du Diamant stand ein alter Mann mit zerrupftem Schnurrbart und fiedelte wie ein Teufel, umringt von jungen Mädchen, die ihn so spontan küßten, daß ihm Tränen in die Augen stiegen. Hunderte von Menschen liefen jubelnd durch die Straßen, und der korsische Winter bekam frühlingshafte Züge.

Xavier dachte nicht daran, auf sein Schiff zu gehen. Schließlich hatte auch er Anteil an diesem Sieg. Abends traf sich ganz Ajaccio zu einem festlichen Zug durch die Hauptstraßen der Stadt. Es wurden Soldatenlieder gesungen, und es wurde getanzt. Diejenigen, die nicht herunterkommen konnten oder wollten, standen beifallklatschend an den Fenstern. Xavier genoß das Schauspiel, ohne noch so recht zu wissen, was er eigentlich feierte, den Sieg oder den Frieden. So flanierte er bis spät in die Nacht. Als ihm endlich bewußt wurde, daß er einer der letzten draußen war, setzte er sich auf eine Bank, lehnte den Kopf zurück und schaute in den Himmel: »Der Krieg ist aus ...«

Er konnte es immer noch nicht glauben. Er stand auf und ging in Richtung Zentrum, auf der Suche nach einem Schlafplatz. Sehnsüchtig blickte er zu den erleuchteten Fenstern. In diesem Moment wäre er gern in Chéra gewesen, bei seiner Mutter und bei seinen Schwestern. Er machte eine Runde um den Hauptplatz, als er plötzlich eine sanfte Frauenstimme sagen hörte: »Du weißt wohl nicht, wo du schlafen sollst, Soldat?«

Forschend sah er sich um und entdeckte in der Dunkelheit ein junges, einnehmendes Gesicht.

»Sie haben recht«, erwiderte er. »Vielleicht könnten Sie mir sagen, wo ich ein Hotel finde?«

»Heute abend, Soldat, sollst du bei mir schlafen ...«

Die Frau trat aus dem Schatten. Ihre Kleider waren schwarz wie die Nacht.

»Versteh mich nicht falsch«, sagte sie, »aber meine vier Brüder und mein Vater sind drüben an der Front gestorben. Dies ist meine Art, das Ende des Krieges zu begrüßen.«

Dominique verbrachte jeden Heimaturlaub bei Julie. Die Ärmste hatte ihre Söhne so lange vermißt ... Doch einmal in Chéra angekommen, hatte er kaum noch Lust, aus dem Haus zu gehen, so deprimierend war der Zustand, in dem das ganze Dorf sich befand. Der Steinmetz würde seine liebe Mühe haben, die Namen der für Frankreich gefallenen Culioli in die Gedenktafel zu meißeln. Wie es hieß, waren dreißigtausend junge Korsen im Verlauf des Krieges umgekommen. Die brachliegenden Felder, die leerstehenden Häuser, das unermeßliche Leid der Eltern – diese Wunden wären mit der Zeit vielleicht verheilt. Aber Dominique hatte das Gefühl, daß diesmal die Seele der Insel selbst getroffen war. Korsika überlebte nur reflexartig. So bereiteten die in jeder Hinsicht ewigen Clans beispielsweise im November 1919 die üblichen

Wahlen vor. Aber das war nur eine Fassade, denn im Inneren der Häuser packten die Bewohner ihre Koffer. Der große Aufbruch, der ehemals etwas Erschreckendes gewesen war, galt jetzt als schönste Verlockung.

Dominique regelte seine Angelegenheiten mit System. Julie hatte für ihren Ältesten um die Hand von Albertine Luciani angehalten. Die beiden Verlobten hatten einen ganzen Tag mit Gesprächen über ihre Zukunft verbracht und dabei vereinbart, daß die Hochzeit erst stattfinden sollte, wenn Dominique sich fest in Marseille niedergelassen hatte.

Im Juli wurde er endlich aus seiner Soldatenpflicht entlassen: Fast fünf Jahre hatte er in Uniform verbracht. Das zivile Leben schluckte ihn ohne Übergang. Er mußte sofort eine Wohnung finden, um seine Schwestern unterzubringen. Während er seine Arbeit bei der Postverwaltung wiederaufnahm, dachte er nur darüber nach, wie und wo er seinen eigenen Haushalt gründen könnte. Einmal in der Woche schrieb er an Albertine und stellte seine Beziehung zu ihr auf eine vernünftige Grundlage, reich an Versprechungen für die Zukunft.

Im November schrieb sie ihm dann, daß ihr Vater gestorben sei, gleichsam ausgezehrt vom Krieg. Um ihren Schmerz zu überwinden, bat sie Dominique, die Hochzeit zu beschleunigen.

Am 29. November erhielten die beiden den ehelichen Segen – fast heimlich, könnte man sagen, denn der Pfarrer war nicht bereit, die geweihten Gebete vor Einbruch der Nacht für sie zu sprechen: »Theoretisch müßte die Braut Trauer tragen, verstehen Sie? Sie hat kein Recht auf weiße Kleider! Nur in Schwarz dürfte sie gehen . . .«

24

Die Haushaltsgründung

Xavier, du mußt dir endlich Arbeit suchen. Ich kann dich nicht länger unterhalten. Erinnere dich an die Worte unseres Vaters: Wer im Mondschein wacht, schläft in der Sonne.«

Immer häufiger packte Dominique die Wut auf seinen jüngeren Bruder. Es machte ihn rasend, mit anzusehen, wie dieser sich auf seine Kosten unbeschwert vergnügte. Kokett und eitel wie ein Pfau wurde Xavier erst am Abend richtig wach und stürzte sich begierig in die kleinen Freuden, die ihm das aus der Familienkasse abgezweigte Kleingeld erlaubte.

Dominique ernährte außer seiner Ehefrau und seinem Bruder auch die vier jüngeren Schwestern. Mehr noch, er ließ sie alle bei sich wohnen – zur großen Verzweiflung Albertines, die sich vergebens ein unabhängiges Leben erhofft hatte. Tagein, tagaus gab es Streit in der kleinen Wohnung, meist zwischen der ältesten Schwester, die das Haushaltsgeld verwaltete, und der Jungvermählten, die sich ihrer Rechte beraubt sah.

In dieser Welt der Frauen schwand Dominique der Boden unter den Füßen. Er trieb dahin, ständig bemüht, die gefährlichsten Klippen zu umschiffen. Oft lief er durch den Flur, indem er sich mit beiden Händen den Kopf hielt: »Nun seid doch friedlich! Ihr hört nicht auf zu zanken und zu schreien. Warum eigentlich? Meine liebe Albertine, bei uns ist es nun einmal Sitte, daß die älteste Schwester über die Ausgaben entscheidet. Was kann ich dafür? Habe ich den Brauch etwa erfunden? Willst du vielleicht, daß wir hier, in Marseille, unsere Dorfgewohnheiten vergessen? Was würde dann aus uns? Unglückliche arme Teufel ... Sonst nichts. Leute, die nicht mehr wissen, wohin sie gehören.«

Albertine erwiderte, sie wäre nicht nach Marseille gekommen, um unter der Fuchtel einer anderen Frau zu leben, wer immer die andere sei: »Ich habe einen Mann geheiratet, nicht seine Familie. Eine Familie habe ich selbst. Aber ich weiß ja, seit der Schöpfung sind die Chéraner allen anderen überlegen. Sie sind dies und sie sind jenes, während wir, die Brunnenleute, nur einen Dreck wert sind. Sieh dich einmal um, Dominique, wie es draußen vor dem Fenster aussieht. Wir sind hier in Marseille, nicht mehr in Chéra!«

Der junge Mann versuchte, sich das Leben trotz allem noch einigermaßen erträglich zu machen. Also beschloß er einen zweistufigen Schlachtplan. Erst Arbeit für Xavier, dann Ehemänner für die Schwestern. So konnte es nicht weitergehen. *Tre mali pa'l'omu: a candegda in casa, a zigda fumicosa, a donna ritrosa,* sagte ein korsisches Sprichwort. Drei Dinge sind dem Mann von Übel: die Todeskerze im Haus, ein qualmender Herd und eine störrische Frau.

Wie selbstverständlich suchte er die Lösung seines ersten Problems bei der Administration, der großen Arbeitgeberin all der stellenlosen Korsen. Schon der »Rapport Clemenceau« hatte hervorgehoben, wie viele Abiturienten und Hochschulabsolventen die Insel stellte: viermal mehr als die Hauptstadt. All diese jungen Leute kannten nur eine Sorge: Eine gerecht bezahlte, dem Stand ihrer Ausbildung angemessene Stelle zu finden. Dafür mußten sie ihre Heimat verlassen und aufs Festland gehen. Bei der Post, beim Zoll, aber auch bei der Polizei kamen sie scharenweise unter.

Auf den Zufall der ausgeschriebenen Wettbewerbe mochte Dominique sich nicht so recht verlassen. Im Gegensatz zu vielen anderen Korsen, war er keine Spielernatur. Seit seiner Rückkehr von der Armee besuchte er einen Freundschaftsverband von Landsleuten aus Sartène. In Marseille gab es damals fünfzehn bis zwanzig derartige Verbände, in denen Männer und Frauen aus derselben Region zusammenkamen. Auf den ersten Blick waren sie für die Korsen nur Treffpunkte, aber in Wirklichkeit spielten sie eine äußerst wirksame Rolle bei der materiellen Hilfeleistung. Dort saßen nämlich alle am gleichen Tisch: der Seemann neben dem Politiker, der Beamte neben seinem Vorgesetzten. Es herrschte ein reger Informationsaustausch über das Dorf und die Gemeinschaft, und jedes Mitglied des Verbandes wußte, daß immer jemand da war, der ihm die Hand reichen würde, wenn das Glück ihm eines Tages den Rücken kehren sollte.

Der ihnen eigene Unternehmungsgeist hatte den Insulanern zu Schlüsselposten des städtischen Lebens von Marseille verholfen. 1920 stellten sie zwei Abgeordnete, fünf Departementsräte und einen Bezirksrat. Außerdem glänzten die Korsen schon seit jeher in der besonderen Fähigkeit, sich politisch absolut zweigleisig zu verhalten. Auf dem Kontinent kämpften sie für diejenige Partei, die ihren Vorstellungen oder ihren Ambitionen gerecht wurde. Bei der Wahl in ihrem Heimatdorf hingegen gehörte ihre Stimme selbstverständlich dem Familienclan, oft von der gegenteiligen Couleur. Während Dominique zum Beispiel in Marseille eine ausgesprochen linke Position in allen politischen oder gewerkschaftlichen Fragen bezog, wählte und unterstützte er auf seiner Insel den rechten Clan der Gavini. In den bunt durcheinandergewürfelten Freundschaftsverbänden gab es deswegen kein Scherbengericht. Jeder fühlte sich vollkommen frei. Auf diese Weise erfuhr Dominique, daß der Stellenwettbewerb bei der Polizei, auf den sein Bruder sich gerade vorbereitete, nicht ohne gewisse Einflußnahmen vonstatten gehen würde. Einige Kandidaten hatten mächtige Hintermänner in der Politik. Also mußte er für Xavier schnell einen noch mächtigeren finden. Durch einen Mann seines Clans erbat er eine Audienz bei dem Abgeordneten Jean-Baptiste Canavelli, ehemaliger Postangestellter und überzeugter Sozialist, der ihm folgende Antwort gab: »Monsieur Culioli, ich möchte Ihnen ohne Umschweife sagen, was ich denke. Ich finde solche Praktiken höchst ungerecht, weil sie verhindern, daß die Begabung der einzelnen entscheidet.«

»Da bin ich ganz Ihrer Meinung, Herr Abgeordneter«, erwiderte Dominique. »Aber dann soll man mir auch garantieren, daß solche Praktiken nicht vorkommen. Das wiederum kann mir im Augenblick niemand versprechen, und darum bin ich zu Ihnen gekommen. Die finanzielle Situation meiner Familie läßt nicht zu, daß mein Bruder abgelehnt wird.«

Der beleibte Abgeordnete kratzte sich mit seinen Wurstfingern am Kinn: »Na schön, ich werde mich um Ihren Bruder kümmern, Monsieur Culioli. Aber nur unter der Bedingung, daß er beim Wettbewerb annehmbare Leistungen erbringt. Einverstanden?«

»Mehr hatte ich nie erwartet, Herr Abgeordneter, zumal ich mich auf die Leistungen meines Bruders voll und ganz verlassen kann.«

Xavier wurde als einer der Besten angenommen. Seine Reaktion war höchst unbescheiden: »Ich selbst habe das Ergebnis nie bezweifelt«, meinte er. »Das einzige Problem bei so einem Wettbewerb ist der Kampf gegen die eigenen Leute, die einem jeden Mut nehmen und andauernd fragen, ob man auch sicher ist, daß man es schaffen wird!«

Nach einer etwas schwierigen Eingewöhnungszeit, in der Xavier wieder lernen mußte, Tag und Nacht zu unterscheiden, schien er mit seiner Arbeit zurechtzukommen. Nun galt es nur noch, die Schwestern zu verheiraten.

Jeden Samstag nachmittag fanden von den Freundschaftsverbänden organisierte Bälle statt. Die jungen Mädchen saßen artig aufgereiht wie Mauerblümchen da, eifersüchtig bewacht von ihren Brüdern, die sich gegenüber aufbauten und wild mit den Augen rollten. Die Auserwählten drehten sich, ohne je vom Boden aufzublicken, in den Armen ihrer dienstbereiten Ritter, und setzten sich, sobald der Tanz zu Ende war, wieder auf die Bank – immer noch unter Beobachtung der strammstehenden Brüder.

Dominique und Xavier schafften es tatsächlich, drei ihrer Schwestern auf diese Weise zu verheiraten. In allen Fällen hatte Xavier, sobald der förmliche Antrag durch einen Freund des Bewerbers gestellt worden war, in den Polizeidossiers nachgeprüft, ob der Bräutigam auch unbescholten war. Die vierte und jüngste Schwester heiratete zu Dominiques größter Freude einen Sohn von Antoines bestem Freund. Am Abend dieser Hochzeit legte Dominique sich glücklich schlafen. Er hatte einen guten Teil seiner Verpflichtungen aus den düsteren Jahren von Bonifacio eingelöst.

25

Der Zuhälter

Albertine bemühte sich, ihren von neuem Leben künden-den Bauch trotz der vielen Haushaltsarbeit zu schonen.

»Wenn es ein Mädchen wird, nennen wir es Odette«, sagte sie eines Abends.

Ihr herausfordernder Tonfall verletzte Dominique zutiefst:

»Und warum nicht Julie, wie es der Tradition entspricht? Schließlich wird meine Mutter doch die Großmutter sein.«

»Weil ich es bin, die das Kind austrägt. Und weil es ebensoviel von den Luciani haben wird wie von den Culioli. Außerdem wird es unsere Tochter sein, nicht die der Familie Culioli.«

Dominique begriff, daß Argumente ihm nichts nützen würden.

»Aber warum sollten wir ihr nicht wenigstens einen korsischen Vornamen geben, etwa Catherine oder Marie? Ich weiß auch nicht . . .«

»Nein, Odette. Ein für allemal, Odette. Leben wir denn nun in Frankreich, ja oder nein? Und sie, wird sie französisch spre-chen oder vielleicht korsisch? Ich will, daß sie einen Namen von hier bekommt.«

»Und wenn es ein Junge wird . . .?«

Bei diesem Gedanken wurde Albertine etwas sanfter.

»Wenn es ein Junge wird, soll er von mir aus gern den Namen deines Vaters tragen.«

»Siehst du!«

»Ich finde es ganz normal, wenn man einen Sohn nach dem Vater des Mannes nennt, der ja auch den Familiennamen weitergibt. Für einen Sohn ist das in Ordnung, aber nicht für eine Tochter.«

»Es wird sowieso ein Junge sein, das spüre ich genau . . .«

Es wurde eine Tochter namens Odette, wie die Mutter es gewollt hatte. Albertine hielt sie fest an sich gepreßt und murmelte immer wieder voller Zärtlichkeit: »Jetzt sind wir zwei Frauen, nicht wahr, meine Süße? Und du, du gehörst nur mir allein.«

Die neugeborene Tochter veränderte Dominiques Leben in einer Weise, daß er kaum damit fertig wurde. Seine Geduld schmolz wie Schnee in der Sonne, wenn die Kleine nachts vor Hunger schrie. Oft stand er auf, zog einen Gehrock über das Nachthemd, setzte seinen Hut auf und irrte, Selbstgespräche führend, in dieser Aufmachung durch die Wohnung: »Es ist nur normal«, sagte er sich, »daß ein Säugling nach der Brust verlangt, und wenn es nur normal ist, brauche ich nicht wütend zu sein. Trotzdem bin ich wütend. Das ist widersinnig. Ich muß mich beherrschen . . .«

Er redete so lange auf sich ein, bis der Zorn ihn übermannte: »Das läßt sich ja gut an! Was hat sie denn bloß, daß sie so schreit? Siehst du, Albertine, was dabei herauskommt, wenn man einem korsischen Kind einen französischen Vornamen gibt. Ich fühle mich überhaupt nicht wie ihr Vater, wenn ich sie mit Odette anrede. Nun sag ihr schon, daß sie ruhig sein soll.«

Eines Morgens kam er zu spät zur Arbeit. Die Situation war ihm so peinlich, daß er stotternd nach Worten suchte. Er, der auf die Sekunde pünktlich war, stand mit gesenktem Kopf vor seinem Vorgesetzten: »Entschuldigen Sie bitte, aber meine Tochter hat heute nacht kein einziges Mal geschrien . . .«

»Entschuldigen Sie ebenfalls, aber was hat das mit Ihrer Verspätung zu tun?«

»Nun ja, sonst hat ihr Schreien mich immer zeitig aufgeweckt. Und heute – nichts!«

Die Entwöhnung der kleinen Odette brachte die Großmutter

in die Wohnung. Auf diesen Moment hatte Julie schon lange gewartet: »Endlich kann ich meine kleine Enkeltochter richtig genießen . . .«

Julie schlief jede Nacht woanders, bald bei Dominique, bald bei Xavier oder auch bei einer ihrer Töchter. Nichts von dem Geschehen in den Straßen der Großstadt Marseille konnte die winzige, immer in Schwarz gehüllte Frau erschüttern. Ihre Welt war die Familie. Die weitere Umgebung interessierte sie nicht.

Dominique liebte die Gespräche nach dem Abendessen, die mitten in Marseille eine korsische Atmosphäre wieder aufleben ließen. Er hatte ein Bett in den Salon gestellt, der sich so gelegentlich in ein Gästezimmer verwandelte.

»Als ich 1914 hier ankam, war auch ein Onkel da, der mich aufgenommen hat. Außerdem erinnert das Bett mich an unsere Holzbank in Chéra. Papa hatte sie in der Mitte etwas ausgehöhlt, um den durchreisenden Fremden einen bequemen Ruheplatz zu bieten.«

Ein Vetter namens Ange weihte das Gästebett ein. Er kam geradewegs aus dem heimatlichen Dorf, und sein Gesichtsausdruck hatte etwas Apathisches. In wenigen Worten erklärte er seine Entscheidung: »Außer der Feldarbeit gab es drüben einfach nichts zu tun. Manchmal ließen wir uns von Carrega und Santini als Treiber für die Wildschweinjagd anheuern. Während die Herren vom Kontinent untätig mit ihren Gewehren warteten, kletterten wir auf die Felsen und machten lautes Gebrüll. Wenn es vorbei war, drückten sie uns eine Münze in die Hand, als wären wir ihre Diener. Im übrigen weißt du ja, Dominique, wie die Sachen bei uns laufen. Du mußt dem Clan tausend Bücklinge machen, um die geringste Chance zu bekommen. Und dann kommst du doch erst nach den anderen dran, weil du zu jung bist oder weil du nicht richtig gewählt hast. Oh ja, mein Heimatland! Ich möchte endlich selbst entscheiden und mir Geld zum Leben verdienen. Drüben reicht es immer nur zum Überleben. Darum bin ich hergekommen.«

Dominique dachte nach: »Ich denke, eine Arbeit könnte ich schon für dich auftreiben. Das Schlaraffenland wird es sicher auch nicht sein, aber es kann dir aus der Patsche helfen.«

»Mehr brauche ich im Augenblick auch nicht: Nur ein bißchen Geld, um abzuwarten, was da kommen wird.«

Dominique spielte seine Rolle und sprach bei den richtigen Leuten vor, bis der ›schlecht ausgemistete‹ Bauer mit seinem Samtanzug und dem fettigen breitkrempigen Hut Trambahnfahrer geworden war und sich in einen abenteuerlichen Dandy verwandelt hatte, der den Vetter zur Kaffeezeit aufsuchte, um die extravagantesten Aufmachungen zur Schau zu stellen.

Eines Tages tauchte Xavier unerwartet bei seinem Bruder auf.

»Stell dir vor, der Kommissar hat mich vorgeladen. Und nun rate mal, um wen es geht? Du wirst es kaum glauben: Um unseren guten Ange. Ja! Weißt du eigentlich, wie der Junge sein Geld verdient?«

»Er ist Trambahnfahrer. Ich habe ihm die Stelle selbst verschafft.«

»Na, da kannst du aber stolz sein. Die Ermittlungen der Polizei haben nämlich . . . Nein, rate lieber . . .«

»Xavier, du gehst mir auf die Nerven. Sag doch gleich, was los ist . . .«

»Also gut. Er ist Zuhälter geworden, ein ganz gewöhnlicher Loddel!«

»Und wir, was haben wir damit zu tun, warum stellt man uns nach?«

»Oh, ich merke schon, du hast keine Ahnung, was das für ein Klima ist bei der Polizei. Man stellt sie gerade wieder auf die Beine, wie es heißt. Und man sagt, die Kriminalität käme hauptsächlich von den Korsen und den Italienern. Sobald ein Polizist jemanden in der Familie hat, dem man ein Delikt vorwirft, wird er auch schon vorgeladen und verhört.«

»Und was hast du dem Kommissar geantwortet?«

»Ich war ganz außer mir vor Empörung. Ich habe gesagt, fünfundneunzig Prozent aller Korsen wären anständige Bürger, anständige Polizisten und anständige Beamte. Ich wüßte gar nicht, aufgrund welcher Vorurteile diese unbescholtenen Leute verdächtigt würden. Und so ist es doch tatsächlich! Ich schwöre dir, wenn ich wollte, hätte ich mir bei den Schmuggelgeschäften im Hafen oder in den anderen heißen Vierteln längst eine goldene Nase verdient. Aber ich bin eben Polizist und nicht Anschaffer geworden.«

»Gut, und was ist mit Ange?«

»Ich glaube, Ange hat wirklich Schwierigkeiten. Deswegen nehme ich an, daß er bald hier aufkreuzen wird. Außer uns hat er niemanden, der ihn beschützt. Er wollte wohl zu hoch hinaus. Die Sonne hat ihm die Flügel verbrannt.«

Tatsächlich klopfte Ange in der folgenden Nacht an ihre Tür. Er sprach leise, wie einer, der sich versteckt. Dominique sah ihn forschend an: Aus dem Gesicht sprach Müdigkeit und Angst. Eingehüllt in einen warmen Morgenrock, schlaftrunken und mit verquollenen Augen ließ Dominique ihn herein: »Nun komm schon . . .«

Dann wandte er sich in Richtung Schlafzimmer:

»Albertine, steh auf, und mach uns einen guten Kaffee . . . So, jetzt erzähl, Ange . . .«

Der Vetter trank gierig eine große Schale Milchkaffee. Seine Hände zitterten leicht. Er hatte seinen ganzen Hochmut verloren, und seine Stimme war heiser vor Erregung.

Als Junggeselle sei er nach der Arbeit immer allein gewesen, erklärte er. Wie seine jungen Landsleute hatte er in den korsischen Bars am Hafen gewissermaßen ein Zuhause gefunden. Die Integration war noch zu frisch, als daß die Spreu sich klar vom Weizen geschieden hätte. In den verrauchten Cafés trafen sich kleine Beamte und kleine Betrüger, die manchmal aus dem gleichen Dorf oder gar aus der gleichen Familie stammten. Ange liebte das Kartenspiel, und er war nicht der einzige: An den auf die schnelle mit grünem Filz bespannten Tischen brachten die Männer sich um ihren Schlaf und um ihr Geld. Ange erinnerte sich an Chéra, wo man zum Fest der heiligen Lucia am Boden auf dem Dorfplatz sitzend, gespielt hatte. Im Kerzenschein zogen die Partien sich hin bis spät in die Nacht. Bei jeder Gelegenheit wurden die Karten gezückt. Das einzige, worauf es ankam, war der orkanartige innere Sturm, der die Sorgen des Lebens vom Tisch fegte. Gefühle wie Freude oder Unglück nahmen sich recht dürftig aus im Vergleich zu den durch das Spiel hervorgerufenen Erregungszuständen: Das Herz klopfte wie wild, die Finger klammerten sich um die Karten, und plötzlich fing man an zu hoffen. Diese Hoffnung verteilte sich nicht tröpfchenweise über einen längeren Zeitraum, sondern sie kam schubartig und so heftig, daß man wie auf glühenden Kohlen saß. War es da noch verwunderlich, daß die durchspielten Nächte manchmal mit einem Mord endeten? Man mußte schon Kontinentale sein, um den Grund für solche Gewalttaten in belanglosen Streitereien um das Geld zu suchen. Die wahren Triebkräfte waren Leidenschaft, Haß, Neid und Hoffnung. In Korsika paarte sich die Liebe zum Spiel mit der Liebe zu den Waffen. Und hier, im Hafen von Marseille, erlebte Ange dieses Gefühl, sein eigenes Schicksal einen Moment lang zu beherrschen, zum ersten Mal wieder mit der alten Intensität. Er verlor, er gewann, er starb ein wenig, aber er lebte viel.

Eines Morgens nach einem erfolgreichen Spiel bot ihm der unglückliche Verlierer, ein kleiner Zuhälter vom Cap Corse, statt Bargeld eine Frau an: »Du wirst sehen, sie ist noch jung. Eine Großverdienerin ist sie zwar nicht, aber es war ja auch keine große Partie, die wir gespielt haben. Mit ihr und deiner Stelle als Trambahnfahrer ist deine Zukunft gesichert, Ange. Nimm die Frau und ihr Revier. Glaub mir, damit bist du gut bedient.«

Der unerfahrene kleine Chéraner sehnte sich danach, das Bäuerliche, das immer noch an ihm war, endlich abzuschütteln. Im Augenblick war er noch ein ungeschliffener Möchtegern. Jetzt hatte er die Chance, sein eigener Goldschmied zu werden.

Man nannte sie einfach Mado. Sie hatte einen blonden Wuschelkopf, der die Männer aus dem Süden scharenweise anzog. Ein bombensicherer Trumpf also – und trotzdem verstand sie es nicht, ein gutes Geschäft daraus zu machen. Ihrem Blick fehlte jenes verführerische Blitzen, das die Kunden zahlungswillig macht. Sie schien sich über alles zu belustigen, selbst über die Ratschläge, die Ange ihr gab.

Zwischen ihr und ihm war nichts oder jedenfalls nicht viel. Um ihr zu zeigen, wer ihr neuer Herr war, hatte er sie zwei- oder dreimal genommen. Ansonsten war Mado eben Mado, sein Straßenmädchen. Eine alterslose Unperson. Sie gab ihm Geld, und er beschützte sie.

Bis er sie eines Morgens sah, wie er sie nie gesehen hatte: nackt und ungeschminkt. Ein zufälliges Geräusch, eine Bewegung ... Mado wandte den Kopf. Und diese spontane Geste hatte etwas so Anmutiges, so Leichtes, daß es Ange die Sprache verschlug. Er spürte einen Kloß im Hals. Er verstand das nicht, ließ sich aber, wie bei jeder anderen Gelegenheit, von seinem Instinkt leiten. Er sah sie an. Sie hatte sich abgeschminkt, und diese Tatsache allein hob die Grenze zwischen dem Mädchen und seinem Beschützer auf. Bis dahin hatte die Botschaft der aufgetragenen Farben Mados Rolle definiert. Ange konnte diese gefallene Person nicht als eine Frau ansehen, die gleichwertig mit seiner Mutter oder mit seinen Schwestern war. Die Ehre der Dirnen erstarb unter den klebrigen Schichten der aufgetragenen Schminke. Wie Schmetterlinge trugen sie die Merkmale der Prostitution an ihren Körpern und trennten sie dadurch von der Welt der Menschen.

Nun aber entwickelte sich zwischen Mado und Ange eine Zuneigung, der die beiden sich so leidenschaftlich hingaben, daß in Mados Hotel die Fensterscheiben bebten.

Die Verwandlung der jungen Frau zeigte sich auch in ihrer Arbeit. Weil sie Ange liebte, wollte sie, daß er schön war, daß er sich mit den großen Zuhältern im Hafen messen konnte.

»Ich will einen Mann, der Eindruck macht. Schluß mit den lumpigen Klamotten.«

Ange ließ sich verwöhnen, dankbar wie ein schnurrender Kater. Was konnte er mehr verlangen: Seine Frau ernährte ihn, sie kleidete ihn, und sie liebte ihn wie keine andere. Hinfort stellte der Chéraner sich zur Schau. Er stolzierte in die Zuhälterbars, um sich bewundern zu lassen.

Die Männer aus dem Milieu legten größten Wert auf ihre Kleidung. Ihr Stolz vertrug sich schlecht mit jeder Art von Mittelmäßigkeit. Am späten Nachmittag, wenn die Herren ausgeschlafen hatten, schlenderten sie zu ihren Stammlokalen und ließen sich lässig an den für sie reservierten Tischen nieder. Den Hut in den Nacken geschoben, saßen sie mit ernster Miene vor einem Glas und kommentierten die kleinen Neuigkeiten des Tages. Nach den aktuellen Themen diskutierten sie die Weltereignisse. Jeder, der hereinkam, wurde mit abschätzenden Blicken empfangen, taxiert, beurteilt. Man verglich die Qualität der Kleidung. Wie eh und je galten Krokoschuhe mit abgewetzten Schuppen als verräterisches Zeichen des beruflichen Niedergangs.

»Ange«, hatte man ihm erklärt, »wir Beschützer sind wahre Männer, keine Leisetreter. Wir brauchen uns nicht zu verstekken. Bei einem guten Krokoschuh müssen die Schuppen knirschen. Dafür hat der liebe Gott sie gemacht. Wenn sie beim Laufen nicht mehr knirschen, gehören sie auf den Müll. Ein Mann, der lautlos geht, ist entweder blank oder ein Heuchler. In beiden Fällen halt dich fern.«

Ange aber spürte die Liebe in seinem Herzen wuchern. Mado gefiel ihm, und er kam nicht dagegen an. Niemals in seinem kurzen Liebesleben hatte er eine Frau so begehrt. Die Erfahrungen, die er in Chéra hatte sammeln können, waren verschwindend, da die traditionelle korsische Gesellschaft außereheliche Beziehungen verbot. Jedes Zuwiderhandeln war so riskant, daß einem als Ausweg oft nur das freiwillige Exil in möglichst weiter Ferne blieb. Natürlich gab es auch Frauen, die sich für billiges Geld anboten, vor allem in Bonifacio. Aber die Vergnügungen, die Ange dort gefunden hatte, waren nichts gegen die Umarmungen seiner Mado. Wenn er nur daran dachte, war er wie von Sinnen. Und auf einmal fand er es unerträglich, daß andere Männer zu ihr gingen, selbst wenn sie Geld dafür bekam. Er wollte diesen Körper ganz für sich allein. ·

»Ich muß zusehen, daß ich anders Geld verdiene, als durch sie«, sagte er sich.

Von nun an zeigte Ange sich seltener im Hafen, ohne daß dies seine Kollegen aus dem Milieu über die Maßen beunruhigte. Er ließ sie wissen, daß er noch lebte, damit keiner ihm seine Straßenecke stahl, das war alles.

Eines Abends betrat er die Bar »L'Aigle impérial« und steuerte direkt auf die hinteren Räume zu. An den Tischen drängten sich die Spieler, größtenteils Korsen, wenn man nach der Sprache ging.

Als er hereinkam, blickten alle auf, um sich zwei Sekunden später wieder in ihr Spiel zu vertiefen. Ange wandte sich an Jean de Calenzana: »Ich muß geschäftlich mit dir reden, Jean.«

»Da bist du ja wieder! Ich dachte schon, du wärest nicht mehr unter den Lebenden . . .«

»Ich muß mit dir reden.«

»Warte, Ange, bis die Partie zu Ende ist. Du weißt doch, Karten sind heilig.«

»Was ich dir zu sagen habe, ist wichtiger als deine Karten«, drängte Ange.

Jean erhob sich protestierend, während seine vier Mitspieler ungeduldig stöhnten.

»Ich komme sofort wieder«, sagte Jean. »Wartet einen Augenblick. Und jetzt, Ange, erklär mir bitte, was so wichtig sein soll, daß ich die Partie extra unterbreche.«

»Ich habe gehört, du hättest ein paar alte Schrippen abzugeben, die den Einsatz nicht mehr wert sind . . .«

»Langsam, Junge, langsam! Nur nicht übertreiben! Ich habe schließlich einen guten Ruf. Meine Frauen sind schön genug, daß ich sie bei Licht vorzeigen kann. Jean de Calenzana schickt keine Frauen auf den Strich, die man im Dunkeln verstecken muß. Bei mir gibt es Qualitätsware. Was alt und räudig ist, stoße ich ab. Nicht, daß ich kein Herz hätte. Aber ich kann es mir nicht leisten.«

Höhnisch grinsend fuhr er fort: »Warum fragst du? Bist du unter die Schrotthändler gegangen? Und Mado? Genügt sie dir nicht mehr?«

»Kümmere dich nicht um meine Angelegenheiten. Für wieviel würdest du mir deine Scherben denn verkaufen?«

Jean de Calenzana bewegte die Schultern, so daß seine Jacke sich straffte.

»Na schön, gehen wir einen trinken. Du weißt ja, Geschäfte machen durstig.«

In einer einzigen Nacht kaufte Ange sechs Frauen, die als Ausschußware galten – schnell entschlossen, um die Preise nicht in die Höhe zu treiben. Dann suchte er sich ein kleines Lager im Hafen, einen Barackenbau, der als Absteige dienen sollte und gut genug war für die anspruchslosen Besuche von Spaniern, Italienern, Senegalesen und Arabern. Mit beruhigender Regelmäßigkeit sorgten die Frauen dafür, daß genügend Geld ins Haus kam. Sie arbeiteten nach ihrem eigenen Rhythmus. Ange ließ ihnen volle Freiheit, solange sie ihm einen bestimmten Anteil garantierten. Nicht nur, weil er sie nicht unter Druck setzen wollte, sondern auch, weil Mado ihm geraten hatte, ihnen mehr als üblich von dem Verdienst zu überlassen. Diese Haltung war etwas ganz Neues für sie, die die verächtliche Brutalität eines Jean de Calenzana noch in frischer Erinnerung hatten.

»Jean konnte nicht ertragen, daß man älter wird. Als würden Schläge die Zeit zurückdrehen und die Haut wieder straffen! Wenn wir in unserem Alter schon so abgeschafft sind, kommt das vielleicht auch daher, daß wir dem Kerl das Beste von uns selbst in den Rachen geschmissen haben. Aber für ein Danke-schön kannst du dem lange hinterherlaufen. Typen wie der kriegen nie genug. Wenn es ihm etwas einbringen würde, einen Ziegenbock auf uns anzusetzen, ginge er noch heute persönlich auf den Markt, das Tier zu kaufen. Bei Ange ist das ganz anders, er sieht uns als Menschen an. Was ich sagen will: Mit den Schwarzen, den Muselmännern und den Makkaronis in der Holzbude hier am Hafen haben wir das reinste Para-dies.«

Mado gab sich hinfort nur noch Ange hin. Er allein hatte ein Recht auf ihren Körper. Aber es war selbstverständlich, daß sie deswegen nicht die Hände in den Schoß legte, was sie im übrigen auch gar nicht wollte. Sie erbot sich, die Kasse für Ange zu machen und das Geld einzutreiben.

»Wenn ich es tue, finde ich das sogar besser. Dann sind wir nämlich unter Frauen, und wenn es Schwierigkeiten gibt, werden wir schon miteinander klarkommen. Du beschützt uns, und alles andere überläßt du mir.«

Mado schlug Alarm, als sie eine der Frauen blutüberströmt an einen Poller gefesselt im Hafen fand. Ange eilte sofort zu der Verletzten: »Wer hat dich geschlagen? Du mußt es mir sagen. Das ist Männersache.«

Die Frau murmelte den Namen eines kleinen Zuhälters aus Sartène, der keinerlei Einfluß hatte. Aber Ange glaubte nicht an einen Zufall, an eine grundlose Gewalttat. Das korsische Milieu war in dieser Nachkriegszeit erst im Entstehen, und es gab noch reichlich Platz für ein friedliches Zusammenleben.

Er bekam die Antwort, als er am Steuer seiner Trambahn saß. Zuerst spürte er, daß jemand hinter seinem Rücken stand, dann hörte er eine Stimme leise und drängend auf korsisch sagen: »Unsere gemeinsamen Freunde haben mich gebeten, dir etwas auszurichten, Ange. Mit deinen Schmeißfliegen stiehlst du ehrlichen Leuten ihr Brot. Deine Preise sind so niedrig, daß du den anderen die ganze Kundschaft nimmst. Ich rate dir, verzieh dich . . .«

Die Trambahn blieb ruckartig stehen.

»Zeig mal her, was für ein Saukopf bist du denn eigentlich, daß du hier mit mir sprichst wie ein Pfarrer im Beichtstuhl?« hörten die verblüfften Fahrgäste den Mann im Führerhaus sagen. »Sieh mich genau an, du Leisetreter. Ich bin Ange Culioli aus dem Dorf Chéra, und deine Köhlerweisheiten gibst du bitte an den Absender zurück. Sag dem Calenzaner, er täte gut daran, sich mit mir nicht anzulegen. Und jetzt hau ab, sonst verpasse ich dir eins mit dem Brenneisen.«

Am gleichen Abend fiel Mado tödlich getroffen auf das Pflaster des Hafens. Der Mann hatte sich ihr ruhig genähert, ehe er ihr eine Ladung Kugeln in den Leib jagte. Dann hatte er ihr zum Zeichen der Verachtung ein Geldstück zwischen die Zähne gesteckt. Ange zeigte keine Regung, als eine der Frauen ihn informierte. Sein Kopf war hohl und leer. Er wußte nur, daß er eine heilige Pflicht zu erledigen hatte. Er stieß die Bartür auf: »Ist der Calenzaner da?«

Der Wirt deutete mit einer Handbewegung auf den Hinterraum.

Als Jean de Calenzana ihn erblickte, sagte er mit einem breiten Grinsen: »Sieh an, der Witwer . . .«

Ange packte ihn an der Nase und drückte seinen Kopf nach hinten, bis der Stuhl umfiel. Dann setzte er sich rittlings auf den am Boden Liegenden, die Nase immer noch fest im Griff, zog mit der Rechten einen Revolver aus der Tasche und schob ihm den Lauf in den offenen Mund: »Von Mado hättest du die Finger lassen sollen. Wir hätten uns wie Männer geschlagen, und vielleicht wärst du sogar der Stärkere gewesen. Aber sich an einer Frau zu vergreifen, und noch dazu an meiner Frau, ist eines Korsen nicht würdig. Leb wohl, alter Junge, und schöne Grüße von Mado.«

Die Detonation kam ihm vor wie in weiter Ferne.

»Alle Mann hiergeblieben, niemand verdrückt sich!« befahl Ange den Umstehenden. »Wenn ihr keine Schwierigkeiten wollt, laßt die Leiche im Hafen verschwinden. Diese Sache geht die Polizei nichts an.«

Aber nicht nur die Leiche mußte verschwinden, sondern auch Ange hatte gute Gründe. Er kaufte sich eine Schiffsfahrkarte nach Amerika. Dort würde er in der Anonymität eine neue Existenz beginnen. Blieb nur noch das Problem der Einschiffung, das angesichts der nach Rache dürstenden Calenzaner, die alle Zugänge zum Hafen überwachten, keine bloße Formalität mehr war. Aus Angst vor ihnen hatte Ange Zuflucht bei der Familie gesucht.

Xavier, unverzüglich herbeigeeilt, begrüßte den Verwandten weit lebhafter als Dominique: »Du und Zuhälter, das darf doch nicht wahr sein! Monsieur ist ein Loddel. Nein, schlimmer noch: Ein kleiner Loddel. Und jetzt, wo du in der Scheiße sitzt, kehrst du weinend in den Schoß der Familie zurück. Was glaubst du eigentlich, wer wir sind, du Trottel? Dominique ist Postbeamter und Familienvater. Ich für meinen Teil bin Polizist, Bulle. Und als Bulle habe ich kaum etwas übrig für Strolche wie dich, die nicht mehr wissen, was Ehre heißt.«

Ange erhob sich unter den Beschimpfungen: »Du sprichst von Dingen, die du gar nicht kennst. Wo und wann soll ich die Ehre der Familie denn verletzt haben?«

»Findest du vielleicht, daß es den Namen der Culioli erhöht, wenn er auf dem Hafenstrich fleißig durch den Dreck gezogen wird?«

»Erstens bin ich nie auf den Strich gegangen, weil das nur die Mädchen tun. Und zweitens: Hätte ich auf meinen Job verzichtet, wäre ein anderer gekommen ...«

»Es ist zum Verzweifeln«, seufzte Xavier entwaffnet.

In wenigen Minuten dachte er sich eine Taktik aus, stellte sie in groben Zügen dar und beruhigte Dominique, der sich vor den Konsequenzen des waghalsigen Planes fürchtete: »Keine Angst, wenn wirklich alles schiefgeht, zücke ich meinen Polizeiausweis, obwohl das vielleicht das Ende meiner Karriere ist.«

Ein paar Stunden später hatten Albertine und die Schwestern bereits fünfzehn Männer der Familie benachrichtigt, daß sie sich, gut angezogen, mit einer handlichen Waffe vor Dominiques Wohnung einfinden sollten.

Als Xavier sie dann kommen sah, traute er seinen Augen nicht: »Aber warum habt ihr denn bloß eure Hochzeitskleider aus dem Schrank geholt? Es ist doch kein Karneval und auch keine Kommunion! Aber jetzt ist es zu spät. Wir bleiben, wie wir sind. Hat jeder seinen Revolver? Versteckt sie gut.«

Die Onkel und die Vettern schoben ihre aus dem Krieg mitgebrachten Waffen in die Taschen. Xavier fuhr fort, Anweisungen zu erteilen: »Albertine, hast du den Kinderwagen? Los, Ange, rein mit dir!«

Ange bekam es mit der Angst: »Aber der ist ja winzig, das halte ich niemals aus.«

»Der Wagen ist so groß wie deine Überlebenschance, wenn du dich nicht bald verkrümelst«, erwiderte Xavier. »Wir haben genug Ärger wegen dir. Also mach schon, und hör auf zu jammern. Sieh uns an: Fünfzehn Männer, die alle eine ehrenwerte Stellung haben. Wir setzen unseren Ruf und unsere Existenz aufs Spiel, um dich zu retten. Nur, weil du ein Culioli bist. Und jetzt steig ein.«

Xavier deckte Ange mit Babydecken zu.

»Fertig. Albertine, wärst du bereit, den Wagen zu schieben?«

Die junge Frau hatte sich schon den Mantel angezogen.

»Einen Culioli, einen Fürsten der *Mezza-Muntagna* wie einen Säugling im Kinderwagen schieben? Glaubst du, den Spaß ließe ich mir entgehen? Um nichts in der Welt! Von mir aus kann es losgehen.«

Der Kinderwagen quietschte unter dem Gewicht. Albertine schob ihn mit einem stillen Lächeln um den Mund, begleitet von fünfzehn Männern in Festkleidung. Xavier ging an der Spitze und spähte sämtliche Ecken aus. Niemand sprach ein Wort, so groß war die Spannung. Ab und zu ließ Xavier den ganzen Trupp anhalten. Die Hände näherten sich vorsichtig den Hosentaschen. Dann ging der Marsch weiter. Hinter einem Tor begann das Hafengebiet.

Immer noch steif vor zur Schau getragener Würde verschwanden die Culioli in einem Lager, um den vom langen Stillhalten gliederlahmen Vetter aus dem Versteck zu befreien.

»Ich danke euch allen, meine Verwandten«, sagte Ange. »Sobald ich in New York bin, lasse ich von mir hören.«

Mit Tränen in den Augen fielen die Männer sich in die Arme.

»Vielleicht komme ich eines Tages reich zurück. Dann werde ich es euch vergelten«, versprach Ange zum Abschied.

Die kleine Gruppe entfernte sich und machte sich auf den Rückweg durch die erwachende Stadt. Alle liefen durcheinander, endlich von der Angst befreit.

26

Die letzte Vendetta

Albertine war fortgegangen, um eine Stelle als Lehrerin in Vauxtin an der Aisne anzutreten. Dominique konnte es nicht fassen. Unruhig lief er in der leeren kleinen Wohnung auf und ab und hoffte beim leisesten Geräusch auf ein Wunder, das ihm Frau und Kinder zurückbringen würde.

Beladen wie ein Flüchtling hatte sie den Zug genommen, so schwer bepackt, daß sie kaum gehen konnte, im Arm den schlafenden kleinen Antoine, dessen Kopf bei jedem Schritt hin und her wackelte, und am Rockzipfel die dreijährige Odette.

Wieder und wieder wälzte Dominique die Ereignisse in seinem Kopf, um herauszufinden, an welchem Tag und in welchem Moment Albertine diesen unheilvollen Entschluß wohl gefaßt haben mochte. Gewiß, das Zusammenleben mit ihm war nicht immer leicht, und er neigte dazu, beim geringsten Streit aus der Haut zu fahren. Aber sonst tat er alles, um die Seinen glücklich zu machen, einschließlich Albertines Familie, für die er seit den Schicksalsschlägen der jüngsten Zeit keine Mühe gescheut hatte. Einer von Albertines Verwandten war in die ›Irrenanstalt‹, wie man damals sagte, eingeliefert worden. Der Unglückliche hatte den Krieg einfach nicht verkraftet. Als Mitglied des Expeditionskorps in den Dardanellen hatte er in jener Feuerhölle gekämpft, die binnen weniger Tage vierhunderttausend jungen Leuten zum Verhängnis geworden war. Oft weinte er, wenn Dominique ihn besuchte, und bemühte sich vergebens, die grauenvollen Bilder des Gemetzels durch Handbewegungen zu vertreiben.

»Du hast den Tod ja auch erlebt, Dume«, sagte er. »Aber du kannst dir nicht vorstellen, wie entsetzlich er in der prallen Sonne ist. Ich hatte geglaubt, bei Licht, inmitten der wilden Natur, wäre er leichter zu ertragen. Aber ich hatte mich geirrt: Es machte ihn nur noch furchtbarer. Die Landschaft dort unten war wunderschön. Aber nach vierundzwanzig Stunden fingen die Leichen an zu stinken, und wir konnten nicht weg. Manche von uns zitterten am ganzen Leib vor Fieber. Ihr hattet wenigstens den Schlamm, den Regen und die Kälte, die so ein Blutbad fast normal erscheinen lassen. Während das Nebeneinander von Schönheit und Tod ... Es ist grauenhaft. Was soll ich sagen? Daß ich Korsika seither mit anderen Augen sehe als früher? Nachts wache ich auf, weil ich zu ersticken glaube. Ich sterbe ohne Ende, Dominique. Aus diesem Grunde ist es mir wohl manchmal lieber, einfach zu vergessen. Dann erinnere ich mich an nichts mehr, Dominique. An gar nichts mehr. Ich habe Angst, und ich schäme mich. Obwohl ich doch genau wie du die Hochschule bestanden habe, als einer der Besten sogar! Und inzwischen habe ich Frau und Kinder! Sag, Dominique, glaubst du, daß ich es schaffen werde, endgültig zu vergessen?«

Das Befinden des Kranken schwankte von einem Besuch zum anderen. Manchmal überraschte Dominique ihn in einem schon fast erfreulichen Zustand der Erregung, mit tausend Zukunftsplänen. In anderen Momenten traf er auf einen völlig entkräfteten Mann, der plötzlich hemmungslos in Tränen ausbrach: Sein Blick verschleierte sich, die Hände fielen schlaff herunter, und er sprach nur noch über den Tod und über die Schmach.

»Versteh doch, Dominique, bei uns zu Hause gibt es keine Menschen, die so fertig sind. In den Dörfern leben sie mit der Familie zusammen. Aber hier, in dieser Großstadt ... Wohin sollte ich schon gehen? Zurück nach Korsika? Von einem so unglückseligen Geschöpf wie mir will niemand etwas wissen. Ein Glück, daß du mich besuchen kommst. Wirst du das auch in Zukunft tun, sag? Ohne dich wüßte ich nicht, was aus mir werden sollte.«

Da ein Unglück aber selten allein kommt, wie es sprichwörtlich heißt, klopfte es – gleichsam zur Bestätigung – nochmals bei Albertines Familie an und schlug eine ihrer Schwestern mit jener Krankheit, die so gefürchtet war, daß niemand ihren Namen auszusprechen wagte: der Tuberkulose.

Je mehr Dominique darüber nachdachte, um so klarer wurde ihm, daß die Veränderung, die in seiner Frau vorgegangen war, auf jene furchtbaren Tage zurückging. Tuberkulose! Jeder kannte ihr unausweichliches Ende, aber alle sprachen von ihr wie von einer schleichenden Grippe. Eine Krankheit der Armen, der Elendsquartiere, der Einwanderer. Warum war sie ausgerechnet in die Familie Luciani eingebrochen?

Albertine konnte den Zerfall in ihrer Familie nur schwer ertragen. Sie rächte sich an der Welt, die sie umgab, der Welt der Culioli. Alles an diesen Menschen erschien ihr hassenswert: Das Vertrauen in die Zukunft, der problemlose Zusammenhalt, der ihnen Sicherheit verlieh, das ungetrübte Selbstbewußtsein. Sie wollte fort, in die Fremde, Schluß machen mit diesem Leben, das für sie nur Enttäuschung und Betrübnis war.

Das Wort ›Kolonien‹ war für sie ein Zauberwort, der Schlüssel zum Paradies. Dominiques Schwestern, die dorthin ausgewandert waren, schickten manchmal Postkarten, die selbst den dümmsten Bauern zum Träumen gebracht hätten. Ja wirklich, diese Weiber scheuten keine Prahlerei: Rücksichtslos priesen sie ihr müßiges Leben, versüßt durch die Allgegenwart einheimischer Diener.

Abends schloß Albertine die Augen und träumte von einem dieser fernen Länder, in denen jede Kleinigkeit des Lebens so unendlich einfach erschien.

Ohne Dominique ein Wort zu sagen, hatte sie die notwendigen Schritte unternommen, um wieder als Lehrerin arbeiten zu können und ihm eines schönen Tages ruhig und entschlossen den Einstellungsbescheid zu präsentieren. Ihm war nur ein einziger Gedanke durch den Kopf geschossen: Das unbändige innige Glück, das er bei Antoines Geburt empfunden hatte, würde nun zu Ende sein, und er würde erneut kämpfen müssen, um die widerspenstige Ehefrau, die für ihn so wichtig war, zurückzugewinnen.

Gewiß, Nordfrankreich war nicht Indochina, so daß er sie wenigstens in den Ferien würde besuchen können ... Er versuchte, in Albertines Gesicht eine Spur zu finden, irgendeine Regung, die ihm erlaubt hätte, Hoffnung zu schöpfen oder aufzugeben. Alles wäre ihm lieber gewesen, als abzuwarten. Er war verunsichert: Das Leben hatte ihn nicht gelehrt, die Seelen seiner Nächsten zu erforschen und dabei wie ein Kapitän die Klippen zu umschiffen. Er glaubte zu wissen, was für die Familie gut war und was nicht. Jetzt aber stand er vor einem Problem, zu dem ihm der Schlüssel fehlte. Er mußte abwarten. Er hatte Vertrauen in die Ordnung der Dinge. Seine Frau würde zurückkehren, weil es anders gar nicht sein konnte. Man mußte den Wunden Zeit lassen, auf natürliche Weise zu heilen.

In Marseille widmete er sich den korsischen Angelegenheiten intensiver denn je, um nicht in Verzweiflung zu versinken. Albertine war schon bald ein ganzes Jahr fort, als er die Nachricht erhielt, eine Vendetta bedrohe sein Heimatdorf Chéra mit einem furchtbaren Blutgericht. Die Boten, denen man auf den ersten Blick ansah, daß sie frisch von der Insel kamen, klärten ihn mit wenigen Worten über die Gründe des Dramas auf: »Es geht um eine verlassene Frau und um die gekränkte Ehre ...«

Es war blutiger Ernst. Man durfte wohl sicher sein, daß bald die Gewehre sprechen würden.

Im Grunde ging die ganze Geschichte auf das Jahr 1905 zurück. Aber damals hatten andere, aufregendere Ereignisse sie aus dem Bewußtsein verdrängt. 1905. Für Dominique klang diese Jahreszahl wie Totengeläut: Sie erinnerte an den Tod des

Vaters. Für andere bedeutete sie die Trennung von Staat und Kirche. Für das Dorf Chéra schließlich war 1905 das Jahr der ersten gemischten Heirat: Damals läuteten die Glocken die schöne Verbindung zwischen einer Frau namens Culioli und einem Mann namens Piétri ein. Mehrere Monate lang wurde das Paar neugierig beobachtet, dann nahm die Familie es in ihren Schoß auf.

Zur gleichen Zeit lebte in Saparelli eine Familie mit sieben Kindern, von denen nur eines ein Mädchen war. Der älteste Sohn führte seine blühenden fünfundzwanzig Jahre fröhlich in der kleinen Welt von Alta Rocca spazieren. Redegewandt und kräftig wie ein Stier, verschwendete er seine ganze Energie auf den Jahrmärkten der Bergdörfer. Man sagte ihm nach, daß er ein Schürzenjäger sei, und das Gerücht war wohlbegründet. Kein Wunder, daß dieser Filou eines Tages auch nach Chéra kam und zweien seiner Cousinen Schmeicheleien sagte. Er tat es mit soviel Überzeugungskraft, daß die arglosen armen Mädchen sich von ihm verführen ließen. Später schworen sie bei der Heiligen Jungfrau, er hätte ihnen die Ehe versprochen. Man glaubte ihnen, denn in den hoch oben auf den Felsen gelegenen Dörfern hielt man es kaum für möglich, daß ein Mädchen so von Sinnen sein konnte, daß es sich einem Mann hingab, ohne die Konsequenzen abzuwägen. Schließlich waren andere schon aus weniger schwerwiegenden Gründen ins Kloster geschickt worden!

Wie dem auch sei, eines Morgens ging das Gerücht, der feine Liebhaber hätte das Weite gesucht. Das Bett war noch warm, und der Lump ließ zwei schwangere Mädchen zurück. Die Brüder schickten Botschaften in alle Welt. Bis hin in die fernsten Kolonien waren sämtliche Korsen auf dem laufenden, daß ein Culioli von anderen Culioli wegen Verführung und Schwängerung gesucht wurde.

Jede der beiden Frauen brachte eine Tochter zur Welt, die sie im verborgenen erzog, versteckt vor den Blicken der anderen. Sobald eine von ihnen sich dem Waschhaus näherte, verstummten die Gespräche. Bei beiden zog der Sündenfall die ganze Familie in seinen Bann, und die Brüder der Geschändeten zeigten sich finster und argwöhnisch. Die Stunde der Vendetta hatte geschlagen. Erst der Tod des Schuldigen würde sie beenden.

1919 heiratete eines der gefallenen Mädchen den einzigen verfügbaren Mann aus der Region, der nicht den Namen Culioli trug. Seine erste Frau war an der Spanischen Grippe gestorben. Sie hatte außer dem gerade aus dem Krieg heimgekehrten Ehemann zwei Kinder hinterlassen. Die neue Verbindung erhielt ihren Segen zwar ohne den üblichen Prunk, aber sie wandte das Schicksal der ledigen Mutter zum Guten.

1924, während die Vendetta das Herz der in ihrer Ehre gekränkten Brüder mit unverminderter Glut verzehrte, kam ein Telegramm nach Chéra. Der Verführer, in der Zwischenzeit Witwer geworden, machte der Familie ein Angebot: Er erklärte sich bereit, die unverheiratete der beiden Frauen, die er vor neunzehn Jahren geschwängert hatte, zu ehelichen, und bat gleichzeitig um die Gewährleistung seiner eigenen Sicherheit. Auf diesem Ohr aber waren die Brüder der ledigen Mutter taub. Sie warteten schon viel zu lange auf die Genugtuung, denjenigen, der ihre Qualen verschuldet hatte, zu bestrafen. Jeder Tag hatte ihren ungestillten Haß noch etwas verstärkt. Wie konnte dieser sittenlose Kerl sich einbilden, das ganze Unglück wäre plötzlich aus der Welt, nur weil er es so beschlossen hatte? Sie untersuchten den Briefumschlag. Er kam aus Bizerte in Tunesien. Die rachsüchtigen Brüder kannten niemanden in dieser Stadt. Sie hatten also keine Möglichkeit, über einen Mittelsmann für die Wiederherstellung der Gerechtigkeit zu sorgen. Es gab natürlich auch die Lösung, daß einer von ihnen nach Bizerte fuhr. Aber in diesem Fall würde der Rächer nach vollbrachter Tat unfehlbar seinerseits von den Vettern des Toten umgebracht, und die Vendetta würde kein Ende nehmen. Zahlreiche Culioli würden elendig im Kerker enden ... Nein, es mußte einen anderen Weg geben, den Mann, der ihre Ehre gekränkt hatte, verschwinden zu lassen. So wollte es die Tradition.

Der Reumütige hatte einen Bruder mit Namen Arena, der in Chéra lebte und offenbar gut im Dorf zurechtkam. Aber so sehr Arena die Schandtat des anderen auch mißbilligte, ein Bruder war eben ein Bruder, den er notfalls mit der Waffe in der Hand verteidigen würde.

Die Culioli ließen ihm nicht die Zeit, lange darüber nachzudenken: Eines Morgens wurde er überfallen und verschwand, ohne eine Spur zu hinterlassen. Seine Familie verständigte die Polizei, die sogleich Patrouillen in die nähere Umgebung schickte. Kurz darauf ließen die Entführer wissen, daß sie Arena nur herausgeben würden, wenn sein Bruder bereit wäre, nach Chéra zurückzukehren, um die gerechte Strafe zu empfangen. Ein nüchtern formuliertes Geschäft: »Wenn Jean nicht wiederkommt, wird der andere sterben«, lautete der Text.

Die Antwort des gegnerischen Clans war nicht weniger deutlich: »Wenn Arena ermordet wird, bleibt keiner von euch verschont. Die Vendetta wird so furchtbar sein, daß der Himmel von ihr widerhallt und daß sie den Menschen ewig im Gedächtnis bleibt.«

So war der Stand der Dinge, als Dominique von den Ereignissen erfuhr. Die Familienbande ließen ihm keine Wahl, als für Arenas Entführer Partei zu ergreifen. Eine Alternative gab es nicht. Die Moral, insbesondere die der *Pinzuti*, hatte hier, wo es um die Bande der Blutsverwandtschaft ging, keine große Bedeutung. Wäre Arena ein direkter Vetter gewesen, hätte Dominique ihn ebenso fraglos unterstützt. Die gleiche Haltung vertrat Xavier, der sich auf der Stelle von seinem Dienstherrn beurlauben ließ und schon im Begriff war, die Koffer zu packen.

»Du weißt Bescheid«, sagte er zu Dominique. »Die Manzueti lassen ihre Verwandten aus Marokko, Tunesien und Algerien anreisen. Wie man hört, treffen die Männer nach und nach in

Chéra ein. Wenn wir nicht auch hinfahren, sind unsere Leute in der Minderheit.«

»Wir sollten die Dinge in aller Ruhe überlegen, Xavier. Heutzutage steht auf Mord die Todesstrafe, und die Justiz nimmt auf unsere Bräuche keine Rücksicht. Versuchen wir lieber, die Gemüter zu beruhigen . . .«

»Die Gemüter beruhigen? Du träumst wohl, Brüderchen! Wir werden der Welt ein Beispiel geben, was lebendige Ehre ist! Kommt es vielleicht auf die Gründe der Vendetta an? Hauptsache, wir sind wir selbst geblieben. Und wenn es nötig ist, daß einer mit dem Tod bezahlt, wird es ein großer Moment für die Familie sein.«

Am folgenden Sonntag traf Don Ghiaseppu, ein Vertreter des gegnerischen Familienzweiges, dem auch Jean angehörte, in Marseille ein. Er hatte Tunesien in Begleitung eines ganzen Trupps bis zu den Zähnen bewaffneter Verwandter verlassen. Jetzt machte er Station, um bei Dominique anzuklopfen, und zwar nicht nur aus Anstand, sondern auch, um die Lage zu klären: »Wir wollten dir guten Tag sagen, ehe wir nach Chéra fahren, um diese häßliche Geschichte ein für allemal aus der Welt zu schaffen«, begrüßte er Dominique. »Weißt du, mein Sohn, man darf den Unterschied zwischen denen, die auf der Insel geblieben sind, und denen, die in den Kolonien leben, sicher nicht aus den Augen verlieren; trotzdem kann ich nicht verstehen, warum die Vendetta ausgerechnet jetzt entflammt, wo die Sache doch gerade in Ordnung zu gehen schien. Wir Tunesier, wie ihr uns nennt, haben wichtigere Dinge im Kopf, als auf einer ehrenrührigen Kränkung herumzureiten und uns heute für eine Affäre zu schlagen, die sich neun Jahre vor dem katastrophalen Kriegsausbruch ereignet hat. Seither ist doch, zum Teufel, noch mal viel Wasser den Bach hinuntergeflossen, oder? Natürlich werden wir nicht tatenlos zusehen. Wenn es sein muß, kämpfen wir mit. Aber es wäre uns sehr viel lieber, in Frieden nach Hause zurückzukehren. Darum wollten wir uns erkundigen, wie ihr, die Culioli Grijoli, zu der Sache steht?«

»Don Ghiaseppu«, erwiderte Dominique, »Ihr legt den Finger auf ein Problem, das ich mir hundertmal gestellt habe. Auch ich bin ein friedfertiger Mann, genau wie mein Vater. Außerdem, Ihr sagtet es bereits, haben die Zeiten sich geändert. Wir sind nicht mehr die Bergbauern von einst. Doch bevor ich Euch meine Entscheidung sage, sollt Ihr wissen, wie ich fühle. Jean hat sich damals übel benommen. Die beiden Mädchen und ihre Familien haben viel durchgemacht – von den Kindern ganz zu schweigen. Wäre man Jean vor zwanzig Jahren auf die Spur gekommen, hätte ich keinen Finger gekrümmt, um ihm seine Strafe zu ersparen. Heute bietet er an, den Schaden wiedergutzumachen, aber man kann die Zeit nun einmal nicht zurückdrehen. Andererseits finde ich es ungerecht, daß Arena für den Fehler seines Bruders zahlen soll. Wir werden darum strikte Neutralität bewahren. Aber ich bitte Euch, seid vorsichtig.«

Don Ghiaseppu machte eine beruhigende Handbewegung: »Glaub mir, Dominique, uns liegt nichts daran, die Situation zu verschärfen. Im Gegenteil, wir wollen sie in den Griff bekommen. Allerdings muß Arena freigelassen werden.«

Nachdem Xavier fertig gepackt und seinen Dienstrevolver zwischen der Wäsche versteckt hatte, eilte er zu seinem Bruder. Stürmisch kam er herein und knallte die Tür laut hinter sich zu: »Wie stehts? Nehmen wir heute abend noch das Schiff?«

»Wir fahren nicht.«

»Was ist los? Bist du verrückt geworden?«

»Keineswegs, aber ich habe eben mit dem Tunesier gesprochen. Wir halten uns aus der Sache raus.«

Xavier fuhr sich nervös durch die Haare.

»Ich hoffe, du machst Witze? Für mich kommt es nämlich gar nicht in Frage, meine Verwandten im Stich zu lassen.«

»Setz dich einen Moment, Xavier, ich werde dir alles erklären.« Der jüngere Bruder sah ihn an wie ein ungezähmtes Raubtier hinter Gittern: »Na schön, aber sieh zu, daß du mich überzeugst, sonst glaube ich am Ende noch, daß du wegen deiner Schwierigkeiten nicht mehr ganz bei Verstand bist . . .«

»Als erstes wird Arena freigelassen, das steht fest. Ich weiß, daß der alte Manzuetu die Entführung organisiert hat. Außer ihm gibt es wohl auch niemanden, dem diese Dreistigkeit zuzutrauen wäre. Da muß man schon von der alten Schule sein, wenn du mir den Ausdruck gestattest. Keiner von seinen Söhnen würde eine Tat begehen, für die er gerichtlich belangt werden kann. Also was meinst du, was passieren wird? Der Alte wird nachdenken, wenn er den Tunesier kommen sieht. Und er wird begreifen, daß der Punkt, an dem es kein Zurück mehr gibt, schneller erreicht wäre, als ihm lieb ist. Im übrigen weiß er, daß der Tunesier genauso denkt wie er. Die beiden sind von der gleichen Generation. Wenn sie miteinander verhandeln, werden sie schon einen Ausweg finden, der die Ehre beider Seiten respektiert. Die Sache läuft auch ohne uns, verstehst du? Warum sollten wir uns einmischen?«

»Und diesen Quatsch erzählst du mir in aller Seelenruhe? Mit Ehre hat das jedenfalls nichts zu tun. Wo bleiben eigentlich die Brüder des sitzengelassenen Mädchens in deiner seltsamen Geschichte?«

»Xavier, wir können uns nicht immer nur nach unseren Gefühlen richten. Es gibt andere Dinge auf dieser Welt. Die Zeiten sind vorbei, das mußt du ein für allemal begreifen. Ich bin das Oberhaupt der Familie, und ich möchte, daß die Meinen glücklich sind. Manchmal denke ich, daß du den gleichen Charakter hast wie Albertine. Die Brüder der ledigen Mutter werden sich schon an die neue Situation gewöhnen. Jean will ihre Schwester heiraten? Na schön, auf den künftigen Schwager werden sie ja wohl nicht schießen! Und das dürfte auch das beste sein!

Weißt du, Xavier, die Ehre ist ein gerader Weg und keine verwinkelte Gasse, in der man an den Ecken herumstehen kann. Sie ist eine gemeinsame Verhaltensregel, die über allen anderen steht, weil sie das Problem im Zusammenhang und nicht aus der Sicht des einzelnen begreift. Es wird alles gut werden. Glaub mir, so ist es die beste Lösung.«

Am nächsten Tag vor Sonnenaufgang versammelte der Tunesier seine Männer, die über Nacht in Sotta geblieben waren, und wies sie an, das Haus der Manzueti zu umstellen.

»Vor allem dürft ihr sie nicht beleidigen«, hatte Don Ghiaseppu ihnen eingeschärft. »Wir sind nicht hier, um die Vendetta auszutragen, sondern um den Streit zu schlichten. Zeigt ihnen, daß ihr zu allem entschlossen seid, daß ihr euch einen Angriff nicht gefallen lassen würdet. Aber provoziert sie nicht. Nehmt ihnen die Munition ab, aber gebt ihnen die Gewehre zurück, denn ein entwaffneter Mann fühlt sich in seinem Stolz verletzt.«

Zwei Gendarmen, die an Ort und Stelle nach dem Rechten sehen wollten, wurden aufgefordert, sich ein Versteck zu suchen und ruhig abzuwarten.

»Ich bitte um Verständnis«, sagte der Tunesier, »aber dieser Streit geht nur die Familie etwas an. Von mir aus bleibt da und schaut zu, aber mischt euch nicht ein.«

Don Ghiaseppu betrat das Haus allein. Das große Porträt des alten Manzuetu hing an der rußgeschwärzten Wand. Die Farben waren abgeblättert. Mit dem Preisverfall der Holzkohle hatte der Wohlstand ein Ende genommen, und die gewöhnliche Unordnung war auch ins Haus der Manzueti wieder eingezogen.

Aus dem Schlaf geschreckt und entsprechend verstört, kam der Alte aus seinem Zimmer:

»Oh, Don, du bist es . . . Wie geht es dir? Fast hätte ich dich nicht wiedererkannt. So viele Jahre sind vergangen. Damals warst du ein junger Mann. Mein Gott, mein Gott . . .«

Ohne sein Gegenüber auch nur eine Sekunde aus den Augen zu lassen, setzte er sich mit aufgestützten Ellbogen an den Tisch.

»Don Ghiaseppu!« fuhr er fort. »Wenn du wüßtest, was für ein Traum deine Abreise für uns war, die wir im Dorf zurückblieben! Ja, zurückbleiben ist genau das richtige Wort für das, was wir damals empfanden. Du hattest beschlossen, als Soldat über das Meer zu fahren. Und jetzt bist du wieder hier ...«

Der Tunesier zog seinen schweren Dienstrevolver aus der Tasche: »Ich bin nicht übers Meer gekommen, um die Erinnerung an verflossene Zeiten zu beleben, sondern um die Interessen meiner Verwandten zu verteidigen. Wir wissen, daß du derjenige bist, der Arenas Entführung angezettelt hat ...«

»Deinen schlechten Charakter hast du offenbar nicht verloren! Was du dir da so zusammenreimst ...«

»Ich habe keine Zeit, mir deinen Blödsinn anzuhören. Du redest daher wie ein trotteliger alter Bauer. Wenn du erlaubst, kläre ich dich kurz über den Stand der Dinge auf. Ehe wir gestern nach Sotta kamen, haben wir den Staatsanwalt von Sartène besucht. Wir haben ihm gesagt, wie wir die Entführung sehen, und vor allem, daß du für die Sache verantwortlich bist. Du weißt also Bescheid: Wenn hier Blut fließt, wanderst du ins Gefängnis. Außerdem werden wir mit auf die Suche nach Arenas Entführern gehen. Glaub mir, wir werden sie finden. Man wird ihnen nichts zuleide tun, aber sie werden es mit dem Schwurgericht zu tun bekommen, und am Ende ihrer Reise wartet Cayenne. Verstanden?«

Der Alte zuckte verächtlich die Schultern: »Du hast dich sehr verändert, Don, ja wirklich, sehr verändert. Es kommt mir vor, als hätte ich es nicht mit einem Korsen zu tun, sondern mit einem *Pinzutu* von der schlimmsten Sorte. Ja, ich habe verstanden: In Zukunft laufen die korsischen Angelegenheiten über den Kontinent oder über die Kolonien. Soll ich dir nun sagen, daß ich mich geschlagen gebe? Von mir aus, aber nicht ich habe verloren, sondern wir alle haben verloren. Glaubst du etwa, die Brüder des armen Mädchens würden sich damit zufriedengeben? Solange ich die Dinge in der Hand hatte, konnte noch alles in Ordnung gebracht werden. Ich bin schließlich kein Hitzkopf: Ich habe einen Sohn, der die Hochschule besucht hat, und einen anderen, der beim Präfekten von Marseille verkehrt. Aber die Brüder der ledigen Mutter, mein lieber Don, kennen nichts als ihre Ehre, von der sie geradezu besessen sind. Wie willst du sie dazu bringen, auf dich zu hören? Sag? Was schlägst du vor?«

»Ich werde dafür sorgen, daß Mutter und Tochter ein glückliches Leben führen. Jean heiratet die Frau, und wir garantieren den beiden eine gesicherte Zukunft. Wenn sie Geld brauchen, hilft unsere Familie aus. Wir wollen nur, daß diese törichte Feindschaft endlich beendet wird.«

Am nächsten Tag war Arena frei, und die offizielle Klage wurde zurückgezogen.

Nachdem Jean die Hand der verschmähten Geliebten lange in seiner Hand gehalten und die inzwischen zur Frau herangereifte Tochter umarmt hatte, erlosch die Glut der Vendetta. Mit großem Prunk wurde die Hochzeit gefeiert, in Anwesenheit der beiden Alten, die sich nach zwanzig Jahren an den verschiedenen Küsten des Mittelmeeres unendlich viel zu erzählen hatten.

Nur Xavier war nicht gekommen.

»Korsika ist verdorben«, hatte er zu Dominique gesagt. »Und da erwartest du noch, daß ich an dieser Hochzeit teilnehme?«

Xaviers große Liebe

Xavier grübelte nicht gern; er zog es vor, andere Menschen zu beobachten und sich auf das Urteil seiner Sinne zu verlassen. Er wußte zwar, daß diese nicht immer alles erfaßten, aber eine solche Schwäche war ihm lieber, als sich mit tiefsinnigen Begründungen zu belasten, die er für künstlich und im Endeffekt für ebenso fehlerhaft hielt. Für ihn war das Leben nur schön, wenn es unmittelbar unter die Haut ging.

Die höheren Dienstgrade hielten ihn allesamt für anmaßend, effizient, ehrgeizig und unbestechlich. Fest stand, daß der junge Polizeibeamte jeden Zwang verabscheute, daß er den Papierkram haßte und den Schwachsinn der Administration unerträglich fand. Monat für Monat hatten die vorgesetzten Kommissare ihn in Ermangelung besserer Lakaien damit beschäftigt, endlose Berichte über die größten Belanglosigkeiten zu schreiben.

Er, der täglich davon träumte, mit gezückter Waffe in den Straßen von Marseille auf Verbrecherjagd zu gehen, saß seine Zeit hinter staubigen Aktenbergen ab und zückte allenfalls die Schreibfeder. Bis ein Zwischenfall ihn eines Tages heftig mit seinem Vorgesetzten aneinandergeraten ließ.

Der Kommissar, dem Anschein nach ein tugendhafter Mann, hager und gewissenhaft, pflegte in Wirklichkeit zwei Leidenschaften, die ihn gänzlich mit Beschlag belegten: Die Freimaurerei und die Theorie der Seelenwanderung! In hartnäckigen Diskussionen hatte er Xavier von der Wohlbegründetheit der ersten überzeugt und für seine Aufnahme in eine Loge gesorgt. Was indes die Seelenwanderung betraf, so wollte der junge Korse sich nichts erzählen lassen. Der andere aber ließ nicht locker: »Sie werden schon noch auf den Geschmack kommen, Culioli, glauben Sie mir. Die Reinkarnation ist eine große Hoffnung! Sehen Sie mich an: Ich habe überhaupt keine Angst vor dem Tod, weil ich ganz sicher bin, dereinst auf die Erde zurückzukehren. Bei der Ameise ist das anders: Sie kann nach ihrem Tod nicht weiterleben! Verstehen Sie, worauf ich hinaus will, Culioli? Die Ameise hat mehr Grund als unsereins, sich vor dem Tod zu fürchten, denn der Mensch scheidet nur, um ins Leben zurückzukehren . . .«

Der Kommissar fühlte sich wie auf einem anderen Stern. Er hörte nicht auf, wunderbare Pläne für den Tag zu schmieden, da er in Gestalt eines Hundes oder eines Zickleins unter die Seinen zurückkehren würde! Doch im Gegensatz zu diesen Hirngespinsten, die mit der rigidesten Moral noch vereinbar waren, brachte die Freimaurerei ernste Probleme mit sich.

Eines Nachmittags stieß Xavier im Büro des Kommissars, der ihn zu sich bestellt hatte, auf einen vornehm gekleideten, hochmütig wirkenden Mann, den er sogleich als einen berüchtigten Zuhälter erkannte, gegen den jüngst ein Vorführungsbefehl ergangen war. Der Kommissar wies Xavier einen Stuhl zu: »Setzen Sie sich. Wir haben etwas zu besprechen. Sehen Sie, Culioli, dieser Mann ist Freimaurer wie wir, ein Bruder. Er kam herein und machte das große Notzeichen. Darum wollen wir die Welt der Polizei einen Augenblick verlassen und gemeinsam überlegen, was wir für ihn tun können.«

Xavier spürte eine maßlose Wut in sich aufsteigen. Er öffnete den Mund, räusperte sich und sagte: »Sie scherzen wohl, Herr Kommissar! Dieser Mann ist in erster Linie ein Mädchenhändler, der Weiße nach Tanger verkauft. Ein ganzes Netz hat er unter sich – und das wissen Sie genau! Er wird polizeilich gesucht, weil er einer der wenigen ist, gegen die unsere Fahndungsstellen Beweise sammeln konnten . . .«

»Ich glaube, wir haben uns nicht richtig verstanden, Culioli. Ich sagte eben, daß er ein Bruder ist . . .«

»Offenbar haben Sie mich nicht richtig verstanden, Monsieur! Für uns Korsen ist die Bezeichnung Bruder etwas Heiliges. Seien Sie so freundlich, ziehen Sie unsere Gefühle nicht in den Schmutz. Ich habe Ihnen klar gesagt, was ich von der Situation halte. Wenn Sie gestatten, diskutieren wir ein andermal über die Freimaurerei, aber gewiß nicht vor einem Individuum wie diesem. Ich werde dafür sorgen, daß er festgenommen wird. Ich bin Freimaurer geworden, um einen Beitrag zur Gerechtigkeit auf dieser Welt zu leisten. Nicht um solchen Dreckskerlen die Hand zu reichen.«

Der Mann hatte Xaviers Erklärungen schweigend mit angehört. Jetzt stand er auf, stellte sich vor ihn und machte erneut das große Notzeichen. Außer sich vor Empörung versetzte Xavier ihm eine schallende Ohrfeige. Der Kommissar war fassungslos: »Culioli, Sie verlieren den Verstand. Ich verbiete Ihnen jegliche Gewalt, hören Sie? Jegliche Gewalt . . .«

Xavier drehte sich auf dem Absatz um, drauf und dran, die zweite Ohrfeige auszuteilen: »Sie haben mir nichts zu verbieten! Sie nicht! Und schon gar nicht jetzt, in diesem Augenblick. Sie sind Polizeibeamter, und dieser Kerl hier wird gesucht. Wenn Sie ihn nicht festnehmen lassen, verspreche ich Ihnen einen Skandal, an den Sie denken werden. Ich mache Sie so klein, daß Sie als Ameise wiedergeboren werden, darauf können Sie sich verlassen. Ich gehe jetzt, aber ich bleibe vor der Tür. Wenn ich den Halunken frei herauskommen sehe, drücke ich ihm meine Dienstpistole ins Genick und sperre ihn eigenhändig in die Zelle!«

Fünf oder zehn Minuten später tauchten zwei Uniformierte auf, verschwanden im Büro und führten den Mann unsanft in Handschellen ab. Xavier stand immer noch vor der Tür. Es überraschte ihn nicht, daß er hereingerufen wurde. Der Kommissar sah ihn scharf an, indem er sich den rechten Augenwinkel rieb.

»Sagen Sie, Culioli, wenn ich mich recht erinnere, wollten Sie doch lieber im Außendienst tätig sein . . .«

»Ja, Herr Kommissar, ich bitte schon seit einer Ewigkeit um meine Versetzung aus den Büros . . .«

»Na schön, hören Sie, ich werde mich darum kümmern, und zwar ernsthaft. Ich merke jetzt, wie unerläßlich es für Sie ist, etwas – wie soll ich sagen? – frische Luft zu schnappen. Fangen wir damit an, daß Sie an meiner Stelle zu den Banketten gehen. Ich bin Vegetarier, und ich verabscheue diese Abende, an denen nur geplaudert wird.«

Xavier war außer sich vor Freude. Der Gedanke, daß er eine neue Welt entdecken würde, beflügelte ihn unabhängig von der Frage, um welche Welt es dabei ging. Seit einiger Zeit konnte er den engen Rahmen der Familie und der Gewohnheiten kaum noch ertragen: Dominique verbreitete eine deprimierende Traurigkeit, seit seine Frau und seine Kinder fort waren. Selbst die verschwiegenen Besuche bei Madame Juliette, die ein Freudenhaus unterhielt, brachten Xaviers nicht mehr die gleiche Befriedigung wie früher. Er konnte den sinnlichen zarten Geschöpfen zwar immer noch allerhand Reize abgewinnen, aber die Erregung und die Neugier der ersten Zeit waren im Laufe der Monate ziemlich abgestumpft. Er wünschte sich ein wechselvolles Leben, intensiv und jeden Tag anders. Auch die Politik beschäftigte ihn – eine alte korsische Leidenschaft. Was taugten die *Pinzuti* schon im Vergleich zu den Insulanern, die seit ihrer zartesten Kindheit mit den Feinheiten des Ränkespiels vertraut waren? Und welches Machtgefühl mußte man empfinden, wenn man in der Politik bis ganz nach oben kam! Der Abgeordnete Canavelli hatte ihn übrigens zu einer solchen Karriere geraten:

»Sie sind ehrgeizig, Culioli. Gehen Sie doch in die Politik, Sie werden bestimmt Erfolg haben.«

Xavier quälte sich lange mit der Frage, welchem Lager er sich anschließen sollte. Wo würde er seine Ideen mit dem Streben nach optimaler Effektivität verbinden können? Die Erinnerung an den Krieg empörte ihn ebenso wie jede Art der sozialen Ungerechtigkeit. Aber die bolschewistische Revolution mit ihrer Zwangskollektivierung und der Verstaatlichung des Eigentums war für ihn auch keine Alternative: Sie erschreckte ihn auf andere Weise, und die Lektüre mancher Zeitungsartikel ließ sein korsisches Bauernblut erstarren.

Sollte er vielleicht Sozialist werden? Wohl am ehesten – aber nicht so einer wie Canavelli, der den fortschrittlichen jungen Kräften, die sich nach den unglückseligen Zeiten des Krieges gerade erst wieder sammelten, einen Maulkorb anzulegen versuchte. Die überalterten Strukturen der S.F. I.O. (Section Française de l'Internationale Ouvrière) bremsten den Eifer der Jugend, statt ihn zu fördern und zu nutzen. Größeren Gefallen fand Xavier an der Einstellung und dem Werdegang eines Mannes aus dem Niolu namens Simon Sabiani. Bis 1923 hatte Sabiani der kommunistischen Partei angehört. Dann war er der »Union socialiste communiste«, die sich auf dem Parteitag von Tours gegen eine Spaltung ausgesprochen hatte, beigetreten. Sabiani beeindruckte die Scharen seiner Anhänger durch ungewöhnlich mitreißende Reden: Er sagte die Wahrheit in ganz alltäglichen Worten. Und wenn er die Grausamkeiten des Krieges beklagte, zeugte die Behinderung, die er selbst durch einen Granatsplitter davongetragen hatte, von der Ernsthaftigkeit seines Anliegens.

Seit 1925 Mitglied des Departementrats, bewarb er sich jetzt um den Posten eines Abgeordneten. Seine Chancen lagen in der Prinzipientreue der korsischen Wähler.

Xavier hatte sich nach einer Wahlversammlung mit ihm unterhalten und sich mit ihm angefreundet. Er diskutierte gern mit diesem Helden des Ersten Weltkrieges, der keine Spur persönliche Eitelkeit besaß: »Weißt du, Xavier, ich habe in Douaumont ein Auge verloren und war fünfmal verwundet. Man hat mich mit Ehren überhäuft. Aber die Wahrheit finde ich nur, wenn ich nach Hause komme, nach Casamaccioli, in mein Heimatdorf. Dort stelle ich mich vor das Mahnmal und lese die Namen der Meinen, die im Krieg gefallen sind. Für sie kämpfe ich, für unsere Kinder.«

Obwohl Xavier ihn überaus schätzte, wollte er auch in seiner Partei nicht Mitglied werden: »Ich bin kein Organisationsmensch«, erklärte er. »Ich muß es erst zu etwas bringen. Außerdem dürftet ihr wohl für die Freimaurerei kaum etwas übrig haben. Wenn ich nicht irre, gibt es in der kommunistischen Partei sogar eine Ausschlußklausel, seit 1920 glaube ich . . .«

»Das betrifft dich nicht. Du bist Korse, genau wie ich. Wir werden doch nicht anfangen, uns untereinander auszuschließen. Für dich steht jedenfalls immer ein Platz zur Verfügung.«

Xavier, der ›rote Bulle‹, gab die spitzen Bemerkungen, mit denen man ihn auf den Banketten traktierte, gelassen zurück. So war er wenigstens beschäftigt und vorübergehend von der Langeweile abgelenkt . . .

Die Stimmung auf diesen Empfängen war immer gleich: dumpf und drückend. Wenn Xavier um sich blickte, sah er nur dicke Bäuche und grau in grau. Die Frauen zogen sich gewöhnlich in eine Ecke zurück, um Törtchen zu naschen und Banalitäten auszutauschen. Gott sei Dank gab es reichlich Alkohol, der wenigstens die Augen leuchten ließ! Auf einmal klangen die Stimmen lauter, weniger gedämpft, ehrlicher vielleicht. Wellenförmig schwollen die Geräusche an, bis sie von den Deckengewölben der Empfangssäle geschluckt wurden.

An einem dieser überraschungslosen Abende irrte Xavier von einem Glas zum anderen, als er plötzlich einen Haarschopf entdeckte, oder vielmehr eine Bewegung . . . nein, eine gewisse Kopfhaltung . . . Er wußte es selbst nicht mehr. Ohne Rücksicht auf die anderen Gäste bahnte er sich einen Weg, wie fasziniert von der Vision. Der Alkohol hatte seinen Sinn für wohlanständiges Benehmen ausgeschaltet, und er schob die Umstehenden mit den Ellbogen beiseite. Er hatte keine Ahnung, wie er das Gespräch beginnen sollte. Plötzlich stand er vor der jungen Frau und hörte sich selbst sagen: »Xavier Culioli, Polizeibeamter ...«

Die Frau hob den Kopf. Xavier hatte das Gefühl, daß sein Magen sich zusammenschnürte. Er stand da und betrachtete sie wortlos, gefangen von dem Blick ihrer großen Augen und den langen Wimpern, die ihrem Gesicht eine wilde Sinnlichkeit gaben.

»Sehr erfreut, Monsieur. Kennen wir uns vielleicht?«

»Nein, Mademoiselle, aber es wäre mein größter Wunsch, Ihre Bekanntschaft zu machen.«

Die Worte sprudelten ihm aus dem Mund, und er hörte sie nicht einmal ... Dieses prachtvolle Haar ... Diese feindgliedrigen Hände ...

»Entschuldigen Sie, Mademoiselle, wenn ich Ihnen etwas aufdringlich oder gar unverschämt erscheine. Würden Sie mir den Gefallen tun, einen Augenblick mit mir hinauszugehen, damit wir offen reden können?«

»Aber, Monsieur, Sie behaupten, mich nicht zu kennen, und ...«

Er legte die letzte Kraft, die ihm noch blieb, in seine Stimme: »Bitte ...«

Sie verzog das Gesicht: »Na schön, von mir aus. Ich rate Ihnen nur, daß Sie mich von der Wichtigkeit dessen, was Sie mir zu sagen haben, überzeugen können.«

Xavier hatte die Hände in den Jackentaschen vergraben. Mit den Feinheiten der Liebe war er nicht vertraut. Da er nie geliebt hatte, nahm er die Gelegenheiten, wie sie kamen, ohne sich über diesen oder jenen Mißerfolg graue Haare wachsen zu lassen. Notfalls ging er eben zu Madame Juliette. Das Erobern machte ihm vielleicht mehr Spaß als der Liebesakt selbst. Er warf seine Angelhaken aus und schleppte die Beute ab, im voraus wissend, daß er sich davonstehlen würde, sobald seine Lust befriedigt war. Wie oft hatte er nicht schon unausgeschlafen und etwas beschämt in aller Frühe am Hafen gestanden, wortlos von der Seite seiner nächtlichen Geliebten entflohen, und den Augenblick, in dem er sich zwischen Matrosen und Dockern wieder unter Männern befand, aus vollen Zügen genossen?

War es seine Vitalität oder seine kindliche Leidenschaft, die der Fremden gefiel? Oder war es ein Sieg über die abgestandenen Gewohnheiten? Wie auch immer – er bekam sein Rendezvous.

In den nächsten Tagen war Xavier der charmanteste, aber auch der reizbarste aller Polizeibeamten. Überschwenglich begrüßte er seine Kollegen, doch sobald ein falsches Wort fiel, brauste er auf. In Wirklichkeit zählte er Tage und Stunden. Für dieses Rendezvous hätte er alles im Stich gelassen, die Polizei, die Frauen, ja, sogar Korsika . . .

Als sie sich trafen, hatte Xavier sich so gründlich geschrubbt, daß seine Haut ganz spröde war. Er duftete nach Rosenwasser, und seine Kleider waren so neu, daß man unwillkürlich in Versuchung kam, nach den Preisschildern zu suchen. In der Rechten hielt er einen kleinen Veilchenstrauß.

Sie beobachtete ihn gerührt. Da fing dieser kleine Inspektor doch tatsächlich an, mit einem gestochenen Akzent französisch zu parlieren! Sie lächelte, und ihre Hand machte eine Geste, die ihn in der Hoffnung auf eine Zärtlichkeit erzittern ließ.

»Seien Sie doch nicht so besorgt um den Eindruck, den Sie auf andere machen, Herr Inspektor«, sagte sie. »Reden Sie einfach, wie Sie Lust haben. Und vor allem essen Sie langsam, ganz langsam. Genießen Sie die Zeit, die wir miteinander verbringen.«

»Sind Sie glücklich, hier zu sein?«

»Ich glaube, ich bin groß genug, um zu wissen, was ich tue. Sagen wir, Sie machen mich neugierig.«

Xavier verschlang sie mit den Augen. Dieses sichere Auftreten, diese Art, sich auszudrücken . . . Eine unbekannte Welt öffnete sich ihm.

Sie hieß Christine und kam aus dem wohlhabenden Bürgertum von Marseille. Sie war verlobt, aber nicht verheiratet. Das war es, was er im Laufe des Abendessens herausbekam. Recht wenig, aber doch schon fast zuviel.

Am übernächsten Tag sahen sie sich wieder, dann am Montag darauf, und als Christine ihm nach drei Monaten ankündigte, sie würde für eine Woche in das Landhaus fahren, das ihr Vater in der Sainte-Baume besaß, war Xavier ganz aus der Fassung: »Sieben Tage ohne dich«, murmelte er niedergeschlagen.

Christine schlang die Arme um seinen Hals: »Ja, aber erst möchte ich dir ein Geschenk machen . . .«

Xavier runzelte die Stirn. Er dachte nur noch an die bevorstehende Abwesenheit seiner Freundin: »Ich will kein Geschenk, ich will nur dich . . .«

»Eben darum, kleiner Dummkopf, möchte ich dir ja auch das Kostbarste schenken, was ich habe: mich selbst.«

Xavier packte sie am Arm. Zitternd, mit Tränen in den Augen fragte er: »Warum?«

Sie lachte perlend: »Das ist wirklich die dümmste Frage, die ich je gehört habe. Warum wohl? Weil ich dich liebe!«

Er nahm ein gepflegtes Hotelzimmer, denn er wollte, daß alles um sie her schön und sauber war, was in dem staubigen Durcheinander bei ihm zu Hause nicht der Fall gewesen wäre. Christine trug ein fliederfarbenes Kleid, das sie lächelnd auszog, ohne den Blick auch nur eine Sekunde von Xavier abzuwenden. Er blieb verwirrt auf dem Bettrand sitzen und sah ihr mit großen Augen zu. Sie kam näher und küßte ihn. Er ließ sie gewähren, dann warf er den Kopf nach hinten. Die halb geschlossenen Augen der jungen Frau wirkten wie verschleiert, und die langen Wimpern schienen über einem dunklen See zu ruhen, in dem sich so tiefe Gefühle der Liebe und der Wollust spiegelten, daß Xavier einen langen Seufzer von sich gab. Er fürchtete, Christine durch eine allzu stürmische Annäherung zu verletzen. Sie war anders als die Frauen, die er gekannt hatte. Bisher hatte er immer einen kühlen Kopf bewahrt, um das Schauspiel seines Sieges richtig auszukosten.

Diesmal konnte er seine Lust kaum noch beherrschen. Er hätte sie fressen mögen, sich seinen Begierden mit Haut und Haaren hingeben mögen, aber er saß da und betrachtete sie immer noch.

Als er erwachte, hielt Christine ihn fest umschlungen.

»Hast du nicht geschlafen?« fragte er.

»Nein, ich habe dich nur angeschaut, das war ausreichend für mich.«

Sie liebten sich bis zum Morgen. Während der Zeit ihrer Trennung zehrte Xavier von der Erinnerung an diese Nacht. Als er Christine wiedersah, war er ganz aufgelöst vor Liebe und Begehren. Die wunderbare körperliche Harmonie raubte ihnen beiden den Verstand. Sie unterhielten sich darüber, und er war beinahe überrascht, derartige Lustgefühle an sich selber zu entdecken.

»Wie fern Madame Juliette und ihre Mädchen doch sind«, dachte er.

Ungeduldig, wie er nun einmal war, konnte er es kaum ertragen, daß seine Verabredungen mit Christine über einen Boten oder einen Kurier laufen mußten. Um den Kontakt zu erleichtern, wandte er sich an seine korsischen Freunde bei der Post und ließ sich ein Telefon installieren. Nun schepperte das Bakelit in jedem freien Moment, den sie nicht beisammen waren, von endlosem Geturtel.

»Um Worte bist du wohl nie verlegen«, sagte Christine einmal. »Sobald dir ein Gedanke kommt, ziehst du ihn wie Gummi auseinander und kleidest ihn in tausend Formen.«

»Stört dich das?«

»Im Gegenteil. Wenigstens einer, der nicht so hochnäsig ist zu glauben, der Reichtum seines männlichen Geschlechts erlaube ihm, mit Worten zu sparen . . .«

»Willst du sagen, daß ich ein Schwätzer bin?«

»Eifersüchtig, argwöhnisch, mit einem Wort: Ein echter Korse! Ich habe wirklich das große Los gezogen! Aber was soll's? Ich liebe dich trotzdem!«

Die junge Frau stockte, dann fuhr sie fort: »Nur solltest du bei alledem im Kopf behalten, daß nicht jeder das Licht der Welt auf deiner Insel erblickt hat. Denk daran, wenn ich dir etwas bedeute.«

Also bemühte er sich um Mäßigung und tat sein Bestes, um sie nicht durch unbedachte Äußerungen zu verletzen. Christine liebte ihn immer noch, aber seine Intuition sagte ihm, daß die feurige Glut der ersten Zeit erloschen war. Allmählich nahm er die alte Gewohnheit der nächtlichen Barbesuche und der Kartenrunden wieder auf.

Die wahre Leidenschaft hatte ihn verlassen. Er lebte in der bangen Furcht vor dem Unvermeidlichen, immer wieder durchbrochen von köstlichen Momenten der vollständigen Hingabe.

Eines Abends aß er mit Christine im Restaurant. Sie trug ein besonders elegantes Kleid, und ihr Körper strahlte vor Schönheit. Er begehrte sie so sehr, daß er sie auf der Stelle besitzen wollte. Also gingen sie zu ihm nach Hause, wo Christine sich seinen Launen so bereitwillig und so glücklich fügte, daß der junge Korse alle seine Zweifel und Feigheiten für die Zeit der Liebe vergaß.

Danach zündete er sich eine Zigarette an: »Und was wolltest du mir vorhin so Wichtiges sagen?«

»Es ist etwas passiert, Liebster. Ich erwarte ein Kind von dir.«

Er hätte alles Gold der Welt gegeben, um sich über diese Neuigkeit zu freuen, alle Reichtümer seiner Insel. Aber es gelang ihm nicht. Und schon hatte sie den Schatten erahnt, der sich über seine Züge legte. Sie öffnete den Mund . . ., sagte jedoch nichts, stand leise auf und zog sich an. Xavier erhob sich: »Gehst du?«

»Mein lieber Schatz, die Enttäuschung steht dir im Gesicht geschrieben. Du kannst dich einfach nicht verstellen, und das ist nicht deine schlechteste Eigenschaft.«

»Aber nein. Das heißt, ja! Ich liebe dich. Nur ein Kind, das will ich eigentlich nicht . . .«

Xavier sah Christine nicht mehr wieder. Er hielt es ohne sie kaum aus und lebte nur von der Erinnerung an sie. Manchmal glaubte er, ihre Schritte zu hören, und stürzte vor die Wohnungstür. Auf der Straße stockte ihm der Atem, wenn eine ferne Gestalt gewisse Ähnlichkeiten mit der Geliebten hatte. Dann hockte er wieder stundenlang neben dem Telefon und wartete auf einen Anruf. Zweimal versuchte er sogar, sie zu besuchen, wurde aber schon an der Tür von den Dienern abgewiesen.

Sein Zustand verschlimmerte sich. Die hoffnungslose Zukunft, die er vor sich liegen sah, erfüllte ihn mit Angst, vor allem nachts. Oft bekam er solche Atemnot, daß er zu ersticken glaubte; dann klammerte er sich an den Tisch, bis die Finger kreideweiß wurden und er vor Schmerzen aufschrie. Die Zeit schleppte sich dahin, ohne daß es einen Lichtblick gab.

Dominique tröstete seinen Bruder, so gut er konnte, aber was verstand er schon von dieser gescheiterten Liebe?

Zur Ablenkung lud Xavier sich immer mehr Arbeit auf. Selbst in den langweiligsten Aufgaben hoffte er ein Heilmittel gegen sein Übel zu finden. So verging eine Woche nach der anderen. Die Einsamkeit brachte ihn an den Rand der Verzweiflung, seit er mit seiner alten Welt gebrochen hatte. Eines Abends machte er sich fast beschämt auf den Weg zu dem einzigen Ort, der ihm noch eine Art Trost bieten konnte. Er klopfte, und das kleine Fenster in der Tür öffnete sich: »Sag bloß, da ist er ja wieder, unser kleiner Korse von der Polizei! Na also, das freut mich aber sehr. Nun kommen Sie schon rein, einige von Ihren Landsleuten sind auch gerade da . . .«

Madame Juliette schloß ihn lachend in die Arme. Dann wich sie unvermittelt einen Schritt zurück: »Oje, aber müde ist er, unser Xavier. Gleich fängt er mitten auf dem Trottoir noch an zu weinen!«

Er folgte ihr mit eingezogenen Schultern. Der Parfümgeruch in dem kleinen roten Salon war Balsam für seine Seele. Ein paar Mädchen hatten es sich auf den prunkvollen, mit Fransen verzierten Kanapees bequem gemacht und warteten auf Kundschaft. Als sie den jungen Mann erblickten, winkten sie ihm freundlich zu. Er kannte sie alle und wußte ihre Vorzüge zu schätzen. Madame Juliette hatte liebevoll den Arm um ihn gelegt: »Was macht er uns bloß für Sachen, der Kleine? Nun legen Sie doch endlich ab, schließlich sind Sie hier zu Hause! Guter Gott, aber bekommen ist es Ihnen wirklich nicht, daß Sie uns so lange verschmäht haben. Richtige Trauerränder hat er unter den Augen. Man möchte meinen, eine Eule ... Und dann auch noch ganz verheult ... Nein, echt wahr, Monsieur Xavier, gut schauen Sie nicht drein ...«

Er spürte, wie durch diese Freundlichkeit wieder Leben in ihn kam, und dann war es auch schon passiert: Irgendeine Geste, eine Bewegung löste den ersten Schluchzer aus. Er legte den Kopf auf die dicke weiße Schulter der guten Madame Juliette und fing an zu weinen. Während er noch unter Tränen unverständliche Worte stammelte, führte sie ihn zu seinem Platz.

»Seht ihn euch an, meine Töchter«, sagte sie. »Dabei ist er nicht nur ein Mann, sondern obendrein ein Korse. Ich würde meine Hand dafür ins Feuer legen, daß es eine Frau war, die ihm das Herz gebrochen hat. Und jetzt kommt er heulend wie ein Kind wieder zu uns. So ist das nämlich, sie kommen immer wieder. Hört ihr, meine Töchter? Sie kommen immer wieder!«

28

Der Clan in Gefahr

Die Abwesenheit seiner Frau und seiner Kinder lastete Dominique wie ein Mühlstein auf dem Herzen, und die herzliche Atmosphäre im korsischen Freundschaftsverband war ihm nur ein bescheidener Trost.

Immer noch plagte ihn die Frage nach den Gründen dieser Trennung. Er weigerte sich, sie als die bloße Frucht eines unglücklichen Zufalls zu begreifen. Albertine, die Frau aus der Ebene, kam nur schwer mit dem Umgangston zurecht, der in den Familien der *Mezza-Muntagna* herrschte. Dafür konnte niemand etwas. Der alte Antagonismus hatte die Entfernung zwischen der Insel und dem Kontinent überdauert. Die junge Frau konnte oder wollte sich dem Gesetz, das der Familie Vorrang vor den Individuen einräumte, nicht beugen. Dominique verstand durchaus, wie enttäuscht Albertine gewesen war, als er definitiv beschlossen hatte, sich nicht für die Kolonien zu bewerben. Aber das kollektive Schicksal stand nun einmal höher als die eigenen Wünsche. Dominique war es sich schuldig, die Rolle des Familienoberhaupts mit ihren guten und mit ihren schlechten Seiten zu erfüllen.

Er beruhigte sich selbst, indem er sich diese Überlegungen zehnmal am Tag durch den Kopf gehen ließ, obwohl er instinktiv immer wieder auf die finstere Gewißheit stieß, daß Albertines Fortgehen mehr war als eine bloße Episode: Die Ehe löste sich auf. Die junge Frau hatte sich von ihm abgewandt und die Kinder mitgenommen. Er suchte seinen Fehler und fand ihn nicht. War er zu hart gewesen? Zu jähzornig?

Manchmal vielleicht. Aber wenn schon – die Vereinigung zweier Menschen konnte doch nicht an gelegentlichen Unannehmlichkeiten scheitern! Man mußte das Übel in den unerhörten Reizen des kontinentalen und des kolonialen Lebens suchen. Während die Frauen ihr hartes Dasein in Korsika beherzt ertrugen, verweichlichten sie in Marseille, plötzlich besorgt um ihr persönliches Schicksal. Sie, die jahrhundertelang das Bollwerk der korsischen Kultur gewesen waren und den Zündstoff für die großen Vendettas geliefert hatten, spazierten jetzt über die Canebière und kehrten allen traditionellen Werten den Rücken. Die Mütter setzten sich entschieden für die französische Sprache ein, von der sie glaubten, daß sie den Erfolg ihrer Kinder garantierte. Auf diese verquere Vorstellung gab es bereits ein satirisches Lied, das den Stolz einer Frau beschrieb, deren Sohn korsische und französische Wörter in grotesker Weise verwechselte. Die Strophen endeten mit dem bewundernden Refrain: »*U me figdolu, quant'igdu ni sa* ... Oh, mein Sohn, wie klug er ist ...«

Die Freundschaftsverbände waren Dominiques wichtigste Quellen für Neuigkeiten aus der Heimat.

Ein ausgeprägter Sinn für die Bewahrung alter Traditionen bestimmte sein Verhalten: Unter der Bedingung, daß Albertine nach Marseille zurückkam, war er zu Konzessionen bereit. Im übrigen legte er Wert darauf, sich wieder und wieder in die für ihn so wesentliche Beziehung zu dem Land seiner Ahnen zu vertiefen. Manchmal, bei schönem Wetter, machte er einen Ausflug in die Berge, weil er hoffte, dort wenigstens eine kleine Ecke seiner heimatlichen Landschaft wiederzufinden. Doch jedesmal kehrte er enttäuscht zurück, unbefriedigt über die Gegenwart und besorgt um die Zukunft. Das lebenswichtige Bedürfnis, die Seinen um sich zu haben, beherrschte ihn ganz und gar. Allein war sein Leben nicht lebenswert; sein Beruf verlor jede Anziehungskraft, und die Tage flossen sinnlos dahin. Es gelang ihm nicht mehr, den geringsten Plan zu machen.

Er drohte schon in seinen finsteren Gedanken zu versinken, als der Clan ihn ein zweites Mal um Hilfe rief: Der große Patriarch Ziu Manzuetu war durch einen Unfall ums Leben gekommen. Der Clan war in Gefahr.

Als alt gewordener Mann hatte Ziu Manzuetu weiterhin Holzkohle produziert und gegen jede Wahrscheinlichkeit stur behauptet, bei der Kundschaft vom Kontinent würde schon wieder eine Zeit der steigenden Nachfrage kommen. Allein, manchmal auch unterstützt von einem seiner Söhne, hatte er den immer dichter werdenden Maquis Stück um Stück gerodet.

Das Dorf hatte durch den Krieg an Kraft verloren: Zu viele waren tot und zu viele ausgewandert. Diejenigen, die blieben, irrten ziellos umher, wie auf der Suche nach den Schatten der Verstorbenen. Chéra war ein Beispiel für das, was ein Nachkriegsgedicht in der grausamen Strophe beschrieb:

In Corsica un c'e piu nimu / Un ci resta che l'onori
Una massa d'orfanelli / Di vecchji tesi a lu soli
Sempri fighiendu la strada / S'igdu passa lu fattori.

Auf Korsika ist nichts uns geblieben / Nur die Ehre, massenhaft Waisen / und alte Leute in der Sonnenglut / immer spähend nach dem Weg / den der Postbote kommt.

Der alte Manzuetu hatte seine Meiler mit größtem Geschick bedient, doch verkauft hatte er nichts, und die Holzkohle türmte sich im Erdgeschoß des Hauses mit den rundlaufenden Balkonen, das einst der Traum aller Dorfkinder gewesen war. Die Zeit hatte dafür gesorgt, daß es mittlerweile einen ganz gewöhnlichen Eindruck machte, und von der damaligen Jugend waren in Chéra ohnehin nur noch die Kleinsten da.

Immerhin, der alte Manzuetu hatte alles überlebt. Man sagte zwar, er sei etwas verwirrt im Kopf, aber im Grunde wußte man es nicht genau, denn er sprach mit keinem Menschen mehr. Langsam und bemessen fällte er das Holz und schleppte es zur Lichtung. Gelegentlich hielt er inne und betrachtete seufzend den Maquis, der sich genau wie die wilden Ziegen von Maracarà über die niedrigen Mauern hinwegsetzte und das ehemalige Getreideland verschlang. Die Erdbeerbüsche und die hochwachsende Heide bedeckten den Boden mit wirrem Gestrüpp.

An jenem Tag war ein heftiger Nordwind vom Cagnagebirge in eiskalten Sturmböen über die Häuser von Chéra gefegt. Niemand wußte genau wieso und warum, aber plötzlich stand das Holzhaus in Flammen, und aus den Balken quoll dichter weißer Rauch. Fluchend rannte der alte Manzuetu auf das Gebäude zu, als der Qualm lebendig zu werden schien. Er heftete sich an den Greis, der erschreckt zurückwich. Vergebens. Die Rauchwolke folgte ihm und hüllte ihn ein. Er strauchelte, schwankte, schlug die Hände vors Gesicht. Einen Moment sah es so aus, als tanze er im weißen Rauch, dann stürzte er ins lodernde Feuer. Man fand nur noch seine halb verkohlte Leiche.

Der Tod des alten Mannes brachte das lokalpolitische Kräftespiel aus dem Gleichgewicht. Er hatte den Clan der ›Weißen‹ mit eiserner Hand geführt. Nachdem er im Krieg mehrere Söhne verloren hatte, war er, vom Leid gezeichnet, im November 1919 erfolgreich für Adolphe Landry, die Leitfigur des Clans, in den Kampf gezogen. Seine letzte Schlacht hatte er im Mai 1924 geschlagen. Mit unerhörtem Nachdruck war er dagegen eingetreten, daß der Clan seine Methoden änderte. Er wollte ihn so erhalten, wie er ihn im 19. Jahrhundert vorgefunden hatte. Sein Tod ließ nun die ehrgeizige Jugend zum Zuge kommen.

Paradoxerweise hatte sein Ableben auch für den gegnerischen Clan der ›Schwarzen‹ unheilvolle Konsequenzen. Die Opposition der Gavinisten hatte sich stets auf die Person des Alten konzentriert. Jetzt hinterließ sein Platz gähnende Leere. Die Politik hatte keinen Bezugspunkt mehr, weder im positiven noch im negativen Sinne, was nur den Neulingen zugute kam. In Sotta verständigten sich ein paar junge Wölfe aus beiden Lagern, den traditionellen Rahmen zu sprengen und den Clans ihr Spiel zu verderben. Sie wollten die dynamischen Elemente beider Seiten zu einer dritten Kraft vereinen! Die Gefahr, die sich daraus ergab, war nicht zu unterschätzen, denn in diesen stürmischen Zeiten kam auch die alte Treue ins Wanken. Die Menschen suchten eigene Positionen, um nicht in die Strömungen eines Schicksals zu geraten, das sich ihrer Kontrolle entzog.

Dominique war dem Hilferuf gefolgt. Bewegt sah er Ajaccio entgegen. Nichts wühlte ihn innerlich so auf, wie die langsame, beinahe verhaltene Ankunft in dieser herrlichen Bucht. An die Reling gelehnt, betrachtete er die über dem Meer aufragenden Berge. Abgestufte Grautöne, versetzt mit Rot, Ocker, Grün und Himmelblau. Er konnte sich nicht sattsehen und genoß diese Schönheiten, als wären sie sein persönliches Eigentum.

Der Clan hatte zu einer List gegriffen und Unterstützung vom Kontinent organisiert, um die bevorstehenden Wahlen in Aullène, einem Dorf in Alta Rocca, zu seinen Gunsten zu beeinflussen. So konnte Dominique zwei Fliegen mit einer Klappe schlagen. Am Hafen stand ein Bus für die Eingetroffenen bereit. Der Fahrer begrüßte sie lachend: »Da sind sie ja, unsere Wähler aus Marseille! Mit euren Stimmen haben wir den Sieg wohl in der Tasche! Hoffentlich geht nichts schief, wir haben immerhin noch einen langen Weg vor uns. Also beeilt euch, steigt ein.«

Dominique zählte nach, ob seine dreißig Wähler alle da waren. Der Clan hatte ihnen die Reise bezahlt, und es durfte keine Stimme unterwegs verlorengehen. In dem Fahrzeug herrschte ausgelassene Stimmung. Die Männer sangen Spottlieder auf die politischen Gegner, und zwischendurch diskutierten sie die lokale Situation.

Seit einigen Jahren schon predigten manche Inselbewohner

eine gewisse Form der Autonomie. 1920 hatten sie unter dem Titel »A Muvra«, der Mufflon, eine Zeitung herausgebracht, benannt nach jenen Wildschafen, die auf der Höhe des Col de Bavella von einem Felsen zum anderen sprangen. Sie beriefen sich auf Pasquale Paoli, den Vater des korsischen Heimatlandes, und erinnerten an die demokratische Verfassung, die Paoli ein paar Jahrzehnte vor der Französischen Revolution verkündet hatte. Korsika war sogar von dem großen Jean-Jacques Rousseau als beispielhafte Gesellschaft zitiert worden. Aber schon 1769 waren die Heerscharen Ludwigs XV. über die junge Nation hergefallen und hatten ihre Hoffnungen erstickt.

Dominique glaubte kaum, daß die Unabhängigkeitsbestrebungen eine echte Chance hatten. Korsika lebte in einer immerwährenden Dualität, dem einzig rettenden Überlebensprinzip seiner bewegten Geschichte, und die Clans erfüllten eine Funktion, die durch keine noch so richtige Idee ersetzt werden konnte. Trotzdem interessierte er sich inhaltlich für den Autonomiegedanken, zumal er den Eindruck hatte, daß dieser den traditionellen Werten oft treuer war als die Clans, die sich den Veränderungen der Umgebung laufend anpassen mußten, um ihre Macht zu erhalten.

Als der Bus den Wald von Ospedale erreichte, brach die Nacht herein. Nebel hatte sich über die Gipfel gelegt, und der Fahrer starrte mit zusammengekniffenen Augen in die Dunkelheit, um die dichten Schwaden, die den kurvenreichen Straßenlauf verschluckten, zu durchdringen. Plötzlich trat er auf die Bremse und hielt an: »Es geht nicht mehr. Wenn ich weiterfahre, landen wir alle in der nächsten Schlucht! So ein Sauwetter bin ich nicht gewöhnt. Wir sollten die Nacht über hierbleiben. Morgen früh werden wir klarer sehen.«

Keiner von denen, die im Bus saßen, konnte sich mit diesem Vorschlag anfreunden. Eine ganze Nacht im Freien, und das nur zehn oder zwanzig Kilometer von zu Hause entfernt . . .

»Und, was sollen wir den anderen erzählen? Wir hätten wie die

Tiere im Mondschein geschlafen? Ich für meinen Teil würde lieber weiterfahren«, sagte einer.

Zustimmendes Gemurmel bestätigte ihn in seiner Meinung. Ein anderer hob die Hand und bat um Ruhe: »Ich war in dieser Gegend Hirte, bevor ich auf den Kontinent gegangen bin. Ihr könnt mir glauben, diese Straße ist mir so vertraut wie meine Westentasche. Wie oft habe ich meine Herde hier heruntergetrieben! Ich schlage vor, daß einer von uns mit der Sturmlampe vorausgeht. Da müßte der Teufel schon seine Hände im Spiel haben, wenn wir so nicht durchkämen!«

Dominique fühlte sich für die Gruppe verantwortlich. Er hatte die Männer in Marseille zusammengetrommelt, also war es seine Sache, sie sicher ans Ziel zu bringen. Wortlos stieg er aus, zündete die Öllampe an und setzte sich in Bewegung. Die Feuchtigkeit ging durch bis auf die Knochen. Er schlug seinen Mantelkragen hoch, die Augen angestrengt auf die holprige Fahrbahn gerichtet, die in dem schwachen Lichtschein kaum zu erkennen war. Hinter sich hörte er den Bus wieder anspringen. Manchmal zerfetzte ein Windstoß die Nebeldecke, und ein großer Baum tauchte gespenstisch im Halbdunkel auf. Während Dominique dem Lauf der Straße folgte, herrschte um ihn absolute Stille, kaum getrübt durch das tuckernde Motorgeräusch. Hin und wieder beugte der ehemalige Hirte sich aus der Tür, um ihm ein paar ermunternde Worte zuzurufen: »Wir folgen dir, Gevatter! Mach weiter so, dann erreichen wir Porto-Vecchio im ersten Morgengrauen!«

Aus seinem nächtlichen Traum gerissen, schüttelte Dominique den Kopf. Stimmen drangen an sein Ohr: Im Bus versuchten die Männer, sich durch Lieder wachzuhalten. Sie sangen ihr ganzes Repertoire, von den Klagen der Banditen bis hin zu dreistimmigen Hirtengesängen.

Dominique hatte jedes Zeitgefühl verloren. Er hätte nicht genau sagen können, wo er sich eigentlich befand. Die Beine folgten ihm, und das genügte. Erst als die Nacht aufklarte und die Form der Berge wieder zu erkennen war, als die Bäume, die Felsen und der Maquis sich wieder zeigten, wurde er sich plötzlich seiner Müdigkeit bewußt und hielt inne.

»O Dume, steig ein«, hörte er jemanden sagen. »Der Fahrer meint, es ginge wieder. Bald wird der Tag anbrechen.«

Trotz der Erschöpfung brauchte Dominique kaum mehr als einen Tag, um die politische Situation in Alta Rocca zu begreifen. Jener Teil der Wählerschaft, der keine feste Bindung hatte und den jeweils herrschenden Clan begünstigte, neigte diesmal in Massen den jungen Vertretern des Fortschritts zu, obwohl die Wahlhelfer beider Clans sich redliche Mühe gaben, überzeugende Argumente ins Feld zu führen. Don erklärte Dominique das Problem mit umständlichen Worten, aus denen seine ganze Enttäuschung sprach: »Kennst du sie eigentlich, diese Zögerer? Bei uns nennt man sie einfach ›krank‹, weil sie bis zum letzten Moment behaupten, daß sie sich furchtbar quälen, um dann mit Sicherheit für den kommenden Sieger zu stimmen. Sie merken genau, daß wir an Kraft verlieren. Es gibt zu viele Unsicherheiten. Man weiß kaum noch, auf welchem Fuß man tanzen soll. Die Jungen haben einfach nicht mehr die gleiche Mentalität wie wir. Das gilt natürlich nicht für dich, Dume. Du hältst das Andenken deines lieben Vaters wirklich in Ehren. Aber die anderen . . . In Sotta haben die jungen Comiti sich mit den jungen Manzueti verbündet. Wenn das so weitergeht, ziehen sie uns noch das Fell über die Ohren. Da fehlt nicht mehr viel. Kürzlich hat dein Schwager sich mit einem unserer Stammwähler angelegt, der daraufhin spontan zu den Modernisten übergelaufen ist, und mit ihm seine ganze Familie. Die Leute haben keine Hemmungen mehr. Sie wenden sich denen zu, die sie für die Vertreter der Zukunft halten.«

Dominique wurde zu einem Treffen mit dem Anführer der Modernisten, einem Sohn der Familie Comiti, nach Sotta eingeladen. Der junge Mann begrüßte ihn mit breitem Lächeln und kräftigem Händedruck. Er trug einen städtischen

Anzug, der sich kraß von der bäuerlichen Kleidung seiner Landsleute unterschied.

»Setz dich, Dominique. Wir haben ernste Dinge zu bereden«, begann er das Gespräch. »Du bist etwas älter als ich, aber wir waren auf derselben Hochschule. Im Gegensatz zu den Bauern hier haben wir also ein höheres Bildungsniveau, und du wirst zugeben, daß wir nicht den gleichen Standpunkt einnehmen können wie sie . . .«

Er hatte seinen Daumen unter den Westenrand geschoben und streckte behäbig den Bauch heraus. Dominique mußte insgeheim anerkennen, daß der junge Comiti durch sein weltmännisches Auftreten Eindruck machte.

»Die alten Clanstrukturen werden sterben, wenn wir sie nicht erneuern. Ich möchte dir mein Vertrauen beweisen, indem ich dir ein Geheimnis verrate: Die Söhne des alten Manzuetu sind einverstanden, daß wir die Führung der ›Weißen‹ übernehmen . . .«

Er unterbrach sich, um die Wirkung seiner Worte auszukosten. Dominique nahm die Information zur Kenntnis und versuchte im Geist, ihre Tragweite zu ermessen. Das neue Modell kroch in das alte, um es von innen auszuhöhlen.

»Ich wollte dir vorschlagen, bei uns mitzumachen«, fuhr der junge Comiti fort. »Der Sieg ist uns gewiß, denn wir stehen für die Zukunft Korsikas. Unsere Insel muß sich öffnen, sonst erstickt sie an sich selbst. Wozu dienen die Clans schon noch, außer daß sie die Vergangenheit verlängern?«

Dominique empfand keine Sympathie für seinen Gesprächspartner. Nicht, daß er diesem das Recht absprechen wollte, eine eigene Meinung zu vertreten; aber die Unterschiede zwischen ihnen waren einfach zu groß. Comiti machte sich zum Motor einer Veränderung, die Dominique nicht wünschenswert fand: Wenn er einmal als Rentner nach Chéra zurückkehrte, wollte er das Korsika seiner Kindheit, das Korsika seines Vaters wiederfinden. Er fürchtete einen Umbruch, der seine Kinderträume zu vernichten drohte. Und er mochte den jungen Comiti nicht, weil er spürte, daß dieser die Kraft besaß, mit den Erneuerungsplänen Ernst zu machen. Trotzdem bat Dominique um eine Frist zum Nachdenken. Comiti hatte sich lange auf die Begegnung vorbereitet. Er dagegen brauchte Zeit, um seine Antwort abzuwägen. Sie verabredeten sich für den nächsten Tag.

Wieder im Dorf, hatte Dominique nichts Eiligeres zu tun, als Ziu Donu aufzusuchen.

»O Don«, sagte er, »wenn der Clan verschwindet, wird alles untergehen. Unsere Clans und unsere Familien sind die Grundpfeiler Korsikas. Sägt man sie an, bricht das ganze Gebäude zusammen. Was der junge Comiti im Sinn hat, ist nicht etwa ein neuer Clan, sondern eine Partei im französischen Stil. Er wird bald merken, daß er bei unserer Denkungsart nicht weit damit kommt. Aber dann ist es zu spät. Dann ist der Clan zerschlagen. Glaub mir, Don, ich habe lange nachgedacht: Du mußt als unser Kandidat auftreten. Du hast ein reifes Alter, und die Leute werden dir vertrauen. Du warst ein Freund jener Männer von gestern, zu denen mein Vater gehörte. Dennoch bist du jung genug, um die Zukunft zu verkörpern. Nein, protestiere nicht. Ich habe nach anderen gesucht, aus der Ebene wie aus den Bergen, und keinen einzigen gefunden. Du mußt entscheiden, ob du annimmst oder nicht.«

Sie verließen die Bank, auf der sie gesessen hatten, und überquerten den Dorfplatz. Don schüttelte den Kopf: »Meine Stimme habe ich dem Clan immer gegeben. Und wenn es nötig war, habe ich sogar die letzten Zweifler überzeugt. Aber eine Kandidatur, das ist ein himmelweiter Unterschied . . .«

Dominique stellte sich vor ihn.

»Auf der Hochschule von Ajaccio haben wir die Geschichte unserer Insel durchgenommen. Soweit ich verstanden habe, hat eines uns auch in den schlimmsten Zeiten gerettet: Daß wir sets zwei Standbeine hatten, ein schwarzes und ein weißes. Wenn das eine müde oder angeschlagen war, blieb als ausreichende Stütze immer noch das andere. Dem Anschein nach waren sie sich spinnefeind, ja, sie bekämpften sich sogar. In Wirklichkeit aber gehörten sie beide demselben Körper an. Und jetzt stell dir vor, das eine Bein wäre nicht mehr da. Der Körper würde unvermeidlich zusammenbrechen.«

»Komm mit, Dume. Wir wollen Rat suchen . . .«, sagte Don.

»Bei wem?«

»Bei den Felsen, dem Maquis, dem Oriu. Denn ewiger als der Clan ist die Erde . . .«

Wortlos stiegen sie zu dem gewaltigen Felsen hinauf. Dominique respektierte das Schweigen seines Gefährten. Am Fuß der uralten Eiche, die den Granitblock zu halten schien, blieben sie stehen und blickten zu den Bergen hinüber. Don zündete seine Pfeife an: »Es ist beschlossen, Dominique, ich nehme an. Hoffentlich müssen wir es nicht bereuen.«

Der junge Comiti war nervös, nicht mehr so selbstsicher wie tags zuvor: »Du hast es also geschafft, Don zu überreden, daß er kandidiert. Du hast meine Informationen benutzt, um dir eine Taktik auszudenken. Na schön, von mir aus: Dann eben Clan gegen Clan. Wir werden ja sehen, wer der Stärkere ist. Ihr seid wie die steinernen Wächter, die man oben auf dem Cagnagebirge sieht. Ein schöner Anblick! Ihr atmet die Einsamkeit, doch in Wirklichkeit seid ihr längst erstarrt. Aus der Nähe bemerkt man die trockene Moosschicht, die euch bedeckt und bei der geringsten Berührung in Staub zerfällt. Nein, ihr werdet nie Männer der Zukunft sein!«

Dominique fiel ihm ins Wort: »Du verstehst das nicht. Ich habe überhaupt nichts benutzt. Aber unsere Vorstellungen von Korsika sind grundverschieden. Das ist alles. Ich bleibe nur meinen Ideen treu.«

Die ›Schwarzen‹ gingen als Sieger aus der Schlacht hervor, nachdem die Zweifler sich im letzten Augenblick doch wieder an den alten Clan geklammert hatten. Die Jungen erhielten keine Gelegenheit, ihre Politik unter Beweis zu stellen. Comiti setzte seine Erneuerungsarbeit kaum noch fort. Er beschloß, in die Kolonien auszuwandern. Bei seinem Abschiedsbesuch in Chéra traf er Dominique ein letztes Mal.

»Ich nehme es dir nicht übel, Dume«, versicherte er. »Auch das gehört zur Politik, eine Art Männerspiel. Aber ich bin keineswegs überzeugt, daß Korsika bei dieser Wahl etwas gewonnen hat. Ich verlange nichts von dir. Trotzdem denk einmal darüber nach, welche Chancen eine Insel hat, die sich unwiderruflich nach außen verschließt. Glaubst du, ihre Zukunft könnte darin bestehen, den Menschen eine Wiege und ein Grab zu sein?«

»Ich kann es dir nicht sagen«, erwiderte Dominique. »Ich weiß nur, daß die Abkehr von der Treue zur Vergangenheit ebenfalls ein Todesurteil ist. Vielleicht steht es geschrieben, daß wir sterben müssen. Aber dann ist es mir immer noch lieber, auf meine Art zu sterben.«

Dominique kehrte mit der innigen Überzeugung nach Marseille zurück, daß es ihm gelungen war, den Lauf der Zeit einen Moment lang aufzuhalten. Xavier erwartete ihn: »Ich habe eine gute Nachricht: Albertine ist für das kommende Schuljahr nach Cabriès versetzt worden, ganz in der Nähe.«

29

Die Expedition von 1931

Xavier fluchte über den Dreck, der an den schweren Schnürstiefeln hängenblieb. Mehrere Dutzend Gendarmen waren ausgeschwärmt und durchkämmten den Maquis aufs Geratewohl. Die große Säuberungskampagne, dazu bestimmt, Korsika von seinen Banditen zu befreien, hatte am Vortag, dem 8. November 1931, mit der Ankunft der *El Djem* begonnen: Rund fünfhundert Soldaten waren im Hafen von Ajaccio auf die Quais geströmt.

Zwei Wochen vorher hatte der Polizeipräfekt von Marseille Xavier in sein Büro bestellt: »Monsieur Culioli, es wird Ihnen nicht entgangen sein, daß Korsika uns derzeit Kopfzerbrechen bereitet, und daß die Frage des Banditentums bereits das Parlament der Republik beschäftigt . . .«

Im April hatte der Bandit Bartoli zwei Gendarmen aus Palneca umgebracht. Vier Monate später hatten die Caviglioli in Guagnu-les-Bains einfach in die Menge geschossen und einen Schaulustigen getötet. Dieselben Caviglioli waren für die Morde an zwei Ordnungshütern aus Balogna verantwortlich. Erst war der Justizminister, dann der Kriegsminister und schließlich auch Monsieur Laval, der Innenminister, über die Serie der Verbrechen informiert worden. Man hatte eine großangelegte militärische Operation beschlossen, um die Insel vom Banditentum zu säubern.

». . . Sie werden verstehen, daß wir uns einen Mißerfolg nicht leisten können. Die Journalisten sind auf der Lauer, und die Parteien warten nur darauf, daß wir Fehler machen.«

»Mit Verlaub, Herr Polizeipräfekt«, hatte Xavier erwidert, »aber mir ist nicht ganz klar, warum Sie mich haben rufen lassen. Ich darf doch wohl nicht annehmen, daß Sie einen kleinen Inspektor wie mich nach seiner Meinung fragen wollen?«

»Bedenken Sie, Culioli, daß wir hier unter Landsleuten reden. Vergessen wir die Hierarchie. Ich möchte, daß außer den korsischen Polizisten, die ohnehin an Ort und Stelle sind, ein paar unserer korsischen Leute aus Marseille die Expedition begleiten. Aus reiner Eigenliebe, wenn Sie wissen, was ich damit sagen will . . .«

»Entschuldigen Sie, Herr Polizeipräfekt, ich verstehe immer noch nicht ganz . . .«

»Dann strengen Sie Ihr Köpfchen etwas an. Einige von uns, darunter der Innenminister persönlich, sind überzeugt, daß es nützlich wäre, wenn das Militär sich auf ein paar erfahrene korsische Polizisten stützen könnte. Das würde den Franzosen sicherlich so manchen . . . wie soll ich sagen . . . psychologischen Fehler ersparen. Sie wissen ja, mit unseren Landsleuten ist oft nicht gut Kirschen essen, andererseits ist Korsika aber nicht Schwarzafrika. Sie würden mit einheimischen Polizisten zusammenarbeiten, die ihren Beruf zu Hause ausüben. Sehen Sie, als Korse, der hier in Marseille lebt, wäre es mir lieb, Sie könnten dabei sein . . . Darf ich mit Ihrem Einverständnis rechnen, Monsieur Culioli?«

Xavier sah seinem Vorgesetzten in die Augen: »Aber Monsieur, mit der Sache habe ich keine Probleme! Die Bartoli und Genossen sind gemeine Gangster, fertig. Ich würde sogar behaupten, daß diese Halunken, die wahllos auf Gendarmen schießen, oft die miesesten Kerle der ganzen Insel sind. Wenn sie es in Marseille nicht geschafft haben, kehren sie in ihr Dorf zurück, weil sie wissen, daß ihnen ein gewisser Schutz dort nicht versagt werden kann. O ja, ich halte diese Expedition für ein notwendiges und gutes Werk, das der Öffentlichkeit nur zuträglich ist.«

Er wollte den Raum gerade verlassen, als der Präfekt sich vernehmlich räusperte. Xavier drehte sich noch einmal um.

»Seien Sie so gut, Culioli, passen Sie auf, daß die *Pinzuti* keinen Blödsinn machen. Es ist ein heikles Spiel, auf das wir uns da eingelassen haben . . .«

Seit einigen Jahren schon liebäugelte Xavier mit einer politischen Karriere an der Seite Simon Sabianis, der mit Hilfe der korsischen Wähler in Marseille Abgeordneter geworden war. Rose, eine Korsin aus der Balagne, mit der Xavier sich zur Verwunderung seines Bruders Dominique vermählt hatte, war von Anfang an bereit gewesen, ihren Mann in seinen Ambitionen zu unterstützen.

Aus Erfahrung klug geworden, wollte Xavier keine überstürzte Entscheidung treffen. Immerhin handelte es sich um eine Expedition, die er eines Tages bereuen könnte. So holte er vorsichtshalber Sabianis Meinung zu der Angelegenheit ein. Die Antwort kam ohne Zögern: »Nur zu, Xavier, mach sie nieder, diese Schurken. Sie nennen sich ehrbare Banditen, dabei sind sie gemeine Verbrecher und nur darauf aus, durch Entführung und durch Mord an Geld zu kommen. Je weniger man noch von diesen Geschichten hört, um so besser für uns Korsen auf dem Kontinent. Das wahre Banditentum, dem es tatsächlich um die Ehre ging, ist auf den Schlachtfeldern von 1914 zugrundegegangen. Die jetzt verfolgt werden sollen, sind böse und verdorben. Besser, wir Korsen übernehmen es selbst, ihnen das Handwerk zu legen.«

Die Berichte verschiedener Zeitungen, allen voran »Détective«, waren nicht geeignet, der Polizei ihre Aufgabe zu erleichtern. Die Banditen wurden als Opfer eines fatalistischen Ehrbegriffs dargestellt. Die sensationslüsternen, mit Vorurteilen vollgestopften Journalisten brachten zwischen den Zeilen die ganze Romantik des 19. Jahrhunderts unter. Bei der Polizei wußte man aus Erfahrung, daß die Gesetzlosen selbst die Drahtzieher dieser Werbekampagnen waren. Der Bandit Bellacoscia hatte sich seinerzeit so lange fotografieren lassen, bis sein Porträt aus den Postkartensortimenten der Insel nicht mehr wegzudenken war. Schon viel früher hatte Ghiuvan Camegdu Nicolai sich öffentlich in den reichen Vierteln von Ajaccio gezeigt, schöne Touristinnen verführt und sich an den Clan Emmanuele Arènes verkauft. Als letzter der alten Schule schließlich hatte der seit einunddreißig Jahren im Maquis untergetauchte Jean-Simon Ettori sich bei verschiedenen Treffen mit Journalisten bitter über seine Lebensbedingungen beklagt.

Aber schlimmer noch als die Zeitungsartikel war die Mentalität der Inselbewohner. Korsika, das ein schier unerschöpfliches Reservoir an Polizisten und Gendarmen hervorgebracht hatte, machte alles dicht, sobald die Repräsentanten des Staates an seinen Küsten landeten. Das Inseldasein schob sich wie eine unüberwindliche Mauer zwischen die Eindringlinge und die Bevölkerung.

»Meine Herren, wir müssen eine Brücke schlagen zwischen der Expedition und den Bauern, auf deren Auskünfte wir angewiesen sind. Unser ganzer Erfolg hängt davon ab. Wir gehen so diskret wie möglich vor, denn die Leute hier, insbesondere die aus den Bergen, verstehen oft nicht, wie Korsen imstande sein können, andere Korsen ins Gefängnis zu bringen. Und wenn schon, halten sie es für eine Folge von Streitigkeiten zwischen den Anhängern verschiedener Lager. Sie könnten daher auf den Gedanken kommen, sich an unseren Familien zu rächen. Unsere Aufgabe besteht ausschließlich darin, zu beobachten und zu beraten. Vermeiden Sie es, persönlich in Erscheinung zu treten. Das werden andere Polizisten tun, die ebenfalls Korsen und offiziell zuständig sind.«

In Ajaccio verfolgte man die Entladung der *El Djem* mit jener humorvoll gefärbten Neugier, die von den Städtern hier so gern zur Schau gestellt wurde:

»Sieh einer an, ich glaube, der Krieg geht wieder los.«

»Umbah, die ziehen aber mindestens gegen den König der Berge in den Kampf!«

Unter einem tiefhängenden grauen Himmel ließ die Bevölkerung sich nichts von dem entgehen, was da an Waffen aus dem Schiffsbauch kam: massenhaft Flinten und Maschinengewehre, ja sogar ein Spähpanzer.

Als dann die Avisos »Dédaigneuse« und »Toul« in Begleitung der U-Boote »Calypso« und »Thémis« angekündigt wurden, während die »Dougga« schweres Kriegsgerät entlud, kam in der Kaiserstadt Unruhe auf.

Ajaccio war nicht der Ort, der ein Geheimnis lange für sich behielt. Erst recht nicht angesichts der plötzlich aufmarschierenden Soldaten, die aussahen, als bereiteten sie den Sturm auf eine unbezwingbare Festung vor. In den Cafés des Cours Grandval, der letzten Zuflucht gegen unverhoffte Regenschauer, lösten sich die Zungen. Es gab so viele Neuigkeiten aus gutinformierten Quellen, daß die Flut der Vertraulichkeiten und Enthüllungen ebenso zahlreiche Dementis, wie gegenteilige Vermutungen heraufbeschwor . . .

»Frankreich wird seine Truppen doch nicht mobilisiert haben, um ein paar Apachen auf den Leib zu rücken . . .«

Der Ausdruck ›Apachen‹ war ganz in die Umgangssprache eingegangen. Manchmal sprach man ihn vor Fremden wie *a paci*, der Frieden, aus, was die seltsamsten Verwirrungen zur Folge hatte!

»Schaut sie euch an, es sind Tausende. Nein, die Präfektur hat das Märchen von der großen Banditenjagd absichtlich in die Welt gesetzt, um uns über ihre wahren Absichten hinwegzutäuschen. In Wirklichkeit bereitet man die Verteidigung gegen Italien vor . . .«

Es kursierten alle möglichen Gerüchte, und kaum jemand wäre noch bereit gewesen, einen Sous auf die anfänglichen Gewißheiten zu setzen. Im Süden der Insel hatten die Bauarbeiten einer ›strategischen‹ Durchgangsstraße begonnen, die der Armee im Fall eines Angriffs durch Mussolini zur Verfügung stehen sollte. Die Presse berichtete in scharfen Tönen von den jüngsten Kontakten zwischen korsischen Autonomisten und den Anführern der italienischen Irredentisten aus Livorno. Nein, eigentlich gab es keinen Zweifel: Korsika bereitete sich offensichtlich auf einen Konflikt mit dem mächtigen Nachbarland vor.

Xavier hatte das merkwürdige Gefühl, ein Fremder im eigenen Land zu sein. An die Fersen der Gendarmen geheftet vermied er es tunlichst, auch nur ein Wort im heimatlichen Dialekt zu sprechen. Und wenn er die unschönen Bemerkungen hörte, die ihnen von den Bauern nachgerufen wurden, zwang er sich, nicht zu reagieren.

Im Augenblick stand er einem Trupp uniformierter Gendarmen bei der Überwachung eines steilen Bergpfades zur Seite.

Plötzlich befahl der Offizier absolute Ruhe. Die Uniformierten warfen sich bäuchlings hinter das regennasse Gebüsch. Der Boden und die Felsen verströmten einen feuchten Humusgeruch, der Xavier an die Jahre vor dem Krieg erinnerte: Bei Regenwetter hatte er sich oft mit seinen Vettern unter die Bäume verkrochen; dicht aneinandergedrängt hatten sie tief durchgeatmet und das Gefühl der schützenden Wärme genossen ...

Vier auf Mauleseln reitende Männer, von Kopf bis Fuß mit schweren Hirtenmänteln bedeckt, kamen den holprigen Weg hinauf. Der Offizier gab seinen Leuten Zeichen, die Gewehre schußbereit zu halten. Ein Informant hatte den Hinweis gegeben, daß einige Bauern aus der Gegend von Sartène dieser Tage in die Berge gehen würden, um den letzten Mitgliedern der Bartoli-Bande Nahrungsmittel zu bringen.

Der Offizier brüllte unvermittelt los: »Im Namen des Gesetzes, ergebt euch!«

Die Tiere blieben ruckartig stehen, und einer der Männer nahm seine Flinte von der Schulter.

»Ich wiederhole: Ergebt euch!«

Der Mann blickte sich gelassen um: »Zeigt euch, damit wir wissen, wer ihr seid!«

Er hatte sich in ungeschliffenem Korsisch ausgedrückt. Der Offizier beugte sich zu Xavier herab: »Übersetzen Sie, schnell.«

»Die Gendarmen sollen aufstehen, damit man sie sieht. Die Männer sind beunruhigt.«

Prompt stürmten die Uniformierten hinter den Büschen hervor und kreisten die vier Reiter ein.

»Was transportiert ihr da?« war die erste Frage.

»Brot, trockenen Käse und *Lonzu*, korsischen Schinken. Hier, überzeugt euch selbst.«

Der Inhalt der Brotbeutel wurde auf dem Boden ausgebreitet. Ein Leutnant hob den Kopf: »Warum soviel Proviant?«

Einer der Bauern kratzte sich am Bart: »Wieso viel? Das reicht gerade für vier Männer, die mit ihrem Vieh ein paar Tage in die Berge gehen!«

Der Offizier beriet sich hinter einem Felsen mit Xavier, der sich nicht blicken lassen wollte: »Was meinen Sie, glauben Sie diese Hirtengeschichte?«

»Das soll einer wissen . . . Man müßte sich genauer erkundigen . . . Aber wir können wohl schlecht alle Hirten festnehmen, die uns suspekt erscheinen. Außerdem muß man damit rechnen, daß Denunziationen persönliche Racheakte sind. Auf Korsika sind wir Feindseligkeiten gewöhnt. Früher haben die Familien sich mit ehrbaren Banditen solidarisiert, um die bösartigen unschädlich zu machen. Heute ist das anders, wie Sie gemerkt haben dürften. Man schämt sich der Korsen, die bereit sind, für Gerechtigkeit zu sorgen . . .«

Der Offizier warf ihm einen beunruhigten Blick zu: »Ich finde, unsere Aufgabe ist schwer genug. Sie sollten sie uns mit Ihren Gefühlsanwandlungen nicht noch schwerer machen . . . Jedenfalls nehmen wir die vier Hirten erst einmal mit. Ob sie die Wahrheit sagen, wird man später sehen.«

»Also los!« schloß ein Leutnant.

Am 12. November wurden die korsischen Polizeibeamten von den Militärbehörden vorgeladen. Der oberste Befehlshaber

Korsikas wirkte von Anfang an äußerst gereizt: »Meine Herren, ich bin unzufrieden mit den spärlichen Ergebnissen, die Sie aufzuweisen haben. Spärlich bis nicht vorhanden. Sie können sich wohl denken, daß vor mir bereits einige Minister unzufrieden waren und keinen Hehl daraus gemacht haben. Die Festnahmen mehren sich, doch das Ergebnis ist gleich Null. Nichts und wieder nichts. Nur Männer und Frauen, die kein Wort von sich geben. Da helfen auch keine Drohungen. Sie starren einfach auf den Boden. Aber ich sage Ihnen, wir werden die Sache durchziehen. Der Herr Ministerpräsident hat es den Zeitungen persönlich angekündigt. Die Truppen bleiben so lange hier, bis die Säuberungskampagne abgeschlossen ist . . .«

Er schlug mit dem Lineal auf seinen Schreibtisch und fuhr fort: »Der Präfekt von Marseille hat Sie als Spezialisten hergeschickt. Es ist Zeit, daß Sie Ihre Fähigkeiten beweisen. Zeigen Sie uns, daß Korsika guten Willens ist, dem Banditentum ein Ende zu bereiten. Ich will Ergebnisse, und zwar schnell!«

»Was Sie da von uns verlangen, ist außerordentlich schwierig«, gab Xavier zu bedenken. »Eine Infiltration ist in unseren Dörfern fast unmöglich. Die Leute kennen sich viel zu gut, und die Familienbeziehungen sind sehr eng. Man wird keinen Korsen je dazu bringen, einen Verwandten zu verraten . . .«

Der Oberbefehlshaber schlug verzweifelt die Augen zur Decke auf: »Wo sind wir hier eigentlich? Einerseits heißt es, im zivilisierten Frankreich, und man verbietet uns die durchschlagenden Methoden, die in den Kolonien Wunder wirken. Andererseits stößt man auf Sitten wie im libanesischen Bergland. Hören Sie, meine Herren, ich bin für alle Vorschläge offen. Aber machen Sie welche . . .«

Im Laufe der nächsten Tage nahmen die Korsen aus Marseille an den Verhören der Gefangenen teil. Der Präfekt, Monsieur Seguin, hatte sich mit seiner ganzen moralischen Autorität hinter diese Maßnahme gestellt, so daß bereits das geflügelte Wort vom ›Ziegenmelken des Monsieur Seguin‹ umging. Und zu guter Letzt hatte er seinem Einverständnis noch den Rat hinzugefügt, die Verhöre sollten ohne Gewaltanwendung, ja sogar ›mit etwas Menschlichkeit‹ durchgeführt werden.

Und doch ... Xavier fühlte sich immer unbehaglicher beim Anblick seiner Landsleute, die wie zusammengetriebenes Vieh in finsteren Löchern hockten. Ob Frauen, Kinder oder Männer, sie saßen tagelang im Dreck, der Willkür ihrer Bewacher ausgeliefert. Das erste Verhör fand regelmäßig auf französisch statt, um dem Gefangenen den Eindruck zu vermitteln, er könne sich hinter der sprachlichen Barriere verstecken. Das Resultat war immer gleich, unabhängig von Alter und Geschlecht: Der Betroffene schüttelte den Kopf und behauptete, er würde nicht richtig verstehen und hätte sich nichts vorzuwerfen. Beim nächsten Verhör kam ein korsischer Polizist, der sich den Gefangenen in seiner Muttersprache vornahm, was panische Angst und ungeschickte Täuschungsmanöver zur Folge hatte. Statt einfach stumm zu bleiben, versuchte der Verhörte sich zu rechtfertigen und verwickelte sich unvermeidlich in Widersprüche. Denn fast alle diese arglosen Menschen hatten irgend etwas zu verheimlichen! Manche hatten einem Banditen geholfen, andere besaßen nützliche Informationen. Dabei hatten sie stets bewußt gehandelt, denn für sie stand das Gewohnheitsrecht höher, als das Gesetz des französischen Staates. Nun aber verkehrte sich das, was sie im Namen eines moralischen Gebots getan hatten, in eine Beihilfe zum Verbrechen. Ihre Versuche, sich aus der Affäre zu ziehen, zeugten von einer kindlichen Naivität, die Xavier tief berührte. Er war fast erleichtert, als er endlich eine ›Ziege‹ fand. Es handelte sich um einen Mann aus der Gegend von Vicu, den man nicht einmal als Spitzel bezeichnen konnte, da er, wie er sagte, in gemeinster Weise von den Brüdern Spada beraubt worden war: »Wirklich wahr, diese Kerle haben das Laster im Blut. Abgesehen davon, daß sie Sarden sind. Soll ich da noch Mitleid haben? Man hat mir unrecht getan, also schlage ich zurück. Aber ich brauche eine Kutte, damit niemand mich erkennt. Wenn ihr die Brüder Spada am Ende doch nicht erwischt, will ich nicht mit ansehen müssen, wie meine Familie abgeschlachtet wird. Eins steht fest: Hätte ich nur die geringste Chance, würde ich mir selbst Gerechtigkeit verschaffen! Aber ihr mit euren Suchaktionen habt sie natürlich gewarnt. Jetzt verstecken sie sich ... Also seid ihr dran, mir bei meiner Rache zu helfen ...«

Die Einwohner des Dorfes hatten sich auf dem kleinen Kirchplatz versammelt. Müde von der langen Verfolgungsjagd durch den Maquis, trieben Soldaten die Männer vor sich her. Die korsischen Polizisten hatten sich vor dem Lastwagen aufgestellt und beobachteten die Szene. Keinerlei Furcht in den Augen dieser Dorfbewohner. Das Gesetz des Schweigens verschloß ihre Münder zuverlässiger als die Angst. Ein leichter Sprühregen benetzte die Kleider. Jetzt forderte der Leutnant den Informanten auf, vorzutreten, und die Bauern verfolgten mit mißtrauischen Blicken, wie der seltsame, von zwei Soldaten eingerahmte Büßer an ihnen vorüberging.

»Und nun wirst du uns zeigen, welches die Leute sind, die den Banditen helfen«, befahl der Leutnant laut genug, um von allen gehört zu werden.

Die Frauen, etwas abseits vor einem schönen Haus aus grauem Quaderstein, drängten schutzsuchend zusammen und zogen sich die schwarzen Tücher vors Gesicht.

Die ›Ziege‹ tat wie befohlen, während der Leutnant, der dem Mann unter der Kutte auf dem Fuße folgte, die Namen der Bezeichneten laut herausbrüllte. Zwölf Männer mitsamt Ehefrauen wurden in Ketten gelegt, ohne daß einer protestierte. Der Offizier strich sich über den Schnurrbart. Dann machte er sich Luft: »Kaum zu fassen!« polterte er los. »Dabei sind wir vor nicht einmal drei Tagen hiergewesen, und alle haben mir geschworen, keinen der Banditen zu kennen. Das wird euch teuer zu stehen kommen, darauf könnt ihr Gift nehmen!«

Er näherte sich einem Gefangenen und zwang ihn, den Kopf

zu heben: »Niederträchtiges Pack! Nehmt wenigstens die Mützen ab, wenn ich mit euch rede . . .«

Mit einer schwungvollen Bewegung riß er dem Mann die Kopfbedeckung ab. Der Gefangene entzog sich seinem Griff, beugte sich zum Boden, nahm die Mütze aus dem Staub, klopfte sie ab und setzte sie sich wieder auf. Der Blick, den er dem Leutnant zuwarf, war so verächtlich, so haßerfüllt, daß dieser betroffen zurückwich und Xavier leise fragte: »Sagen Sie, Sie sind doch von hier, was habe ich denn jetzt schon wieder Schreckliches getan?«

»Herr Leutnant, ein Korse entblößt sein Haupt nur in der Kirche. Nie würde er vor einem anderen den Hut ziehen, auch nicht vor dem Mächtigsten, das verbietet seine Selbstachtung. Er fühlt sich ebenbürtig. Einem Mann oder, schlimmer noch, einer Frau die Kopfbedeckung abzunehmen, ist eine Respektlosigkeit sondergleichen, ein Angriff auf die Ehre. Darum hätte dieser Mann Sie auf der Stelle umgebracht, wenn er nur gekonnt hätte.«

»Aber das wußte ich doch nicht! Es ist zum Verrücktwerden hier! Anscheinend hält jedes Motiv für die nächste Rache her. Was für ein Land!«

Die Dorfbewohner kehrten langsam in ihre Häuser zurück. Nur ein alter Mann blieb noch vor den korsischen Polizisten stehen: »Ihr seid keine *Pinzuti*, wie?« fragte er.

»Hört man das nicht?« gab einer der Beamten stolz zurück.

Der Alte war wie vom Donner gerührt. Dann räusperte er sich, spuckte auf den Boden und ging, ohne seine Landsleute noch eines Blickes zu würdigen.

Am nächsten Tag baten Xavier und vier seiner Kollegen um ihre Rückversetzung nach Marseille. Die Behörden willigten umstandslos ein. Die Zusammenarbeit zwischen den ›offiziösen‹ Polizeibeamten, ihren offiziellen Kollegen und dem Militär war nicht gerade überzeugend gewesen. Xavier bekam drei Tage Heimaturlaub und beschloß, sie in Chéra zu verbringen. Er war glücklich und erleichtert, daß man ihn von seiner

Aufgabe befreit hatte. In Figari hielt er Ausschau nach einem Verwandten, um sich für die letzte, nicht befahrbare Strecke des Weges ein Maultier auszuleihen. Der erste, den er fragte, sah ihn verblüfft an: »Weißt du denn nichts von der Straße?«

»Von welcher Straße?«

»Na, von der, die mitten durch dein Dorf geht!«

»Ich wußte nur, daß es Pläne und Verhandlungen gab. Aber ich dachte . . .«

». . . Oh, dabei haben die Culioli das nicht schlecht hinge-kriegt! Sie haben die Clans auf die Sache angesetzt, und jetzt führt die Straße eben mitten durch Chéra. Warte nur, mein Sohn bringt dich hin. Du wirst staunen. Als wäre eine Epoche zu Ende gegangen.«

Mit zwanzig Stundenkilometern ging es den Hügel der Sardi hinauf. Durch das offene Fenster wehte der Wind herein und fuhr den Männern in die Haare. Xavier hörte seinem red-seligen Chauffeur schon lange nicht mehr zu. Es war ihm egal, unter welchen Umständen diese schlechte Lehmstraße auf dem felsigen Untergrund angelegt worden war. Er dachte nur an die langsamen Abstiege mit dem Maultier zurück. Der Weg von Chéra nach Sotta hatte mindestens eineinhalb Stunden gedauert. Diesmal bewältigten sie die gleiche Strecke in weni-ger als dreißig Minuten.

»Ein Glück, daß wenigstens der Oriu noch an seinem Platz ist!« seufzte Xavier, während er die Füße auf den Boden setzte.

30

Der Schwur von Bastia

Sieben Jahre waren seit der Unterwerfung der korsischen Banditen vergangen. Am 20. Juni 1935 starb André Spada nach einem langwierigen Prozeß unter der Guillotine, obwohl an seiner Unzurechnungsfähigkeit niemand mehr zweifeln konnte. Aber die Republik und die öffentliche Meinung brauchten einen Schuldigen und forderten Spadas Kopf.

Sieben Jahre, in denen Frankreich unter der weltweiten Krise gelitten hatte. Xavier glaubte an die Zeichen des Schicksals: Am 6. Februar 1934, während der blutigen Zusammenstöße zwischen den rechten Sammlungsbewegungen und der Polizei vor dem Pariser Parlament, beweinte Korsika die Opfer einer in der Geschichte der Insel einzigartigen Katastrophe.

In der Nacht vom 3. auf den 4. Februar war ein Unwetter losgebrochen, wie man es kaum je erlebt hatte. Der Himmel schien seine Schleusen zu öffnen und die Erde mit dem göttlichen Feuer zu strafen. Die Donnerschläge, das Gefühl einer drohenden Sintflut, rissen Menschen und Tiere aus dem Schlaf. In den Häusern der Castagniccia sprachen die Frauen lange Gebete, um den Sturm zu besänftigen.

Oberhalb des Dorfes Ortiporio stand seit Jahrhunderten ein Kastanienbaum von kolossaler Größe. Wie die Alten sagten, hatte dieser Baum alles miterlebt: Erst die Soldaten aus Pisa, dann die aus Genua, ja, er hatte sogar den Axtschlägen der Franzosen, die alle Kastanien fällen wollten, um die Anhänger Paolis auszuhungern, standgehalten. Als uralter Zeuge erhob er sich würdevoll über den Häusern und den Feldern, reckte sein Geäst der Sonne und dem Mond entgegen.

Plötzlich durchzuckte ein Blitz die Dunkelheit, und eine Feuerzunge berührte die Baumkrone. Der mächtige Stamm erzitterte, schien einen Moment zu widerstehen, fiel dann aber doch, in seinem Lebensnerv getroffen, und riß durch sein Gewicht andere, weniger tief verwurzelte Bäume mit. Das Getöse der brechenden Zweige mischte sich mit dem des Unwetters. Am Fuß des reglosen Zeugen der Jahrhunderte hatten sich Schneemassen aufgetürmt, die durch seinen Sturz ins Rutschen kamen und auf dem steilen Hang Geschwindigkeit gewannen. Mit unerhörter Gewalt brach die Lawine über das Dorf Ortiporio herein, zermalmte Steinhäuser und begrub alles unter sich. Das verheerende Unwetter erschwerte die Rettungsarbeiten. Am 6. Februar, während die Radioprogramme für Sonderberichte über die Zusammenstöße vor dem Palais Bourbon unterbrochen wurden, legten die erschöpften Rettungsmannschaften siebenunddreißig Leichen vor die Kirche des kleinen Dorfes. Die in Marseille lebenden Korsen waren erschüttert. Die Nachricht von den Opfern der Inselkatastrophe traf sie an diesem Tag mehr als die Berichte über die Unruhen in Paris.

Die Pariser Ereignisse vom 6. Februar waren nur das Vorspiel einer großen Veränderung im politischen Leben des Mittelmeergebiets. In Marseille unterstützte Sabiani offen die Unterwelt und die extreme Rechte, und das bedeutete für Xavier das Ende seiner Vorstellungen. Dann überstürzten sich die Ereignisse. Der piétristische Clan der »Schwarzen« unterstützte Rechtsextremisten, wie den ehemaligen Polizeipräsidenten Chiappe oder Horace de Carbuccia, den Direktor von »Gringoire«. Dominique und Xavier fanden die Politik ihrer Väter nicht mehr. Was hatten antisemitische Schmähungen gegen den landrystischen Clan der ›Weißen‹ noch mit der taktischen List früherer Zeiten zu tun? Die lokalen Konflikte wurden von dem Sturm, der durch die Welt fegte, einfach überrollt.

Die beiden Brüder teilten dem Clan ihre Ablehnung mit und brachen jede Beziehung zu ihm ab. Politisch betätigten sie sich ab sofort bei den Marseiller Sozialisten und bei den Freimaurern. Xavier jedoch mißbilligte die Kontakte, die Ferri-Pisani, der Anführer der Sozialistischen Partei, zu den Brüdern Guérini knüpfte, die gerade erst im korsischen Milieu der Marseiller Unterwelt aufgetaucht waren. Immer wieder bekam er zu hören, daß dort, wo gehobelt wird, auch Späne fallen: »Xavier, du gehst mir auf die Nerven mit deinen moralischen Prinzipien. Sabiani stützt sich skrupellos auf die Gangster Spirito und Carbone. Marseille ist eine Hafenstadt. Wenn wir nicht auch ein paar Leute aus dem Milieu haben, können wir einpacken. Laß mich nur machen, dann wird alles gut«, so etwa lauteten die Ratschläge der meisten Gesprächspartner aus dem eigenen Lager.

Die Beziehung der Culioli-Brüder zu ihrem Heimatland verlor an Intensität. Xavier engagierte sich bei der Gewerkschaft der Polizei. Zu Hause erwartete ihn seine Frau Rose mit tausend kleinen Aufmerksamkeiten, die das Leben daheim so angenehm machen. Dominique lebte weiter für und durch die Familie. Er hatte die verwaisten, vom Schicksal schwer getroffenen Neffen seiner Frau bei sich aufgenommen. Chéra blieb ihm durch die Nachrichten, die er regelmäßig erhielt, vertraut. Obgleich es die neue Straße gab, fuhr er kaum noch hin. Die Reise kostete Zeit und Geld.

In dem Dorf Roquevaire kauften die Brüder sich ein kleines Haus. Eine Gemeinsamkeit mehr, nachdem sie schon in Marseille zwei Pavillons bewohnten, die nur durch zwanzig Meter Garten voneinander getrennt waren. Samstags brachte der Bus sie nach Roquevaire, wo sie das ganze Wochenende Ruhe hatten. Mit der Zeit verwuchsen sie immer mehr mit Marseille, ohne den geringsten Schmerz zu empfinden.

Der Sieg der Volksfront schmiedete sie noch fester an ihre Adoptivstadt. Für die beiden Freimaurer symbolisierten die Mai-Wahlen den Durchbruch der großen Idee. Endlich würde die soziale Gerechtigkeit triumphieren. Fleißig nahm die Familie an zahlreichen Demonstrationen zur Unterstützung der Fabrikbesetzungen teil.

Aber auch aus Korsika gab es Neuigkeiten: In Sartène, so wurde gemunkelt, hatten die Landarbeiter es unter der Führung sozialistischer Genossen gewagt, die *Sgios* mit roten Fahnen herauszufordern. Als Xavier und Dominique davon hörten, stießen sie einen Schrei der Überraschung aus: Rote Fahnen zwischen den stolzen Häusern von Sartène? Kein Zweifel, auf der Insel tat sich etwas. Und plötzlich war das große Heimweh da. Die Brüder merkten, daß Marseille ihr Herz nie ganz besetzen würde: Sie brauchten das Felsgestein und den Maquis.

Die Einführung des bezahlten Urlaubs gestattete es ihnen, für zwei Wochen in ihr Heimatdorf zu fahren. Sie benahmen sich wie glückliche Kinder. Die anderen, die in Marseille zurückblieben, begleiteten sie singend zum Hafen. In ihren Herzen schien die Sonne, obwohl Hitler, mittlerweile deutscher Reichskanzler, am gleichen Tag die Olympischen Spiele von Berlin beschloß, obwohl Mussolini in Äthiopien die Armee des Negus niedermachte, und obwohl der Bürgerkrieg in Spanien sich verschärfte.

Als die Volksfront am Ende ihrer Kräfte war, ausgezehrt von Niederlagen und von Spaltungen, zeigten die Brüder keine heftige Reaktion, sondern nur schleichende Traurigkeit. Zu viele Hoffnungen waren enttäuscht worden. Die Besorgnis um die Zukunft verdrängte die Freuden der Vergangenheit.

Am 28. Oktober 1938 fand in Marseille der Parteitag der Radikalsozialisten statt, auf dem Daladier seinen Rechtsruck besiegelte. Die Radikalsozialisten sollten nicht mehr diejenigen sein, die von der Sozialistischen Partei so gern mit Radieschen verglichen worden waren: ›Außen rot und innen weiß.‹ Daladier, der Mann des Münchener Abkommens, dieses schmachvollen Kompromisses, bezog mit seinen Anhängern die Hotelzimmer gegenüber dem Kaufhaus Nouvelles Galeries. Mehrere Minister waren in seinem Gefolge. Man weiß nicht genau wie, aber in dem großen Kaufhaus mit Hunderten von Menschen brach plötzlich Feuer aus. Der Mistral schürte die Flammen. Daladier, Herriot und Sarraut, die führenden Männer der Republik, standen an den Fenstern und betrachteten das mörderische Drama. Der Brand drohte auf das Hotel Noailles überzugreifen, dann auch auf das Grand Hôtel, in dem die hohen Herren wohnten. Während sich auf der Straße eine Menschenkette bildete, die notdürftig zu löschen versuchte, evakuierten die Feuerwehrleute stöhnende Minister und Radikalsozialisten. Dreiundsiebzig Tote wurden aus der Asche geborgen, während die verantwortlichen Radikalsozialisten ihre Empörung über die unzulänglichen Rettungsarbeiten zum Ausdruck brachten.

Einen Monat später, am 30. November, berichtete die Presse von einem Ereignis, das ebenfalls kein Zufall sein konnte. Mehrere mussolinitreue Abgeordnete hatten im Parlament gefordert, daß Nizza, Tunesien, Savoyen und Korsika an Italien angeschlossen werden sollten. Sowohl die italienischen als auch die französischen Behörden setzten alles daran, um den Schock, den diese Stellungnahmen auslösten, aufzufangen. Aber zwei Monate nach den Münchener Zugeständnissen war die Aggressivität der Faschisten kaum noch zu vertuschen.

In Marseille beriefen die korsischen Freundschaftsverbände Versammlungen ein, um den Widerstand zu organisieren. Aus ganz Frankreich trafen Telegramme in der Hauptstadt ein, unterzeichnet von Korsen, die plötzlich ihr Vaterland verteidigen wollten. Xavier und Dominique alarmierten die Familie und die Freunde. Es mußte etwas geschehen, und zwar schnell.

»Wenn sie die Tschechoslowakei im Namen des Friedens fallengelassen haben, was wird Korsika ihnen dann wert sein?« fragte man sich.

Die politischen Vorstellungen der Autonomisten, die sich,

wie etwa der Dichter Santu Casanova, uneingeschränkt Mussolini verschworen hatten, wurden aufs schärfste verurteilt.

Schon 1923 hatte die Zeitung »A Muvra« den Journalisten Joseph Rinaldi mit unverblümt rassistischen Argumenten angegriffen: »Monsieur Rinaldi hat nicht nur korsische und französische, sondern auch jüdische und italienische Vorfahren. Er wird darum nie in der Lage sein, rein korsische Ideen zu begreifen . . .«

Die Muvristen hatten sich den Positionen des mussolinischen Faschismus sehr stark angenähert und unterstützten insofern die Tendenz des aus Bretonen, Korsen und Elsässern bestehenden »Komitees der Nationalen Minderheiten«.

Jenseits aller individuellen Befürchtungen zeigten die politischen Diskussionen ein schwindendes Vertrauen in die führenden Männer der Republik. Man mußte sehr deutlich werden, um klarzumachen, daß Korsika um jeden Preis französisch bleiben wollte. Ein Aktionskomitee wurde gegründet, das die Zugehörigkeit Korsikas zu Frankreich verteidigen sollte – ein Anliegen, das Vorrang vor allen Streitigkeiten zwischen den verschiedenen Parteien hatte.

Xavier war begeistert, und Dominique mußte sich seine von Heimatliebe erfüllten Ausbrüche immer wieder anhören: »Diesmal kämpfen wir für uns selbst. Verstehst du, es sind unsere Felsen und unser Maquis, die wir verteidigen. Und das nicht in den blauen Vogesen! Hier, bei uns zu Hause, wird Mussolini uns niemals kriegen. Er hat sogar das Gegenteil von dem bewirkt, was er erreichen wollte: Die Korsen schließen sich zusammen.«

»Mach dir keine Illusionen«, warnte Dominique. »Sabiani und seinesgleichen werden ihre Heimat skrupellos verkaufen, wenn sie glauben, daß es ihnen nützt.«

»Oh, Dume, sei nicht immer so pessimistisch! Bisher steht Sabiani nicht auf der Seite Mussolinis. Du wirst schon sehen: Korsika wird den Weg der Ehre wiederfinden.«

Jeder Freundschaftsverband bekam einen Stapel Plakate, die unverzüglich geklebt werden sollten. Der Aufruf, gerichtet an die »korsischen Männer und Frauen«, hatte die Überschrift: »Eine Beleidigung Korsikas.« Im Text hieß es dann: »Die französische Regierung hat das Wort ... Respektvoll, aber entschieden fordern wir die französische Regierung auf, dem Ausland gegenüber die Sprache Frankreichs zu sprechen ... Die Korsen wehren sich ... Korsen, erhebt euch!« Abschließend rief das Verteidigungskomitee zu einer Demonstration am Sonntag, dem 4. Dezember, in Bastia auf. Die Marseiller Behörden wurden der Aufregung kaum noch Herr: Zahllose Korsen stürmten die Büros, um Ausreisegenehmigungen oder Sonderurlaub zu beantragen. Während Dominique mit seiner Familie zurückblieb, machten Xavier und einige Freunde sich auf die Reise.

In Bastia herrschte ein Getümmel wie sonst nur an hohen Festtagen oder bei großen Begräbnissen. Von allen Ecken der Insel strömten die Menschen herbei: Vom Cap wie aus Bonifacio, aus der Balagne wie vom Fium' Orbu. Sie kamen im Sonntagsstaat, kaum wiederzuerkennen. Die Place Favalleli konnte sie nicht alle fassen. Wenig an solche Massenbewegungen gewöhnt, suchten sie ängstlich nach einem bekannten Gesicht, um in dieser ernsten Stunde nicht allein zu sein. Vertreter aller Gruppierungen waren da: Mitglieder der jungen Kommunistischen Partei, Sozialisten der ersten Stunde, radikale Landrysten, republikanische Piétristen und sogar einige Frontkämpfer des nationalistischen Wehrverbandes Croix-de-Feu. An die hundert Gruppierungen hatten zur Teilnahme an der sonntäglichen Demonstration im Dezember 1938 aufgerufen.

Der Präsident des Aktionskomitees sprach zu Beginn der Kundgebung. Xavier, in strammer Haltung wie alle anderen, hörte bewegt zu. Es schnürte ihm die Kehle zu, als der Redner an die korsischen Feldsoldaten erinnerte, die im letzten Krieg gefallen waren: »Diese vierzigtausend Korsen, die sich heute vor Schmach in ihren Gräbern wälzen, halten uns das Opfer, das sie dem ewigen Frankreich dargebracht haben, in lebendiger Erinnerung . . .«

Er hatte seine feierliche Rede kaum beendet, als die »Marseillaise« ertönte. Die Hymne Frankreichs breitete sich wellenförmig aus, erst bis an die Peripherie des Platzes, dann auch in den umliegenden Straßen, um schließlich zu den Bergen des Nebbiu aufzusteigen.

Der Demonstrationszug setzte sich in Bewegung, angeführt von der Leier, dem Wahrzeichen Bastias, und den nachfolgenden Fahnenträgern. Xavier hatte sich eingereiht. Er war sich der schwerwiegenden Pflicht, die er erfüllte, vollständig bewußt. Dieser Tag würde mit Sicherheit Bedeutung haben. Für Frankreich und für Korsika.

Begleitet von zwei Kriegsversehrten schritt endlich der Präsident der »Anciens Combattants« zum Mikrofon. Eine andächtige Stille legte sich über die Menschenmenge. Zwanzigtausend Köpfe wandten sich demjenigen zu, der ergriffen und mit zitternder Stimme den Schwur vortrug: »Im Angesicht der Welt schwören wir von ganzem Herzen auf unsere Ehre, auf unsere Gräber und auf unsere Wiegen, daß wir als Franzosen leben und als Franzosen sterben werden.«

Zwanzigtausend Stimmen antworteten im Chor: »Wir schwören es!«

Nach einer Schweigeminute erklang abermals die »Marseillaise«, anschließend der »Chant du départ«: »Für sein Land muß ein Franzose leben, und für sein Land muß ein Franzose sterben . . .«

In der Ferne läuteten Männer in alter Hirtentracht den *Culombu*. Der tiefe, klagende Ton der großen Seemuschel erfüllte die Stadt. Dann stimmte die Menge das Lied des Sampiero Corso an, jenes Mannes aus Bastelica, der sich mit seinem Wunsch, Korsika an Frankreich anzugliedern, auf die Seite Franz I. gestellt hatte. Der Text, ebenso volkstümlich wie die Melodie, verhieß Feinden und Verrätern den Tod, Rache den Opfern der Invasion.

Als die Korsen vom Kontinent an diesem Abend wieder aufs Schiff gingen, waren die Quais voller Menschen. Während Xavier und seine Gefährten winkend an der Reling standen, stieg das Lied der Verbannten zu ihnen auf:

Ô fortune barbare, Ô sort ingrat . . .

O grausames Schicksal, o undankbares Los . . .

Den Männern rannen die Tränen übers Gesicht, während die Küsten des Landes, das sie mehr liebten als ihr Leben, langsam entrückten.

31

Carbone muß sterben

Während der Résistance gehörte Xavier zum sogenann-
ten Brutus-Ring, der von dem protestantischen Anwalt
Gaston Defferre geleitet wurde. Als die Deutschen in den
Süden einfielen, glich die französische Polizei einem großen
Sieb, das alle möglichen Informationen durchsickern ließ. Die
Pétain-Anhänger, häufig hin- und hergerissen zwischen einer
ausgesprochenen Deutschenfeindlichkeit und rechtsextremen
Überzeugungen, zogen es vor, den Aktivitäten der Résistance
mit Stillschweigen zu begegnen. Nur Sabiani und seine Sbirren
verfolgten ihre politischen Gegner mit dem Eifer der Nazi-
ideologie, die sie sich zu eigen gemacht hatten. Die Gestapo
suchte sich ihre Bundesgenossen aber nicht nur unter Sabianis
Leuten, sondern auch in den Verbrecherkreisen um Spirito
und Carbone. Diese letzteren, die dem deutschen Sicherheitsdienst offiziell angehörten, zückten bei jeder Gelegenheit
den Ausweis, der sie eindeutig mit dem siegreichen Lager der
Faschisten in Verbindung brachte. Das Vichy-Regime hatte
ihnen immerhin die Schmach zugefügt, sie wegen Schädigung
des Gemeinwesens zu ein paar Monaten Gefängnis zu verur-
teilen, aber ihre zahlreichen hochgestellten Freunde waren
ihnen zu Hilfe gekommen und hatten die Sache bereinigt.
Nun konnten sie wieder neben Männern wie Tino Rossi oder
Pierre Brasseur in der Öffentlichkeit auftreten, ohne eine Festnahme befürchten zu müssen.
Spirito und Carbone behielten ihre persönlichen Interessen
stets im Auge. Mit Sabianis Segen zogen sie das erste Drogen-

laboratorium in Europa auf. Dann schlossen sie einen Pakt mit den Nazis: Sie versprachen den Faschisten die Weitergabe sämtlicher Informationen aus den von ihrem Rauschgiftnetz durchzogenen Ländern gegen die Zusicherung, daß sie ihr Geschäft weiterhin ungestört betreiben durften. Etwa zur gleichen Zeit organisierte Carbone, der sich mit dem deutschen und mit dem polnischen Milieu eingelassen hatte, einen umfangreichen Schwarzhandel nach Polen.

Angeregt von Gaston Defferre legte Xavier ein Dossier über die Gangster an: »Ich weiß noch nicht, was wir damit anfangen werden«, hatte der Anwalt gesagt, »aber trag einfach alles zusammen, was irgendwie als Beweis dienen könnte. Ich hoffe doch, daß diese elenden Schurken eines Tages zur Rechenschaft gezogen werden. Und wenn nicht, tun wir es selbst.«

Xavier erinnerte sich an frühere Diskussionen mit Sabiani über dessen Freundschaft zu Carbone. Der Abgeordnete hatte nur ungern darüber gesprochen, den Freund aber immer verteidigt: »Carbone könnte all den Salonlöwen, die ihn in Verruf bringen, eine gute Lektion erteilen. Er stammt aus Propriano und war von Hause aus so arm, daß er sich ohne jede Hilfe ganz allein hocharbeiten mußte. Er ist mein Freund, und dazu stehe ich.«

So hatte das große Zerwürfnis mit dem korsischen Politiker seinen Anfang genommen, und seither hegte Xavier einen dumpfen Groll gegen den Schurken Carbone.

In der Nacht vom 23. auf den 24. Januar 1944 verschleppten die Nazis und ihre französischen Helfershelfer sechstausend Leute aus Marseille – Juden, Zigeuner und Ausländer. Am Morgen des 24. wurden die Armenviertel geräumt und in die Luft gesprengt, weil sie, wie die Nazi-Propaganda behauptete, ein ›Terroristennest‹ beherbergten.

Die Männer vom Brutus-Ring zerbrachen sich die ganze Nacht den Kopf über eine Möglichkeit, möglichst vielen Gefangenen zur Flucht zu verhelfen. Aber die ausgeschickten Agenten kehrten unverrichteter Dinge zurück. Der Plan war nicht durchführbar. Tausende von Männern, Frauen und Kindern wurden in Todeslager deportiert.

Xavier kam nur schwer über den Schock hinweg. Er hatte sich den Opfern genähert, aber nichts tun können, um sie vor der Deportation zu bewahren. Nach diesem Tag hörte er auf, als Individuum zu kämpfen, und stellte seine Kräfte uneingeschränkt in den Dienst der Sache. Auch die anderen Mitglieder seiner Gruppe waren über den Mißerfolg zutiefst betroffen. Für viele hatte der Antisemitismus durch diese eingepferchten, von den Nazis und ihren französischen Bütteln mißhandelten Menschen konkrete Gestalt angenommen. Xavier schwor sich, Carbone umzubringen. Er war sein Landsmann. Ein Mann des Südens obendrein, ein Nestbeschmutzer, der ebenfalls das Land der Herren seine Heimat nannte. Die Mitglieder des Brutus-Ringes lösten sich in Tag- und Nachtschichten ab, um jede Bewegung des Gestapo-Kollaborateurs zu beobachten: Carbone verbrachte seine Zeit entweder auf der Jacht »Roseline«, oder er empfing in seiner Schiffsbar »L'Amiral« gegenüber dem Gestapo-Hauptquartier. Tage vergingen, ohne daß irgendeine Lücke in dem Sicherheitssystem, das Carbone umgab, entdeckt werden konnte.

Trotz seines Engagements in der Résistance schlief Xavier weiter zu Hause. Er schaffte es nicht, ganz abgeschnitten von der Familie im Untergrund zu leben. Offenbar gehörte er zu jenem Menschenschlag, der das Schlimmste erträgt, solange ihm nur seine Nächsten folgen. Er weihte Dominique, seinen engsten Vertrauten, in den geplanten Anschlag und in die Schwierigkeiten ein. Der Bruder riet ihm, sich an die Guérini zu wenden: »Sie stammen aus der gleichen Welt wie Carbone und Genossen. Du kannst wertvolle Hinweise von ihnen bekommen . . .«

Xavier zog ein verächtliches Gesicht: »Ich traue ihnen ebensowenig wie den anderen! Natürlich, in dieser schwierigen Zeit können wir es uns nicht leisten, wählerisch zu sein: Immerhin verstecken die Guérini unsere Leute, und sie verschaffen uns Waffen. Aber das ist alles . . .«

»Vielleicht kämpfen sie auch gegen die Gestapo?«

»Auf ihre Weise sicherlich. Sagen wir, sie sind die engagiertesten Gangster, die wir kennen. Wir wissen aber auch, daß sie gerade ein Treffen mit Carbone hatten. Jedenfalls werden diese Typen sich gegenseitig schonen. Dann ist es nämlich egal, wie das Glücksrad sich dreht – es wird immer einer da sein, um den anderen zu retten. Siehst du: Nicht nur die Clans legen Wert auf Selbsterhaltung!«

Carbone machte keinen Fehler. Die Killer waren immer um ihn, wenn er sich zu seiner Abteilung beim Sicherheitsdienst begab. Xavier folgte ihm bis nach Cannes – wo der verhaßte Landsmann Geschäfte machte, seit er sich mit dem Kollaborateur Szkilnifoff zusammengetan hatte, um Hotels aufzukaufen – und in andere von Italien kontrollierte Städte, denn eine Zeitlang hoffte er, daß es hier leichter wäre, Carbone zu erwischen und unerkannt wieder zu verschwinden! Aber der Sturz Mussolinis am 25. Juli unterbrach die Serie dieser Reisen und machte jede Aussicht auf ein Attentat zunichte. Am Morgen des 8. September gab London offiziell den Waffenstillstand zwischen den amerikanischen Streitkräften und den neuen italienischen Machthabern bekannt. Carbone hatte wieder einmal unverschämtes Glück gehabt. Xavier und die Männer seiner Gruppe fühlten sich vom Schicksal betrogen: Nun mußten sie sich auf einen Anschlag in Marseille konzentrieren und erneut mit den gefährlichen Nachstellungen beginnen. Der junge Inspektor hatte schon fast den Mut verloren, als ein Vetter hereingestürmt kam und die unglaubliche Neuigkeit brachte: »Korsika hat sich erhoben, allen voran der ›Front National‹. Die ganze Insel steht unter Waffen . . .«

Xavier stiegen Tränen in die Augen. Mit zugeschnürter Kehle stammelte er: »Die unseren . . . Die ersten, die es gewagt haben . . . Endlich hat die Stunde der Rache geschlagen . . .«

Und plötzlich lagen sich zehn Widerstandskämpfer wie wahnsinnig vor Glück in den Armen.

Unter dem Befehl von Oberst Brunner, dem Henker der Niederlande, drang die SS in Nizza ein, und sofort begann die Judenverfolgung. Die Deutschen schickten ihre Bluthunde vor, Schnüffler wie Doriot und Sabiani, die ihnen die gewünschten Adressen zeigten. Mit Gewehrkolben schlugen sie die Haustüren ein, stürmten die Wohnungen und schleppten ihre Opfer ins Treppenhaus – sofern diese ihren Mördern nicht zuvorgekommen und durchs Fenster in den Tod gesprungen waren. Die Denunzianten bekamen fünfzig Franc für jeden verratenen Juden. An diesem denkwürdigen Tag kämpften sogar italienische Schwarzhemden für die Rettung verfolgter Familien, während die Vichy-Treuen sich noch tiefer in den Schmutz begaben.

Als Xavier davon hörte, war seine spontane Freude dahin. Aber die Erhebung Korsikas hatte ihm neuen Mut gemacht, und er war um so mehr darauf aus, Carbone zu töten. Er entdeckte, daß der Mann aus Propriano in einer kleinen Bar hinter der Präfektur, abseits von der Verbrecherwelt, Karten spielte. Dabei schützten ihn nur zwei Leibwächter, als wäre durch die Unschuld dieser harmlosen Runden jede Gefahr für ihn gebannt. Am Spieltisch fand Carbone die Atmosphäre seiner Jugend wieder: So war die Stimmung gewesen, als er mit seinen Gefährten von der großen Eroberungsfahrt über die Meere geträumt hatte . . .

Xavier zog zwei seiner Vettern ins Vertrauen: »Ich verheimliche euch nicht, daß die Sache gefährlich ist. Aber wir müssen es wagen, dort oder nie. Ihr kümmert euch um die Leibwächter, während ich mir Carbone vornehme. Eine Panne kann ich mir nicht leisten.«

Es war Mitte September, die Tage waren noch lang, und es herrschte schönstes Sommerwetter. Der unbekümmerte Eindruck, den Marseille machte, stand in krassem Gegensatz zur Präsenz der schwerbewaffneten deutschen Soldaten, die mit der drohenden Landung in der Provence begründet wurde.

Xavier wußte, daß der richtige Zeitpunkt für die Tat der späte

Abend war. Auf die Sperrstunde konnte er keine Rücksicht nehmen. Er hatte das Viertel ausgekundschaftet: Es würde schon gelingen, sich bis Sonnenaufgang zu verstecken, und am Morgen konnte er sich mit seinen Vettern unter die Arbeiter mengen. Im Moment allerdings fiel jeder auf, der auf der Straße war. Die einzige Haltung, die möglicherweise durchging, war die des wartenden Zuhälters. Also stellte Xavier seufzend eine Lässigkeit zur Schau, von der er glaubte, sie sei dem Marseiller Sündenpfuhl direkt entsprungen. Da Geduld aber nicht seine Stärke war, trat er von einem Fuß auf den anderen und schaute allzu häufig auf die Uhr. Plötzlich sprach ihn von hinten jemand an: »So spät noch unterwegs? Warten Sie auf etwas?«

Xavier machte ein unverfängliches Gesicht und drehte sich langsam um. Seine Vettern hatten sich versteckt. Der Mann roch zwanzig Meter gegen den Wind nach Gestapo: Selbstsicher wie ein Bulle von der schlimmsten Sorte ... Aber bestimmt kein Deutscher. Sein Akzent klang anders, und außerdem erfüllte es ihn offensichtlich mit Stolz, zur Partei der Stärkeren zu gehören.

»Ja, ich warte.«

»Darf man wissen, auf was?«

Xavier lächelte. Jetzt wußte er, was ihn vom ersten Moment an irritiert hatte.

»Wie finde ich denn das, *Paesanu*, kennt man die Landsleute nicht mehr?« sagte er.

Der andere riß die Augen auf und antwortete auf korsisch:

»Das darf doch nicht wahr sein! Woher kommst du?«

Xavier nannte den Namen eines Dorfes, das zu klein war, um bekannt zu sein. Sein Gegenüber stammte aus Lévie und gehörte zu Carbones Leuten.

»Weißt du, was das heißt? Man kommt endlich einmal zu Geld! Klar, ewig wird das nicht dauern. Aber sobald es brenzlig wird, raffe ich zusammen, was ich habe, und fahre nach Hause zurück. Wenn hier etwas schiefgeht, bin ich längst im Dorf bei der Familie. Da kann mir niemand ...«

Während Xavier mechanisch antwortete, fürchtete er den Moment, in dem der andere neugierig würde. Die Zeit verstrich. Offenbar machte es Carbones Leibwächter Spaß, vom Forellenfang und von der Wildschweinjagd zu reden. Themen wie Krieg, Besatzung, Folterungen und Erschießungen wären ihm in diesem Augenblick sicher höchst unpassend erschienen! Das einzige, was noch zählte, war die Liebe zur gemeinsamen Heimat, zur gleichen Sprache, zur gleichen Kultur.

»Sag mal, was machst du hier eigentlich?«

Carbones Mann hatte aus reiner Neugier gefragt, wurde aber mißtrauisch, als Xavier zögerte. Er schlug plötzlich einen anderen Ton an: »Hör zu. Wir haben eben wie Landsleute geredet, die sich seit Jahren nicht gesehen haben. Aber ich bin hier, um für Carbones Sicherheit zu sorgen. Der Name dürfte dir wohl bekannt sein, oder? Ich rate dir eins: Hau ab, verschwinde. Eigentlich könnte ich dich hochgehen lassen, aber wer will schon einem Landsmann Böses? Also gehe ich jetzt um die Ecke, eine Zigarette rauchen. Und wenn ich wiederkomme, will ich keinen von euch mehr sehen, weder dich noch die beiden anderen, die da hinter den Büschen lange Hälse machen, klar?«

Die korsischen Landsleute, die unterdessen für die Freiheit ihrer Insel kämpften, errangen im Dezember 1943 endlich den Sieg: Korsika war vollständig befreit. Bonaventure Carbone fuhr mit einigen hochdekorierten Nazis im Zug nach Paris. Ein Kommando der Résistance sprengte die Gleise, und der Zug verunglückte. Schwerverletzt starb Carbone im Krankenhaus von Lyon, angeblich mit dem Seufzer auf den Lippen: »So ist das Leben!«

Die besseren Kreise der Pariser Gesellschaft gaben ihm das letzte Geleit, während Tino Rossi ihm ein erschütterndes »Ave-Maria« sang.

32

Marseille wird befreit

Das Bombardement vom 27. Mai 1944 versetzte Marseille einen Schlag, der das Vertrauen in die Streitkräfte der Alliierten zutiefst erschütterte. Die amerikanischen Flugzeuge hatten im Umkreis des Bahnhofs Saint-Charles ganze Wohnblöcke zerstört, die deutsche Kampfkraft im Endeffekt aber kaum gemindert. Die zur Kollaboration bereite Presse schlachtete die traurige Bilanz weidlich aus: Eintausendzweihundert Gebäude in Trümmern und zweitausend tote Zivilisten. Achthundert Bomben waren auf das Stadtgebiet zwischen der Avenue Saint-Lazare und dem Boulevard Rabateau gefallen.

Weil es keinen Keller gab, hatten Dominique, Albertine und Odette in der Garage Schutz gesucht. Antoine war durch einen glücklichen Zufall gerade in Lyon gewesen, um sich für die Aufnahmeprüfung an der Hochschule vorzubereiten. Der Boden hatte wie bei einem Erdbeben gezittert, und die Einwohner von Marseille hatten sich kaum noch Hoffnungen gemacht, diesen schönen Maitag zu überleben.

Die Verwüstung der Stadt stand in krassem Gegensatz zu den guten Nachrichten von Radio London. Danach war der Hitler-Faschismus am Ende, und die im Untergrund fortbestehende C.G.T. organisierte schon wieder vereinzelte Streiks. Wirklich, dieser Monat Mai weckte Frühlingsgefühle. War nicht das leise Brummen der Flugzeuge oben am Himmel ein Zeichen der Hoffnung gewesen? Und dann hatte es nur Unheil über die Stadt gebracht!

Dominique hatte sich einen halben Tag frei genommen, um

sich das Ausmaß der Zerstörung anzusehen. Die Trümmer-haufen wurden munter kommentiert. Die eingestürzten Häuser zeigten ihr Innenleben: Herausgerissene Türen, Waschbecken, die keinen Halt mehr hatten, schiefhängende Bilder an zerfetzten Wänden ...

Schweigend hörte Dominique der Menge zu. Die eingefleischten Rechten spotteten lauthals und giftig über die Anglo-Amerikaner und ihre blutrünstigen Instinkte. Ein letztes Mal triumphierten die Kollaborateure.

Andere Passanten mokierten sich bitter über die hohen Verdienste der britischen und der amerikanischen Kampfflieger:

»... Die Engländer können es nicht gewesen sein, die uns diesen Segen hier beschert haben. Sie machen es nämlich ganz anders: Sie kommen so tief herunter, daß man den Lack an ihren Flugzeugen fast mit bloßem Auge sehen kann. Und wenn sie direkt überm Ziel sind, lassen sie die Bombe fallen. Exakt an der richtigen Stelle, fast wie ein Wunder. Wir Marseiller bleiben völlig unbehelligt. Die Amerikaner dagegen, Muttergottes, da kannst du nur einpacken: Sie starten senkrecht wie ein Pfeil, fliegen geradewegs nach Frankreich, und dort schmeißen sie dir mitten in der Kehrtwendung ihre Bomben auf den Kopf. Du glaubst es nicht ...«

»Vielleicht hast du ja recht, Kollege, aber nur, weil bei den Engländern auch ein paar Franzosen sind, und weil die Franzosen glauben, ihre Verlobte kauft vielleicht gerade da unten ein ... Die Bomben selbst, die machen keinen Unterschied zwischen Gut und Böse ...«

Im Juli zeigten die Deutschen und die Gestapo-Kollaborateure eine fieberhafte Unruhe, die ihren endgültigen Sturz vermuten ließ. Das allerdings hinderte sie nicht, weiterhin auf Teufel komm raus festzunehmen, zu deportieren, zu erschießen. Ganz im Gegenteil. Einer der Männer vom Brutus-Ring war ihnen in die Hände gefallen und hatte unter der Folter geredet. Obersturmführer Ernst Dünker, ein Freund des verstorbenen Carbone, verfolgte die Widerstandskämpfer mit der

Entschlossenheit eines Verzweifelten. Als ehemaliges Mitglied der deutschen Unterwelt wußte er, daß er von seinen Gegnern kein Mitleid zu erwarten hatte. Xavier erfuhr, daß sein Name auf der schwarzen Liste stand. Dennoch zögerte er, unterzutauchen. Jeden Morgen ging er in den kleinen Garten hinunter und betrachtete sein Haus, dann wandte er den Kopf zum Haus seines Bruders. Er liebte dieses Viertel von Marseille, in dem alles so sanft, so ruhig erschien, in dem der Krieg nicht existierte. Immer wieder suchte er Ausflüchte: »Die Deutschen müssen sowieso verduften. Sie werden sich nicht die Mühe machen, mich gefangenzunehmen. Bei Gaston sieht die Sache anders aus, da würde ich das nicht behaupten. Aber ich bin doch nur ein kleiner Fisch . . .«

Dominique war außer sich über diese Leichtfertigkeit. Er erinnerte seinen Bruder an alle, die der Gestapo in die Hände gefallen und anschließend verschwunden waren, an die Erschießungen von Signes . . . Xavier schien davon nicht beeindruckt! Erst als Gaston Defferre es ihm befahl, war er bereit, sich in Sicherheit zu bringen und sein Haus zu verlassen. Im letzten Augenblick lief er noch einmal quer durch den Garten, um Dominique und Albertine zu umarmen: »Also dann . . . Man weiß ja nie. Am besten, wir machen ein Zeichen aus. Ich komme jeden Tag in der Nähe vorbei, oder ich schicke einen Verwandten. Wenn die Deutschen da sind, laßt ihr die Rollläden herunter. Dann weiß ich Bescheid.«

Dominique drückte den jüngeren Bruder fest an sich: »Paß gut auf dich auf. Wenigstens um deiner Mutter willen . . . Du solltest aber auch an unseren Vater denken, der uns nicht großgezogen hat, damit wir sterben. Die Familie muß fortbestehen. Vergiß das nicht! Und viel Glück, mein Bruder . . .«

Am nächsten Tag kam die deutsche Polizei mit einem ganzen Trupp von Sabianis Leuten zur Verstärkung. Der Chef nahm Albertine ins Verhör: »Ist Ihr Mann nicht da?«

»Nein, Monsieur, er ist heute sehr früh zur Arbeit gegangen.«

»Wann haben Sie Ihren Schwager zum letzten Mal gesehen?«

»Ungefähr vor einer Woche, Monsieur.«

»Und seitdem?«

»Keine Ahnung, Monsieur.«

»Haben Sie ein Foto von ihm?«

»Ich glaube schon.«

»Holen Sie es. Sie kommen mit in die Rue Paradis.«

»Zur Gestapo?« fragte Albertine.

»Gewiß doch, Madame. Aber beruhigen Sie sich, was man über uns erzählt, ist lauter dummes Zeug. Wie sagt man das noch auf französisch? *Des conneries* . . . Verstehen Sie? Wir sind ganz normale Polizisten, die zufällig den Auftrag haben, Terroristen zu verfolgen. Und Ihr Schwager ist ein Terrorist. Aber Sie brauchen sich deswegen keine Sorgen zu machen. Wenn Sie sich nichts vorzuwerfen haben, haben Sie nichts zu befürchten . . .«

Er nahm Albertines Personalausweis: »Aha, eine Intellektuelle . . .«

»Lehrerin, Monsieur.«

»Dachte ich es doch! Da werden Sie schon die richtigen Antworten auf die richtigen Fragen wissen.«

»Könnte ich mich jetzt anziehen?«

»Nur in Begleitung, Madame . . .«

Gefolgt von einem Milizsoldaten ging Albertine in ihr Zimmer. Der Mann wandte sich dem Fenster zu. Seine Verlegenheit brachte ihn offenbar in die richtige Stimmung für Vertraulichkeiten. Die junge Frau hatte ihre Schuhe noch nicht an, da wußte sie schon, daß er kein Dreckskerl war, sondern ein vor Nationalismus glühender Antibolschewist.

»Glauben Sie, daß ich lange von zu Hause fort sein werde?« fragte sie vorsichtig.

»Ich weiß nicht. Die Gestapo kann Sie eine Stunde oder auch mehrere Tage behalten . . .«

»Dann müßte ich die Rolläden herunterlassen.«

»Von mir aus, aber machen Sie schnell. Die anderen warten unten im Auto . . . Moment, ich helfe Ihnen . . .«

Albertine wurde schon nachmittags wieder auf freien Fuß gesetzt. Sie hatte keine Angst gehabt. Sie selbst hielt sich von der Politik weitgehend fern, aber diese Männer, die ihren Schwager töten wollten, konnten nur ihre Feinde sein.

Die Landung der Alliierten in der Provence gab den gewaltsam niedergeschlagenen Untergrundaktivitäten neuen Auftrieb. Die Erhebung begann am 19. August mit einem Streik im Transport- und Verkehrswesen. Die Verantwortlichen der Résistance wollten ihre Macht noch einmal demonstrieren, bevor die regulären Truppen unter General de Montsabert in die Stadt einzogen. Wenige Tage später kämpften bewaffnete Zivilisten und uniformierte Soldaten Seite an Seite gegen die Nazis. Alle genossen die kameradschaftliche Stimmung hinter den Barrikaden, denn man ahnte schon im voraus, daß die Interessen der einzelnen Parteien im Augenblick des Sieges über die Einheit des Kampfes triumphieren würden.

Xavier führte eine Gruppe sozialistischer Milizsoldaten an. Die meisten Männer, die seinem Befehl unterstanden, waren in Marseille lebende Landsleute. Endlich war auch für sie die Stunde der Rache gekommen, fast ein Jahr nach der Befreiung Korsikas.

»Hierher, schnell, sie bringen gerade einen um!«

Auf der anderen Straßenseite schwenkte eine kleine Frau die Arme. Die Tatsache, daß ihr die Kugeln nur so um die Ohren pfiffen, schien ihr nicht viel auszumachen.

Xavier beugte sich vor und riskierte einen Blick. Dann ermutigte er seine Männer: »Wir gehen rüber, aber vorher beobachten wir genau, was sich da hinter den Fenstern tut. Schließlich sind wir keine Hasen, die sich einfach abknallen lassen . . .«

Sie rannten über die Straße und preßten sich an eine von Einschüssen durchlöcherte Wand. Xavier keuchte. Er hatte eine harte Woche hinter sich und verfluchte die zwei Päckchen Zigaretten, die er täglich rauchte, um die schleichende Angst zu überwinden.

In zwei Vierergruppen stiegen sie die Treppe des Wohnhauses

hinauf, aus dem die Schreie kamen. Oben hörten sie eiliges Getrampel.

»Schnell«, flüsterte Xavier. »Sie versuchen, über das Dach zu entkommen. Antoine, Jacques, Noël – ihr folgt ihnen. Und zögert nicht, zu schießen . . .«

»Ohne Vorwarnung?«

»Skrupellos. Schießt, was ihr könnt, und möglichst genau, damit wir es sind, die heil hier herauskommen, und nicht die anderen, diese Dreckskerle . . .«

Die Wohnungstür war eingeschlagen. Innen war es so still, daß die Männer ihren Schritt verlangsamten. Die Räumlichkeiten schienen den Lärm des Kanonendonners zu schlucken. Ein düsterer Eingang, schwere alte Möbel . . . Die Männer betraten eine fremde Welt. Unwillkürlich sprach Xavier mit gedämpfter Stimme, wie in der Kirche: »Vorsicht, Jungs! Faßt bloß nichts an! Es heißt, daß die Nazis auch Gegenstände verminen. Und haltet den Finger schön am Abzug!«

Sie schlichen die Wände entlang, jederzeit bereit, auf einen Angriff zu reagieren. Die Scherben einer zerbrochenen Blumenvase knackten unter ihren Schuhsohlen.

»Xavier, hier ist nichts Verdächtiges zu sehen . . .«

Die Korsen richteten sich auf und betrachteten die luxuriöse Einrichtung.

»Man kommt sich vor wie im Museum«, murmelte einer.

Mit staunenden Kinderaugen betrachteten sie die Bilder, die kostbaren Nippsachen, gingen von Raum zu Raum und genossen den erholsamen Moment der Ruhe. Xavier ließ sich wohlig seufzend auf ein Kanapee mit schweren Fransen sinken.

Gerade hatte er es sich bequem gemacht, als einer seiner Leute mit aufgerissenen Augen in den Salon stürzte. Schluckend zeigte er auf eine Tür. Aus der Traum. Xavier erhob sich und ging in die angedeutete Richtung: In der Badewanne lag der Rumpf eines Mannes. Die Glieder waren mit einer am Boden liegenden Säge abgetrennt worden, und das Gesicht sah aus wie ein Stück verbrannte Erde. Ein Lötrohr am Rande des Waschbeckens ließ vermuten, welch grauenhafte Qualen dem Unglücklichen vor seinem Tod zugefügt worden waren.

Xavier und seine Gefährten waren noch starr vor Entsetzen, als hinter ihnen ein Schrei ertönte: »Wir haben sie! Von Verwegenheit keine Spur . . .«

Drei Widerstandskämpfer stießen zwei verängstigte Individuen vor sich her. Erst dann sahen sie die verstümmelte Leiche.

»Ist das etwa euer Werk – das da?« fragte einer von ihnen ungläubig.

Der jüngere der beiden Milizionäre stotterte vor Schreck: »Nein . . . Ja . . . Das heißt . . . Wir wollten nicht . . .«

Xavier unterbrach ihn mit erstickter Stimme: »Mein Gott, mein Gott . . . Ich will es wissen, hört ihr? Bevor dieser Krieg zu Ende geht, will ich endlich wissen, wie es möglich ist, daß Menschen anderen Menschen so etwas zufügen . . .«

Dabei holte er aus und schlug einem der Gefangenen kräftig ins Gesicht. Zurückweichend rieb dieser sich das Ohr. Xavier trat näher an ihn heran: »Los, antworte!«

Der andere senkte die Augen und fing an zu reden: »Es war ein Jude . . . Er war reich . . . Alle Juden sind reich . . .«

Er stockte, scheuerte sich die Hand an der Jacke und fuhr fort: »Unsere Vorgesetzten und Befehlshaber sind alle abgehauen. Das ist ungerecht! Was sollten wir schon machen, ohne einen Pfennig Geld? Dabei haben wir die ganze Zeit gekämpft, genau wie ihr . . . Wir mußten weg von hier, und wir wußten, daß der Alte sich in der Wohnung versteckt hielt. Bis dahin hatten wir immer ein Auge zugedrückt, weil er bereit war, zu zahlen . . . Aber jetzt brauchten wir eine größere Summe . . . Und außerdem war er Jude. Er hätte längst festgenommen werden müssen . . . Er wollte nichts sagen . . . Er ist ganz von selbst gestorben, sein Herz hat nicht mehr mitgemacht. Danach haben wir ihn dann zersägt, aber wirklich erst danach . . .«

Sein Kompagnon schwieg. Schließlich wandte er sich an Xavier: »Ich möchte Sie unter vier Augen sprechen.«

Xavier lehnte ab.

»Sag vor allen, was du zu sagen hast, oder halt den Mund.«

Der Milizsoldat entschloß sich, weiterzusprechen – diesmal auf korsisch: »Ich bin aus Ajaccio. Ihr habt ja recht, ich habe auf der falschen Seite gekämpft. Aber jetzt, wo der Krieg fast zu Ende ist, wird man sich doch unter Landsleuten nicht gegenseitig umbringen. Bald seid ihr die Herren von Marseille, und dann könnt ihr Kerle wie uns gut gebrauchen, Männer, die vor nichts zurückschrecken . . .«

Xavier spuckte ihm vor die Füße.

»Ich werde dir sagen, was wir tun: Wir machen kurzen Prozeß mit euch. Krieg ist Krieg. Ihr hattet das Recht, zu kämpfen, genau wie wir. Aber der arme Mann, der da in der Badewanne liegt – so etwas, nein, so etwas darf es nicht geben . . .«

Er packte den Gefangenen beim Kragen.

»In allen Familien, du Miststück du, findet man Abschaum und Dreck. Aber so wahr ich Xavier Culioli heiße, und so wahr ich Korse und Franzose bin, spucke ich dir ins Gesicht und verbiete dir, in Korsika zu sterben. Ihr habt kein Vaterland. Doch bevor ihr verreckt, werdet ihr die Überreste dieses Mannes in ein Tuch hüllen . . .«

An seine Männer gewandt, fuhr er fort: »Wenn ihr es nicht über euch bringt, vollstrecke ich das Urteil selbst. Ich verstehe, wenn es euch schwerfällt, Menschen einfach abzuknallen, zumal wenn es sich um Korsen handelt . . .«

Einer seiner Gefährten machte die Maschinenpistole schußbereit: »Es ist mir eine Pflicht und eine Ehre, diese Brut endgültig zu vernichten. Ich bin bereit . . .«

Sie schossen alle gleichzeitig auf die mit dem Blut ihres Opfers beschmierten Milizionäre. Xavier verkündete einen letzten Entschluß: »Unsere einzige Pflicht gegenüber Landsleuten wie diesen besteht darin, ihre Identität nicht preiszugeben. So

wird nie jemand erfahren, was sie getan haben. Möge der Wind
ihre Namen verwehen.«

Am 28. August kapitulierten die Deutschen, nachdem sie im
alten Hafen von Marseille schlimmste Verheerungen angerichtet
hatten. Die Stadt mußte wieder lernen, mit der Freiheit umzugehen. Sozialisten und Kommunisten legten die Waffen nieder,
um sich die Macht zu teilen.
Xavier erhielt den Auftrag, als direkter Untergebener von Monsieur Mercurio den Polizeiapparat wieder in Gang zu bringen. Er
hatte sich gerade in den neuen Büroräumen eingerichtet, als ihm
ein Mann namens Culioli gemeldet wurde, der ihn zu sehen
wünschte: »Er sagt, es ginge um eine Gefälligkeit . . .«
Xavier knöpfte sein Jackett zu und setzte sich die Brille auf.
Endlich . . . Die Familie bat ihn um Hilfe – ihn, den man früher
nur den ›Vaterlosen‹, den ›Hungerleider‹ genannt hatte.
»Führen Sie ihn herein, und sorgen Sie dafür, daß alle vor-
gesehenen Termine auf einen späteren Zeitpunkt verlegt werden . . .«

33

Schwarzes Brot

Die Nazi-Verbrechen und die Grausamkeiten der Vernichtungslager haben mich die ganze Jugend hindurch begleitet. Fünfundzwanzig Jahre lang habe ich mit dem Mythos gelebt, das von faschistischen Soldatenstiefeln niedergetretene Frankreich habe sich immer nur der Freiheit verschworen. Ich wußte zwar, daß es Kollaborateure gegeben hatte. Aber ich stellte sie mir als Folterknechte vor, die von der ganzen Nation geächtet wurden. Wohin ich auch ging, überall hörte ich nur von der Résistance. In Chéra, meinem Heimatdorf, waren nach dem Einmarsch der italienischen Besatzer sämtliche Männer dem »Front National« beigetreten. Selbst die alten Gefolgsleute Sabianis hatten sich mit Anhängern der Kommunistischen Partei verbündet, um den Erzfeind zu bekämpfen. In Marseille erzählten die Verwandten mir ebenfalls von ihrem Widerstand, teils bei den Gaullisten, teils bei der sozialistischen Miliz. Und in Paris erkor ich die kämpfenden Juden der »Affiche Rouge« und die erschossenen Kommunisten von Mont-Valérien zu meinen Helden. Meine Familie nährte diesen schönen Traum bis an die Grenzen der Wahrscheinlichkeit, und Xavier trug mehr dazu bei als alle anderen. Er war ein Meister des Symbolischen. Zu meinem sechzehnten Geburtstag überreichte er mir vor der versammelten Familie drei sorgfältig eingewickelte Päckchen. Für einen korsischen Mann war die Geste des Schenkens so etwas Ungewöhnliches, daß alle aufhörten zu reden, um mir beim Auspacken über die Schulter zu schauen. Xavier drängte mich, fast ebenso ungeduldig wie ich selbst: »Nun mach schon ... Jetzt bist du ein Mann, und ich glaube, was da drin ist, wird dich freuen ...«

Ich tat mein Bestes, bis die Geschenke vor mir auf dem Tisch lagen: Ein Repetiergewehr, ein großer Dienstrevolver und ein überaus zierliches Stilett. Ich konnte vor Rührung keinen Ton sagen. Um das peinliche Schweigen zu beenden, fing Onkel Xavier an zu erzählen: »Das Gewehr und den Revolver habe ich 1944 den Kollaborateuren abgenommen«, erklärte er. »Das Stilett wurde mir von Korsen geschenkt. Die Teile sind vor mehreren Jahrhunderten in Florenz angefertigt und später im Tal des Alesani gefunden worden.«

In der folgenden Nacht schlief ich mit einer heiligen Dreieinigkeit, die meiner Widerstandsmythologie geradewegs entsprungen schien.

Ich teilte diese dauernde Bezugnahme auf die Zeit der Résistance mit meinem Freund Jean-François. Die nationalistischen Unabhängigkeitskämpfer, zu denen er gehörte, maßen den Freiheitskämpfen eines Volkes größere geschichtliche Bedeutung bei als allen autonomistischen Reden der Vorkriegszeit.

Ich hatte Jean-François in Paris kennengelernt, auf dem Vorplatz einer Fakultät. Wir trugen uns mit dem gleichen Wunsch nach gesellschaftlicher Veränderung, und unsere Hauptbeschäftigung in den 68er Jahren bestand darin, demonstrierend durch die Straßen der Hauptstadt zu ziehen, um die verheerenden Folgen der amerikanischen Politik in Vietnam und Lateinamerika anzuprangern. Unsere Vorbilder waren Che Guevara und Ho Chi Minh. Trotzdem blieb Korsika das Land, das uns einander wirklich nahebrachte. Je länger ich Jean-François kannte, um so mehr schätzte ich seine lässige Art, von der er sich nur abbringen ließ, wenn ihn plötzlich und mit unerwarteter Heftigkeit die Wut packte. Ich hatte miterlebt, wie er bei belanglosen Streitereien auf der Straße plötzlich das Messer zog, oder wie er stärkere Gegner allein durch seine Entschlossenheit in die Flucht schlug. Er hatte weder ein positives noch ein negatives Verhältnis zur Gewalt: Er hielt sie schlicht und einfach für ein unerläßliches Mittel, um seine Ziele zu erreichen. Man kann wohl sagen, daß er den Widerspruch eines echten Korsen in sich trug. Voller Bewunderung für die junge Frau, die er geheiratet hatte, strebte er ein einfaches, problemloses Familienleben an. Doch sobald er mit anderen Insulanern in Kontakt kam, erwachte in ihm der Dämon des südländischen Mannes.

Manchmal stiegen wir in seinen alten 2 CV zu einem nächtlichen Streifzug durch die korsischen Bars des XII. Arrondissements. Während im Hintergrund Lieder von Antoine Ciosi spielten, saßen wir alle an einem Tisch, Polizisten und Gauner, Studenten und Angestellte, und diskutierten ohne Ende. Jeder gab eine Runde aus, und die Stunden vergingen im Rausch zahlloser Gläser Pastis.

Als engagierte Mitglieder des Unterstützungskomitees für die Gefangenen von Aléria trafen wir uns im Keller der Casa Corsa. Einmal in der Woche kämpften wir uns mit Brachialgewalt zum Eingang des Versammlungsraumes durch, der die vielen Dutzend Insulaner auf der Suche nach einer nationalen Identität kaum fassen konnte. Hier, in der stickigen verrauchten Kellerluft, wurden flammende Reden gehalten und entschiedene Erklärungen zur Frage der korsischen Nation oder der kolonialen Unterdrückung abgegeben. Anschließend saß man noch zusammen, aß korsische Wurst und erzählte sich Neuigkeiten von zu Hause.

Unterdessen wartete Edmond Siméoni im Gefängnis La Santé auf seinen Prozeß. Wir beide, Jean-François und ich, gingen zur Staatsschutzkammer in der Rue Saint-Dominique, um eine Besuchserlaubnis zu beantragen. Mein Freund hatte eine blaue Mao-Jacke an, wie sie bei den engagierten Nationalisten damals Mode war, und er näherte sich dem Gebäude mit herausforderndem Stolz.

Ein Gendarm ließ uns am Fuß einer Treppe warten. Wir glaubten schon an eine Zurückweisung, als ein Unbekannter uns auf korsisch ansprach. Er stammte aus der gleichen Gegend wie Jean-François. Ein paar Worte ... und er besorgte uns die kostbaren Papiere.

Am nächsten Tag waren wir an der Gefängnispforte. Der Wachmann, der das schwere Tor öffnete, war ebenfalls ein Korse! Lachend drückten wir ihm die Hand. Jean-François erklärte ihm die Gründe unserer Heiterkeit: »Der Bulle beim Staatsschutz war Korse; der Aufpasser im Knast ist Korse, und der Gefangene ist ebenfalls Korse. Wo sind sie eigentlich, die *Pinzuti?*«

Wir wurden zweimal kontrolliert, ehe wir ins Sprechzimmer durften. Dann dauerte es nicht mehr lange, und Edmond Siméoni erschien. Er hatte Jean-François 1972 als aktives Mitglied des »Front Régionaliste Corse« kennengelernt. Ich hielt mich zurück, hörte zu und beobachtete ihn. Einige Gefangene bekundeten ihren Respekt. Er antwortete bescheiden und fuhr fort, über Korsika zu sprechen: »In Aléria hat die Staatsgewalt uns eine Falle gestellt. Die Genossen vom A.R.C. haben mit dem Tod der Gendarmen überhaupt nichts zu tun. Das werde ich im Prozeß beweisen. Korsika wird gestärkt daraus hervorgehen ...«

Als wir wieder im Freien waren, schlug Jean-François mir auf die Schulter: »Einem Mann wie dem kann man bis zum Ende folgen, oder?«

Edmond Siméoni führte seinen Prozeß so, wie er es angekündigt hatte: Er kämpfte wie ein Löwe und konterte sämtliche Angriffe des Staatsanwalts. Unter den Deckentäfelungen des Schwurgerichts saß ein Häuflein greiser Richter, alle im biblischen Alter, die hin und wieder von empörten Aufschreien der Beschuldigten aus dem Schlaf gerissen wurden. Die Strafe, die sie dem Angeklagten auferlegten, war zu hart für einen Unschuldigen und zu milde für einen Schuldigen. Dieses Urteil zerschlug die Mobilisierung der Bevölkerung, führte aber auch zur Gründung einer neuen Untergrundbewegung: Des F.L.N.C.

Nach Korsika zurückgekehrt, half Jean-François beim Aufbau dieser Organisation. Als ich ihn in seinem Heimatdorf wiedersah, hatte er endlich jene Hemmungen verloren, die ihn in Paris immer etwas steif hatten wirken lassen. Dennoch behielt er die Eigenart bei, sein Gegenüber mit leicht zur Seite geneigtem Kopf und einem durchtriebenen Lächeln um den Mund anzuschauen. Er empfing mich mit jener großzügigen Gastlichkeit, zu der die Korsen aus den Bergen fähig sind, wenn sie einmal beschlossen haben, einem ihre Tür zu öffnen.

»Wir sind hier nicht in den Sozialbaracken von Pantin ... Herein mit dir!«

Nach dieser Begrüßung holte er seine Flinte und eine Winchester: »Komm, wir gehen in die Berge und feuern ein paar Schüsse ab. Einfach so, als Willkommensgruß. Es gibt nichts Schöneres, als wenn Schüsse im Tal widerhallen. Sie zeigen, daß Korsika lebt ...«

Wir trafen einige Alte, die schwatzend auf einer niedrigen Mauer saßen. Ich sah mir die Umgebung an. Im Gegensatz zu den auf Hochplateaus errichteten Ortschaften der *Mezza-Muntagna* rankten die Gebirgsdörfer sich wie Efeu an den Felsen hoch.

»Hier, im Gebiet des Fium' Orbu, können wir uns wunderbar vor der Polizei verstecken«, erklärte Jean-François. »Wir verschwinden einfach im Maquis, nach oben, zu den Gipfeln hin. Voriges Jahr sind die Gendarmen hier heraufgekommen, um ein paar Jugendliche festzunehmen, die in Ghisonaccia Häuser gesprengt haben sollten. Die Einsatzwagen waren gerade erst in die Straße eingebogen, da wußten wir schon Bescheid. Sie hatten keine Chance. Sie konnten den Maquis ruhig mit ganzen Mannschaften durchkämmen ... Schon im letzten Jahrhundert war die Gegend hier bekannt dafür, daß man die Verstecke der Banditen nie gefunden hat ...«

An einem Platz zwischen uralten Kastanienbäumen durchlöcherten wir ein paar wertlose Konservenbüchsen und verpulverten die ganze Munition, die Jean-François mitgenommen hatte. Er zielte wie ein Meisterschütze.

»Und nun wirst du sehen . . .«

Er zeigte mir eine 357 Magnum: »Für dreitausendfünfhundert Francs auf dem Schwarzmarkt . . . Ist sie nicht schön?«

Zärtlich fuhr er mit den Fingerspitzen über den Lauf, fast ohne ihn zu berühren. Dann nahm er ein Taschentuch, wischte den Stahl sorgfältig ab, erklärte mir dabei: »Durch Schweiß kann die Anlauffarbe verderben.«

Über Politik sprach er ungern. Es gab keine Notwendigkeit für ihn, seine Gewißheiten zu teilen: Er besaß sie und kannte alle Konsequenzen. Überzeugungsarbeit war nicht seine Sache.

»Das überlasse ich den Komitees. Ich habe eine Aufgabe, und die erfülle ich so gut ich kann.«

Nach dem Vorbild der bolschewistischen Parteizellen hatte er im Untergrund eine kleine Gruppe aufgebaut.

»Siehst du, ich erinnere mich noch genau an ›Staat und Revolution‹ – die Jugendsünden wirken fort«, sagte er augenzwinkernd zu mir.

Er erlebte diesen Kampf als seine eigene Résistance, als Widerstand auf der Ebene des Individuums. Da er lokal wie ein Oberhäuptling angesehen wurde, bestimmte er sein Schicksal selbst: »Meine Attentate beschließe ich allein, sonst niemand. Und da soll mir auch bloß keiner kommen, der mir Befehle geben will! Ich habe jemanden, der die genauen Umstände auskundschaftet. Er ist mein ›Auge‹. Und die Bomben? Kein Problem. Sprengstoff und Zünder haben wir genug, alles in den Steinbrüchen geklaut. Notfalls reichen aber auch ein paar Flaschen Gas. Den Druck hält kein Gebäude aus. Für die nachträgliche Überprüfung habe ich einen ›Tauben‹. Er bleibt während des Anschlags im Hintergrund und stellt später fest, ob das Ziel tatsächlich zerstört worden ist. Die vielen Explosionen, die er mitgemacht hat, sind seinem Gehör nicht bekommen.«

Unbekümmert wie ein Kind bastelte Jean-François seine

Bomben aus lauter sorgfältig zusammengesetzten Einzelteilen.

».. . Wie man die Dinger auslöst? Ganz einfach, man nimmt die Zündschnur und preßt sie mit den Zähnen zusammen ... Die Frage ist nur, ob kurz oder lang. In Paris haben einige unserer Kommandos die Methode der O.A.S. mit einer Zigarette an der Zündschnur übernommen. Die Zigarette brennt langsam ab, und wenn die Glut die Schnur erreicht ... Nur in den Farben darf man sich nicht vertun: Rot ist schnell, schwarz ist langsam. Wenn du willst, kannst du auch einen Zeitzünder einbauen. Du brauchst nur einen großen Kaufhauswecker und ein paar Flaschen Campinggas ...«

Einwände hörte er nicht gern. Meistens ließ er sich gar nicht darauf ein, stieß zwei oder drei ärgerliche Laute aus und fuhr ungerührt in seinem Vortrag fort: ».. . Hätten die ersten Untergrundorganisationen, die ›Ghiustizia Paolina‹ oder der F.P.C.L., nicht so fleißig gesprengt, sähe es auf Korsika jetzt genauso aus wie auf den Balearen: Ein von der einheimischen Bevölkerung entblößtes Touristenparadies. Diese Entwicklung hat das Hudson-Institut übrigens schon in den 70er Jahren als zukunftsträchtige Perspektive angekündigt und sich dadurch den Zorn der Autonomisten zugezogen. Seit 1976 hat der F.L.N.C. die Sprengungen fortgesetzt – zu Recht, kann ich nur sagen. Weißt du, wie wir es anstellen, wenn wir einem bauwütigen Urlauber begreiflich machen wollen, daß er hier unerwünscht ist? Wir warten, bis seine neue Residenz im Rohbau fertig ist, und bevor der erste Dachziegel gelegt wird, sprengen wir alles in die Luft: Dann zahlt die Versicherung keinen Pfennig ...«

Ich wagte nicht, ihm offen zu widersprechen. Im Grunde steckte viel Wahres in dem, was er sagte. Das zeigte beispielsweise die Region um Porto-Vecchio, die bereits zum größten Teil durch scheußliche anonyme Bauten und wiederholte Brände zerstört worden war. Dennoch, die Methoden der Nationalisten beunruhigten mich. Meiner Ansicht nach paarte sich bei ihnen eine bewundernswerte Liebe zu Korsika mit reiner Verachtung gegenüber dem von einer Kolonialmacht unterworfenen Volk. Alles schien erlaubt: Sprengungen und Bomben wechselten einander ab, wie eine besondere Art der Sprache, um Botschaften an die Machthaber in Paris, an die gegnerischen Parteien oder an die legalen Autonomisten zu senden – an alle, nur nicht an das korsische Volk. Ähnlich wie die italienischen Terroristen genossen die Kämpfer des F.L.N.C. den Rausch der blauen Nächte, der Explosionen, ganz gleich, ob Forderungen an die Aktionen geknüpft waren oder nicht. Die politisch motivierte Objektzerstörung vermischte sich mit bloßer Erpressung, und das korsische Volk, um das es eigentlich gehen sollte, verstand überhaupt nichts mehr. Schlimmer noch, die Bombenleger schnitten sich selbst von jener Realität ab, die sie zu verwandeln behaupteten.

Jean-François rutschte unmerklich in diesen obskuren Sturm der Gewalt hinein. Unsere Freundschaft litt darunter. Er hörte mir nicht mehr zu und wollte mich nicht mehr hören. Wir sahen einander seltener, ohne den Kontakt gänzlich abzubrechen. Durch meine Fragen bedrängte ich ihn auf eine Weise, die gewiß nicht immer geeignet war, seine Empfindsamkeit zu schonen. Bei aller Anerkennung für die Einstellung der Unabhängigkeitskämpfer zur korsischen Frage wandte ich mich gegen die sture Verbissenheit, mit der sie alle Besitztümer der Kontinentalen auf der Insel zu vernichten suchten. Manchmal legte ich es mutwillig darauf an, Jean-François zu verletzen, um seinen gesunden Menschenverstand herauszufordern.

Als ein Prozeß lief, kritisierte ich die Haltung mancher Unabhängigkeitskämpfer gegenüber der Justiz. Einige hatten der Polizei in der Tat höchst überflüssige Informationen gegeben. Die Ermittlungsbeamten hatten die in allen Staaten übliche Methode angewandt: Sie hatten sich einen ›Reumütigen‹ herausgepickt und ihn aufgefordert, den Aufenthaltsort seiner ›Komplizen‹ zu verraten.

»Jeder weiß, wer was tut«, schäumte ich. »Die Kerle sind nicht in der Lage, einen einzigen Sprengsatz unterzubringen, ohne sich ihrer großen Tat vor aller Welt zu rühmen. Ganz abgesehen davon, daß diese Helden des Untergrunds nachher, wenn sie vor dem Richter stehen, schamlos die Hosen herunterlassen . . .«

Jean-François warf mir einen vernichtenden Blick zu: »Wer gibt dir eigentlich das Recht, so zu reden? Weißt du vielleicht, wie du selber reagieren würdest? Es kann auch dem Mutigsten passieren, daß er vor den Bullen weich wird. Außerdem ist es ein verdammter Unterschied, ob man bei sich zu Hause, in der Nähe seines Dorfes ein Risiko eingeht, oder ob man von Spezialisten verhört wird. Wenn du hier mitten in der Nacht zu einem Anschlag unterwegs bist, hast du den Geruch des Maquis in der Nase, und du hörst die vertrauten Geräusche der Tiere. Glaub, was du willst, aber wenn ich auf Korsika ein Gebäude sprenge, fühle ich mich sicherer als bei den Demonstrationen in Paris. Verstehst du? Ich bin hier zu Hause. Und darum können unsere Aktionen hier nicht genauso laufen wie auf dem Kontinent. Stell dir vor, in Bastia verprügelt dich ein Polizist. Das kommt dir vor, wie wenn ein Fremder in dein Haus eindringt und dich vergewaltigt. Also reagierst du ›korsisch‹, du greifst zum Gewehr. Wenn du dann aber festgenommen wirst, schickt man dich auf den Kontinent. Man entreißt dich deinem Dorf, deiner Familie. Du bist nicht mehr du selbst. Du möchtest nach Hause zurück, um jeden Preis. Ja, so ist das. Ein nationaler Kampf läßt sich nicht in ein paar Jahren improvisieren. Wir brauchen Zeit, um reif zu werden. Dann wird man sehen . . .«

Am 8. Januar 1980 wurden drei Männer, die im Verdacht standen, der autonomistenfeindlichen Gruppe »Francia« anzugehören, in der Nähe des Dorfes Bastelica von Autonomisten überwältigt und entführt. Aus den Verhören, denen die drei sich stellen mußten, und die auch der Presse präsentiert wurden, ging hervor, daß sie mit Mordabsichten gegen die Anführer der »Union du peuple corse«, der Organisation der Brüder Siméoni, nach Bastelica gekommen waren. Die Polizei umstellte das Dorf, um die Gefangenen, die sich in den Händen eines sogenannten »Nationalistischen Kollektivs« befanden, zu befreien. Während der Nacht gelang es den in die Enge getriebenen Entführern, nach Ajaccio zu fliehen, dort das Hotel Fesch zu besetzen und ein gutes Dutzend der Gäste als Geiseln zu nehmen. Auf den Straßen der Stadt kam es zu spontanen Demonstrationen gegen den paramilitärischen Aufmarsch von Polizisten und Gendarmen.

Jean-François hatte am Tag zuvor über den »gewohnten Kanal« Informationen erhalten, daß schwerwiegende Ereignisse bevorstünden. Seine Genossen wußten Bescheid, denn einer der nicht zum Zuge gekommenen Mörder war ein Mittelsmann des F.L.N.C., der sich in die Gruppe »Francia« eingeschlichen hatte. Mein Freund erhielt Befehl, sich bewaffnet nach Ajaccio zu begeben. Alle Voraussetzungen für ein nächtliches Blutvergießen waren da: Die Ordnungskräfte hatten solche Angst vor Auseinandersetzungen mit Korsen, daß sie leicht kopflos wurden. Ein Aktionskommando mischte sich unter die Demonstranten. In einer Seitenstraße des Cours Napoléon kam es zu Handgreiflichkeiten zwischen einer Gruppe Nationalisten und der Polizei. In diesem Augenblick gab ein von mehreren Männern gedeckter Unbekannter gezielte Schüsse auf die Ordnungshüter ab. Drei Gendarmen wurden getroffen – einer von ihnen tödlich.

Zwei Stunden später verwechselte die Polizei den Wagen einer jungen Psychologin mit einem Fahrzeug, das eine Gruppe bewaffneter F.-L.-N.-C-Leute befördern sollte. Die am Steuer sitzende Michèle Lenk wurde durch eine Kugel getötet.

Jean-François wartete unterdessen hinter einer Straßenecke auf den Befehl, seine Waffe einzusetzen. Die Untergrundkämpfer hatten beschlossen, ihr Verhalten nach dem der

Ordnungskräfte zu richten: Sollte das Hotel gestürmt werden, würden sie in Gruppen zu Straßenkämpfen ausschwärmen. Im Laufe der Nacht gab es einen weiteren Toten: Ein Jugendlicher war das Opfer. Die Polizei errichtete Straßensperren und verhaftete einen Mann mit Revolver. Es war der Sohn des Helden der Résistance, Ribellu.

Am nächsten Morgen versammelten sich die Anhänger der demokratischen Organisationen. Um weiteres Blutvergießen zu verhindern, riefen sie zu einem Tag »tote Insel« auf und bedeuteten so dem F.L.N.C., daß die Straße ihm nicht mehr gehörte. Um neunzehn Uhr ergaben sich die Autonomisten, die das Hotel Fesch besetzt hatten, in allen Ehren: Die Behörden, vertreten durch Hauptmann Barril und Major Prouteau vom G.I.G.N., hatten ihnen zugestanden, den Cours Napoléon mit geschultertem Gewehr hinaufzugehen. Einige Journalisten bemerkten, daß die »Geiseln« Seite an Seite mit den Geiselnehmern demonstrierten.

Die Festnahme der Autonomisten löste eine noch breitere Solidaritätsbewegung aus, als die Verhaftung von Dr. Siméoni vier Jahre zuvor. Nie war Korsika in seiner spontanen Solidarität und Freizügigkeit so schön gewesen.

Auch Jean-François beteiligte sich an der Massendemonstration durch die Straßen von Ajaccio. Vorübergehend legten alle ihre Waffen nieder, und die Untergrundkämpfer begnügten sich mit dem skandierten Ruf: »F.L.N.!« Leonelli, der bei der Gruppe »Francia« eingeschleuste F.L.N.C.-Mann, wurde von seinen Leuten versteckt und später heimlich nach Paris gebracht, wo er nach »Marseiller Art« untertauchen konnte.

Als ich Jean-François wegen dieser Ereignisse zur Rede stellte, verweigerte er mir eine ehrliche Antwort: »Bertolini und die Francia-Leute hatten wirklich ein Attentat geplant«, erklärte er. »Schon möglich, daß Leonelli auf höhere Weisung etwas nachgeholfen hat. Dem F.L.N.C. war es offenbar wichtig, den harten Flügel der Autonomisten unter Marcel Lorenzoni, der die Hotelbesetzung anführte, auflaufen zu lassen. Wir sind nun einmal Kinder des Mittelmeers, und wenn wir die Fäden nicht selbst in der Hand behalten, wird ein anderer die Puppen tanzen lassen.«

Ich sah Jean-François nicht mehr wieder. Wir waren nicht im Streit geschieden, aber wir hatten uns kaum noch etwas zu sagen. Wir hatten uns so weit voneinander entfernt, daß eine Trennung unausweichlich geworden war. So gern ich es gewollt hätte – in der Weise, wie Jean-François es tat, konnte ich an Korsika nicht glauben. Unmöglich. Ich hing zu sehr am Reichtum der Vielfalt und fürchtete die Abgeschiedenheit dieser auf sich selbst zurückgeworfenen, ihrer Sache manchmal bis zur Blindheit ergebenen Kämpfer. Der Widerstand, den Jean-François praktizierte, war nicht der, von dem ich seit meiner Kindheit geträumt hatte.

Kurz bevor in Paris der große Prozeß gegen die Besetzer des Hotel Fesch begann, schlug ein Freund mir vor, mit ihm nach El Salvador zu fahren, wo die Guerilla einen harten Kampf gegen die herrschende Militärdiktatur führte. Ich hatte ein starkes Bedürfnis, mich etwas von diesem Korsika mit seinen falschen Facetten zu entfernen. In meiner Empörung fühlte ich mich eher den aufständischen Bauern Zentralamerikas verbunden. Wenige Tage später setzte ich meine Füße erstmals auf den Boden Guatemalas. Von dort fuhr ich mit meinem Freund nach San Salvador, wo wir bis zur Januar-Offensive blieben, um uns dann nach Nicaragua in Sicherheit zu bringen. Am 15. Januar 1981 landete mein Flugzeug wieder in Orly. Am gleichen Tag wurde der Prozeß gegen die Autonomisten von Bastelica eröffnet. Ich hatte die Erlebnisse in El Salvador noch nicht bewältigt, und so flog ich gleich weiter, um schnell nach Chéra zu gelangen. Die Reise bekam erst durch die Rückkehr ihren eigentlichen Wert ...

34
Noëls Tod

Nach der Befreiung hatte Xavier Tag und Nacht eine Vielzahl unterschiedlicher Anforderungen zu bewältigen. Als stellvertretender Polizeichef versuchte er, aus den Ordnungskräften, die diese Bezeichnung noch verdienten, einen funktionierenden Apparat aufzubauen. Seine Arbeit konzentrierte sich auf die Ausmusterung derjenigen Polizeibeamten, die angesichts der Dossiers nicht sauber erschienen. Die Kommunisten zeigten sich in dieser Hinsicht unerbittlich. Sie trachteten danach, jeden zu verfolgen, der sich ihnen möglicherweise in den Weg stellen konnte, und zögerten nicht, Männer, die keine Marxisten waren, aber dennoch gegen die Nazis gekämpft hatten, der Kollaboration zu beschuldigen. Xavier indes konnte nun beim besten Willen nicht alle, die während der Okkupation keinen beispielhaften Mut bewiesen hatten, aus ihren Stellungen entfernen, sonst wäre der ganze Polizeiapparat auf ein paar hundert Mann zusammengeschrumpft, die dem Feind wirklichen Widerstand geleistet hatten ...

Zu Hause erlebte Xavier ein anderes Drama: Seine Frau Rose lag mit Krebs im Sterben. Am Ende seiner Kraft und an der Grenze der Verzweiflung, wandte Xavier sich den Seinen aus Chéra zu. Der Umgang mit ihnen kam ihm wie ein Ruhehafen vor. Die Jugendlichen aus dem Dorf gingen in seinem Büro ein und aus, manche, an die er sich erinnerte, und andere, bei deren Geburt er schon nicht mehr in Korsika gewesen war. Sie kamen mit ihren persönlichen Anliegen, meist wegen einer

Arbeit oder einer finanziellen Unterstützung. Aus Stolz und aus Pflichtgefühl nahm Xavier jede Bitte an.

Dominique war nur noch scheinbar das Familienoberhaupt. Er hatte den Vorsitz ohne Schwierigkeiten abgegeben. Es war ein gleitender, fast ein natürlicher Übergang gewesen. Nicht mehr Dominique, sondern Xavier kümmerte sich jetzt um die Zukunft der Familie, obwohl die Brüder in allen Punkten solidarisch blieben. In ihrem Innersten bewahrten sie die nostalgische Erinnerung an jene Reisen, die sie vor dem Krieg unternommen hatten, um dem Clan in schwierigen Situationen beizustehen. Eine vergleichbare Gelegenheit präsentierte sich jetzt, kaum daß wieder Frieden war: Ein Culioli aus dem Dorf stand unter Mordanklage. Man warf ihm vor, einen entfernten Vetter aus den Bergen getötet zu haben. Der Angeklagte, Pierre Culioli, schleppte – wie könnte es auch anders sein – eine alte Geschichte mit sich herum. Als die Straße gebaut worden war, hatte er auf einen italienischen Vorarbeiter geschossen, der einer jungen Dorfbewohnerin den Hof gemacht hatte. Aber wegen solcher Lappalien war damals kaum jemand verurteilt worden. Der unglückselige Schuß war in Vergessenheit geraten, während der Italiener sich langsam von seiner Verletzung erholt und die Culioli geheiratet hatte.

Diesmal jedoch handelte es sich um Mord. Die Verwandten des Schuldigen belagerten Xaviers Büro und forderten ihn beinahe förmlich auf, die Freilassung des Vetters zu erwirken. Die berufliche Verantwortung, argumentierten sie, dürfe nicht über die Verpflichtungen der Blutsverwandtschaft gestellt werden.

»Aber was soll ich denn von hier aus tun? Pierre ist in Ajaccio! Ich verspreche euch, daß ich mich um ihn kümmern werde, nur laßt mir etwas Zeit. Ich muß hier erst alles erledigen . . .«

Eine Militärmaschine, die von Marseille nach Ajaccio flog, nahm die Brüder mit und ermöglichte ihnen gleichzeitig die Lufttaufe. Noch ganz durchgerüttelt setzten sie etwas zittrig die Füße auf den heimatlichen Boden. Fast wären sie niedergekniet, um ihn zu küssen. Xavier legte den Arm um Dominiques Schulter: »Es ist soviel passiert. Der Krieg, die Okkupation, die Befreiung. Und wenn man sich hier umsieht, hat sich trotzdem nichts verändert. Die Zeit geht spurlos an unserem Korsika vorüber.«

Ein entfernter Verwandter, wohnhaft in Sotta und aktiver Kommunist, erwartete sie mit dem Auto. Während sie das Flughafengelände verließen, kommentierte er die Affäre, deretwegen Xavier und Dominique gekommen waren, und die den Süden der Insel zu entflammen drohte: »Das ist wirklich eine traurige Geschichte. Jetzt will Noëls Familie uns unseren Pierre umbringen . . . Und die Ironie des Schicksals: Pierre war zwar in der Résistance, aber ein alter Sabiani-Mann, während Noël einer von uns war, von der Partei. Er hat eine Dummheit gemacht, die ihn das Leben gekostet hat. Anderswo in Frankreich wäre die Sache vielleicht harmloser verlaufen. Aber hier hat das Gewehr gesprochen. Dabei sollte Noël den ›Front National‹ in unserer Region anführen . . .«

Die Brüder Culioli erinnerten sich gut an Noël, einen stark kurzsichtigen, kleinen Mann, der in Marseille mal bei dem einen, mal bei dem anderen zu Besuch war. Als überzeugter Kommunist hatte er jedes Gespräch auf die großen Verdienste Stalins und der Sowjetunion gebracht, um dann in den schönsten Utopien zu schwelgen und verblendet, wie er war, von einer besseren Zukunft zu träumen.

Die Partei hatte ihn gebeten, nach Korsika zurückzukehren, weil es dort kaum zuverlässige Leute für den Aufbau einer funktionsfähigen Infrastruktur gab. In den zwanziger Jahren hatten einige Kommunisten vergeblich versucht, ihre Landsleute für die soziale Revolution zu interessieren. Unter der Volksfront waren schließlich die ersten Zellen gegründet worden, und in der Region von Sartène hatten die Parteimitglieder es gelegentlich geschafft, an der Seite der Sozialisten einen Landarbeiterstreik mit zu organisieren – was natürlich kaum der offiziellen Linie des ›Klassenkampfs‹ entsprach. Aber Korsika war eben eine Wirklichkeit für sich. Erst der heldenhafte Kampf gegen den Faschismus hatte den Kommunisten die Sympathie zahlreicher Bauern eingebracht. Einzelne Leitfiguren, etwa Ribellu, Nicoli oder Mondoloni, waren legendäre Gestalten geworden. In wenigen Monaten hatten sich Tausende dem »Front National« angeschlossen, um die italienischen Besatzer zu vertreiben.

Am 30. August 1943 war Jean Nicoli durch einen Schuß in den Rücken von den Schwarzhemden getötet worden. Dann hatten sie ihm den Kopf abgeschlagen. Diese bewußte Herausforderung sollte daran erinnern, wie die Genuesen ihren korsischen Feinden einst die Kehlen durchgeschnitten hatten. Wenige Tage später war dann der Aufstand losgebrochen.

Noël hatte in der Gegend von Sotta Waffen ausgeteilt, darunter die für den Nahkampf so wertvollen Sten-Maschinenpistolen. Die Briten hatten nur eine begrenzte Anzahl davon zur Verfügung gestellt, zumal sie es eigentlich ganz ablehnten, Waffen an Kommunisten und deren Verbündete zu liefern. Schon damals kristallisierten sich die großen Machtbereiche der Welt heraus, und das Mittelmeer geriet zunehmend in den Einflußbereich Großbritanniens, das natürlich nicht daran interessiert sein konnte, den potentiellen Feind von morgen mit Kriegsgerät auszurüsten.

Im »Front National« aber hatten sich Männer und Frauen aller Richtungen zusammengeschlossen, von Kommunisten bis zu reumütigen Sabiani-Leuten. Zu den letztgenannten gehörten auch Pierre und seine Brüder, was ihren mutigen Einsatz im Kampf jedoch nicht beeinträchtigt hatte, wie allgemein anerkannt wurde. Trotzdem wollte Noël nach einer parteiinternen Weisung die Waffen, die er diesen als wenig zuverlässig geltenden Männern anvertraut hatte, nach dem Sieg wieder einsammeln. Die Kommunisten glaubten, sich auf die großen Auseinandersetzungen der Zukunft vorbereiten zu müssen, und sie wollten den Auftrieb nutzen, um ein wenig an der alten Welt zu rütteln. Also wurde Pierre aufgefordert, die Maschinenpistolen, die er und seine Brüder bekommen hatten, zurückzugeben. Der gemeinsame Kampf war vorbei. Pierre aber fand, daß seine Familie diese Waffen redlich verdient hatte. Eine Rückgabe lehnte er ab. Die Gemüter erhitzten sich, und schließlich forderte Noël die Gebrüder Culioli heraus: »Wenn ihr Männer seid, finde ich euch in einer halben Stunde bei der Steigung des Corbu!«

Er ging, ohne diejenigen, die er herausgefordert hatte, noch eines Blickes zu würdigen. Die vier Brüder rüsteten sich bedächtig mit ihren Jagdgewehren. Sie waren vor Zeugen provoziert worden und konnten sich nicht davonstehlen.

Man hörte eine klare Abfolge unverkennbarer Geräusche: Erst einen Feuerstoß aus der Maschinenpistole, dann zwei Gewehrschüsse. Die vier Brüder kehrten unversehrt zurück. Noël hatte sie ins Visier genommen und abgedrückt, aber die Kugeln der Maschinenpistole hatten ihr Ziel verfehlt. Daraufhin hatte Pierre sich mit seinem vertrauten Jagdgewehr in großem Bogen an den Angreifer herangeschlichen und ihn mit zwei Schüssen niedergestreckt.

Der Fahrer schüttelte traurig den Kopf: »Dabei haben wir im Kampf so gut zusammengehalten. Wie ein Mann standen wir da. Man brauchte nur unser Lied zu hören . . .

Macchia corsa, banditi d'onore / No'sareme in nome d'a libertà / Ritti o Corsi per vince o per more / Tutti uniti in una voluntá.

Du korsischer Maquis! Banditen der Ehre / werden wir sein im Namen der Freiheit. / Erhebt euch, Korsen, daß wir siegen oder sterben / in einem Willen vereint.

. . . Als der Aufstand begann, sind wir zuerst mit den Schwarzhemden aneinandergeraten. Die Deutschen kamen damals gerade aus Nordafrika zurück, und wir hatten beschlossen, sie aufzuhalten, weil wir wußten, daß sie Hitler im Kampf gegen unsere russischen Brüder unterstützen würden. Einige Italiener haben sich mit uns verbündet, allen voran Hauptmann Cagnoni. Sie haben uns sehr geholfen, das muß man schon sagen ... Erst haben wir die Straße nach Bonifacio mit dikken Steinbrocken blockiert, dann haben wir im Wald von Ospedale die Panzer angegriffen. Das hat den Nazis zwar nicht viel geschadet, aber es hat sie aufgehalten. Sgio Camegdu Rocca Serra kam höchstpersönlich mit der weißen Fahne, um die Verhandlungen zu führen. Die armen Clanoberhäupter wußten nicht mehr, wo ihnen der Kopf stand. Dabei hat es richtige Gefechte kaum gegeben, außer vielleicht auf dem Cap. Das meiste wurde friedlich geregelt. Als wir zum Beispiel erfuhren, daß die Juden verhaftet werden sollten, haben wir sie in unseren Dörfern untergebracht. Selbst Doriots Leute mußten Ruhe geben. Nur ein einziger Pechvogel hat sich erwischen lassen ... Ich will damit nur sagen, daß Noëls Tod ein echter Schock für uns gewesen ist. Pierre hat die ganze Schuld auf sich genommen und wurde ins Gefängnis gesteckt. Aber jetzt hat dieser Spaß lange genug gedauert. Pierre muß freigelassen werden, nicht wahr, Xavier?«

Der Angesprochene starrte geistesabwesend auf die Straße. Er wirkte besorgt.

»Eines begreife ich nicht«, sagte er. »Warum legt ihr Kommunisten so großen Wert darauf, einen Mann aus dem Gefängnis zu holen, der sich aller Voraussicht nach als knallharter Antikommunist betätigen und den Clan der ›Schwarzen‹ unterstützen wird?«

Der Fahrer sah lächelnd in den Rückspiegel: »Wie man merkt, ist es lange her, daß du unser Land verlassen hast, Xavier. Du kennst den wilden Farngeruch nicht mehr. Seit der Befreiung ist die Kommunistische Partei hier eine neue politische Kraft geworden. 1940 war Paul Giacobbi, der große Mann des Landry-Clans, der einzige Abgeordnete, der Pétain nicht an die Macht gewählt hat. De Gaulle hat ihn zu seinem Bündnispartner gemacht, und jetzt spielen die ›Weißen‹ den Gaullismus gegen alle aus, die sich im ›Front National‹ zusammengeschlossen haben. Giacobbi ist Ernährungsminister geworden, und er wird alle Unentschlossenen, die sich eine finanzielle Beihilfe oder einen Arbeitsplatz erhoffen, auf seine Seite ziehen. Um ihren Fortbestand zu sichern, stimmen die ›Schwarzen‹, die Piétri-Leute, für uns und präsentieren sich auf unseren Listen. Mit einem Clan-Oberhaupt, das wegen Kollaboration untertauchen mußte, konnten sie ja nun wahrhaftig keinen Staat mehr machen. Jetzt glauben die ›Schwarzen‹ zwar, sie würden das Kräfteverhältnis wieder zu ihren Gunsten ausgleichen, aber wir sind sicher, daß wir einen historischen Sieg davontragen werden. Es wird sich schon zeigen, wer der wahre Sieger ist.«

»Ihr verbündet euch mit Männern, die kollaboriert haben?« fragte Dominique empört.

»O Dume, die Clans spielen ihre Rolle, und wir spielen unsere. Ein Clan ist ein Clan, und darum muß er auch geachtet werden. Seine Bedeutung ist größer als momentane Streitigkeiten. Und wir brauchen eine Kraft, die einsatzfähig ist, wenn Genosse Stalin uns auffordert, die Macht zu übernehmen . . .«

»Und was hat Pierre mit alledem zu tun?«

»Wir wollen nicht, daß eine Vendetta die Einheit zwischen uns und Piétris Leuten zerstört. Der Siegesmast ist wohl ein paar Konzessionen wert. Stellt euch nur den Anblick vor, wenn erst einmal die rote Fahne über dem Land der Herren weht! Die rote Fahne und gleich daneben die korsische! Jean Nicoli hätte seine Freude daran gehabt! Außerdem wollen wir nicht, daß die Genossen aus dem Norden sagen, wir im Süden würden uns immer nur gegenseitig zerfleischen . . .«

Dominique blieb bei Julie in Chéra, während Xavier die zuständigen Behörden aufsuchte, um Pierres Freilassung zu erwirken. Seiner Bitte wurde ohne Schwierigkeiten stattgegeben, da die Polizeiberichte ohnehin auf eine Notwehrsituation hindeuteten.

Als das Gefängnistor sich öffnete, fiel Pierre seinem Vetter in die Arme. Xavier wehrte ab.

»Komm, das Auto wartet. Wir fahren ins Dorf zurück.«

Der Oriu hob sich scharf vom Himmel ab, als Xavier, der es sich zwischen den Kissen auf der Rückbank bequem gemacht hatte, Pierre davor warnte, daß Noëls Familie ihn umbringen würde, wenn er es wagen sollte, sich in den Bergen blicken zu lassen. Pierre legte die Hand aufs Herz und erwiderte: »Zu Recht. An ihrer Stelle würde ich das gleiche tun. Wir sind alle Söhne dieses Landes, das sich das Land der Herren nennt.«

35

Aus Asche und Granit

Die Feindschaft hatte mit banalen Streitigkeiten um einen Weg begonnen. Die einen meinten, er sei Gemeinschaftseigentum, die anderen behaupteten, er gehöre unserer Familie. Männer und Frauen des Dorfes hatten sich je nach dem Verwandtschaftsgrad, der sie mit den Protagonisten verband, in zwei Lager geteilt.

Der Sommer 1977 ging zu Ende. Ein angenehmer Wind erfrischte die *Mezza-Muntagna*, und niemand ging freiwillig in die Ebene hinab, wo Menschen wie Tiere unter drückender Hitze litten. Dominique und Xavier besuchten täglich ihre lieben Verstorbenen. Die Familie ging langsam ins Jenseits, und so legten die beiden Brüder ihre ganze Treue in die Pflege der Gräber.

In den frühen Abendstunden kehrte Ruhe in das Dorf ein. Die Männer ließen sich auf Treppenstufen vor den Häusern nieder und sprachen über die Neuigkeiten des Tages. Auf einmal war die Atmosphäre früherer Zeiten wieder da. Der Gang der beiden Brüder paßte sich diesem verlangsamten Tempo des Lebens an. Dabei war Dominique immer noch einen Schritt schneller als Xavier, der, auf seinen Stock gestützt, gelegentlich innehielt, um Atem zu schöpfen.

Als Pierre die beiden kommen sah, schwenkte er zum Gruß seinen Stock. Die jüngsten Feindseligkeiten machten sie zwar zu Gegnern, doch in Gedenken an die Vergangenheit, an frühere Gefälligkeiten und an die Entlassung aus dem Gefängnis sprachen sie noch miteinander.

»Oh, Pierre, schaust du den Wolken nach?«

»Ja, gewiß! Man vertreibt sich die Zeit, so gut man kann. Und ihr?«

Xavier lächelte verschmitzt: »Wir gehen wieder einmal unser künftiges Zuhause besuchen.«

»Und was den Weg betrifft, wollt ihr bei eurem Standpunkt bleiben?« fragte Pierre ohne Übergang.

Xavier straffte sich: »Du kennst uns, Pierre. Wir sind Cardaghiolas Söhne, und wir geben niemals auf. Niemals, hörst du? Wir sind wie diese Felsen hier ... Unerschütterlich.«

Pierre war aufgestanden.

»Ihr seid verrückt. Der Weg ist immer von allen Culioli benutzt worden. Die Feldmesser nennen so etwas Gemeindeweg ...«

Das plötzliche Geschrei der beiden Alten war im ganzen Dorf zu hören.

»Erinnere dich, Pierre, als ich jung war, konnte ich auf hundert Meter einen Hahn erschießen. Und heute bin ich längst noch nicht so schwach, wie es aussehen mag ...«

»Droh mir nicht, Xavier! Oder komm zur Sache ... Aber meine Kugel sitzt, darauf kannst du dich verlassen. Es wäre nicht das erste Mal ...«

»Und wer hat dich vor dreißig Jahren aus dem Gefängnis geholt?«

Die beiden Männer hatten ihre Stöcke erhoben und bedrohten sich gegenseitig mit dem Tod. Dominique zog seinen Bruder am Arm. Er litt beinahe physisch unter diesem Riß in der Einheit der Familie. Er hatte gehofft, in ein Dorf zurückzukehren, das ihm wie ein gehüteter Schatz in Erinnerung geblieben war. Statt dessen hatte die Familie sich auf dem Festland zerstreut. Und der kleine Rest, den er in Chéra wiederfand, lebte in derartigem Streit, daß die Vettern wie Feinde miteinander umgingen.

Die Sache mit dem Weg wurde vor Gericht gebracht. Beide Parteien setzten den Richter und die Sachverständigen so gut sie konnten unter Druck, aber das nutzte nicht viel, weil die jeweiligen Hintermänner gleich stark waren. Xaviers Stimmung wurde immer griesgrämiger, und oft beklagte er sich bei seinem Bruder über die Undankbarkeit der Familie: »Hier ist kein einziger im Dorf, der mir nicht irgend etwas zu verdanken hätte. Ich habe ihnen stets geholfen, und jetzt lassen sie mich im Stich.«

Dominique unterstützte ihn nach bestem Vermögen, aber sein Herz war schwer von einem schmerzlichen Gefühl der Bitterkeit. Xavier würde immer sein vaterloser kleiner Bruder sein, und er würde bis zum Ende solidarisch mit ihm bleiben. Trotzdem – was hatte dieser blödsinnige Weg nicht schon für Hoffnungen und Träume zerstört! Er wußte, daß die Ehre auch für lachhafte Symbole einen schweren Tribut verlangte. Aber hatten sie nicht jetzt, wo ihr Leben zu Ende ging, ein Recht auf etwas Ruhe?

Xavier war außer sich vor Zorn: »Du wirst mich doch nicht auch noch fallenlassen? Das Land der Herren hat uns hervorgebracht: Ich werde nicht nachgeben.«

Die Freunde von einst waren weniger geworden. Nicht, daß ihre Dankbarkeit mit den Jahren nachgelassen hätte: Auf Korsika waren die Gefühle so beständig wie eh und je. Aber die Zeit hatte Spuren hinterlassen, und so mancher reife Mann war ein siecher Greis geworden. Diejenigen, die noch einigermaßen rüstig waren und das Haus verlassen konnten, trafen sich draußen, um gute oder schlechte Erinnerungen auszutauschen. Die anderen fehlten. Wenn Xavier die Zeitung aufschlug, las er nur allzu oft vom Tod eines Freundes. Meist senkte er nur den Kopf und stieß brummend ein paar Flüche gegen die Fatalität des Alters aus.

Seit den Präsidentschaftswahlen von 1969 hegte er einen dumpfen Groll gegen die eigene Familie. Sein langjähriger Freund Gaston Defferre hatte sich, besorgt um die Zukunft der Sozialisten, die in der großen Angst der 68er Jahre unterzugehen drohten, als Kandidat aufstellen lassen. Beflügelt durch die Hoffnungen der Freundschaft war Xavier für ihn in den Wahlkampf gezogen. Zum ersten Mal hatte er die Liebe zu seinem Land und das starke Gefühl, das ihn mit dem Bürgermeister von Marseille verband, in Einklang gebracht. Er besuchte alle, die er kannte, von dem Abgeordneten Jean-Paul de Rocca Serra bis hin zu seinen ärmsten Verwandten, und erklärte jedem einzelnen sein Vorhaben: »Ich verstehe die Gebote der Lokalpolitik. Ich verlange nichts anderes von euch, als daß ihr Gaston im ersten Wahlgang eure Stimme gebt. Im zweiten Wahlgang könnt ihr machen, was ihr wollt. Nur wäre ich euch eben sehr verbunden, wenn ihr dazu beitragt, daß Gaston als Ehrenmann abschneidet.«

Aber nein! Das Ergebnis war jämmerlicher ausgefallen als die schlimmste Prognose. Das Land der Herren hatte wie eh und je für die Clans gestimmt. Nach der Auszählung war Xavier in Tränen ausgebrochen, so sehr hatte die schmähliche Niederlage seines Freundes ihn berührt, so sehr hatte er sich all derer geschämt, die zu feige gewesen waren, ihm eine ehrliche Antwort zu geben.

»Und das, mein Junge«, erklärte er mir 1977, »das ist für mich nicht die korsische Art. Niemand hatte sie gezwungen, mir etwas zu versprechen. Sie hätten mir ruhig die Wahrheit sagen können – wenigstens die, die nicht in meiner Schuld standen. Die anderen, denen ich früher geholfen habe, wären natürlich verpflichtet gewesen, mir nun ihrerseits die Hand zu reichen. Aber sie haben es nicht getan. Sie haben ihre Rente gewählt, ihre kleine Bequemlichkeit. Sie haben mich verraten, und sie werden auch in Zukunft Verräter sein. Das ist aus Korsika geworden . . .«

Ich hatte ihn gern, diesen alten Mann. Er war nicht nur mein geliebter Großonkel, sondern auch mein Freund. Er zog mich ins Vertrauen und erzählte mir von seinen Enttäuschungen, von seiner freudlosen Ehe, von den Hoffnungen seiner Jugend. Und immer wieder kam er auf die große Liebe zu sprechen, die er für Christine, die junge Frau aus Marseille, empfunden hatte: »Damals habe ich das alles nicht richtig begriffen. Weißt du, Gabriel, ein Mann braucht Jahrzehnte, bis er reif ist. Und kaum hat er den Gipfel des Berges erklommen, beginnt auch schon der Abstieg. Ich versuche immer, nicht wehmütig in die Vergangenheit zurückzublicken, aber das ist gar nicht so einfach . . .«

Als der Sommer zu Ende ging und ich nach Paris abreisen mußte, wollte Xavier mich bis Ajaccio begleiten.

»Die Atmosphäre im Dorf wird immer schwieriger. Ich brauche dringend eine Luftveränderung. Wirklich schade, daß du nach Paris zurückfährst. Aber ich begleite dich ein Stück. In Ajaccio kann ich meine Freunde vom ›Provencal‹ besuchen . . .«

Ich saß am Steuer. Manchmal – wahrscheinlich weil die Landschaft eine Erinnerung in ihm geweckt hatte – bat er mich, einen Augenblick anzuhalten. Wir vertraten uns die Beine, während er mir eine mit der jeweiligen Umgebung zusammenhängende Anekdote erzählte. Sein Tonfall war wechselhaft, bald heftig, bald gedämpft und etwas wehmütig. Dennoch verlor sein Blick nie den kecken, herausfordernden Glanz.

Diese Rückkehr in die Vergangenheit hätte mich bei jedem anderen gelangweilt, und ich wäre sicher ungeduldig geworden. Xavier mit seiner aufgeräumten, entspannten Art aber machte mich wehrlos. Selbst sein maßloser Stolz kam mir natürlich vor.

»Ich will, daß eine Spur von mir erhalten bleibt, mein Junge«, sagte er mit großem Nachdruck. »Wegen der Familie, aber auch wegen mir selbst. Man soll wissen, daß ich gelebt, geatmet und stets nach meinem Gewissen gehandelt habe. Manche Leute neigen dazu, es sich einfach zu machen und die Dinge mit einigem Zeitabstand rückblickend zu beurteilen. Ich nicht, und trotzdem glaube ich, daß ich nie dem falschen Lager angehört habe. Ja, 1947 habe ich die Kommunisten bekämpft. Aber immer nur auf ›regulärem‹ Wege. Sie waren Gegner, keine Feinde. Meine Feinde sind und waren die

Faschisten. Ich möchte dir eine Erklärung abgeben, die dir vielleicht lächerlich erscheint: Müßte Korsika nochmals gegen die Faschisten verteidigt werden, wäre ich – so alt und so verbraucht ich bin – mit von der Partie. Wir sind Culioli, vergiß das nicht. Korsen, aber auch Franzosen. Die neuen Ideen der Autonomisten oder der Unabhängigkeitskämpfer haben wir in unserer Jugend genossen. Inzwischen wissen wir, wohin das führt . . .«

So merkwürdig es klingen mag, aber ich hatte keine Lust, ihm zu widersprechen. Er genoß das Privileg des Alters, und mir war es wichtiger, seinen Standpunkt zu respektieren, als ihm den meinen zu vermitteln.

Wir ließen Roccapina hinter uns, dann durchquerten wir Sartène, die alte Stadt der *Sgios*, nunmehr das ›rote Sartène‹.

»Zwei Kilometer hinter Propriano biegst du nach rechts ab. Dort wohnen ein paar ferne Verwandte, denen ich mein Beileid sagen muß . . .«

Wir fuhren die steile Straße zu den Hügeln hinauf. Unter uns lag der prachtvolle Golf von Valincu. Bevor wir das Haus betraten, machte Xavier eine Handbewegung zum Meer hin:

»Da ist sie, die Ewigkeit, mein Junge. Wir Menschen werden uns verflüchtigen, aber die Ewigkeit ist dort . . .«

Nach den förmlichen Begrüßungen setzten wir uns zu einem Kaffee. Xavier brachte das Gespräch auf den großen Streit in Chéra. Unsere Gastgeber hörten kopfschüttelnd zu, wagten aber nicht, in diesem Konflikt, der aus einem anderen Zeitalter zu stammen schien, Partei zu ergreifen.

Plötzlich wurde die Tür aufgestoßen, und man hörte einen jungen Mann mit lauter Stimme brüllen: »Es brennt! Weiter oben ist ein Feuer ausgebrochen! Zum Löschen werden noch Freiwillige gebraucht!«

Xavier stützte sich auf den Tisch, um aufzustehen.

»Komm, Gabriel, wir machen mit! Es geht um Korsika.«

Er suchte den Einsatzleiter der Feuerwehr und stellte sich vor: »Culioli, Xavier, stellvertretender Polizeidirektor im Département Bouches-du-Rhône ... Wie können wir uns nützlich machen?«

Der Mann sah ihn von oben bis unten an, ehe er ihn begrüßte: »Meine Verehrung, Herr Direktor. Ich sehe nur eine Möglichkeit: Sie und Ihr Neffe machen es genau wie die anderen, Sie schneiden sich einen Zweig aus dem Maquis und schlagen die Glut aus ...«

»Also los, Gabriel, hol uns jedem einen Zweig ...«

Er schlug mit aller Kraft auf die Flammen. Ich flehte ihn an, sich ein wenig zu schonen. Die Anstrengung und der Rauch brachten ihn an den Rand des physischen Zusammenbruchs.

»Du solltest etwas langsamer machen«, sagte ich zu ihm, »in deinem Alter ist mit dem Herzen nicht zu spaßen.«

Schließlich ließ er zu, daß er ihn zum Auto brachte. Nach Luft ringend, stützte er sich auf meine Schulter. Ich half ihm auf den Sitz und legte ihm eine Decke über die Knie. Er wehrte verärgert ab: »Nun geh schon, kümmere dich nicht um mich. Sieh lieber zu, daß du bald wieder bei dem Feuer bist ...«

Als ich mich abwandte, packte er mich am Kragen und fügte hinzu: »Hast du gesehen? Tapfer bin ich immer noch! Na schön ... Es gibt Wichtigeres. Du mußt zurück und gegen diese Pest kämpfen, die unsere Insel zerstört.«

Die Wasserflugzeuge kamen erst zwei Stunden später. Sie flogen tief über das Meer, luden tonnenweise Salzwasser und entleerten ihre Bäuche über dem brennenden Maquis. Den Feuerwehrmännern blieb nichts anderes übrig, als sich das Schauspiel anzusehen.

»Das ist mindestens der zehnte Brand in diesem Monat. Meist fängt es ohne ersichtlichen Grund mit einem kleinen Feuer an, und dann schürt der Wind die Flammen. Seht ihr, da drüben? Welch ein Unglück für unser Land ...«

Der Einsatzleiter zeigte auf die verkohlten, vom Flammenmeer verunstalteten Hügel. Das Feuer hatte die Schönheiten des Maquis verschlungen. So weit ich mich erinnern konnte, hatte Korsika dieses sommerliche Drama Jahr für Jahr etwas heftiger erlebt. Die Brände kamen immer wieder, wie eine unausrottbare, bei jedem Rückfall schlimmer und hartnäckiger werdende Krankheit. Ich selbst kannte wunderschöne unberührte Landschaften, die jetzt elend zugerichtet waren, wie verheert, vom Reinen ins Unreine verwandelt – wie das Gegenteil von Korsika. Die Flammen haben der »Ile de Beauté« eine unerhörte Pracht geraubt. Die Inselbevölkerung reagiert im allgemeinen recht gleichgültig auf diese unwiderrufliche Zerstörung. Hier ein Komitee, dort eine Protestkundgebung der Autonomisten – das ist alles. Während uralte Wälder in Rauch aufgehen, zerfleischen die Menschen sich in polemischen Auseinandersetzungen um die Lokalpolitik. Am Ende jeden Sommers liest man in den Zeitungen die traurige Bilanz der Brände, die immer zahlreicher werden, immer größere Flächen erfassen. Die Schuld wird dem Tourismus, den Hirten, den Pyromanen oder dem Schicksal zugeschoben. Einer der alten Bauern aus dem Nebbiu, die ihre Insel besser kennen, als alle zu nutzlosen Versammlungen einberufenen Experten, hat mir eines Tages eine Erklärung gegeben, die der Wahrheit vielleicht am ehesten entspricht: »Früher – ich meine in der Zeit vor den Weltkriegen – war hier alles voll Maquis. Das Feuer hat ihn weggefressen. Gewiß, es stimmt, daß die Hirten ihr Weideland gewohnheitsmäßig abbrennen. Dabei bleibt unter den Kuhfladen manchmal etwas Glut zurück, und wenn der Mist einmal Feuer fängt, brennt auch das Gestrüpp. Außerdem gibt es tatsächlich Feuerwehrleute, die nach Einsatz bezahlt werden, und die ihr Land mutwillig zerstören, um sich etwas Kleingeld zu verdienen. Wer so etwas tut, Gabriel, hat eine Kugel in den Leib verdient. Und damit kommt er noch billig davon ... Ich habe zweihundert Jahre alte Eichen im Feuer sterben sehen. Das Holz wimmerte vor Schmerz. Wir, die wir in ihrem Schatten großgeworden waren, sahen sie einfach in Flammen aufgehen – das tat weh. Um 1925 verheerte ein riesiger Brand die ganze Gegend hier. Die eigentlichen Voraussetzungen für das Drama waren damals schon da: Der Maquis war nicht mehr, wie einst, von tausend Fußwegen für Mensch und Vieh durchzogen. Jeder einzelne dieser Durchgänge hatte wie eine Schneise gewirkt, die das Feuer nicht ohne weiteres überwinden konnte. Als die jungen Leute dann aufs Festland abgewandert sind, fehlte es hier an kräftigen Männern, die mit der *Rustaghia* vorausgingen. Der Maquis eroberte die Wege zurück, und das Buschwerk wuchs zusammen. Es genügten ein paar Zigarettenstummel, um das Werk der Zerstörung auszulösen.«

So weit mein Blick reichte, sah ich im Nebbiu nur ödes Land. Ich konnte mir schwer vorstellen, daß es einmal anders gewesen war.

»Du redest genau wie unsere Landsleute«, schimpfte der alte Mann. »Sie gewöhnen sich an alles. Man sagt zwar, eben das sei unsere Stärke, aber in Wirklichkeit kann es uns leicht zu Verlierern machen. Die früheren Eindringlinge haben wenigstens den Schoß der Erde verschont. Das Feuer hingegen greift unsere Vergangenheit und unsere Zukunft an. Die Ewigkeit ist im Begriff, vor unseren Augen zu sterben. Wenn die Geschichte der Felsen und des Maquis sich in einer Wüste mit der Geschichte der Menschen vereint, hat Korsika aufgehört zu leben . . .«

»Furchtbar, diese Katastrophe! Komm, laß uns fahren: Ich kann das nicht länger mit ansehen«, sagte Xavier. »Glaub mir, das Feuer wird unser Land, mein Heimatland, noch zu einem einzigen Schandfleck machen. Es ist ein schlimmer Feind, gefährlicher als Mussolinis Soldaten.«

Endlich war Ajaccio in Sicht. Die Stadt beflügelte Xavier mit neuer Kraft. Er jubelte, voller Vorfreude auf die einzelnen Stationen dieses Tages.

»Erst fahren wir zur Präfektur, dann zum ›Provençal‹. Ich folge der Chronologie meiner Karriere . . .«

Während er seine Freunde von der Polizei besuchte, wartete ich draußen vor der Präfektur. Er kam beglückt wieder heraus, weil einige Beamte ihn wiedererkannt hatten.

Dann ging es weiter zum »Provençal«, wo ich die Hochachtung, die man ihm entgegenbrachte, miterlebte. Ich war gerührt von der Freundlichkeit und Spontaneität dieser Begrüßungen. Xavier warf mir selige Blicke zu. Er lud zwei der Hauptverantwortlichen zum Essen ein.

Paul Silvani, der für die Endredaktion zuständig war, meinte lachend: »Bonifay oder Silvani – einen können Sie haben. Den Alten oder den Neuen, aber nicht beide auf einmal . . .«

»Dann nehme ich den Alten«, erwiderte Xavier. »Er ist hier sicher entbehrlicher . . . Also bis später. Wir sehen uns zum Abendessen im Hotel.«

Im Grand Hôtel schwitzten die Wände vor Feuchtigkeit. An den hohen Decken blätterte die Farbe ab. Jeder Gegenstand symbolisierte eine glorreiche, ferne Vergangenheit. Das Hotel erinnerte an einen greisen Edelmann, dessen stolzer Blick im Alter trüb geworden ist. Diese Art der Überlebtheit lud nicht zum Lächeln, sondern zum Seufzen ein.

Seit dreißig Jahren stieg Xavier hier ab, und immer ließ er sich das gleiche Zimmer geben: Ein einfaches Bett mitten in einem Raum, dessen Ausmaße um so beeindruckender waren, als das Mobiliar auf ein striktes Minimum reduziert worden war. Xavier bemerkte meine Verwunderung.

»Laß dich nicht durch diesen Anblick täuschen«, sagte er. »Früher war das hier ein Luxushotel, geradezu märchenhaft. Hast du die schönen Treppen, die Palmen draußen gesehen? So prachtvoll war damals alles, jedes Detail, bis hin zu den Handtüchern und der ganzen Bedienung – alles war perfekt. Aber die Zeiten haben sich geändert. Der Tourismus ist, wie es heißt, demokratischer geworden. Für die schönen Dinge will niemand mehr bezahlen. Man will nur noch Bequemlichkeit und einen Farbfernseher. Es ist ein Jammer.«

Er verstaute seine Kleider im Schrank und zog sich einen helleren Anzug an.

»Kann ich so gehen?« fragte er mich. »Das gute Stück ist schon etwas abgewetzt, genau wie sein Inhaber. Aber es wäre lächerlich, mir in meinem Alter einen Maßanzug zu kaufen. Diesen hier hat mir ein Freund aus Marseille geschneidert. Ein Jude, der sich für eine Gefälligkeit bedanken wollte. Erinnerungen über Erinnerungen – das ist alles, was mir bleibt ... Würdest du mir in die Jacke helfen?«

Die Sonne tauchte langsam ins Meer, und das Licht wurde milder. Voller Übermut faßte Xavier mich am Arm: »Es ist noch früh. Statt dumm herumzustehen und auf das Essen zu warten, lade ich dich zu einem Ausflug nach La Punta ein, zum Schloß der Pozzo di Borgo ... Aber wir nehmen ein Taxi. Diese Spazierfahrt soll nur für uns beide sein. Wenn du am Steuer sitzt, habe ich immer das Gefühl, daß du es bist, der mich einlädt ...«

Bei der Place du Diamant fanden wir einen jener Taxifahrer, die sich über nichts mehr wundern. Er erkundigte sich nach unseren Familiennamen: »Aber verstehen Sie mich nicht falsch«, fügte er im gleichen Atemzug hinzu. »Wenn Sie nicht antworten wollen, antworten Sie nicht ...«

Xavier war ihm nicht unbekannt. Ohne von dem Rückspiegel Gebrauch zu machen, drehte er sich zu mir um: »Ihr Onkel und ich, wir könnten Ihnen was erzählen über dieses Korsika, das Sie nie kennenlernen werden ... Sehen Sie sich nur die Bucht hier an! Man sagt, sie sei schöner als die von Rio. Und da beklagen wir uns noch! So eine Natur ist das Salz des Lebens. Riechen Sie den Eukalyptusduft? Und Sie, Herr Direktor, Sie sind nach Marseille gegangen ... Hier hätten Sie mit den Größten auf einer Stufe gestanden!«

Er parkte hinter dem Schloß. Xavier stieg aus, um den schönen Blick auf Ajaccio zu genießen. Seite an Seite blieben wir stehen, so bewegt, daß keiner mehr ein Wort herausbrachte. Die untergehende Sonne hatte die Riffs vor der Küste in leuchtendes Rot getaucht. Selbst der Maquis schien sich an den letzten Strahlen zu entzünden.

»Schau dir das Schloß an, solange es noch hell ist«, sagte Xavier. »Dann fahren wir wieder herunter. Bald ist Essenszeit ...«

Was ich sah, war überwältigend.

»Nun, hat es dir gefallen?« fragte Xavier beinahe beunruhigt.

»Phantastisch!«

»Weißt du, mein Junge, die Pozzo di Borgo hatten sich gegen Napoleon und Frankreich mit Großbritannien verbündet. Dabei ging die Vendetta angeblich auf eine Zeit zurück, in der es umgekehrt gewesen war: Damals hatte Napoleons Vater mit Pasquale Paoli gegen Frankreich gekämpft ... Später ist die Familie dann in ganz Frankreich ausgeschwärmt. Ja, auch sie haben die Geschichte unseres Landes gemacht ...«

Monsieur Bonifay wartete seit etwa zwanzig Minuten, was ihn aber nicht weiter zu stören schien. Offenbar teilte er die gelassene Art der Südländer im Umgang mit der Zeit. Die Palmen des Grand Hôtel, die lieblichen Düfte der Natur und die heitere Atmosphäre der Stadt setzten die Zwänge der Pünktlichkeit ohnehin außer Kraft.

Wir entschieden uns für einen Tisch in der Mitte des großen Speisesaals. Die Nacht war da, eine warme Dunkelheit hatte sich über die Stadt gelegt, und die abendlichen Spaziergänger schlenderten in Sommerkleidung entlang.

Der Oberkellner kam, mit leicht zerknitterten Rockschößen. Er hatte die stilvollen Manieren seines Standes bewahrt, doch aus seinen Augen sprach große Mattigkeit. Wir waren die einzigen Gäste.

Im Laufe des Gesprächs mit Monsieur Bonifay erfuhren wir, daß das Hotel keinen Gewinn mehr brachte und verkauft, ja vielleicht in eine Polizeikaserne umgewandelt werden sollte. Xavier ließ seine Gabel fallen: »Was? Das Grand Hôtel eine Kaserne? Es ist wirklich Zeit, daß ich mich verabschiede. Ich begreife die heutige Welt nicht mehr. Ein Ort, der für Ajaccio eine so wichtige Rolle gespielt hat ...«

»Nach allem, was passiert ist«, seufzte unser Begleiter, »sind die Einheiten der Polizei verstärkt worden. Und jetzt müssen die Leute untergebracht werden. Erst die Sprengungen, dann der ›Front de libération‹ ...«

»Trotzdem, mein guter Bonifay, das ist nicht mehr meine Welt. Ich werde alt . . .«

Nach dem Essen ging Monsieur Bonifay nach Hause, während ich meinen Großonkel noch zu seinem Zimmer bringen wollte. Beim Abschiedskuß fragte er ein letztes Mal: »Bist du wirklich sicher, daß du allein zurechtkommen wirst?«

Ich lächelte: »Ich bin über fünfundzwanzig Jahre alt, und ich habe schon viele Reisen von Paris nach Korsika gemacht. Glaub mir, du kannst unbesorgt sein . . .«

Er hatte sich auf die Bettkante gesetzt.

»Eines will ich dir noch sagen, Gabriel: Was ich jetzt, im Alter, am meisten bedaure, ist, daß ich keine Kinder habe. Die Vorstellung, eine Familie zu gründen, hat mich immer erschreckt. Also habe ich es gelassen. Insgeheim habe ich vielleicht gehofft, mein Bruder würde so viele Kinder in die Welt setzen, daß ich ihm hin und wieder eins stibitzen könnte . . . Jedenfalls hätte ich nicht damit umzugehen gewußt. Ich hätte Christine heiraten sollen, meine große Liebe aus Marseille. Sie hätte mich glücklich gemacht. Davon war ich immer überzeugt. Aber lassen wir das. Es ist sinnlos, der Vergangenheit nachzujammern . . .«

Ich spürte, wie unglücklich er war, beinahe verzweifelt. Ich setzte mich zu ihm: »Soll ich noch hierbleiben und morgen früh das Schiff nehmen?«

»Nein, mein Junge, du sollst dich nicht nach den Alten richten! Geh deinen Weg, Kleiner . . .«

Mit erstickter Stimme sagte er: »Wie alt ich geworden bin . . . Aber jetzt geh, sonst werde ich noch rührselig.«

Ich drückte ihn so fest an mich, daß er sich befreite und mir scherzend nachrief: »Alt und zerbrechlich . . .«

Auf der Treppe des Grand Hôtel holte ich tief Atem. Die ganze Stadt war erfüllt vom Geruch des Meeres und den Düften des Maquis. Ich hätte glücklich sein müssen, doch ich fühlte mich beklommen. Ich war nie ein Freund abgeschlossener Kapitel gewesen. Und diesmal wußte ich, daß ich die letzte Seite eines Buches aufgeschlagen hatte.

36

Das Land der Juden

Rose starb 1946 nach langer, schwerer Krankheit an Krebs. Xavier hatte sie nie so geliebt, wie in den Augenblicken ihres größten Leidens, auch wenn er in den letzten Wochen manchmal insgeheim auf ein schnelles Ende gehofft hatte. Ihre Qualen hatten ihn mehr mitgenommen als der endgültige Abschied.

Er war jedoch kein Mann, der lange allein blieb. Nach der Trauerzeit heiratete er eine gut aussehende Witwe armenischer Herkunft. Was er suchte, war keine große Leidenschaft, sondern nur eine gewisse Achtbarkeit, ein angenehmes Zuhause ...

Sein Beruf nahm ihn ganz in Beschlag: Die Kommunisten sorgten für immer neue soziale Konflikte. Xavier erfüllte seine Polizistenrolle und bekämpfte sie, überzeugt, daß ihre Partei nur darauf aus war, in Stalins Interesse die Macht zu erobern. Die Zeit lief ihm davon, viel zu schnell, als daß er sich, wie es sein Wunsch gewesen wäre, der Familie noch ausführlich hätte widmen können.

Eines Morgens erhielt er Besuch von einem jüdischen Freund, Salomon Vidal, den er in der Résistance kennengelernt hatte. Salomon arbeitete jetzt für die »Jewish Agency« und setzte sich für die Gründung eines selbständigen Staates in Palästina ein. Die jüdische Gemeinschaft dort nahm alle von den Nazis Deportierten auf, die trotz des Verbots der britischen Behörden heimlich nach Palästina übersetzten. Der Kampf um die Rückkehr ins Gelobte Land schien für dieses so schwer mißhandelte Volk endlich Aussicht auf Erfolg zu haben.

Xavier kannte den Leidensdruck all der Männer und Frauen, die, den Vernichtungslagern kaum entronnen, nun schon wieder in Lagern festgehalten wurden – diesmal auf Zypern und unter britischer Aufsicht. In Palästina rüstete unterdessen die »Arabische Liga« auf, angeführt von einem ehemaligen General Seiner Allergnädigsten Majestät, und das religiöse Oberhaupt, der Großmufti von Jerusalem, ein Nacheiferer Hitlers und Befürworter der Endlösung, gab ihr seinen Segen.

Diese aggressiven Haltungen riefen weltweite Reaktionen hervor. Überall sammelten sich Menschen, die den Überlebenden des Völkermords ihre Hilfe anboten. Die französische Regierung hatte beschlossen, das Anliegen der Juden inoffiziell, aber wirksam zu unterstützen, um die Entstehung des Staates Israel zu ermöglichen. Die Sozialisten, allen voran Gaston Defferre, stellten Wohnungen als Standorte für Sender und Empfänger zur Verfügung, und über Marseille wurden Waffen nach Haifa verschifft.

Während Salomon Vidal umständlich sein Halstuch löste, warf er einen Blick auf Xaviers Schreibtisch: »Er ist weit gekommen, unser kleiner Korse«, sagte er. »Was sich in drei Jahren nicht alles verändert hat . . . Damals waren wir noch die Banditen, die Terroristen. Und jetzt . . .«

Er setzte sich und sah Xavier an: »Was soll's? Du hast eben auch ein bißchen profitiert . . . Aber darum bin ich nicht gekommen . . . Hier, lies das mal . . . Das erinnert an die alte Zeit, findest du nicht?«

Xavier nahm das Flugblatt, das Vidal ihm reichte, und fing laut an zu lesen: »Die Juden beherrschen das Land. Die Lektion von 1942 hat ihnen nicht gereicht. Wir müssen handeln. Raus mit den Fremden . . .«

Er legte das Papier vor sich hin.

»Salomon, ich weiß nicht, was ich sagen soll. Hätte ich das Gefühl, ich müßte mich entschuldigen, würde ich es tun . . .«

»Hör auf, Xavier. Das will ich nun wirklich nicht von dir hören. Erstens warst du immer bei denen, die gekämpft haben, und die brauchen sich für nichts zu entschuldigen. Zweitens kehren die Toten auch durch Entschuldigungen nicht zurück ... Es geht um etwas anderes: Ich brauche deine Hilfe. Weißt du, mein Freund, das Vergessen ist eine ungeheure Lüge. Unsere sechs Millionen Toten sind jedem von denen, die den Holocaust erlebt haben, ständig gegenwärtig. Wieviel Zeit auch vergehen mag, niemand wird sie uns vergessen lassen. Unsere Toten schreien nach Rache. Sie sind wie die Dibbuks, jene Geister, die sich der Stimmen der Lebenden bedienen. Wenn sie sehen, daß solche Schriften drei Jahre nach dem Völkermord wieder Blüten treiben ... Wir könnten natürlich Selbstjustiz üben. Aber dann würde man uns wohl schon wieder beschuldigen ...«

»Basta, Salomon, ich habe verstanden.«

Xavier griff zum Telefon: »Sagen Sie alle Termine für heute vormittag ab ...«

Die Faschisten verbreiteten ihre Flugblätter regelmäßig in den kleinen Geschäftsstraßen neben der Canebière. Dort, im Judenviertel der alten Phokäerstadt, hatten sich zahlreiche Konfektionsschneider aus Mitteleuropa niedergelassen, die in den 20er Jahren nach Marseille gekommen waren, oft mit einer sorgfältig in ölgetränktes Tuch gehüllten Nähmaschine als einzigem Gepäck.

»Sie fahren mitten in der Nacht oder im Morgengrauen mit ihren Autos vor und kleben die Flugblätter an Hauswände und Fensterscheiben«, fuhr Salomon fort. »Wir haben sie dabei beobachtet, es aber nicht gewagt, selbst einzugreifen. Komm, wir gehen zu Monsieur Rosenblum ...«

Und indem er etwas näher kam, fügte er hinzu: »Rosenblum ist einer unserer besten Schneider. Das kann dir vielleicht nützlich sein, wenn du so kokett geblieben bist wie früher ...«

Monsieur Rosenblum trug sein kleines Nadelkissen wie einen bunten Igel am linken Arm. Andere Nadeln steckten dekorativ in den Aufschlägen seiner Jacke, und noch andere hielt er zwischen den Zähnen. Er sprach so leise, daß Xavier sich zu ihm herunterbeugen mußte.

»Sie sind sehr zuverlässig, diese jungen Kerle. Sie kommen einmal in der Woche, vorzugsweise in der Sabbatnacht, von Freitag auf Samstag, und im Trupp von etwa zehn Leuten, um hier in der Straße Plakate zu kleben. Das ist schwer zu verkraften, Monsieur, sehr schwer – verstehen Sie?«

Xavier sah sich die Umgebung an und machte sich Notizen. Gegen Mittag kehrte er mit einer Bitte zurück: »Wir brauchen eine Wohnung, die Fenster zur Straßenseite hat, und zwar von Freitag abend bis Sonntag.«

»Kein Problem«, erwiderte Vidal, »du kannst auch mehrere haben.«

»Dann drei, das wäre noch besser.«

Vidal ließ nicht locker: »Wenn du willst, lasse ich die ganze Straße räumen . . .«

»Schon gut«, wehrte Xavier ab. »Such mir vor allem geeignete Standorte aus: Eine Wohnung ganz am Anfang der Straße, eine am Ende und eine in der Mitte. Okay?«

»Wenn ich recht verstehe, machen die Korsen sich auf die Jagd?«

»So ist es, und du kannst mir glauben, wenn die Sache klappt, werden diese Dreckskerle euch nie wieder Schwierigkeiten machen.«

Xavier stellte eine Mannschaft nur aus Korsen zusammen. Sie hatten den Vorteil einer gemeinsamen Sprache, die der Gegner nicht verstand. Außerdem wußte Xavier, daß ihnen gründliche Arbeit am Herzen liegen würde. Die Auswahl machte keine Schwierigkeiten. Er nahm zehn Mitglieder der Familie und zehn Freunde.

Keiner der Männer fragte nach Erklärungen, als er ihnen die Treffpunkte nannte und die notwendigen Instruktionen gab.

»Seid leise und benehmt euch unauffällig. Für die Juden ist der Freitagabend ein stiller Abend der Besinnlichkeit. Setzt ein anonymes Gesicht auf und kommt mit leeren Händen: Das Material wird an Ort und Stelle verteilt.«

Sie folgten den Weisungen mit unverhohlener Freude. Der Auftrag versetzte sie in die Zeit der Kämpfe gegen die Besatzungsmacht zurück. Xavier kannte sie alle, und er schätzte ihren Mut. Einige engagierten sich jetzt für General de Gaulle, andere für die S.F.I.O., und die letzten schließlich waren einfach Freunde. Keiner hatte die geringste Sympathie für den Faschismus.

Xavier stellte den Ablauf der Aktion in groben Zügen dar: »Wenn die Typen hier auftauchen, gehen wir vor wie bei der Wildschweinjagd: Wir machen an beiden Straßenenden dicht und treiben sie in die Mitte. Keiner darf entkommen. Die Sache muß ein für allemal erledigt werden. Nur keine Sentimentalitäten . . .«

»Sag, Xavier – ein für allemal, soll das heißen, wir bringen sie um?«

»Nein, das natürlich nicht! Seid bloß vorsichtig – der Krieg ist zu Ende, und ich habe einen ziemlich hohen Posten bei der Polizei . . . Wir begnügen uns damit, sie so fertigzumachen, daß ihnen die Lust vergeht, sich hier je wieder blicken zu lassen. Ich habe ein paar Ochsenziemer zu verteilen, hergestellt von einem Onkel namens André le Barbu, falls euch das etwas sagt. Ein echtes Culioli-Produkt. Beste Qualität. Erzählt mir später, ob sie euch gefallen haben . . . Und jetzt brauche ich zwei Verantwortliche für die Posten an den Straßenenden. Die Mitte übernehme ich selbst. Im übrigen seid unbesorgt, jeder wird auf seine Kosten kommen.«

Um zwei Uhr morgens rollte eine Kolonne von fünf Wagen in die Straße. Die Beobachter verständigten sich. Der langerwartete Moment war endlich gekommen. Xavier ließ alle wecken, die sich schlafen gelegt hatten: »Aber auf die sanfte Tour! Kneift sie nur ein bißchen in die Backen, damit sie in Form sind, wenn es losgeht . . .«

Einer hatte die Vorhänge einen Spalt geöffnet und hielt die anderen auf dem laufenden: »Zwei Männer sind ausgestiegen.

Sie vergewissern sich, ob die Luft rein ist ... Jetzt geben sie ihren Kumpanen Zeichen. Es sind ... zehn, elf, zwölf ... fünfzehn auf den ersten Blick. Eher junge Leute ... Da, sie fangen an zu kleben.«

Xavier ergriff das Wort: »Wir warten noch einen Moment, bis sie richtig in Fahrt sind. Ruft die anderen Posten an, sie sollen leise runtergehen. Und kein Geschrei, wenn die Schlacht beginnt. Das ganze Viertel können wir hier nicht gebrauchen. Ihr zieht euch die Mäntel an und folgt mir.«

Probeweise ließ er seinen Ochsenziemer durch die Luft sausen und nickte befriedigt: »Einfach genial, dieser André ...«

Um zehn nach zwei gerieten die Faschisten in Panik. Von beiden Seiten näherten sich dunkle Gestalten. Die Angreifer beschleunigten den Schritt, und der stampfende, immer schneller werdende Rhythmus hallte dröhnend in der Straße wider. Das stete Anschwellen ohne jede Hast vermittelte eine erschreckende Gewißheit.

Ein Schlag mit dem Gummiknüppel ließ die Windschutzscheibe des ersten Wagens zersplittern. Der von Xavier angeführte Trupp nutzte die Gelegenheit zum Angriff. Die Naziburschen waren derart überrascht, daß sie sich nicht einmal wehrten. Sie flüchteten in die Hauseingänge, aber die Korsen setzten gleich mit ihren Ochsenziemern nach. Selbst die Getroffenen gaben keinen Laut von sich.

»Demoliert die Fahrzeuge, auch wenn es Krach macht«, ordnete Xavier an.

Dann war er mit einem Satz bei dem Anführer der einen Eckmannschaft: »Ihr Idioten habt nicht auf uns gewartet, wie es abgesprochen war!«

»Ihr hättet uns ja doch nichts übriggelassen ...«

»Wann hören wir auf?« fragte ein anderer außer Atem.

»Wenn sich von der Saubande keiner mehr rührt! Diese Arbeit hätten wir schon 1944 erledigen müssen ... Paßt auf, daß es keine Toten gibt! Schlagt nicht auf den Kopf. Immer nur auf Arme und Beine, das reicht ...«

Als sie sich zurückzogen, blieben zwölf Faschisten reglos auf dem Pflaster liegen. Nur drei hatten noch die Kraft, sich kriechend aus dem Staub zu machen. In dem Viertel wurden sie nie mehr gesehen.

Salomon war begeistert.

»Monsieur Rosenblum möchte sich bei dir bedanken«, sagte er zu Xavier. »Und da kennt er nur eine Art ...«

»Es wäre mir eine Ehre, Monsieur Culioli, wenn ich Ihnen einen oder zwei Anzüge schneidern dürfte. Wirklich ...«

Amüsiert über das Drängen des Schneiders ging Xavier nach Hause. Er hatte Monsieur Rosenblum versprechen müssen, so bald wie möglich zur ersten Anprobe zu kommen.

»Ich mache Ihnen das Beste vom Besten, Monsieur Culioli, schöner als Sie es sich je erträumt haben. So eine wunderbare Sabbatnacht habe ich schon sehr, sehr lange nicht erlebt! Ich habe alles gesehen, alles!«

Xavier erzählte seiner Frau die Anekdote. Maguy hörte schweigend zu, bis sie plötzlich explodierte: »Die Juden, immer nur die Juden! Du redest von nichts anderem mehr. Und ich, bin ich eigentlich gar nichts?«

»Weil du Armenierin bist?«

»Weißt du überhaupt, woher sie kommen, die Armenier?«

»Aus der Türkei ...«

»Ich werde es dir sagen ...«

Maguy hatte Tränen in den Augen.

»Ich lebte in Konstantinopel, wo meine Eltern ein Geschäft besaßen. Ich war die Älteste und hatte vier jüngere Brüder. Ich war ungefähr acht Jahre alt, als die Türken 1915 beschlossen, daß wir sterben sollten. Die Angst meiner Eltern steht mir heute noch vor Augen. Sie versteckten meine Brüder in einer kleinen Pension. Als das Massaker anfing, wurden wir von Nachbarn gewarnt: Sie sagten, die Kurden hätten die Kirche gleich neben der Pension in Brand gesetzt. Während die Kurden tötend durch die Straßen zogen, plünderten die Türken unsere Häuser. Wahnsinnig vor Angst nahmen meine

Eltern mich bei der Hand, und wir liefen zur Pension. Vor den Augen der johlenden Soldaten brannte das Gebäude nieder. Meine Mutter war vollständig von Sinnen. Schreiend streckte sie die Arme zu den Flammen aus. Mein Vater hielt mich fest und verbarg weinend den Kopf in meinen Kleidern. Er sagte nur: ›Meine Kleinen, meine lieben Kleinen ...‹ Meine Brüder und die anderen Kinder waren in der Kirche eingeschlossen, und sie starben, während wir hilflos und verzweifelt draußen standen ...

Dann haben sie uns mit Säbeln zusammengetrieben, und wir mußten laufen, immer nur laufen. Wenn die Soldaten nicht gerade plünderten, brachten sie welche von unseren Leuten um. Mein Vater hatte seit dem Brand jeden Lebenssinn verloren. Er starb, ohne ein Wort zu sagen. Kurz darauf auch meine Mutter. Am liebsten wäre ich auch tot gewesen, aber sie nahmen mich mit und verkauften mich als Sklavin. Später, im Zuge der Kemal-Revolution, wurde ich freigelassen. Eine Tante nahm mich auf, und wir fuhren zusammen nach Marseille ...«

Schluchzend verbarg Maguy das Gesicht in beiden Händen.

»Seither ist keine Nacht vergangen, in der ich nicht von lustig mordenden Kurden geträumt hätte ...«

Xavier hatte seinen Stuhl herangerückt: »Maguy, ich weiß, daß Worte nicht viel nutzen. Wenn du willst, werde ich dir gegenüber nicht mehr von den Juden reden. Aber helfen werde ich ihnen auch in Zukunft. Nach zweitausend Jahren Exil können sie jetzt endlich in ihr Land zurückkehren. Wir Korsen wissen aus Erfahrung, was heimatlicher Boden wert ist, und das ist uns Grund genug, denen beizustehen, die keinen haben.«

»Und wir? Wer wird uns das Land unserer Ahnen zurückgeben?«

»Ich kann dir keine Antwort geben, ich weiß es nicht. Bitte mich einfach um etwas, was im Bereich meiner Möglichkeiten liegt.«

»Da ist tatsächlich etwas, Xavier: Ich habe keinen richtigen

Personalausweis, weil ich nicht weiß, wann und wo ich geboren bin. Ich möchte einen haben, in dem das alles steht . . .«

Xavier strich ihr zärtlich übers Haar: »Morgen abend. Morgen abend wirst du ihn haben. Das verspreche ich dir.«

Xavier traf Salomon Vidal eine Woche später in der Schneiderwerkstatt wieder.

»Während Monsieur Rosenblum sich an dir zu schaffen macht, möchte ich dich in eine streng vertrauliche Sache einweihen«, sagte Salomon. »Die ›Jewish Agency‹ hat in Baltimore ein Schiff gekauft. Wir haben es ›Exodus‹ getauft und wollen es mit Tausenden von Emigranten nach Palästina schicken. Für die Durchführung unseres Plans werden wir Frankreichs Hilfe brauchen. Die Kontakte sind schon hergestellt, aber in Marseille muß alles vorbereitet werden . . .«

Xavier hob den rechten Arm, damit der Schneider Maß nehmen konnte.

»Salomon, ich habe es dir oft genug gesagt: Ihr könnt jederzeit mit meiner vollen Unterstützung rechnen. Den Beweis habe ich dir doch gegeben, oder?«

»Diesmal ist es etwas anderes. Die ganze Welt wird davon reden. Wir riskieren eine Menge . . .«

»Glaubst du denn, daß meine Freundschaft sich nach dem Risiko bemißt? . . . Was ist los, Monsieur Rosenblum? Sind Sie fertig?«

Mit perplexer Miene ging der kleine Schneider einen Schritt zurück und kratzte sich am Kinn.

»Nein, Monsieur Culioli. Ich habe ein Problem mit Ihren Armen . . .«

»Und – was ist los mit meinen Armen?«

»Sie sind ungewöhnlich kurz.«

Xavier drehte sich um. Röte war ihm vor Zorn ins Gesicht geschossen.

»Monsieur Rosenblum, Sie sind mein Schneider, nicht wahr?«

»Aber gewiß doch, Monsieur Culioli, mit dem größten Vergnügen sogar.«

»Dann merken Sie sich eins: Wenn Sie mit mir sprechen, sind nicht meine Arme zu kurz, sondern die der anderen sind zu lang. Verstanden?«

»Sehr wohl, Monsieur Culioli. Entschuldigen Sie die dumme Bemerkung . . .«

Im Juni kamen mehrere Tausend emigrationswillige Juden an einem geheimen Ort zusammen. Von dort wurden sie nach Sète weitergeleitet, wo sie die »Exodus« bestiegen, ein ausgedientes altes Schiff, das sie mit Müh und Not bis vor die Küsten Palästinas brachte.

Am 18. Juli schossen die Briten auf die Passagiere und töteten mehrere Personen. Viele der Emigranten an Bord waren den Vernichtungslagern knapp entronnen . . . Die »Exodus« kehrte nach Frankreich zurück und ging in Port-de-Bouc vor Anker. Xavier wurde vom Innenminister angewiesen, sich auf das Schiff zu begeben. Auf der überladenen Brücke war es so unerträglich heiß, daß man kaum atmen konnte. Dennoch begegnete Xavier nur fest entschlossenen Blicken. Der zuständige Mann von der »Jewish Agency« bestätigte den unbeugsamen Willen der Passagiere, nach Palästina zurückzukehren.

Tag für Tag besuchte Xavier die Emigranten und half ihnen so gut er konnte. Auch die Presse und die öffentliche Meinung hatten sich ihrer angenommen. Die Briten indes zeigten sich ebenso unnachgiebig wie die leidgeprüften Menschen an Bord. Nach einem Hungerstreik stach das Schiff wieder in See, wurde überprüft und in den Hamburger Hafen gelotst. Für die Überlebenden der Nazibarbarei schloß sich der Kreis, als sie den Fuß wieder auf deutschen Boden setzten.

Am 29. November 1947 stimmte Frankreich mit der Mehrheit der UNO-Länder für die Gründung des Staates Israel. Xavier wurde von Salomon zu einem Freudenmahl geladen. Neben seinem Teller lag ein Geschenk. Während er das Päckchen öffnete, erhoben sich die Anwesenden und stimmten die hebräische Hymne an, die *Hatikva*, das Lied der Hoffnung.

Xavier machte den Deckel einer kleinen Holzkiste auf. Sie enthielt gelbe Pampelmusen.

Salomon legte den Arm um die Schultern seines Freundes: »Xavier, diese Früchte kommen aus unserem Land, das bald Israel sein wird. Es ist nur ein kleines Geschenk, das die Unterstützung, die du uns gegeben hast, nicht aufwiegen kann – aber es ist das Kostbarste, was wir einem Freund zu bieten haben. Der Saft dieser Pampelmusen enthält die Hoffnungen und die Schicksalsschläge, die Bitterkeit und den Honig von zwei Jahrtausenden. Er ist der Sand und die Asche unseres Volkes. Jedes Jahr zu unserem Neujahrstag wirst du eine kleine Kiste Pampelmusen erhalten. Denk an uns. Wir werden dich nie vergessen.«

Xavier stand auf und hob sein Glas.

»Wir Korsen wissen, was die Liebe zu einem Land bedeutet. Keine langen Reden, keine leeren Worte. Nur zwei Wünsche, die lange Zeit die größten Hoffnungen des jüdischen Volkes waren: Möget ihr das nächste Jahr in Jerusalem erleben! Und *Lehaim*, wie ihr zu sagen pflegt, auf das Leben!«

Epilog

Es ist nicht richtig, daß Korsika auch nach dem letzten Krieg das ›ewige Korsika‹ geblieben wäre. Von den Inselbewohnern wurde der erste Umbruch allerdings kaum wahrgenommen, obwohl er ihr Leben vollständig veränderte. Die amerikanischen Truppen hatten über den Fiebersümpfen der Ostküste DDT versprüht, das die Anophelesmücken mit einem Schlag vernichtete, insbesondere die Weibchen, von denen die Malaria übertragen wird. Diese Plage, die zu einem Papierkrieg sondergleichen geführt hatte, ohne daß der französische Staat ihr beigekommen wäre, war in wenige Tagen beseitigt. So gab es keine Notwendigkeit mehr, das Vieh in die Berge zu treiben, und für das Landesinnere begann ein dauerhafter Niedergang. In den fünfziger Jahren machte ein Club Ferienangebote. Für zweihundert Franc bekam man einen Bungalow, einen Esel und einen 2 CV. Der gewöhnliche Tourismus hatte die Insel erfaßt. Der große Umschwung war da. Während die Landschaften und die Geisteshaltungen der Menschen sich langsam veränderten, florierte das System der zugeschobenen Renten und Beihilfen. Um Wählerstimmen zu erhalten oder zu gewinnen, verteilten die Clans außer dem berühmten »Armengeld« Kriegsentschädigungen und Friedenssubventionen. Zahlreiche Insulaner tauschten ihren Stimmzettel gegen eine Barschaft.

Wie alle anderen Familien machte auch die der Culioli eine Wandlung durch. Julie verglich den neuen Zustand mit dem einer Korkeiche, deren verbrauchte Rinde sich von selbst ablöst.

Dominiques Sohn Antoine heiratete eine Schwedin, ohne das Einverständnis seines Vaters und seines Onkels eingeholt zu haben. Die Übergangenen waren empört. Zum Glück gebar die junge Frau Zwillinge, von denen der eine den Namen des Großvaters und der andere den des Großonkels erhielt: Jean-Dominique und Gabriel-Xavier. Dann kam eine Tochter, nach der unlängst verstorbenen Großtante Marie genannt, und schließlich Hélène, weil Hélène ein schöner Name war.

Julie konnte ihre Enkelsöhne gerade noch in die Arme schließen, ehe sie ohne viel Aufhebens auf natürliche Weise starb. Dominique ging in den Ruhestand, um mit seinen Nachforschungen über die Familie Culioli zu beginnen, und Xavier wechselte von der Polizei zum »Provençal«, der Zeitung seines Freundes Gaston Defferre.

Der Algerienkrieg erschütterte Frankreich. Fünfzehntausend Algerier-Franzosen stammten direkt oder indirekt aus Korsika, und der Putschversuch von 1961 in Algier stützte sich nicht zuletzt auf die rechtsextremen Insulaner, die über das, was ihnen aus Constantine oder aus Oran zu Ohren kam, in Wut gerieten. Die Chéraner hatten sich in zwei Lager gespalten: Hier die Anhänger eines französischen Algeriens, dort die Befürworter der Unabhängigkeit. Es gab heftige Auseinandersetzungen, aber die Einheit der Familie wurde dadurch nicht in Frage gestellt. 1962 landeten in Ajaccio und in Bastia Tausende von *Pieds-Noirs,* die das soziale Gleichgewicht ins Wanken brachten. Im gleichen Jahr brach der Massentourismus über die noch schlecht vorbereitete Insel herein.

Die Culioli wanderten immer zahlreicher auf den Kontinent ab. Manche ernährten sich von bescheidenen Berufen, andere hatten einträgliche Posten inne. Jeden Sommer fanden sie sich alle auf dem Dorfplatz wieder, doch die Gemeinsamkeiten ihrer Sprache gingen zunehmend verloren. Nur die Alten hatten noch die gleiche Vergangenheit. Den jungen Leuten machte es auf einmal Spaß, ans Meer zu fahren. Die Touristen brachten Geld, und die hübschen Mädchen liefen halbnackt am Strand herum. Den Alten war die plötzliche Anziehungskraft der Fremden unbegreiflich. Wenn es einmal passierte, daß Touristen sich auf die Dorfstraße verirrten, knallten in Chéra die Fenster zu.

Dominique und Xavier hatten sich auf dem sogenannten *Casegdu* – einem Feld, das zu Cardaghiolas Zeiten der Schlafplatz des Maultieres Mora gewesen war – zwei Häuser bauen lassen. Das Elternhaus war zu klein geworden, um die angewachsene Familie aufzunehmen.

Im März 1966 starb der kleine Jean-Dominique im Alter von vierzehn Jahren. Für seinen Großvater war damit das Leben zu Ende. Der Kleine hatte seinen Namen getragen: Er war seine ganze Hoffnung gewesen, die Zukunft der Familie. Sein Tod bedeutete eine tragische Vollendung.

Einige Jahre lang unterbrach ich meine Ferienaufenthalte im Dorf. Es erinnerte mich zu sehr an einen Friedhof. Von den Alten, die meine Jugend bevölkert hatten, starb einer nach dem anderen. Jeder Monat ließ das Korsika meiner Kindheit etwas einsamer werden. Doch eines Tages packte mich eine unwiderstehliche Sehnsucht, die Küsten, die Berge meiner Heimat wiederzusehen.

Beklommen ging ich durch den Garten, so sehr fürchtete ich, enttäuscht zu werden. Aber die Granitblöcke waren immer noch von Polsterpflanzen überwuchert, und der große, windschiefe Mastixbaum, unter dem ich mit meinem Bruder und mit meiner Schwester oft gespielt hatte, breitete sein ehrwürdiges, schattenspendendes Geäst wie eh und je bis mitten über die Straße aus. Er kam mir allenfalls etwas niedriger vor. Die Zeit war an ihm vorbeigegangen. Plötzlich fing ich an zu laufen und sprang mit einem Satz über die kleine Mauer zwischen dem *Casegdu* und dem *Licciali*. Die Zweige der Erdbeerbäume und die hochwachsende Heide schlugen mir ins Gesicht, aber das kümmerte mich nicht. Eine tierische Wildheit hatte von mir Besitz ergriffen: Meine Füße fanden sich instinktiv zurecht, ohne über ein Hindernis zu stolpern. Ich rannte den Hang hinunter. Erst vor der Charbonnière blieb ich stehen. Hier hatte mein Urgroßvater Holzkohle gemacht. Wie oft hatte Dominique uns das Verfahren nicht in allen Einzelheiten erklärt! Dieses Unterholz war unser Grüner Palast gewesen. Wir hatten Banditen gespielt, uns magische Namen wie Gallochiu oder Ghiuvan Camegdu zugelegt und die Autoritäten verspottet. Ich fühlte mich wie zwanzig, und ich verspottete sie immer noch . . .

Die hitzigen politischen Auseinandersetzungen um die Autonomistenbewegung schienen das Dorf kaum zu berühren. In Wirklichkeit aber trafen sie es voll. Einige Culioli, etwa Xavier, lehnten den Begriff der Autonomie von vornherein ab. Andere, zu denen Dominique gehörte, wollten noch darüber nachdenken. Ich selbst beteiligte mich gemeinsam mit meinen Eltern und mit meiner Schwester an dem Kampf um die Freilassung der Gefangenen von Aléria. Die Persönlichkeit des Doktor Siméoni hatte uns so sehr beeindruckt, daß wir ihm zutrauten, Korsika aus seiner Erstarrung zu reißen.

1978 starb Xavier. Einige Minuten vor seinem Tod hatte er noch auf die Fahrlässigkeit der Justiz geschimpft und die Sache der Familie verteidigt. Dominique verstand nicht, warum Gott ihn, den älteren, der keine Ansprüche für sich stellte, überdauern ließ. Nur seiner Frau Albertine zuliebe hielt er noch am Leben fest, und zwar mit der gleichen zähen Willenskraft, die ihm schon immer eigen gewesen war.

Ich blieb einige Monate bei meinen Großeltern im Dorf und genoß ein zwangloses Dasein, das auf die Ewigkeit gebaut schien. Dominique erzählte mir vom Korsika früherer Zeiten. Ich hörte zu, machte Tonbandaufnahmen oder schrieb mit. Meine Lebensgefährtin und meine Tochter kamen nach, und einige Wochen lang hallte das Haus von typisch sommerlichen Aktivitäten wider.

Albertine litt unter zunehmender Gedächtnisschwäche. Oft versuchte sie, die übermächtige Vergangenheit, die ihr gegenwärtiges Erleben schluckte, durch eine Handbewegung zu

verscheuchen, und murmelte: »Es kommt einfach nicht ...
Mein Kopf funktioniert nicht mehr wie sonst ...«

Erfüllt von ungeheurer Traurigkeit nahm Dominique sich
ihrer an. Er kochte ihr das Essen, und er pflegte sie. Ein Rest
Lebensfreude kam nur noch in ihm auf, wenn er uns in der
Nähe wußte, wenn die Familie in diesem Haus, das für die
beiden Alten viel zu groß geworden war, wieder Gestalt
anzunehmen schien.

Im letzten Sommer unternahmen wir mit Albertine eine Fahrt
in ihr Heimatdorf. Mein Vater war auf die Idee gekommen, daß
sie durch den Schock der Konfrontation mit der Vergangenheit vielleicht einen gewissen Zugang zur Gegenwart wiederfinden könnte. Hinter dem Dorf Cancaraccia bogen wir in Richtung Cuo ab. Wir parkten im Schatten der steinernen Riesen
unmittelbar vor dem Brunnen. Albertine quälte sich von ihrem
Sitz und zeigte auf die Stelle, aus der einst das Wasser geflossen war: »Da ist nichts mehr. Der Brunnen ist versiegt.«

Einer der Einwohner, die sich um uns geschart hatten, erklärte,
das Wasser sei in die Gärten umgeleitet worden.

Albertine zuckte die Schultern: »Zu meiner Zeit gehörte das
Wasser der Allgemeinheit. So war das Leben.«

Dann entfernte sie sich. Zwei oder drei alte Frauen hatten sie
wiedererkannt und sprachen sie an. Doch sie, auf den Arm
ihres Mannes gestützt, war schon bei ihrem Elternhaus. Mit
ihren gichtverknoteten Fingern wischte sie den Schmutz von
einer Fensterscheibe und sah hinein: »Da ist der Schlüssel, ich
erkenne ihn genau ...«

Sie zeigte auf einen Gegenstand, der im Halbdunkel tatsächlich einem Schlüssel glich. Wir fragten, ob wir das Haus
betreten dürften.

»Dieses Haus? Aber es gehört doch euren Vettern aus Oronu.
Da müßt ihr sie schon selbst fragen ...«

»Wieso? Ich bin hier zu Hause!« protestierte Albertine. »Hier
habe ich mit meinen Brüdern gespielt. Sie nahmen mich
Huckepack, und ich ...«

Dominique zog sie fort und brachte sie zum Auto.

»Komm, wir besuchen deine Verwandten in Cancaraccia.«

Als wir abfuhren, blickte ich zurück. In der Staubwolke hinter uns stand ein Grüppchen alter Leute, die uns zum Abschied winkten.

In Cancaraccia stieg Großvater allein aus.

»Wartet im Auto«, sagte er, »ich hole sie alle her.«

Es dauerte eine Weile, bis die Verwandten kamen, jeder mit einem kleinen Geschenk für Albertine. Sie sah dem Aufmarsch mit staunenden Kinderaugen entgegen. Einer nach dem anderen beugte sich zu ihr herab, umarmte sie sanft, strich ihr über das Haar und legte ihr den mitgebrachten Käse, die Eier oder die Tomaten in den Schoß.

»O bitte, Dume, bereite ihr das zu. Es wird ihr gut tun. Arme Albertine . . .«

Eine der Frauen, die älteste vielleicht, streichelte behutsam Großmutters Wange und murmelte: »Wenn Gott will, wird bald alles besser sein.«

Ich hörte, wie Großvater ihre Worte leise seufzend aufgriff: »Ja, wenn Gott will.«

Er starb im Winter des gleichen Jahres. Zu seinem letzten Geleit empfing Korsika uns schneebedeckt bis hinunter an die Küsten von Ajaccio. Als die Pässe geräumt waren, fuhren wir nach Chéra – über den gleichen Weg, den Dominique so oft benutzt hatte.

Die Familie erwartete uns traditionsgemäß in kleinen Grüppchen am Straßenrand. Ungefähr ab Roccapina mußte unser Konvoi alle zehn bis fünfzehn Kilometer anhalten, und jedesmal fuhren wir nach innigen Umarmungen etwas zahlreicher weiter, bis wir Chéra erreichten. Es war ein trüber, ein trauriger Tag. Das milchige Licht kroch über die grauen Felsen. Vor dem Haus standen die Männer, in schwarzen Samt gekleidet, und schlossen uns in die Arme. Die Frauen hatten sich schon auf dem Friedhof eingefunden. Am Grab stellte mein Vater sich zwischen Joseph Culioli und Xavier Piétri, zwei Verwandte, die dem Verstorbenen in alter Freundschaft verbunden waren, und las Dominiques letzten Brief an die heißgeliebte Familie vor. Wir küßten den Sarg, dann wurde der Leichnam in die Erde versenkt. Das Ende des Weges war erreicht.

Meine Mutter sorgte aufopfernd für Albertine. Manchmal empörte sie sich gegen das Schicksal, das ihr ihre Angehörigen genommen hatte, um sie einer derart gefräßigen Familie in die Arme zu werfen. Sie erzählte mir von ihren Nächsten, die zu Petljuras Zeiten bei einem Pogrom in der Ukraine ermordet worden waren, und gelegentlich schimpfte sie auf die endlosen Tage, die sie ausschließlich mit der Pflege ihrer Schwiegermutter verbrachte: »Ich tue es nur wegen der Familie, aber ich muß gestehen, daß ich die Familie ziemlich satt habe.«

Großmutter erkannte uns nicht mehr. Sie hatte kaum gemerkt, daß Dominique von ihr gegangen war, so wenig konnte sie sich noch an ihn erinnern. Über ein Jahr blieb sie bei meinen Eltern, dann holte ihre Tochter sie nach Marseille. Kurz darauf erhielten wir die Todesnachricht, und sie bekam ihren angestammten Platz an der Seite eines Ehemanns, der sie siebzig Jahre lang innig geliebt hatte.

Ungefähr zur gleichen Zeit starb Jean-François eines gewaltsamen Todes, und ich fing wieder an, dieses Korsika, das die Dialektik von Erinnerung und Tod kaum je überwinden konnte, zu fürchten. Dennoch bewahrte ich eine Sehnsucht nach der Vergangenheit, die unwiderruflich auf das Problem des Todes stieß.

Die nationalistische Untergrundbewegung schien sich damals in Dinge zu verstricken, die mehr mit Gangstertum, als mit politischen Überzeugungen zu tun hatten. Man sagte, der F.L.N.C. kranke an seinen vielen Spaltungen und an den Querelen in der Führungsspitze. Im Juni 1983 wurde der Unabhängigkeitskämpfer Guy Orsoni im Süden der Insel entführt. Die Nachforschungen der Polizei konzentrierten sich auf die Region von Porto-Vecchio und auf das Drogenmilieu. Während die Hintermänner des Rauschgifthandels bis nach Propriano verfolgt wurden, ging in Alta Rocca das Gerücht, Guy sei von den Entführern grausam gefoltert und verstümmelt worden, bevor seine Leiche verschwand. Ich hatte ihn in Paris im Komitee zur Unterstützung der korsischen Gefangenen kennengelernt und ihn als ruhig und gesetzt empfunden. Die Behauptungen gewisser Zeitungen, die ihn einen Mann der Rauschgiftszene nannten, wunderten mich deshalb sehr. Er war vor allem ein ernsthafter Unabhängigkeitskämpfer gewesen, und die Unregelmäßigkeiten seines Onkels hatten mit Guy und seinen Aktivitäten nichts zu tun – außer wenn man davon ausging, daß alle Korsen ganz pauschal das Unterweltmilieu begünstigen. Der F.L.N.C. klagte den französischen Staat in der Affäre Orsoni an und rief zu einer Vendetta auf, die darin gipfelte, daß zwei der mutmaßlichen Mörder im Gefängnis exekutiert wurden. Korsika begrüßte diese Rache, die sich bruchlos an die Tradition der Ehre und an die Geschichte der Insel anschloß. Mehr als Guys Tod hatte das Verschwinden seines Leichnams die Gemüter erhitzt. Seine Familie war um ein würdiges Begräbnis gebracht worden. Die Vendetta bedeutete nichts anderes als die Einlösung eines Versprechens. Es kam mir vor, als wäre der alte Stolz wieder in die korsische Seele eingezogen – ein Stolz, der in der Zwischenzeit um ein paar elender Pfründe und Pensionen willen aufgegeben worden war. Für viele junge Insulaner wurden die Gefängnisexekutionen ein Bestandteil der korsischen Legende. Sie gehörten fortab in die lange Reihe der Heldentaten, die vom Opfer der Korsin Faustina bis zu der Geste Edmond Siméonis in Aléria reichten. Korsika hatte wieder ein Anrecht auf die Ewigkeit.

Als das Exekutionskommando des F.L.N.C. vom Schwurgericht zu milden Strafen verurteilt wurde, dachte ich an einen der vielen Spaziergänge mit Xavier und Dominique zurück ... Da Xavier nicht mehr gut zu Fuß war, folgten wir der Straße, und die beiden zeigten mir die Felder, deren Geschichte sie erzählten, nur von Ferne. Wenn ich mich recht erinnere, sprachen wir über die Alten, die gestorben waren, über die Tradition und über die Familie. Xavier rezitierte ein Gedicht unseres Dorfpoeten Ziu Ghiuvan Andria, das in zahlreichen Strophen den Oriu von Chéra beschrieb. Xavier hätte am liebsten ein Buch daraus gemacht: »Der Name der Culioli muß überall bekannt werden«, meinte er. »Wir hätten als Herren geboren werden müssen . . .«

Vom Dorf hörten wir das Geschrei der Frauen, die das Vieh zusammentrieben. Der große Felsen Omu di Cagna verschwand in einer Wolke, und die Sonne senkte sich über die Fichtenwälder des Cuncutu, als plötzlich der Abendstern am Himmel stand.

Xavier zeigte uns den Furconu, wo Antoine vor einigen Jahrzehnten Gerste angebaut hatte. Der Stechginster hatte das graue Felsgestein erobert. Über uns kreisten beutemachende Schwalben, die nach Eintagsfliegen schnappten, und ein Esel stieß einen langen, wehmütigen Schrei aus.

Wir hatten aufgehört zu reden. Das Cagnagebirge verschwand als erstes, verschlungen vom Schein der untergehenden Sonne. Im letzten Moment blickte es noch einmal dunkel und bedrohlich auf die umliegenden Dörfer herab.

Der Schatten lief über die Gipfel, während die Sonne im Meer der Dunkelheit versank. Es wurde kalt. Großvater fröstelte. Auch Xavier schloß seinen Gürtel und machte deutlich, daß er umkehren wollte. Doch ehe wir uns abwandten, schlug er mit seinem Stock auf den Boden und sah mich lächelnd an:

»Vor siebzig Jahren haben wir das gleiche Schauspiel hier erlebt. So wird es bleiben, solange es Korsen gibt, die es betrachten. Korsen bis in Ewigkeit, hörst du? Zwei Dinge müssen Bestand haben: die Familie und Korsika. Bis in alle Ewigkeit. Wir kehren immer auf unseren Boden zurück. Denk an Ange – nach seiner Rückkehr aus Amerika hat er sein Leben im Dorf beschlossen. Und die Manzueti, die alle auf den

Kontinent gegangen sind, lassen sich immer noch hier begraben. Solange es eine Erinnerung gibt, leben die Menschen, die Familie und das Heimatland fort. Vergiß dein Versprechen nicht. Du mußt es halten, was auch kommen mag, denn das Vergessen ist die größte Lüge überhaupt . . .«
Mein Versprechen war dieses Buch.

Inhalt

Paul Rychner

Fahrstrecke zum Mispelbaum
Roman, 288 Seiten, gebunden

In Paul Rychners Roman fährt der Protagonist Matthias mit wirklichen und imaginären Zügen die Strecken seines Lebens ab.

Der Mispelbaum in Italien ist der Ort seiner Kindheit, in dessen Blätterwerk er sich verbarg, eins mit sich selbst war, und aus dem er herausgerissen wurde durch den Umzug seiner Familie in die Schweiz, einer Familie ohne Geborgenheit, ohne Verständnis für die Verzweiflung des Sohnes.

Hin- und hergerissen zwischen den beiden Ländern, den beiden Sprachen kehrt Matthias nach Italien zurück und findet doch nicht seine Identität.

Am Ende ist klar: Endgültige Antworten gibt es nicht, Matthias kann sich nur immer wieder auf die Suche nach ihnen begeben.

Claassen
Postfach 100 555, 3200 Hildesheim

Mario Puzo
Der Pate *Roman*
(rororo 1442)
Ein atemberaubender
Gangsterroman aus der New
Yorker Unterwelt, der zum
aufsehenerregenden Bestseller
wurde. Ein Presseurteil: «Ein
Roman wie ein Vulkan. Ein
einziger Ausbruch von
Vitalität, Intelligenz und
Gewalttätigkeit, von
Freundschaft, Treue und
Verrat, von grausamen
Morden, großen Geschäften,
Sex und Liebe.»

Mamma Lucia *Roman*
(rororo 1528)
Animalisch in ihrer Sanftmut,
aufopfernd in ihrer Fürsorge,
streng und wachsam in ihrer
Liebe – das ist Lucia Santa
Angeluzzi-Corbo, Mamma
Lucia, die im italienischen
Viertel von New York um das
tägliche Brot ihrer sechs
Kinder kämpft.

Rudolf Braunburg
Hongkong International *Roman*
(rororo12820)
Ein aufregender Roman aus
der Welt der Flieger und
Passagiere vom Bestseller-
autor und früheren Flug-
kapitän Rudolf Braunburg.

Rückenflug *Roman*
rororo 12333)
Während der Trainingstage
beim internationalen Kunst-
fliegertreffen stimmt sich der
bekannte Journalist Achim
Reimers auf die spannungs-
geladene Atmosphäre ein und
macht auf seinen Streifzügen
merkwürdige Beobachungen.
Bald muß er erkennen, daß er
sich ahnungslos in einem
gefährlichen Spionagenetz
verfangen hat.

Josef Martin Bauer
So weit die Füße tragen
(rororo 1667)
Ein Kriegsgefangener auf der
Flucht von Sibirien durch den
Ural und Kaukasas bis nach
Persien. «Diese Odyssee
durch Steppe und Eis, durch
die Maschen der Wächter und
Häscher dauerte volle drei
Jahre – wohl einer der
aufregendsten und zugleich
einsamsten Alleingänge, die
die Geschichte des individuel-
len Abenteuers kennt.»
Saarländischer Rundfunk

James Dickey
Flußfahrt *Roman*
(rororo 12722)
Harmols wie ein Pfadfinder-
unternehmen beginnt der
Wochenendausflug von vier
gutsituierten Duchschnitts-
bürgern - schon am näch-
sten Tag jedoch verwandelt
sich die Kanufahrt in einen
Alptraum...
Unter dem Titel «Beim
Sterben ist jeder der erste»
verfilmt mit Burt Reynolds.

Dorothy Dunnett
Die Farben des Reichtums Der
Aufstieg des Hauses Niccolò
Roman
(rororo 12855)
«Dieser rasante Roman aus
der Renaissance ist ein
kunstvoll aufgebauter,
abenteuerreicher Schmöker
über den Aufsteig eines armen
Färberlehrlings aus Brügge
zum international anerkann-
ten Handelsherrn – einer der
schönsten historischen
Romane seit langem.» Brigitte

Josef Nyáry
Ich, Aras, habe erlebt... *Ein
Roman aus archaischer Zeit*
(rororo 5420)
Aus historischen Tatsachen
und alten Legenden erzählt
dieser Roman das abenteuerliche Schicksal des Diomedes,
König von Argos und Held
vor Trojas Mauern.

Pauline Gedge
Pharao *Roman*
(rororo 12335)
«Das heiße Klima, der
allgegenwärtige Nil und die
faszinierend fremdartigen
Rituale prägen die Atmosphäre diese farbenfrohen Romans
der Autorin des Welterfolgs
‹Die Herrin vom Nil›.» The
New York Times

Pierre Montlaur
Imhotep. Arzt der Pharaonen
Roman
(rororo 12792)
Ägypten, 2600 Jahre vor
Beginn unserer Zeitrechnung.
Die Zeit der Sphinx und der
Pharaonen. Und die Zeit des
legendären Arztes und
Baumeisters Imhotep. Ein
prachtvolles Zeit- und
Sittengemälde der frühen
Hochkultur des Niltals.

T. Coraghessan Boyle
Wassermusik *Roman*
(rororo 12580)
Ein wüster, unverschämter,
barocker Kultroman über die
Entdeckungsreisen des
Schotten Mungo Park nach
Afrika um 1800. «Eine
Scheherazade, in der auch
schon mal ein Krokodil Harfe
spielt, weil ihm nach
Verspeisen des Harfinisten
das Instrument in den Zähnen
klemmt, oder ein ärgerlich
gewordener Kumpan fein
verschnürt wie ein Kapaun
den Menschenfressern
geschenkt wird. Eine
unendliche Schnurre.» Fritz
J. Raddatz in «Die Zeit»

John Hooker
Wind und Sterne *Roman*
(rororo 12725)
Der abenteuerliche Roman
über den großen Seefahrer
und Entdecker James Cook.

Roald Dahl
Roald Dahl's Buch der Schauergeschichten
(rororo 12629)
Die Zimmertemperatur sinkt? Nach Meinung des Experten Harry Price («Spukhäuser in England») ist das ein sicheres Anzeichen dafür, daß ein Gespenst im Raum ist. - Wer aber könnte ein besserer Führer durch die schaurige Welt der Geister sein als Roald Dahl, dessen literarische «Wechselbäder zwischen Gruseln und Schmunzeln» (Hessischer Rundfunk) bereits Millionen Lesern wohlige Schauer über den Rücken laufen ließen?

John Collier
Mitternachtsblaue Geschichten
(rororo 1559)
Diese fünfzehn merkwürdigen Geschichten sind Glanzstücke durchtriebenen Einfallsreichtums, funkelnden Witzes und teuflischer Pointen.
«Mit den mitternachtsblauen Geschichten versüßt Collier die Lesestunden im fahlen Schein der Nachttischlampe... Zwischen Henry Slezar und Roald Dahl hat auch John Collier mit seinen doppelbödigen Geschichten einen festen Platz im Bücherregal.»
Berliner Morgenpost

Denk nichts Böses *Dreizehn neue mitternachtsblaue Geschichten*
(rororo 5751)
«Es gehört zu Colliers Talent, den Leser am Schluß seiner unterhaltsamen Kurzgeschichten jedesmal zu verblüffen.»
Hessische Allgemeine

Harry Kressing
Der Koch *Roman*
(rororo 12300)
Wer Kochrezepte sucht, der wird sie in diesem Buch nicht finden. Was jene Gestalt, die sich in dem Städtchen Cobb als Koch verdingt, unter den Mitgliedern zweier Familien mit ihren Künsten anrichtet, das darf mit Fug als Satanswerk bezeichnet werden. Dabei beginnt alles ganz harmlos...
«Ein Musterstück schwarzer Unterhaltung!»
Die Zeit

Rowohlts Amerika

Paul Auster
Die New York-Trilogie *Stadt aus Glas / Schlagschatten / Hinter verschlossenen Türen*
(rororo 12548)
Jeder der drei Romane wirkt zunächst wie ein klassische Kriminalgeschichte, aber bald stimmen die vordergründig logischen Zusammenhänge nicht mehr. Schritt für Schritt wird der Leser in ein Spiel mit seinen eigenen Erwartungen verstrickt. «Eine literarische Sensation!» *Sunday Times*

Nicholson Baker
Vox *Roman*
Deutsch von Eike Schönfeld
192 Seiten. Gebunden
Zwei Menschen sprechen über Sex - am Telefon. «Vox» ist ein erotischer Roman im besten Sinne und eine kunstvoll, lebensfrohe, ebenso ungehemmte wie vorurteilsfreie Auseinandersetzung mit Sexualität heute.

William Boyd
Stars und Bars *Roman*
(rororo 12803)
Mit himmelschreiender Komik erzählt William Boyd die Geschichte von einem feinsinnigen Briten, der nach Amerika kommt und sein blaues Wunder erlebt. «Eine Farce – aber eine raffinierte!» *Nürnberger Nachrichten*

Robert Olmstedt
Jagdsaison *Roman*
Deutsch von Klaus Modick
288 Seiten. Gebunden
«Ein bemerkenswerter Roman, der die prekäre Balance zwischen spannendem Thriller und lyrischer Fabel hält.»
The New York Times Book Review

Luanne Rice
Ein Leben für Nick *Roman*
(rororo 12632)
Alles zu haben heißt auch, alles wieder verlieren zu können. Dieser Gedanke beschäftigt Georgina Swift, die in scheinbar behüteten Verhältnissen lebt und ihren Mann Nick, den scheinbar tadellosen, erfolgreichen Wall Street-Anwalt, abgöttisch liebt...

John Irving
Garp und wie er die Welt sah *Roman*
(rororo 5042)
«Diese Geschichte ist so absurd, so komisch, so tränentreibend, so kühl und sachlich, so wirklich und genau, daß man das Buch nicht wieder los wird.» *Nürnberger Nachrichten*

Tom Robbins
Salomons siebter Schleier *Roman*
Deutsch von Pociao
540 Seiten. Gebunden
Der Altmeister des Underground-Romans, läßt die verrücktesten Typen, die schärfsten Sprüche und provokantesten Gedanken über die Seiten tanzen.

rororo Literatur

John Updike
Die Hexen von Eastwick
(rororo 12366)
Updikes amüsanten Roman
über Schwarze Magie, eine
amerikanische Kleinstadt und
drei geschiedene Frauen hat
George Miller mit Cher,
Susan Sarandron, Michelle
Pfeiffer und Jack Nicholson
verfilmt.

Hubert Selby
Letzte Ausfahrt Brooklyn
(rororo 1469)
Produzent: Bernd Eichinger
Regie: Uli Edel
Musik: Mark Knopfler

Alberto Moravia
Ich und Er
(rororo 1666)
Ein Mann in den Fallstricken
seines übermächtigen
Sexuallebens – erfolgreich
verfilmt von Doris Doerrie.

Paul Bowles
Himmel über der Wüste
(rororo 5789)
«Ein erstklassiger Abenteuer-
roman von einem wirklich
erstklassigen Schriftsteller.»
Tennessee Williams
Ein grandioser Film von
Bernardo Bertolucci mit John
Malkovich und Debra Winger

John Irving
Garp und wie er die Welt sah
(rororo 5042)
Irvings Bestseller in der
Verfilmung von George Roy
Hill.

Alice Walker
Die Farbe Lila
(rororo neue frau 5427)
Ein Steven Spielberg-Film mit
der überragenden Whoopi
Goldberg.

Henry Miller
Stille Tage in Clichy
(rororo 5161)
Claude Chabrol hat diesen
Klassiker in ein Film-
kunstwerk verwandelt.

Oliver Sacks
Awakenings – Zeit des Erwachens
(rororo 8878)
Ein fesselndes Buch – ein
mitreißender Film mit Robert
de Niro.

Ruth Rendell
Dämon hinter Spitzenstores
(rororo thriller 2677)
Rendells atemberaubender
Thriller wurde jetzt unter dem
Titel «Der Mann nebenan»
mit Anthony Perkins in der
Hauptrolle verfilmt.

Marti Leimbach
Wen die Götter lieben
(rororo 13000)
Das Buch zum Film «Ent-
scheidung aus Liebe» mit
Julia Roberts und Campbell
Scott in den Hauptrollen.

Romane und Erzählungen

Barbara Taylor Bradford
Bewahrt den Traum *Roman*
(rororo 12794 und als
gebundene Ausgabe im
Wunderlich Verlag)
Eine bewegende Familien-
saga: die Erfolgsautorin erzählt mit Charme und Ein-
fühlungsvermögen vor allem
die Geschichte zweier Frauen,
die sich ihren Platz in einer
männlichen Welt erkämpfen.
Und greifen nach den Sternen
Roman
(rororo 13064)
Wer Liebe sät *Roman*
(rororo 12865 und als
gebundene Ausgabe im
Wunderlich Verlag)

Barbara Chase-Riboud
Die Frau aus Virginia *Roman*
(rororo 5574)
Die mitreißende Liebesge-
schichte des amerikanischen
Präsidenten Thomas Jefferson
und der schönen Mulattin
Sally Hemings.

Marga Berck
Sommer in Lesmona
(rororo 1818)
Diese Briefe der Jahrhundertwende, geschrieben von
einem jungen Mädchen aus
reichem Hanseatenhaus,
fügen sich zusammen zu
einem meisterhaften Roman
zum unerschöpflichen Thema
erste Liebe.

Diane Pearson
Der Sommer der Barschinskys
Roman
(rororo 12540)
Die Erfolgsautorin von
«Csárdás» hat mit diesem
Roman wieder eines jener
seltenen Bücher geschrieben,
die eigentlich keine letzte Seite
haben dürften.

MARTI LEIMBACH
Wen die Götter lieben
Das Buch zum Film «ENTSCHEIDUNG AUS LIEBE»
Die Geschichte von Hilary und Viktor

rororo Unterhaltung

Dorothy Dunnett
Die Farben des Reichtums
*Der Aufstieg des Hauses
Niccolò. Roman*
656 Seiten. Gebunden im
Wunderlich Verlag und als
rororo 12855
«Spionagethriller, Liebesge-
schichte, spannendes Lehr-
buch (wie lebten die Men-
schen vor 500 Jahren?) -
einer der schönsten histo-
rischen Romane seit
langem.» *Brigitte*
Der Frühling des Widders
*Die Machtentfaltung des
Hauses Niccolò. Roman*
640 Seiten. Gebunden im
Wunderlich Verlag
Das Spiel der Skorpione
*Niccolò und der Kampf um
Zypern. Roman*
784 Seiten. Gebunden im
Wunderlich Verlag

Marti Leimbach
Wen die Götter lieben *Roman*
272 Seiten. Gebunden im
Wunderlich Verlag und als
rororo 13000
Das Buch zum Film
«Entscheidung aus Liebe».
Die Geschichte von Hilary
und Viktor.

Literatur für KopfHörer

rororo